Internationale wirtschaftliche Integration

Ausgewählte Internationale Organisationen
und die Europäische Union

von

Prof. Dr. Wolfgang Eibner

Oldenbourg Verlag München Wien

Bibliografische Information der Deutschen Nationalbibliothek

Die Deutsche Nationalbibliothek verzeichnet diese Publikation in der Deutschen Nationalbibliografie; detaillierte bibliografische Daten sind im Internet über <http://dnb.d-nb.de> abrufbar.

© 2008 Oldenbourg Wissenschaftsverlag GmbH
Rosenheimer Straße 145, D-81671 München
Telefon: (089) 4 50 51-0
oldenbourg.de

Das Werk einschließlich aller Abbildungen ist urheberrechtlich geschützt. Jede Verwertung außerhalb der Grenzen des Urheberrechtsgesetzes ist ohne Zustimmung des Verlages unzulässig und strafbar. Das gilt insbesondere für Vervielfältigungen, Übersetzungen, Mikroverfilmungen und die Einspeicherung und Bearbeitung in elektronischen Systemen.

Lektorat: Wirtschafts- und Sozialwissenschaften, wiso@oldenbourg.de
Herstellung: Cornelia Horn
Gedruckt auf säure- und chlorfreiem Papier
Druck: Grafik + Druck, München
Bindung: Thomas Buchbinderei GmbH, Augsburg

ISBN 978-3-486-58473-8

Zu Autor und Mitarbeiter

Der **Autor Wolfgang EIBNER**, Jahrgang 1960 aus Gießen, verheiratet, zwei Töchter, studierte nach seinem Wehrdienst (1979/80 bei der Luftwaffe in den Niederlanden und Rheine/ Westfalen) Volkswirtschaftslehre (inkl. Betriebswirtschaftslehre und Politikwissenschaften) an der Universität zu Köln. Von 1982 bis zu seinem Studienabschluss 1986 als Diplom-Volkswirt arbeitete er im Rahmen einer Halbtagsbeschäftigung als Amanuensis am Staatswissenschaftlichen Seminar, Lehrstuhl Prof. Dr. Rolf Rettig.

1986 bis 1989 war er Stipendiat der Universität Passau nach dem BayNwFg zur Förderung des künstlerischen und wissenschaftlichen Nachwuchses an bayerischen Universitäten. Parallel hierzu war er Tutor und im Rahmen einer Teilzeitstelle Wissenschaftlicher Mitarbeiter am Lehrstuhl für Geld und Außenwirtschaft, Prof. Dr. Wolfgang Harbrecht. Bis 1991 hatte er eine Vollzeitstelle als Wissenschaftlicher Assistent am selben Lehrstuhl inne.

Seine Promotion zum Dr. rer. pol. schloss er 1990 mit der Dissertation zum Thema „Grenzen internationaler Verschuldung von Entwicklungsländern – Restriktionen über Protektionismus, Welthandelsregionalisierung, abnehmende Nettofinanzströme und immanente Wachstumsschwäche: Die ökonomische Begründung des Debt-relief" bei Prof. Dr. Wolfgang Harbrecht ab.

1991 bis 1993 war Wolfgang Eibner als Controller bei der Air Liquide GmbH, Düsseldorf, tätig, der deutschen Tochter des französischen Weltmarktführers im Bereich Produktion und Vertrieb technischer Gase.

Seit 1. Oktober 1993 ist er Professor für Volkswirtschaftslehre und Wirtschaftspolitik an der Fachhochschule Jena, wo er als Nachfolger des Gründungsdekans (1994 – 1999) den Aufbau des Fachbereiches Wirtschaftsingenieurwesen wie der Fachhochschule Jena über viele Jahre wesentlich mitprägte.

Zwischen 1993 und 2003 wirkte er intensiv an Aufbau und Durchführung volkswirtschaftlicher Lehrinhalte im Rahmen von Fernstudiengängen des „Fachhochschul-Fernstudienverbundes der Länder Berlin, Brandenburg, Mecklenburg-Vorpommern, Sachsen, Sachsen-Anhalt, Thüringen, FFV" mit Sitz zunächst in Chemnitz und später Berlin mit und war verantwortlich für die volkswirtschaftlichen Studieninhalte. Seit 2003 ist er noch Autor für deren Rechtsnachfolger, die Service Agentur des Hochschulverbundes Distance Learning mit Sitz an der FH Brandenburg.

Zu Autor und Mitarbeiter

Von 1997 bis 1999 konzipierte und erarbeitete er auch an der FernFachhochschule Hamburg gGmbH die ersten volkswirtschaftlichen Lehrinhalte in den Fernstudiengängen Betriebswirtschaftslehre und Wirtschaftsingenieurwesen.

Im Rahmen dieser Tätigkeiten publizierte er über 70 Lehrmaterialien zu den verschiedensten Lehrgebieten der Allgemeinen Volkswirtschaftslehre, Mikro- und Makroökonomie, Wirtschaftspolitik, Finanzpolitik, Außenwirtschaft, Umweltpolitik, der nachhaltigen Wirtschaftsentwicklung, der internationalen wirtschaftlichen Integration und zum Einsatz rechnergestützter volkswirtschaftlicher Simulationsprogramme in der Ausbildung.

Im Nebenamt ist er Trainer in verschiedenen Unternehmens-Simulations-Programmen in Industrie und Hochschulen und lehrt u. a. in (auch berufsbegleitenden) betriebswirtschaftlichen und ingenieurwissenschaftlichen Bachelor- und Masterstudiengängen an der privaten Fachhochschule für Ökonomie und Management (FOM) am Standort Hamburg, der privaten Hochschule 21 in Buxtehude, der Fachhochschule der AKAD in Pinneberg und der Hanseatischen Verwaltungs- und Wirtschaftsakademie (VWA).

Dipl.-Wirt.-Ing. **Michael ANDING**, geboren 1980 in Jena, studierte nach seinem Abitur und dem darauf folgenden Zivildienst Wirtschaftsingenieurwesen an der Fachhochschule Jena. Während seines Studiums hatte er u. a. durch ein Praktikum bei der Fa. Siemens im amerikanisch-mexikanischen Grenzgebiet von El Paso (Texas) und Ciudad Juárez (Chihuahua) die Möglichkeit, Auswirkungen international vernetzter Wirtschaftstätigkeit zu erfahren.

Seine Diplomarbeit verfasste Michael Anding im Jahr 2004 bei Prof. Dr. Eibner in Zusammenarbeit mit dem Thüringer Ministerium für Wirtschaft, Technologie und Arbeit zum Thema: „Unternehmensbezogene Potentiale zur Verbesserung der Marktchancen im Thüringer Handwerk – unter Berücksichtigung der Anforderungen von Basel II". Von März 2005 bis Dezember 2006 war er als Portfoliomanager bei der E.ON Thüringer Energie AG in Erfurt tätig, einem Regionalversorger des größten europäischen Strom- und Gasanbieters, E.ON. Inzwischen ist Herr Anding Portfoliomanager bei der E.ON Sales & Trading GmbH, dem renommierten Handelshaus der E.ON Energie AG in München.

Inhaltsverzeichnis

Zu Autor und Mitarbeiter v

Inhaltsverzeichnis vii

Abbildungsverzeichnis xiii

Abkürzungsverzeichnis xviii

0 Einführung und Danksagung 1

0.1 Überblick über die nachfolgenden Lehrinhalte 1

0.2 Danksagungen 5

Teil A: Ausgewählte Organisationen aus dem Bereich internationaler Handelspolitik 9

1 Die Welthandelsorganisation (WTO) 9

1.1 Die WTO im Überblick 9

    1.1.1 Gründung und Ziele 9

    1.1.2 Die institutionelle Struktur der WTO 11

1.2 Das Allgemeine Zoll- und Handelsabkommen (GATT) 13

    1.2.1 Entwicklung und Ziele des GATT innerhalb der WTO ... 13

    1.2.2 Die handelspolitischen Grundprinzipien des GATT 16

    1.2.3 Weitere Grundsätze des GATT 20

1.3 Allgemeines Übereinkommen über den Handel mit Dienstleistungen (GATS) 23

1.4 Übereinkommen über handelsbezogene Aspekte der Rechte an geistigem Eigentum (TRIPS) 24

1.5 Handelspolitische Länderüberprüfungen (TPRM) und Überwachung regionaler Handels- und Integrationsabkommen 25

1.6 Streitschlichtung in der WTO (DSB) 26

1.7 Das Abkommen über handelsbezogene Investitionen (TRIMS) 30

1.8 Praktische Relevanz und Ausblick auf mögliche künftige Handlungsfelder der WTO 31

1.9 Kontrollfragen 34

2 Die Konferenz der Vereinten Nationen für Handel und Entwicklung (UNCTAD) 35

2.1 Wirtschaftspolitische Ziele der UNCTAD 35

2.2	Zentrale Politikfelder der UNCTAD	36
	2.2.1 Handelspolitik	37
	2.2.2 Entwicklungsfinanzierung	37
	2.2.3 Rohstoffpreisstabilisierung	38
2.3	Kontrollfragen	40

Teil B: Ausgewählte Organisationen aus dem Bereich internationaler Währungspolitik und Entwicklungsfinanzierung.... 41

3   Der Internationale Währungsfonds (IWF) 41

3.1	Ziele, Aufgaben und Organisationsstruktur des IWF	42
3.2	Das System von Bretton-Woods	47
3.3	Neuere Aufgaben des IWF im Rahmen der Zahlungsbilanz- und Liquiditätshilfen	49
3.4	Schuldenerlass: Die neuere Aufgabe des IWF	51
3.5	Probleme konditionaler Kreditvergabe des IWF	53
3.6	Kontrollfragen	57

4   Die Weltbankgruppe 58

4.1	Organisationsstruktur der Weltbankgruppe	58
4.2	Aufgaben der Weltbankgruppe	59
	4.2.1 Die Internationale Bank für Wiederaufbau und Entwicklung (IBRD)	59
	4.2.2 Die Internationale Entwicklungsorganisation (IDA)	61
	4.2.3 Aktivitäten der Weltbankgruppe zur Investitionsförderung: IFC, MIGA, GRIP und ICSID	63
	4.2.4 Zentrale Publikationen der Weltbankgruppe und die Bedeutung der Weltbank für exportorientierte Unternehmen	65
4.3	Kritische Betrachtung der Weltbankgruppe	66
	4.3.1 Kritische Erfolgsbeurteilung der Entwicklungsprojekte der Weltbank	67
	4.3.2 Hauptkritikpunkte an der Entwicklungspolitik der Weltbank und hieraus resultierender Handlungsbedarf	70
4.4	Die Notwendigkeit zu stärkerer aktiver Armutsbekämpfung: Kredite für die Armen	73
	4.4.1 Ungenügende Einbindung zu stark wachsender Bevölkerung in den Wirtschaftskreislauf	73

4.4.2 Hilfe zur Selbsthilfe: Das Beispiel der GRAMEEN BANK und der GRAMEEN STIFTUNG; ein EXKURS zu Mikrokrediten 75
4.4.3 Mikrokreditvergabe als neues Instrument auch der Weltbankgruppe 86
4.5 Perspektiven zukünftiger Gestaltungskraft der Weltbank 89
4.6 Kontrollfragen 97

5 Internationale Entwicklungsbanken mit regionalem Tätigkeitsbereich 98
5.1 Überblick: Ziele Regionaler Entwicklungsbanken 98
5.2 Die Europäische Bank für Wiederaufbau und Entwicklung (EBWE) 99
    5.2.1 Gründung und Aufgaben der EBWE 100
    5.2.2 Institutioneller Rahmen der Bank 103
    5.2.3 Zur generellen Bedeutung der EBWE für die Entwicklung osteuropäischer Staaten und der GUS 104
    5.2.4 Überblick über die Finanzierungen der EBWE 106
5.3 Asiatische Entwicklungsbank (ADB) 110
    5.3.1 Institutioneller Rahmen und Aufgaben der ADB 110
    5.3.2 Überblick über die Entwicklungsfinanzierung der Asiatischen Entwicklungsbank und ihrer Spezialfonds 115
    5.3.3 Mikrokredite der ADB 126
5.4 Inter-Amerikanische Entwicklungsbank (IADB) 128
    5.4.1 Institutioneller Rahmen und Aufgaben der IADB 128
    5.4.2 Die Inter-amerikanische Investitionskorporation (IIC) 130
    5.4.3 Der Multilaterale Investitionsfonds 130
    5.4.4 Überblick über die Entwicklungsfinanzierung der IADB und ihrer Unterorganisationen 131
5.5 Afrikanische Entwicklungsbank (AfDB) 137
    5.5.1 Institutioneller Rahmen und Aufgaben der AfDB 137
    5.5.2 Überblick über die Entwicklungsfinanzierung der Afrikanischen Entwicklungsbank-Gruppe 139
    5.5.3 Kreditvergaben der Afrikanischen Entwicklungsbank (AfDB) 142
    5.5.4 Kreditvergaben des Afrikanischen Entwicklungsfonds (AfDF) 144
    5.5.5 Der Nigeria Treuhandfonds (NTF) 147
5.6 Kritik an einer politisch und moralisch nicht ausreichend reflektierten Entwicklungsfinanzierung 149
5.7 Kontrollfragen 155

Teil C: Ausgewählte Gremien und Organisationen aus dem Bereich der wirtschaftspolitischen Zusammenarbeit und Integration. 157

6 Gremien internationaler Zusammenarbeit 157

6.1 Die Gruppe der 7 bzw. 8 größten Industriestaaten der Welt: G-7 und G-8 157
    6.1.1 Der Weg von der G-5 über die G-4 zur G-7 und G-8 158
    6.1.2 Wirtschaftspolitische Zusammenarbeit der G-7/ G-8 159
    6.1.3 Währungspolitische Zusammenarbeit der G-7/ G-8 160
    6.1.4 Entwicklungpolitische Zusammenarbeit der G-7/ G-8 161

6.2 Interessenvertretungen der Industriestaaten zur Stärkung internationaler Finanzmärkte und des Welthandels 162
    6.2.1 Die Gruppe der kreditstärksten Industriestaaten der Welt: G-10.... 162
    6.2.2 Die Gruppe der wirtschaftsstärksten Industriestaaten der Welt: G-20 163

6.3 Interessensvertretungen der Entwicklungsländer: Die Gruppe der 77 und die Gruppe der 24 164
    6.3.1 Die Gruppe der Entwicklungsländer: G-77 164
    6.3.2 Die Gruppe der 24: G-24 165

6.4 Interessensvertretungen der Finanzwelt: Pariser Club, Londoner Club und Institute of International Finance 165
    6.4.1 Der Pariser Club 165
    6.4.2 Der Londoner Club und das IIF 168

6.5 Kontrollfragen 170

7 Die Organisation für wirtschaftliche Zusammenarbeit und Entwicklung (OECD) 171

7.1 Gründung der OECD aus der OEEC 171
7.2 Mitgliedschaft, Ziele und Aufgaben 172
7.3 Organe und wichtigste Aktivitäten der OECD 176
    7.3.1 Der Wirtschaftspolitische Ausschuss 176
    7.3.2 Der Ausschuss für Kapitalverkehr und unsichtbare Transaktionen und der Ausschuss für Finanzmärkte 177
    7.3.3 Der Ausschuss für Entwicklungshilfe (DAC) 179
    7.3.4 Exkurs: Die Wirtschaftsleistung der Welt – in BIP – im Überblick 181
7.4 Zur konkreten Bedeutung der OECD für Unternehmen 185
7.5 Kontrollfragen 187

8 Die wirtschaftliche und politische Integration Europas durch die Europäische Union (EU) 188

8.1 Integrationsschritte zur Europäischen Union: Von der EGKS zum Vertrag von Nizza 190

    8.1.1 Stationen wirtschaftlicher und politischer Integration in West-Europa 190

    8.1.2 Die zentralen vertraglichen Grundlagen der Europäischen Integration nach den Unionsverträgen von Maastricht, Amsterdam und Nizza 196

8.2 Zusammenfassung zentraler Integrationsschritte Europas 199

8.3 Die Organisationsstruktur der Europäischen Union 202

    8.3.1 Der Ministerrat 205

    8.3.2 Der Europäische Rat 208

    8.3.3 Die Kommission 209

    8.3.4 Das Europäische Parlament 211

    8.3.5 Wichtige Ausschüsse 213

    8.3.6 Der Europäische Gerichtshof 214

    8.3.7 Der EU-Konvent: Die gescheiterte Verfassung 214

8.4 Die institutionellen Entscheidungsverfahren der Europäischen Union 223

8.5 Der Haushalt der Europäischen Union 225

    8.5.1 Die Einnahmen der Europäischen Union 225

    8.5.2 Die Verteilung der Beitragslast auf die einzelnen EU-Staaten 227

    8.5.3 Die Ausgaben der Europäischen Union 232

8.6 Die Europäische Agrarordnung 235

    8.6.1 Vertragsgrundlage und Ziele der europäischen Agrarpolitik 235

    8.6.2 Instrumente der Gemeinsamen Agrarpolitik (GAP) 236

    8.6.3 Agrarstrukturpolitik 238

    8.6.4 Kosten und Finanzierung der Europäischen Agrarmarktordnungen und Förderung ländlicher Entwicklung seit 2007 239

    8.6.5 Zur Notwendigkeit einer grundlegenden Umgestaltung europäischer Agrarpolitik 243

8.7 Das Binnenmarktkonzept 251

8.8 Regional- und Strukturpolitik 254

    8.8.1 Regional- und Strukturpolitik zur Angleichung unterschiedlicher Entwicklungsniveaus in der Europäischen Union 254

    8.8.2 Die Regional- und Strukturfonds der Europäischen Union 257

8.8.3 Umfang und Zielsetzung der europäischen Struktur- und Regionalpolitik bis 2006 258

8.8.4 Umfang und Zielsetzung der europäischen Struktur- und Regionalpolitik ab 2007 262

8.8.5 Strukturförderung der Beitrittsstaaten 266

8.9 Forschungs- und Technologiepolitik 269

8.9.1 Ansätze und Ziele europäischer Forschungs- und Technologiepolitik 269

8.9.2 Zur Umsetzung aktueller Forschungs- und Technologiepolitik 271

8.10 Die Europäische Union auf dem Weg zur Sozialunion 275

8.11 Die Europäische Wirtschafts- und Währungsunion (EWWU) 279

8.11.1 Gesetzliche Grundlagen sowie organisatorische und institutionelle Struktur der EWWU 281

8.11.2 Aufgaben und Aufbau der Europäischen Zentralbank 285

8.11.3 Die Konvergenzkriterien und der Wachstums- und Stabilitätspakt 289

8.11.4 Stichpunkte potentieller Auswirkungen der Europäischen Wirtschafts- und Währungsunion auf die weitere ökonomische Entwicklung Deutschlands bzw. der Europäischen Union 295

8.12 Kontrollfragen 300

Lösungshinweise zu den Kontrollfragen 303

Glossar 324

Verzeichnis der zitierten Literatur 340

Internetquellenverzeichnis 352

Abbildungsverzeichnis

Abbildung 1.1:	Institutionelle Struktur der WTO	11
Abbildung 1.2	Vertragsstruktur der WTO	12
Abbildung 1.3	Zollsenkungen in den Verhandlungsrunden des GATT/ der WTO	15
Abbildung 3.1:	Mitgliedstaaten des IWF inkl. Einlagen in Sonderziehungsrechten (SZR) absolut und relativ	45
Abbildung 4.1:	Darlehenszusagen der IBRD nach Regionen zum 30.6.2006	60
Abbildung 4.2:	Darlehenszusagen der IBRD nach Wirtschaftssektoren 2004	61
Abbildung 4.3:	Darlehenszusagen der IDA nach Regionen 2006 – 2008	62
Abbildung 4.4:	Misserfolge von Weltbankprojekten nach Art und Zielgruppe	68
Abbildung 4.5:	Nobelpreisträger Muhammad Yunus	75
Abbildung 4.6:	Entwicklung der jährlichen Auszahlungen von Mikrokrediten durch die Grameen Bank	77
Abbildung 4.7:	Bilanz der Grameen Bank zum Jahresende 2003	81
Abbildung 4.8:	Schlüsselzahlen der Hilfe der Grameen Bank zur Selbsthilfe für die Armen in Bangladesch; Stand Januar 2007	82
Abbildung 4.9:	Aktiva und Passiva der Grameen Stiftung	83
Abbildung 4.10:	Einnahmen, Ausgaben der Grameen Stiftung	83
Abbildung 4.11:	Weltweite Aktivitäten der Grameen Stiftung	84
Abbildung 4.12:	Verwendung der Mittel der Grameen Stiftung	85
Abbildung 4.13:	Kunden von Mikrokrediten weltweit in Millionen	86
Abbildung 4.14:	Aktive Umweltprojekte der IBRD und der IDA 1986 – 1997 nach Anzahl und in Mio. US-$	90
Abbildung 4.15:	Umweltausgaben der IBRD und der IDA 1996 – 2004	91
Abbildung 4.16:	Verteilung der Weltbank – GEF Mittel 1991 – 2006 in Millionen US-$	93
Abbildung 4.17:	Mobilisierung von öffentlichem und privatem Kapital zugunsten der Umwelt: Das Weltbank – GEF Programm 1991 – 2006	94

Abbildungsverzeichnis

Abbildung 5.1: Mitgliedstaaten der EBWE 2007 (dunkle Länder) 100

Abbildung 5.2: Anteil des Privatsektors am Geschäftsvolumen der EBWE-Kreditvergabe 102

Abbildung 5.3: Stimmrechtsanteile der einzelnen Mitglieder (-gruppen) der EBWE 104

Abbildung 5.4: Kreditzusagen und Auszahlungen der EBWE im Zeitraum 2001 bis 2005 in Mrd. US-$ 106

Abbildung 5.5: Finanzierungen der EBWE nach Sektoren 2005 107

Abbildung 5.6: Kreditvergaben der EBWE nach Regionen 108

Abbildung 5.7: Verteilung der Kreditvergaben der ADB nach Ländern 2004/2005 in Mio. US-$ 116

Abbildung 5.8: Verteilung der Kreditvergaben der ADB nach Sektoren 2004 und 2005 117

Abbildung 5.9: Verteilung der gesamten Kofinanzierungen auf Empfängerländer für die Jahre 2001-2005 in % des Gesamtvolumens von 49,5 Mrd. US-$ 118

Abbildung 5.10: Kreditvergabe über ADF-VIII nach Zielen, 2001 – 2004 in % 120

Abbildung 5.11: Kreditvergaben über ADF-VIII an Mitgliedsländer 2001 – 2004 120

Abbildung 5.12: Kreditvergaben über ADF-IX an Mitgliedsländer 2005 – 2008 in Mio. US-$ 121

Abbildung 5.13: Sektorale Mittelvergabe Technischer Unterstützung, 2005, in Mio. US-$ 123

Abbildung 5.14: Bewilligte Mittelvergaben Technischer Unterstützung nach Zuweisungen an Länder, 2005, in Mio. US-$ 123

Abbildung 5.15: Genehmigte Finanzierungen nach Sektoren aus dem Japan Spezial Fonds 2005 in Mio. US-$ 124

Abbildung 5.16: Verteilung der Mittel für Mikrokredite auf ADB-Mitgliedsländer 126

Abbildung 5.17: Stimmrechtsverteilung der Mitgliedstaaten in der IADB 129

Abbildung 5.18: Kreditvergaben inkl. Garantien der IADB und daraus resultierende Projektsummen für 2006 und kumuliert für die Jahre 1961 – 2006, in Mio. US-$ 132

Abbildung 5.19: Kreditvergabe inkl. Kreditgarantien nach Sektoren, 2006 und kumuliert 1961 – 2006; absolut in Mio. US-$ und relativ in % 133

Abbildung 5.20: Entwicklungshilfe-Fonds der Industriestaaten in Zusammenarbeit mit der IADB 135

Abbildung 5.21: Übersicht über die gesamten Kreditvergaben und Zuschüsse aller Institutionen der AfDB-Gruppe: AfDB, AfDF und NTF für diverse Zeiträume................................. 139

Abbildung 5.22: Empfängerstaaten von Finanzhilfen der AfDB, Stand 2007 142

Abbildung 5.23: Sektorale Verteilung der AfDB Kredite von 1967 bis 2005 in % von 21,6 Mrd. US-$ 142

Abbildung 5.24: Regionale Verteilung der AfDB Kredite zwischen 1967 und 2005 in % von 21,6 Mrd. US-$ 143

Abbildung 5.25: Von der ADB genehmigte/ unterstützte Projekte und Programme im Jahr 2005....................................... 144

Abbildung 5.26: Empfängerstaaten von Finanzhilfen der AfDF, Stand 2007. 145

Abbildung 5.27: Sektorale Verteilung der AfDF Kredite zwischen 1974 und 2005 in % von 13,8 Mrd. US-$ 146

Abbildung 5.28: Regionale Verteilung der AfDF Kredite zwischen 1974 und 2005 in % von 13,8 Mrd. US-$ 146

Abbildung 5.29: Verteilung der Kreditvergaben des NTF nach Sektoren, 1976 – 2005 in % von 350 Mio. US-$ 148

Abbildung 5.30: Kumulierte Kreditvergaben der NTF nach Regionen, 1976 – 2005 in % von 350 Mio. US-$ 148

Abbildung 5.31: Himba im Grenzgebiet Angola – Namibia 154

Abbildung 7.1: Mitgliedstaaten der OECD, 2006 173

Abbildung 7.2: Öffentliche Entwicklungshilfe (ODA) der DAC-Länder im Durchschnitt der Jahre 1993 bis 1995 und im Jahr 2005 180

Abbildung 7.3: Überblick über Bevölkerungshöhe 2001/ 2006, Höhe des BIP 2005 – berechnet alternativ in Kaufkraftparitäten (KKP) und aktuellen Wechselkursen 2005 – sowie Höhe des Pro-Kopf-Einkommens (BIP) 2000/ 2005 berechnet in KKP (2000/ 2005) und zu aktuellen Wechselkursen (WK) 2005 . 185

Abbildungsverzeichnis

Abbildung 8.1: Unterzeichnung der Römischen Verträge zur Gründung der EWG und der EAG in Rom am 25.3.1957. 192

Abbildung 8.2: Grunddaten zu den 27 Mitgliedstaaten der Europäischen Union 195

Abbildung 8.3: Zeittafel zentraler europäischer Integrationsschritte 201

Abbildung 8.4: Matrix der Präsenz der Mitgliedstaaten in den wichtigsten Institutionen/ Gremien der Europäischen Union im Jahr 2007 – entsprechend der Festlegungen des Vertrages von Nizza und des Erweiterungsvertrages vom 21.6.2005 203

Abbildung 8.5: Entscheidungsfindung in der EU, Stand 2007 204

Abbildung 8.6: Zusammensetzung des Konvents der Europäischen Union.. 215

Abbildung 8.7: Gesetzgebungsverfahren der EU entsprechend Art. 251 und Art. 252 EGV 224

Abbildung 8.8: Prozentualer Anteil der verschiedenen EU-Eigenmittel im Vergleich der Jahre 1996 und 2007 226

Abbildung 8.9: Gesamtbetrag der Eigenmittelzahlungen der einzelnen Mitgliedstaaten in den EU-Haushalt 1995 und 2005 absolut und relativ 227

Abbildung 8.10: Das EU-Budget 2005 228

Abbildung 8.11: Überblick über die Entwicklung des Bruttobeitrags Deutschlands zum EU-Haushalt 2004 bis 2013 229

Abbildung 8.12: Nettobeitragsposition der EU-Mitgliedstaaten im Jahr 2000 in Mrd. Euro 230

Abbildung 8.13: Operative Beitragssalden der jeweiligen EU-Mitgliedstaaten in der Nettozahlerbetrachtung 231

Abbildung 8.14: Ausgaben der Europäischen Union 2001 – 2006 233

Abbildung 8.15: EU Ausgaben 2004 234

Abbildung 8.16: EU Haushaltsentwurf 2007 bis 2013 234

Abbildung 8.17: Verteilung der Mittel des Europäischen Landwirtschaftsfonds in Höhe von 8,1 Mrd. Euro auf die deutschen Bundesländer 2007 – 2013 242

Abbildung 8.18: Regionale Unterschiede im BIP pro Kopf der EU-Staaten des Jahres 1997 256

Abbildung 8.19: Strukturhilfen der EU 1988 – 2006 258

Abbildung 8.20: Verteilung der Strukturhilfen nach Zielen und
Verwendungen 259

Abbildung 8.21: Regionalverteilung der Mittel aus den Strukturfonds der EU
nach Zielen 1 und 2 inklusive der spanischen (Kanarische
Inseln), französischen (Guadaloupe, Martinique, Réunion,
Guyana) und portugiesischen (Azoren, Madeira) Übersee-
Gebiete.. 260

Abbildung 8.22: Verteilung der Mittel aus den EU-Strukturfonds auf die
einzelnen Empfängerstaaten im Zeitraum 2000 – 2006 in
absoluter (Mio. €) und Pro-Kopf-Betrachtung (€) 262

Abbildung 8.23: Verteilung der neuen Strukturfonds-Förderung auf die EU-
Mitgliedstaaten in den Jahren 2007 – 2013 264

Abbildung 8.24: Beitrittsförderung der 10 osteuropäischen Beitrittsländer
durch die EU 2000 – 2006 in Mio. Euro 267

Abbildung 8.25: Der EFR als ein Katalysator in der Koordination Europäischer Forschungs- und Technologiepolitik inkl. des
6. Forschungsrahmenplanes FP6 271

Abbildung 8.26: Mittelzuweisungen im Rahmen des 6. Forschungsrahmenprogramms der EU 2001 273

Abbildung 8.27: Mittelzuweisungen im Rahmen des 7. Forschungsrahmenprogramms der EU 2007 274

Abbildung 8.28: Gesetzliche Mindestlöhne in der EU in Euro/ Stunde,
Stand 2007 277

Abbildung 8.29: Die Europäische Zentralbank in Frankfurt/ M. 283

Abbildung 8.30: Organisationsstruktur des Europäischen Systems der
Zentralbanken (Stand 2007) 286

Abbildung 8.31: Erreichte Konvergenz der EU-Staaten 2003 und 2004 291

Abbildung 8.32: Stand der Konvergenzkriterien zur Staatsverschuldung
der 10 EU-Beitrittsstaaten von 2004 für das Jahr 2006 292

Abbildung 8.33: Veränderung der relativen Lohnstückkosten Deutschlands
1995 – 2005 298

Abkürzungsverzeichnis

AfDB: African Development Bank, Afrikanische Entwicklungsbank

AfDF: African Development Fund, Afrikanischer Entwicklungsfonds

ADB: Asian Development Bank, Asiatische Entwicklungsbank

ADBI: Asian Development Bank Institute, Forschungsinstitut der Asiatischen Entwicklungsbank

ADF: Asian Development Fund, Asiatischer Entwicklungsfonds

APTA: Asian Pacific Trade Agreement, Asiatisches Freihandelsabkommen

ARIC: Bis 2004: Asia Recovery Information Center, Asiatisches Informationsbüro für Wiederaufbau (der ⇨ ADB);
seit 2004: Asia Regional Information Center, Asiatisches Büro für Regionalen Informationsaustausch (der ⇨ ADB)

ASEAN: Association of Southeast Asian Nations, Vereinigung südostasiatischer Staaten

ATF: Asian Tsunami Fund, Asiatischer Tsunami Fonds (der ⇨ ADB)

AusAID: Australian Agency for International Development, Australische Agentur für internationale Entwicklung

BeNeLux: Kürzel für Belgien, Niederlande, Luxemburg

BIP: Bruttoinlandsprodukt

BIZ: Bank für internationalen Zahlungsausgleich

BNE: Bruttonationaleinkommen (vormals ⇨ BSP)

BSP: Bruttosozialprodukt (heute ⇨ BNE)

CAF: Corporatión Andina de Fomento, Anden-Entwicklungsbank

CARICOM: Caribbean Community and Common Market, Gemeinschaft der Karibikstaaten

CCFF: Kompensations- und Eventualfall-Finanzierungsvorkehrung (des ⇨ IWF)

CDB: Carribean Development Bank, Karibische Entwicklungsbank

CESI: Committee on Environmental and Social Impact, Komitee für Umwelt- und Sozialangelegenheiten (der ⇨ ADB)

CFM: Committee on Financial Markets, Ausschuss für Finanzmärkte (der ⇨ OECD)

CGAP: Consultative Group to Assist the Poorest; Konsultationsgruppe zur Unterstützung der Ärmsten (der ⇨ Weltbankgruppe)

CIME: Committee on International Investment and Multinational Enterprises, Ausschuss für internationale Investitionen und multinationale Unternehmen (der ⇨ OECD)

CMIT: Committee on Capital Movements and Invisible Transactions, Ausschuss für Kapitalverkehr und unsichtbare Transaktionen (der ⇨ OECD)

COREPER: Comité des Représentants Permanents, Ausschuss der Ständigen Vertreter des Rates (der ⇨ EU);

COST: Coopération Scientifique et Technique, Programm zur Koordinierung einzelstaatlicher Forschungsanstrengungen in der Grundlagenforschung der EU-Forschungs- und Technologiepolitik (der ⇨ EU)

DAC: Development Assistance Committee, Ausschuss für Entwicklungshilfe (der ⇨ OECD)

DSB: Dispute Settlement Body, Streitschlichtungs-Schiedsgericht (der ⇨ WTO)

EAG: Europäische Atomgemeinschaft (auch als ⇨ Euratom bezeichnet)

EAGFL: Europäischer Ausrichtungs- und Garantiefonds für die Landwirtschaft im Rahmen (der ⇨ GAP)

EBWE: Europäische Bank für Wiederaufbau und Entwicklung

ECOFIN: Rat (der ⇨ EU) für Economics und Finance, für Wirtschaft und Finanzen

ECU: European Currency Unit, Europäische Währungseinheit

EDRC: Economic and Development Review Committee, Ständiger Prüfungsausschuss für Wirtschafts- und Entwicklungsfragen (der ⇨ OECD)

EEA: Einheitliche Europäische Akte (der ⇨ EG)

EEAP: Earthquake Emergency Assistance Project, Erdbeben Nothilfeprojekt (der ⇨ ADB)

Abkürzungsverzeichnis

EFR:	Europäischer Forschungsraum (der ⇨ EU)
EFRE:	Europäischer Fonds für regionale Entwicklung (der ⇨ EU)
EFTA:	European Free Trade Association, Europäische Freihandelszone
EG:	Europäische Gemeinschaft, Europäische Gemeinschaften
EGFL:	Europäischer Garantiefonds für die Landwirtschaft im Rahmen (der ⇨ GAP)
EGKS:	Europäische Gemeinschaft für Kohle und Stahl, gegründet 1951
EGV:	Vertrag zur Gründung der Europäischen Gemeinschaft
EIA:	Environmental Impact Assessment, Umweltverträglichkeitsprüfung (der ⇨ ADB)
EIB:	Europäische Investitionsbank
EIF:	Europäischer Investitionsfonds
ELER:	Europäischer Landwirtschaftsfonds für die Entwicklung des ländlichen Raums im Rahmen (der ⇨ GAP)
EMRK:	Europäische Menschenrechts-Konvention des Europarates
EP:	Europäisches Parlament
EPC:	Economic Policy Committee, Wirtschaftspolitischer Ausschuss (der ⇨ OECD)
EPZ:	Europäische Politische Zusammenarbeit (der ⇨ EU)
ESAF:	Erweiterte Strukturanpassungsfazilität (des ⇨ IWF)
ESF:	Europäischer Sozialfonds (der ⇨ EU)
ESIR:	Environmental and Social Impact Report, Bericht über Auswirkungen auf Umwelt- und Sozialentwicklung (der ⇨ ADB)
ESPRIT:	Europäisches strategisches Forschungs- und Entwicklungsprogramm auf dem Gebiet der Informationstechnologien
ESZB:	Europäisches System der Zentralbanken
EU:	Europäische Union
EUGH:	Europäischer Gerichtshof
EURAB:	European Research Advice Board, Europäischer Forschungsbeirat (der ⇨ EU)

Euratom:	Europäische Atomgemeinschaft (auch als ⇨ EAG bezeichnet)
Europol:	Europäisches Polizeiamt
EUV:	Vertrag über die ⇨ EU
EVG:	Europäische Verteidigungsgemeinschaft
EWA:	Europäisches Währungsabkommen (1955)
EWG:	Europäische Wirtschaftsgemeinschaft
EWGV:	EWG-Vertrag
EWI:	Europäisches Währungsinstitut
EWR:	Europäischer Wirtschaftsraum (zwischen den Staaten der ⇨ EU und der ⇨ EFTA)
EWS:	Europäisches Währungssystem
EWWU:	Europäische Wirtschafts- und Währungsunion
EZB:	Europäische Zentralbank
EZU:	Europäische Zahlungsunion
FAO:	Food and Agriculture Organization, Ernährungs- und Landwirtschaftsorganisation (der ⇨ UN)
FAST:	Programm zur Vorausschau und Bewertung der technologischen Entwicklung der EU-Forschungs- und Technologiepolitik
FIAF:	Finanzinstrument für die Anpassung der Fischerei (der ⇨ EU)
FIAS:	Foreign Investment Advisory Services, Direktinvestitions-Beratungsdienste (der ⇨ Weltbankgruppe)
FINCA:	Foundation for International Community Assistance
FONDEP:	Foundation for Local Development and Partnership, Stiftung für Lokale Entwicklung und Partnerschaft (der ⇨ Weltbankgruppe)
FP:	Forschungsrahmenprogramm (der ⇨ EU)
FSD:	Financial Sector Development Department, Entwicklungsabteilung für den Finanzsektor (der ⇨ Weltbankgruppe)
FSO:	Fund for Special Operations, Fonds für besondere Aufgaben (der ⇨ IADB)
FTAA:	Free Trade Area of the Americas, geplante Amerikanische Freihandelszone

Abkürzungsverzeichnis

G-4 ... G-8:	Gruppe der 4 bis 8 wirtschaftlich stärksten Industrienationen
G-10:	Gruppe der 11 finanzstärksten Industrienationen (10 plus Schweiz)
G-20:	Gruppe der 20 wichtigsten Volkswirtschaften der Welt
G-24:	Währungspolitisches Sondergremium der Schwellen- und Entwicklungsländer innerhalb der ⇨ G-77
G-77:	Gruppe der Entwicklungsländer
GAP:	Gemeinsame Agrarpolitik (der ⇨ EU)
GASP:	Gemeinsame Außen- und Sicherheitspolitik (der ⇨ EU)
GATS:	Allgemeines Abkommen für den Handel von Dienstleistungen, (Organ der ⇨ WTO)
GATT:	Allgemeines Zoll- und Handelsabkommen; gegründet 1948, (jetzt Organ der ⇨ WTO)
GEF:	Global Environment Facility, Globale Umweltfazilität
GFS:	Gemeinsame Forschungsstellen im Rahmen der Forschungs- und Technologiepolitik (der ⇨ EU)
GI:	Gemeinschaftsinitiativen der Strukturpolitik (der ⇨ EU)
GRIP:	Guaranteed Recovery of Investment Principal, Investitionsausfallgarantie (der ⇨ IFC)
GUS:	Gemeinschaft Unabhängiger Staaten (der ehemaligen Sowjetunion)
HIPC:	Heavily Indebted Poor Countries, die Gruppe der am stärksten verschuldeten Entwicklungsländer
IADB:	Inter-American Development Bank, Inter-Amerikanische Entwicklungsbank
IBRD:	International Bank for Reconstruction and Development, Internationale Bank für Wiederaufbau und Entwicklung (Teil der ⇨ WBG)
ICSID:	International Centre for Settlement of Investment Disputes, Internationales Zentrum zur Beilegung von Investitionsstreitigkeiten (Teil der ⇨ WBG)
IDA:	International Development Association, Internationale Entwicklungsorganisation (Teil der ⇨ WBG)

IEA:	Internationale Energieagentur
IFAD:	International Fund for Agricultural Development, Internationaler Fonds für landwirtschaftliche Entwicklung (der ⇨ UN)
IFC:	International Finance Corporation, Internationale Finanzkorporation (Teil der ⇨ WBG)
IIF:	Institute of International Finance, Internationales Finanzinstitut
IMF:	International Monetary Fund (vgl. ⇨ IWF)
IPA:	Instrument for Pre-Accession Assistance, Instrument für Heranführungshilfe zukünftiger Beitrittsländer (der ⇨ EU)
ISPA:	Instrument for Structural Policy for Pre-Accession, Strukturpolitisches Instrument der ökonomischen und sozialen Kohäsion, insbesondere der Umwelt- und der Verkehrspolitik für die Beitrittsländer (der ⇨ EU)
ITO:	International Trade Organization, Internationale Handelsorganisation
IWF:	Internationaler Währungsfonds
JASPERS:	Joint Assistance in Supporting Projects in European Regions, Gemeinsame Hilfe bei der Unterstützung von Projekten europäischer Regionen (der ⇨ EU)
JEREMIE:	Joint European Resources for Micro to Medium Enterprises, Gemeinsame europäische Ressourcen für kleinste bis mittlere Unternehmen (der ⇨ EU)
JESSICA:	Joint European Support for Sustainable Investment in City Areas, Gemeinsame europäische Hilfe für nachhaltige Investitionen in städtischen Gebieten (der ⇨ EU)
JET:	Joint European Trust, Forschungsanlage für Kernfusion und Energiegewinnung (der ⇨ EU)
JFPR:	Japan Fund for Poverty Reduction, Japan-Fonds zur Armutsbekämpfung (der ⇨ ADB)
JSF:	Japan Special Fund, Japan-Spezialfonds (der ⇨ ADB)
KMU:	Kleine und mittelständische Unternehmen
LDCs:	Least Developed Countries, die am wenigsten entwickelten Länder

Abkürzungsverzeichnis

MAI: Multilateral Agreement on Investments, multilaterale Vereinbarung über Investitionen (der ⇨ OECD)

MDRI: Multilateral Debt Relief Initiative, multilaterale Initiative zum Schuldenverzicht (des ⇨ IWF)

MERCOSUR: Mercado Común del Sur bzw. Mercado Comum do Sul, Freihandelszone in Südamerika

MFA: Multifaserabkommen

MFI: Microfinance Institution, Mikrokreditinstitution

MIGA: Multilateral Investment Guarantee Agency, Multilaterale Investitions-Garantie-Agentur (der ⇨ WBG)

NAFTA: North American Free Trade Agreement, Nordamerikanische Freihandelszone

NGOs: Non Governmental Organizations, Nicht-Regierungsorganisationen

NTF: Nigerian Trust Fund, Nigerianischer Treuhandfonds (der ⇨ AfDB)

OAU: Organization of African Unity, Organisation für afrikanische Einheit

OCR: Ordinary Capital Resources, ordentliches Kapital

ODA: Official Development Assistance, Öffentliche Entwicklungshilfe

OECD: Organization for Economic Co-operation and Development, Organisation für wirtschaftliche Zusammenarbeit und Entwicklung

OEEC: Organization for European Economic Co-operation, Organisation für europäische wirtschaftliche Zusammenarbeit

PEF: Pakistan Earthquake Fund, Pakistan Erdbebenhilfsfonds (der ⇨ ADB)

PHARE: Beitrittsförderndes Strukturprogramm der ⇨ EU zugunsten der 10 osteuropäischen Beitrittsstaaten.

PIC: Public Information Center, Allgemeines Infomationsbüro (der ⇨ ADB)

Abkürzungsverzeichnis

PRGF: Poverty Reduction and Growth Facility, Armutsreduzierungs- und Wachstumsfazilität (des ⇨ IWF)

PRSP: Poverty Reduction Strategy Paper, Strategiepapier zur Armutsbekämpfung (des ⇨ IWF)

SAF: Strukturanpassungsfazilität (des ⇨ IWF)

SAPARD: Special Accession Programme for Agriculture and Rural Development, Spezielles Programm für landwirtschaftliche und ländliche Entwicklung (der ⇨ EU)

SBP: Sustainable Banking with the Poor Initiative, Initiative für nachhaltige Kreditgeschäfte mit Armen (der ⇨ WBG)

SEAF: Special Emergency Assistance Fund for Drought and Famine in Africa, Notstandsfonds gegen Dürre und Hungersnot in Afrika (der ⇨ AfDB)

SEDF: Soros Economic Development Fund, Soros wirtschaftlicher Entwicklungsfonds

SME: Small and Medium-Sized Enterprises (eine Institution der ⇨ OECD zur Förderung von kleinen und mittelständischen Unternehmen)

SMED: Small and Medium Enterprise Department, Abteilung zur Förderung von Klein- und mittelgroßen Unternehmen (der ⇨ WBG)

SRF: Special Relief Fonds, Krisenhilfsfonds (der ⇨ AfDB)

STF: Systemübergangsfazilität (des ⇨ IWF)

SZR: Sonderziehungsrechte (des ⇨ IWF; 15. Juni 2007: 1 SZR = 0,75 Euro oder 1,01 US-$)

TASF: Technical Assistance Special Fund, Fonds zur Technischen Unterstützung (der ⇨ ADB)

TPRM: Trade Policy Review Mechanism, Handelsüberwachungsmechanismus (der ⇨ WTO)

TRIMS: Trade Related Investment Measures, Abkommen über handelsbezogene Investitionen (des ⇨ GATT)

TRIPS: Trade Related Aspects of Intellectual Property Rights, Übereinkommen über handelsbezogene Aspekte an geistigem Eigentum (der ⇨ WTO)

Abkürzungsverzeichnis

UA: Unit of Account, Verrechnungseinheit (der ⇨ AfDB), im Wert von 0,8887 Gramm Gold (2005: = 1,17 Euro oder 1,47 US-$)

UN(O) United Nations (Organization), Vereinte Nationen

UNAIDS: Joint United Nations Program on HIV/ AIDS, UN-Hilfsprogramm zur Bekämpfung von HIV/ AIDS

UNCTAD: United Nations Conference on Trade and Development, Konferenz der Vereinten Nationen für Handel und Entwicklung

UNDP United Nations Development Program, Entwicklungsprogramm der Vereinten Nationen

UNEP United Nations Environment Program, Umweltprogramm der Vereinten Nationen

UNIDO: United Nations Industrial Development Organization, Organisation der Vereinten Nationen für industrielle Entwicklung

WBG: Weltbankgruppe

WBI: Weltbankinstitut (der ⇨ WBG)

WIPO: World Intellectual Property Organization, Weltorganisation der Vereinten Nationen für geistiges Eigentum

WKM: Wechselkursmechanismus (der ⇨ EWWU)

WSA: Wirtschafts- und Sozialausschuss (der ⇨ EU)

WTA: Welttextilabkommen (= ⇨ MFA)

WTO: World Trade Organization, Welthandelsorganisation

0 Einführung und Danksagung

Dieses Lehrbuch ist auch in englischer Sprache erschienen: Die Parallel-Ausgabe mit dem Titel „**International Economic Integration: Selected International Organizations and the European Union**" gibt den identischen Lehrinhalt wieder.

In beiden Lehrbüchern sind Seiteninhalt und Seitenumbruch absolut identisch.

Durch die zunehmende Internationalisierung auch der akademischen Lehre werden an deutschen Hochschulen vermehrt Lehrveranstaltungen in englischer Sprache angeboten. Auch an englischsprachigen Universitäten werden Veranstaltungen in deutsch abgehalten, zumindest in den Fakultäten für Sprachen.

Eine gleichzeitige Bearbeitung der beiden Sprachteile hilft Studenten, die noch nicht über das notwendige Fachvokabular zu den Themengebieten 'Internationale Organisationen' und 'Internationale Wirtschaft' verfügen, einer englisch- oder deutschsprachigen Lehrveranstaltung erfolgreich folgen zu können.

0.1 Überblick über die nachfolgenden Lehrinhalte

Das vorliegende **Lehrbuch in bilingualer Veröffentlichung mit der zugehörigen englischen Fassung** möchte dem interessierten Leser einen profunden Überblick über die **wichtigsten Organisationen und Institutionen** im weiten Bereich **internationaler wirtschaftlicher Kooperation und Integration** auf hohem wissenschaftlichen Niveau und dennoch allgemeinverständlicher Darstellung geben.

Dabei sollen neben **Studenten der Wirtschaftswissenschaften** und auch **des Wirtschaftsingenieurwesens** an Universitäten und Fachhochschulen ebenfalls **interessierte Leser anderer Fachgebiete** angeregt werden, sich mit Internationalen Organisationen im Bereich der wirtschaftlichen Kooperation und Integration, insbesondere auch mit der Europäischen Union, zu beschäftigen; dies bietet ihnen **eine hervorragende Möglichkeit,** sich parallel zur Weiterbildung in den Bereichen Internationaler Organisationen bzw. Internationaler Wirtschaft **das hier zugehörige englisch-/deutschsprachige (Fach-) Vokabular anzueignen.**

Einführung und Danksagung

Aufgrund der parallelen deutsch-englischen Präsentation der Lehrinhalte ist das vorliegende Lehrbuch zusammen mit der englischen Version auch **sehr gut geeignet für Studierende der Sprachwissenschaften,** bzw. der **Anglistik,** die sich intensiver mit dem weiten Feld der internationalen ökonomischen Integration beschäftigen möchten.

Zentrales Ziel der nachfolgenden Inhalte ist es, dem Leser die Möglichkeit zu bieten, sich über die **grundlegenden Kausalbeziehungen internationaler Vernetzungen** unserer **zunehmend globalisierten Umwelt**, die sich bis in das tägliche Leben eines jeden Einzelnen hinein auswirken, zu informieren und mit aktuellen Entwicklungen Schritt zu halten.

Zielsetzung dieses Buches ist es, einen Überblick über die wichtigsten internationalen Organisationen, Gremien und Abkommen zu geben, die für die internationale Zusammenarbeit und Kooperation von Staaten ebenso bedeutsam sind, wie für die Möglichkeit von Unternehmen global agieren zu können.

Die nachfolgende Darstellung wird dreigeteilt Organisationen und Gremien aus den **Bereichen** internationaler **Handelspolitik (Teil A), Währungspolitik und Entwicklungsfinanzierung (Teil B)** sowie **wirtschaftspolitischer Zusammenarbeit und Integration (Teil C)** behandeln.

Aus der großen Zahl internationaler Organisationen, Institutionen und Gremien ist für den handelspolitischen **Teil A** neben der **Welthandelsorganisation (WTO)** auch die **UNCTAD** von Bedeutung: Während die Arbeit der WTO in der Tradition des GATT mehr auf eine allgemeine Handelsliberalisierung und -kodifizierung internationaler Handelsströme ausgerichtet ist, ist Ziel der UNCTAD eher die Schaffung einer 'gerechten', neuen Welthandelsordnung.

Teil B stellt aus dem Bereich der währungspolitischen Integration und Entwicklungsfinanzierung die beiden Bretton-Woods Institute vor: Den **Internationalen Währungsfonds (IWF)** und die **Weltbankgruppe**, die maßgeblich sind für die Stabilität des weltweiten Währungs- und Finanzsystems (IWF) wie auch für die Entwicklungsfinanzierung (Weltbankgruppe).

Als ein Aspekt der **kritischen entwicklungspolitischen Diskussion der Tätigkeiten der Weltbank** wird auch eingegangen auf die besondere Bedeutung von **Mikrokrediten** im Rahmen einer aktiven Armutsbekämpfung. In einem Exkurs wird in diesem Zusammenhang beispielhaft die Arbeit der **Grameen Bank** vorgestellt.

In einem weiteren Schwerpunkt dieses Teiles werden die **Regionalen Entwicklungsbanken** für Osteuropa, Asien, Lateinamerika und Afrika vorgestellt und deren Bedeutung für die regionale Wirtschaftsentwicklung diskutiert.

Eine generelle **kritische Bestandsaufnahme** der gegenwärtigen, politisch und ethisch nicht ausreichend reflektierten **Entwicklungsfinanzierung** schließt diesen Teil B.

Teil C befasst sich mit Gremien und Organisationen wirtschaftspolitischer Zusammenarbeit und Integration. Nach einer Vorstellung der wichtigsten **Gremien informeller internationaler Zusammenarbeit** (wie z. B. der dem Leser sicher bekannten **G-8**) werden die **OECD** und – Schwerpunkt setzend für Teil C – die **zentralen integrationspolitischen Ziele und Inhalte** der **Europäischen Union** behandelt.

Die **Europäische Union** als besondere Form wirtschaftlicher, politischer und zunehmend auch sozialer Integration stellt ein für unser Wirtschaftsleben wie auch generell für die weitere wirtschaftliche und politische Entwicklung zentrales Vertragswerk dar, mit dem jeder Entscheidungsträger – im Grunde jeder Bürger – vertraut sein sollte. Entsprechend sinnvoll ist es, die zentralen Politikelemente ebenso wie die Institutionen der EU inkl. ihrer Entscheidungsfindungsprozesse und zukünftigen Perspektiven zu kennen.

Alle vorgestellten Organisationen und Gremien beeinflussen in herausgehobener Weise die internationalen Wirtschaftsbeziehungen und sind untrennbar mit den Stichworten Handels- und Währungsliberalisierung verbunden.

Dies sind Punkte, die jedes exportorientierte, aber auch jedes nur national agierende Unternehmen interessieren muss, wenn es gegen ausländische Konkurrenz national oder international bestehen will.

Hierfür unabdingbar ist es, die 'Spielregeln der internationalen Wirtschaftspolitik und des Handels' zu kennen und zu verstehen. Diese Rahmenbedingungen wurden und werden im Zuge zunehmender Globalisierung maßgeblich gestaltet von den vorgestellten Institutionen und Organisationen.

Insbesondere den Lesern, die das vorliegende Buch im Rahmen einer Prüfungsvorbereitung an Hochschulen nutzen, wird mit Nachdruck die selbständige **Bearbeitung** und **Lösung der Kontrollfragen** empfohlen; die Erfahrung zeigt, dass von Studenten oftmals gerade die Lehrinhalte 'einfacher' Teile ohne formal-mathematische Inhalte unterschätzt werden. Die **Lösungshinweise** sollten im Interesse eines maximalen Lernerfolges immer erst **nach Beantwortung der Fragen** zur nachträglichen Kontrolle **konsultiert** werden.

Einführung und Danksagung

Zusammengefasst behandeln die **Teile A bis C** der beiden bilingualen Lehrbücher folgende **Inhalte**:

	Themenbereiche:
Teil A:	**Internationale Handelspolitik** **International Trade Policy**
1.	Die Welthandelsorganisation (WTO) The World Trade Organization (WTO)
2.	Die Konferenz der Vereinten Nationen für Handel und Entwicklung (UNCTAD) The United Nations Conference on Trade and Development (UNCTAD)
Teil B:	**Internationale Währungspolitik und Entwicklungsfinanzierung** **International Monetary Policy and International Deveiopment Lending**
3.	Der Internationale Währungsfonds (IWF) The International Monetary Fund (IMF)
4.	Die Weltbankgruppe The World Bank Group
5.	Regionale Entwicklungsbanken Regional Development Banks
Teil C:	**Internationale wirtschaftspolitische Zusammenarbeit und Integration** **International Economic Cooperation and Integration**
6.	Gremien internationaler Zusammenarbeit Bodies of International Collaboration
7.	Die Organisation für wirtschaftliche Zusammenarbeit und Entwicklung (OECD) The Organization for Economic Co-operation and Development (OECD)
8.	Die wirtschaftliche und politische Integration Europas durch die Europäische Union (EU) Economic and Political Integration of Europe through the European Union (EU)

0.2 Danksagungen

Die Idee zu dem vorliegenden Buch entstand bereits zu Beginn meiner Lehrtätigkeit an der Fachhochschule Jena im Jahre 1993: Immer wieder baten Studenten um eine schriftliche Zusammenfassung der in den Veranstaltungen gebotenen Lehrinhalte zu internationalen Abkommen und Organisationen, insbesondere auch zur Europäischen Union.

Zudem war integraler Bestandteil des Studienganges Wirtschaftsingenieurwesen auch eine intensive fachliche Fremdsprachenausbildung. Mein besonderer Dank gilt insofern meinem langjährigen amerikanischen Kollegen und Freund, Professor Dr. **Dennis P. de Loof**, der den Anstoß gab, meine Lehrunterlagen bilingual in Deutsch und Englisch zu veröffentlichen, und der über 50 % des deutschsprachigen Textes dieses Lehrbuches mit großem Engagement für das parallel erschienene englischsprachige Lehrbuch übersetzt hat.

Neben dem vorliegenden Buch zur internationalen wirtschaftlichen Integration sind dies die weiteren zweisprachigen deutsch-englischen Lehrbücher im *Oldenbourg Verlag*:

- *Understanding International Trade: Theory & Policy – Anwendungsorientierte Außenwirtschaft: Theorie & Politik, München 2006,*
- *Understanding Economic Policy, München 2008* und parallel dazu *Anwendungsorientierte Wirtschaftspolitik, München 2008,*
- sowie in englisch: *Understanding Microeconomics, München 2008.*

In diesem Zusammenhang gehört mein Dank auch dem Oldenbourg Verlag in München, der bereits 1999 diese Idee unterstützend aufnahm: Mein herzlicher Dank geht hier an Herrn Dr. Schechler, Rainer Berger und Frau Meike Schaich, die die Entstehung des vorliegenden Buches im Rahmen der bilingualen Veröffentlichungsreihe des Oldenbourg Verlages begleitet haben.

Das vorliegende Werk hätte ohne die Mitarbeit meines langjährigen hoch engagierten Amanuensis und mittlerweile als Portfoliomanager beim E.ON Konzern tätigen Dipl.-Wirt.-Ing. **Michael Anding** nicht erstellt werden können, der mich bei der Übersetzung umfangreicher Texteile für die parallel erschienene englische Fassung dieses Buches sehr engagiert unterstützte und eine Vielzahl hilfreicher Hinweise gab.

Die Inhalte der vorliegenden Veröffentlichung sind auch durch vielfältige intensive Diskussionen mit **meinen Studenten an der FH Jena** geprägt worden; namentlich seien hier die Beiträge von Benjamin Graf,

Einführung und Danksagung

Tina Gröbner, Janine Hoffmann, des Lateinamerika Experten Carsten Jehle, Koray Cura, Christian Parth, Michael Taubert und Annelie Timmler gewürdigt.

Für viele hilfreiche und interessante inhaltliche Diskussionen während einer **Exkursion zu IWF, Weltbank, der Asiatischen Entwicklungsbank in Washington**, zur **UNO** in **New York** sowie im Rahmen ihrer Präsentationen an der **Universität in Clemson**, South Carolina, im Herbst 2001 bin ich insbesondere den damaligen Exkursionsteilnehmern und heutigen Diplom-Ingenieuren Jörg Burggraf, Markus Daniel, Karsten Lang, Jens Lösche sowie Andreas Edel sehr dankbar; ihnen bin ich insbesondere auch für die Mitarbeit bei der Übersetzung der Kapitel 5 und 6 ins Englische in großem Dank verbunden.

Auch den Studenten einer weiteren **Exkursion zu IWF, Weltbank und Interamerikanischer Entwicklungsbank in Washington** sowie zur **UNO** in **New York** im Oktober 2002 danke ich für intensive Diskussionen: Namentlich den heutigen Diplom-Wirtschaftsingenieuren Ferencz Arendt, Jana Beier, Mathias Jähler, Enrico Piechotka, Steffen Remdt, Torsten Salomon, Heidrun Schmidt und Swen Schumann.

Für vielfältige lebhafte Diskussionen insbesondere zu den Problembereichen aktiver Entwicklungspolitik inkl. Mikrokreditvergabe und Schenkungen danke ich den **Teilnehmern** an meiner **entwicklungspolitischen Exkursion** nach **Namibia** und zur **Polytechnic of Namibia** im April 2007:
Den Damen Ivoire Eibner und Dipl.-Wirt.-Ing. Nicole Krämer, sowie den Herren Cand.-Wirt.-Ing. Matthias Böhnert, Stephan Braune, Robert Meyer und Dipl.-Ing., Cand.-Wirt.-Ing. Andreas Edel.

Abschließend, aber keineswegs zuletzt, danke ich meinen Töchtern **Ivoire Joy Eibner** und **Chantal Eibner** für ihre große Mithilfe beim Endlektorat.

Anzumerken ist, dass alle verbliebenen Fehler ausschließlich zu meinen Lasten gehen. Der Leser ist herzlich aufgerufen, für Kommentare, Korrekturen, Ergänzungen und Verbesserungsvorschläge zum vorliegenden Buch jederzeit per E-Mail direkt Kontakt mit mir aufzunehmen:
w.eibner@fh-jena.de .

Hilden und Jena im Juni 2007,

Wolfgang Eibner

Als ich im Jahre 2003 meine wissenschaftliche Mitarbeit als Amanuensis für das vorliegende Lehrbuch sowie für das weitere bilinguale Werk „Understanding Economic Policy – Anwendungsorientierte Wirtschaftspolitik" aufnahm, war nicht abzusehen, dass mich diese Aufgabe auch nach meinem Diplomabschluss über insgesamt vier Jahre begleiten sollte. Doch die Freude und das Interesse an der Thematik sowie die außerordentlich fruchtbare Zusammenarbeit mit Herrn Prof. Dr. Eibner waren immer wieder Ansporn genug, bis zuletzt an der Fertigstellung dieser Werke mitzuwirken.

An dieser Stelle möchte ich herzlich Herrn Prof. Dr. Wolfgang Eibner danken, der mir die Möglichkeit gab, meine wissenschaftlichen Fähigkeiten und Fertigkeiten auszubauen und zu vertiefen.

Weiterhin möchte ich Herrn Eldon L. Knuth, Professor Emeritus der University of California, Los Angeles, für seine vielfältigen Hinweise danken, ohne die meine Übersetzungen nur schwer möglich gewesen wären.

Jena und München im Juni 2007,

Michael Anding

Teil A: Ausgewählte Organisationen aus dem Bereich internationaler Handelspolitik

1 Die Welthandelsorganisation (WTO)

Nach einer Einführung in ihre Historie und Ziele (Abschnitt 1.1) wird dargestellt, mit welchen Maßnahmen und konkreten Vereinbarungen die WTO versucht,
- den weltweiten **Warenverkehr** weiter zu liberalisieren (GATT, Abschnitt 1.2),
- den **Dienstleistungshandel** weltweit zu fördern (GATS, Abschnitt 1.3),
- **geistiges Eigentum** in globalisierten Märkten zu schützen (TRIPS, Abschnitt 1.4),
- das **handelspolitische Verhalten** der Mitgliedstaaten konstruktiv zu **begleiten** (TPRM, Abschnitt 1.5)
- und ggf. **Streitigkeiten zu schlichten** (DSB, Abschnitt 1.6).
- Das Nebenabkommen zum GATT, das **Abkommen über handelsbezogene Investitionen** (TRIMS) wird in Abschnitt 0.1 kritisch diskutiert.
- Abschnitt 1.8 umreißt abschließend **zukünftige handelspolitische Probleme** innerhalb der WTO.

1.1 Die WTO im Überblick

1.1.1 Gründung und Ziele

Eines der Ziele der Vereinten Nationen nach dem 2. Weltkrieg war es – neben der Schaffung der währungspolitischen Institutionen der beiden Bretton-Woods-Institute Internationaler Währungsfonds, IWF (vgl. Kapitel 3), und Weltbank (vgl. Kapitel 4) – auch eine handelspolitische Sonderorganisation der UN zu gründen: Die Internationale Handelsorganisation (International Trade Organization – ITO).

In Havanna wurden 1948 im Rahmen einer 'Welthandels-Charta' Grundsätze und Richtlinien für die zukünftige Arbeit der ITO erstellt. Es kam jedoch infolge ablehnender Haltung der USA, denen die Liberalisierung nicht weit genug ging, zu keiner Ratifizierung dieser sog. 'Havanna-Charta'. Um aber das Ziel, ein Regelwerk zur Liberalisierung des Welthandels zu schaffen, nicht vollständig aufgeben zu müssen, einigte man sich auf eine vorläufige Anwendung dieses Regelwerkes als sog. 'General Agreement on Tariffs and Trade' (GATT).

Dieses im Grunde vorläufige Regelwerk bestimmte dann – 47 Jahre lang – die Liberalisierung des Welthandels, bis nach vielen Verhandlungsrunden innerhalb des GATT in der sog. Uruguay-Runde 1994 der Durchbruch zur Gründung einer 'World Trade Organization (WTO)' gelang, die mit Wirkung vom 1. Januar 1995 in Kraft trat. Mit der Gründung einer Welthandelsorganisation der GATT-Vertragspartner wurde 47 Jahre nach Scheitern der ITO deren Gedanke Wirklichkeit.

Das neue **WTO-Abkommen** dient als permanentes **Forum zur Lösung handelspolitischer Konflikte** und umfasst dabei

- das alte GATT-Abkommen von 1947 mit allen seinen Unterabkommen und Entscheidungen von 1947 bis zum Abschluss der Uruguay-Runde 1994

sowie die beiden weiteren **multilateralen Abkommen**

- über den Handel mit Dienstleistungen (GATS) und
- das Abkommen über handelsbezogene Rechte am geistigen Eigentum (TRIPS).

Hinzu kommen noch **plurilaterale Abkommen** über

- Luftfahrzeuge,
- Informationstechnologie und
- Regelungen zum öffentlichen Beschaffungswesen im internationalen Kontext.

Frühere plurilaterale Abkommen zu Rindfleischexporten und ein Milchabkommen sind mittlerweile ausgelaufen.

Als **Nebenabkommen zum GATT** besteht seit 1995 noch das Abkommen über handelsbezogene Investitionen (Trade Related Investment Measures TRIMS), das noch in Abschnitt 0.1 problematisiert wird.

Aufgaben der Welthandelsorganisation WTO sind:

- Durchführung und Weiterentwicklung des WTO-Vertragswerks,
- Funktion als permanentes Forum für künftige multilaterale Handelsverhandlungen,
- Durchführung von Streitschlichtungen zwischen einzelnen WTO-Mitgliedern,
- Überprüfung der Handelspolitik der WTO-Staaten,
- Zusammenarbeit mit anderen internationalen Organisationen, wie insbesondere IWF und Weltbank.

1.1.2 Die institutionelle Struktur der WTO

Die beiden folgenden Abbildungen geben einen Überblick über die institutionelle Struktur (Abbildung 1.1) und die primären Geschäftsfelder der WTO (Abbildung 1.2), die mittlerweile (Mitte 2007) 150 Mitgliedstaaten zählt, wobei voraussichtlich Russland das nächste Mitglied werden wird:

Institutionelle Struktur der Welthandelsorganisation (WTO)

W T O – Abkommen *

Ministerkonferenz

Ausschüsse:
- Budget, Finanzen, Verwaltung
- Handel und Entwicklung
- Handel und Umwelt
- Regionale Handelsabkommen
- Zahlungsbilanzungleichgewichte

Allgemeiner Rat

Generaldirektor

Sekretariat

Schiedsgericht zur Streitschlichtung
– DSB –

Überprüfung der Handelspolitik
– TPRM –

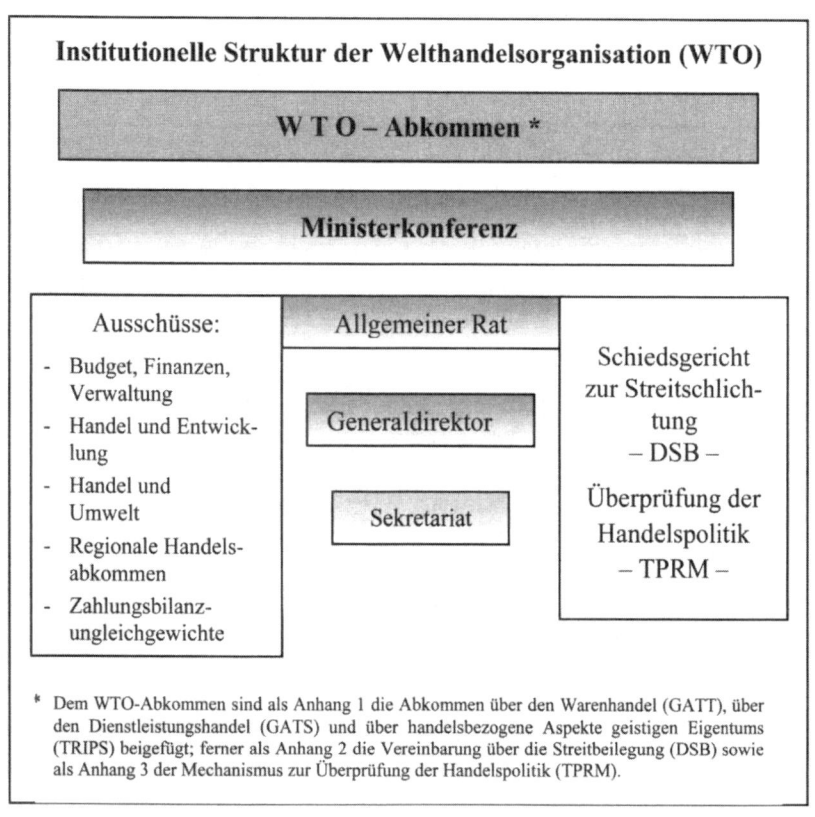

* Dem WTO-Abkommen sind als Anhang 1 die Abkommen über den Warenhandel (GATT), über den Dienstleistungshandel (GATS) und über handelsbezogene Aspekte geistigen Eigentums (TRIPS) beigefügt; ferner als Anhang 2 die Vereinbarung über die Streitbeilegung (DSB) sowie als Anhang 3 der Mechanismus zur Überprüfung der Handelspolitik (TPRM).

Abbildung 1.1:   Institutionelle Struktur der WTO (vgl. DEUTSCHE BUNDESBANK, 1997b, S. 141)

Höchstes Organ der WTO ist die **Ministerkonferenz** bestehend aus Vertretern aller Mitgliedstaaten. Sie tagt mindestens alle zwei Jahre. Die **Durchführung der Abkommen** wird vom **Allgemeinen Rat** überwacht, der sich ebenfalls aus Vertretern der Mitgliedstaaten zusammensetzt.

Beschlüsse werden in der WTO in der Regel **im Konsens** gefasst. Dabei verfügt jeder Mitgliedstaat über eine Stimme. Im Gegensatz zu anderen internationalen Organisationen erfolgt in der WTO – wie zuvor auch im GATT – keine Gewichtung der Stimmen nach Welthandelsanteilen, Beitragsquoten oder sonstigen Kriterien.

Mitglieder der WTO wurden bei Gründung alle bisherigen GATT-Mitglieder sowie die Europäische Union. Beitreten kann der WTO jedes Land, wenn zwei Drittel der WTO-Mitglieder dem zustimmen. Die Beitrittsbedingungen sind dabei jeweils mit dem Allgemeinen Rat auszuhandeln.

Vertragsstruktur der Welthandelsorganisation (WTO)

Multilaterale Abkommen

GATT	GATS	TRIPS
Rat für den Handel mit Waren Abkommen über: - Dumping - Einfuhrlizenzen - Gesundheitsmaßnahmen - Investitionen - Versandkontrollen - Landwirtschaft - Schutzmaßnahmen - Subventionen - Technische Handelshemmnisse - Textilwaren und Bekleidung - Ursprungsregeln - Zollwert	**Rat für den Handel mit Dienstleistungen** Abkommen über: - Finanzdienstleistungen - Luftverkehr (Teilbereiche) - Verkehr natürlicher Personen - Öffnung der Märkte für Telekommunikation	**Rat für handelsbezogene Aspekte der Rechte an geistigem Eigentum** *Konventionen von:* *Bern:* - Kunst, Literatur *Paris:* - Schutz des gewerblichen Eigentums (Urheberrecht, Erfindungen, Hersteller, Handelsmarken und geografische Bezeichnungen, Geschäftsgeheimnisse) *Washington:* - Integrierte Schaltungen - Bestimmung über Fälschungen aller Art

Plurilaterale Abkommen

Handel mit zivilen Luftfahrzeugen	Öffentliches Beschaffungswesen
Informationstechnologie	TRIMS – als Nebenabkommen zum GATT

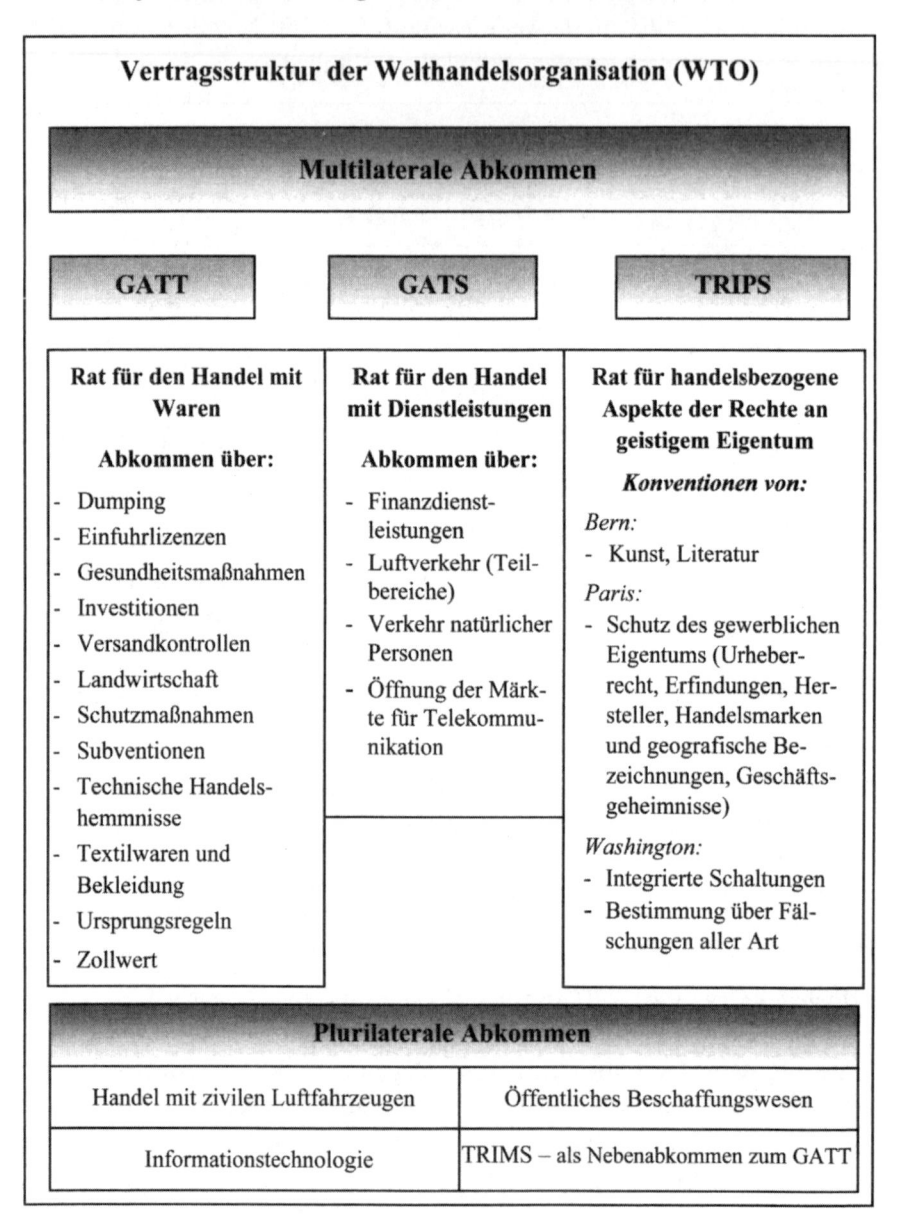

Abbildung 1.2   Vertragsstruktur der WTO (vgl. DEUTSCHE BUNDESBANK, 1997b, S. 141; [www WTO 11/2006])

Die EU-Mitgliedstaaten werden bei Abstimmungen durch die EU-Kommission vertreten, die über so viele Stimmen verfügt, wie sie Mitglieder vertritt. Wie die EU-Kommission votiert, wird zuvor in sog. EU-Koordinierungen abgestimmt: Hierbei teilen die EU-Mitgliedstaaten der EU-Kommission ihre gemeinsame Haltung mit und erteilen ihr den Auftrag, diese Position in den Verhandlungen entsprechend zu vertreten.

Die Mitgliedsbeiträge orientierten sich im Rahmen des GATT an dem jeweiligen Anteil der einzelnen Vertragspartner am weltweiten Warenhandel. Mit der Gründung der WTO ist die Beitragsbemessungsgrundlage gemessen an der Vorgängerinstitution des GATT deutlich ausgedehnt worden und umfasst neben dem Anteil am weltweiten Warenhandel auch den Anteil am entsprechenden Dienstleistungshandel.

Diese finanzielle Mehrbelastung ist aber durch die Vorteile, die die WTO insbesondere für eine so exportstarke Nation wie Deutschland bietet, im Interesse der internationalen Wettbewerbsverbesserungen für die Unternehmen mehr als tragbar.

Der **deutsche Beitragsanteil** betrug **2005** auf Basis von rund 9 % des Welthandelsvolumens 14,9 Mio. Schweizer Franken bzw. rund **9,6 Mio. €**.

Das materielle WTO-Recht ist in den in Abbildung 1.2 aufgeführten und in Abschnitt 1.1.1 genannten multi- und plurilateralen Abkommen geregelt.

1.2 Das Allgemeine Zoll- und Handelsabkommen (GATT)

1.2.1 Entwicklung und Ziele des GATT innerhalb der WTO

Das Allgemeine Zoll- und Handelsabkommen bzw. wie es englisch heißt, das General Agreement on Tariffs and Trade, abgekürzt GATT, bildet seit nunmehr rund 60 Jahren die Grundlage für die internationale Handelsordnung nach dem 2. Weltkrieg. Das GATT ist als Bestandteil der WTO ein völkerrechtlich verbindlicher Vertrag zwischen 150 Staaten (Stand 2007), auf die zusammen weit über 90 % des Welthandels entfallen. Darüber hinaus wenden eine Reihe weiterer Staaten das GATT de facto an, obwohl sie (noch) nicht Mitglieder sind. (Zum Folgenden vgl. HARBRECHT, 1997.)

Der Anstoß zu einer **Neuorganisation des Welthandels nach dem 2. Weltkrieg** ging von der Erfahrung aus, dass Störungen im geordneten Ablauf der Weltwirtschaft sowohl zu wirtschaftlichen als auch politischen Verzweiflungsschritten führen können wie z. B.

- der Versuchung zu einer sog. 'beggar-my-neighbour-policy' durch einen kompetitiven Abwertungswettlauf der Währungen einzelner Länder zu greifen, oder
- der Behinderung des freien Welthandels durch Einführung von Zöllen, mengenmäßigen Handelsbeschränkungen und Rückkehr zu einem bilateralen Tauschhandel, oder gar
- zu kriegerischen Handelsauseinandersetzungen,

und dass daher eine internationale Weltwirtschaftsordnung gleichzeitig mit dazu beitragen kann, die politische Ordnung und das friedliche Zusammenleben der Völker zu sichern.

Das Allgemeine Zoll- und Handelsabkommen ist als Bestandteil der WTO bis heute der einzige multilaterale Vertrag, in dem in Form von Rechten und Pflichten Regeln für den physischen Welthandel festgelegt sind.

Dieser Vertrag soll die **für die Wirtschaft erforderliche Sicherheit** und **Berechenbarkeit der internationalen Handelsbeziehungen** gewährleisten und für eine schrittweise **Liberalisierung des Welthandels** sorgen, um die in der Präambel des GATT genannten Ziele zu fördern, nämlich

- die 'Erhöhung des Lebensstandards',
- die 'Verwirklichung der Vollbeschäftigung',
- ein 'hohes und ständig steigendes Niveau des Realeinkommens und der wirksamen Nachfrage',
- die 'volle Erschließung der Hilfsquellen der Welt' sowie
- die 'Steigerung der Produktion und des Austausches von Waren'.

Das GATT war bis zur Integration in die WTO keine internationale Organisation im eigentlichen Sinne. Dennoch war es immer schon erheblich mehr als nur ein internationaler Vertrag und fungierte und fungiert

- als multilaterales Übereinkommen, das die Regeln für einen geordneten Welthandel völkerrechtlich verbindlich festlegt und dadurch die staatliche Handelspolitik der Vertragsparteien maßgeblich beeinflusst;
- als Forum, auf dem die Länder ihre Handelsprobleme diskutieren und lösen sowie Verhandlungen über die Verbesserungen der Bedingungen des Welthandels führen können, einerseits durch die Öffnung der nationalen Märkte im Rahmen der bestehenden Ordnung oder andererseits durch die Verbesserung und Erweiterung des Vertragswerks selbst;

1.2 GATT

- als 'internationaler (Schieds-) Gerichtshof', der Streitigkeiten zwischen den Mitgliedstaaten zu schlichten versucht oder im Rahmen eines förmlichen Streitschlichtungsverfahrens (dem sog. '**Panel-System**') durch eigene 'Urteile' beilegt (vgl. noch Abschnitt 1.6).

Im Laufe seiner nunmehr fast 60-jährigen Geschichte hat sich das GATT als einer der tragenden Pfeiler der nach dem 2. Weltkrieg geschaffenen internationalen Welthandelsordnung im Großen und Ganzen erfolgreich bewährt und maßgeblich mit dazu beigetragen, dass der Welthandel ein Ausmaß erreicht hat, welches in der Geschichte einmalig ist und früher nicht für möglich gehalten wurde (vgl hierzu ausführlicher das bilinguale Werk von EIBNER, 2006c: Understanding International Trade: Theory & Policy – Anwendungsorientierte Außenwirtschaft: Theorie & Politik, Kapitel 1).

Die **Erfolge des GATT** wurden geprägt durch die regelmäßig stattfindenden Vertragsneuverhandlungen, deren letzte bedeutsame große Handelsrunde – die Uruguay-Runde – zur Ablösung des GATT durch die WTO geführt hat.

Folgende Abbildung 1.3 gibt einen Überblick über die einzelnen Verhandlungsforen und die erzielten Zollsenkungen:

Zollrunde	beteiligte Länder	Zeitraum	durchschnittliche Zollsenkung in %	Wert des von Zollsenkungen erfassten Handels in Mrd. US-$
Genf	23	1947	19	10,0
Annecy (Frankreich)	13	1949	2	-
Torquay (England)	38	1950 – 51	3	-
Genf	26	1955 – 56	2	2,5
Genf (Dillon–Runde)	26	1960 – 61	7	4,9
Genf (Kennedy–Runde)	62	1964 – 67	35	40,0
Genf (Tokio–Runde)	102	1973 – 79	34	148,0
Genf (Uruguay–Runde)	123	1986 – 94	38	736,9
Doha (Katar) u. a. (Doha–Runde)	149	2001 – 06 ausgesetzt am 27. Juli 2006	gescheitert (2006)	gescheitert (2006)

Abbildung 1.3 Zollsenkungen in den Verhandlungsrunden des GATT/ der WTO (Daten aus MÜLLER, 1983, S. 57; GATT, 1994, S. 11; [www WTO 09/2006])

Die neben der 'Uruguay-Runde' bedeutendsten GATT-Verhandlungen waren die 'Kennedy-Runde' sowie die 'Tokio-Runde'. Beiden Runden zusammen gelang es, den gewichteten Durchschnittszoll bei Fertigerzeugnissen auf den neun wichtigsten Industrieländermärkten auf 4,7 % zu senken; bei Gründung des GATT lag dieser Zollsatz noch bei rund 40 %. Für die Verbraucher bedeutete dies also eine zollbedingte Preissenkung von rund 26 %. (Beträgt der originäre Verkaufspreis 100, so verteuert er sich bei einem Zollsatz von 40 % auf 140, wird der Zollsatz auf 4,7 % verringert, fällt der Preis auf 104,7.)

In der Tokio-Runde wurde erstmals auch über die Beseitigung oder Verminderung sog. nicht-tarifärer Handelshemmnisse verhandelt. Hierunter fallen Handelshemmnisse, die nicht durch die Erhebung von Zöllen, sondern durch andere staatliche Bestimmungen, wie z. B. unterschiedliche technische Normen, diverse Vorschriften betreffend Gesundheits- und Verbraucherschutz, Umwelt- oder Lärmschutz, oder auch durch verschiedenste Sicherheitsbestimmungen etc. entstehen. (Zu tarifären wie nicht-tarifären Handelshemmnissen vgl. ausführlich das ebenfalls bilinguale Buch zur Außenwirtschaft von EIBNER, 2006c: Understanding International Trade: Theory & Policy – Anwendungsorientierte Außenwirtschaft: Theorie & Politik, Teil B.)

Um solche nicht-tarifären Handelshemmnisse einzudämmen, wurden im Rahmen der Tokio-Runde mehrere Verhaltenskodizes und eine ganze Anzahl von Einzelabkommen verabschiedet.

In der Uruguay Runde konnte der durchschnittliche Zoll auf Industrieprodukte von 6,3 % auf nur mehr 3,9 % gesenkt werden.

1.2.2 Die handelspolitischen Grundprinzipien des GATT

Obwohl das Allgemeine Zoll- und Handelsabkommen mit seinen insgesamt 38 Artikeln ein recht umfangreiches Vertragswerk darstellt, geht es von einigen wenigen Grundsätzen und Zielen aus. Als zentrale Inhalte können folgende drei Prinzipien genannt werden, nämlich

- das Prinzip der **Nichtdiskriminierung** im internationalen Handel (Art. III GATT),
- das Prinzip der Gegenseitigkeit oder **Reziprozität** beim Abbau von Handelshemmnissen,
- das Prinzip der **Liberalisierung**, d. h. des Abbaus von Zöllen und anderen Handelsschranken (insbesondere Art. XI GATT).

Alle drei Prinzipien sind in der Präambel des GATT genannt.

1.2.2.1 Das Prinzip der Nichtdiskriminierung bzw. das sog. Prinzip der Meistbegünstigung

Dieser erste und wichtigste Grundsatz des GATT verpflichtet die Mitglieder (d. h. die Vertragsparteien) zu einem **Handel ohne Diskriminierung**. Dies wird in erster Linie dadurch erreicht, dass jede Vertragspartei allen anderen Mitgliedstaaten die unbedingte Meistbegünstigung einzuräumen hat (Art. I GATT). Diese berühmte **Meistbegünstigungsklausel** verpflichtet die Vertragsstaaten, alle Vorteile, Vergünstigungen, Vorrechte und Befreiungen, die für Waren einer Vertragspartei gewährt werden, unverzüglich und bedingungslos für alle gleichartigen Waren zu gewähren, die aus dem Gebiet anderer Vertragsparteien stammen, oder anders ausgedrückt:

Alle Vergünstigungen, die einem Mitgliedsland des GATT im internationalen Handel gewährt werden, **müssen auch allen anderen GATT-Handelspartnern unverzüglich** und **bedingungslos gewährt werden.**

Dies bedeutet, dass keine Ware wegen ihrer Herkunft aus einem Land zollpolitisch schlechter gestellt werden darf als die gleiche Ware aus irgendeinem anderen WTO-Mitgliedsland.

Ausnahmen von dieser Regel sind nach dem GATT nur zulässig für

- **regionale Zusammenschlüsse** wie Zollunionen und Freihandelszonen (Art. XXIV) sowie
- für einseitige Präferenzen gegenüber **Entwicklungsländern** (Art. XXXVIII).

Gewährung einseitiger Präferenzen bedeutet, dass Entwicklungsländern oftmals der Zugang zu bestimmten Märkten der entwickelten Welt erlaubt wird, ohne dass die entwickelteren Staaten im Gegenzug entsprechende Zugangserleichterungen erhalten; man will hiermit die wirtschaftliche Entwicklung ökonomisch schwächerer Länder fördern, indem deren Außenhandel einseitig gefördert wird.

Die zuvor erwähnte **Erlaubnis regionaler Zusammenschlüsse** soll dazu beitragen, den Warenverkehr zwischen diesen Ländern zu erleichtern, umgekehrt aber nicht den Handel mit der übrigen Welt einzuschränken. Derart funktionierende regionale Zusammenschlüsse wie z. B. die frühere EWG (heute eingebunden in die EU) sind die Nordamerikanische Freihandelszone zwischen den sog. NAFTA-Staaten USA, Kanada und Mexiko, oder in Südostasien die ASEAN (die zwar aktuell – 2007 – nur ansatzweise eine Freihandelszone ist, aber beabsichtigt, die Asiatisch-Pazifische Freihandelszone (APTA) weiter auszubauen und durch Einbeziehung von China, Indien, Japan, Korea und Australien zu einer großen handelspolitischen Herausforderung Europas und der USA zu werden). Diese Freihandelszonen stehen so gesehen dem internationalen Handel und Wettbewerb nicht zwangsläufig entgegen, sondern können ihm vielmehr förderlich sein. (Mitglieder der ASEAN sind 2007: Brunei, Indonesien, Kambodscha, Laos, Malaysia, Myanmar (vormals Burma), die Philippinen, Singapur, Thailand und Vietnam.)

De facto führen solche regionalen Handelsübereinkommen aber immer auch zu einer mehr oder weniger signifikanten handelspolitischen Ausgrenzung von Drittstaaten. Dies zeigt schon eine Analyse der Welthandelsstrukturen in Abhängigkeit regionaler Handelsabkommen, die im Zeitraum von 1978 bis 1986 eine deutliche Zunahme des Welthandelvolumens in Gebieten regionaler Handelsübereinkommen zu Lasten der Einbindung von Drittstaaten belegt: Vgl. EIBNER, 1991a, Abschnitt 1.3, S. 100 ff. In den letzten Jahren hat sich diese handelszentrierende Entwicklung noch weiter verstärkt.

1.2.2.2   Das Prinzip der Reziprozität (Gegenseitigkeit)

Das Prinzip der Reziprozität wird nirgendwo in den GATT-Bestimmungen ausdrücklich erwähnt und schon gar nicht definiert. Gleichwohl wird es an vielen Stellen indirekt angesprochen. Es soll die **politische Durchsetzbarkeit von handelspolitischen Zugeständnissen** erhöhen. Denn von einem 'ausgewogenen' Abbau von Handelsschranken erwartet man, dass sich das Handelsvolumen einerseits erhöht, die Struktur der Güterströme aber weitgehend erhalten bleibt. Allerdings wirft diese Vorschrift große praktische Probleme dergestalt auf, welche Leistungen als gleichwertig anzusehen sind.

So kann etwa unter einer gleichwertigen Leistung Zollfreiheit für ein in absoluten Werten gleich großes Handelsvolumen beider Verhandlungspartner verstanden werden. Bei unterschiedlicher Größe der Handelspartner, wie z. B. der EU im Vergleich zu Taiwan oder den Fidschi Inseln, würde dies jedoch klar eine Benachteiligung des kleineren Handelspartners bedeuten, da von diesem ein relativ größeres Zugeständnis erwartet würde, als von einem großen Land. Versteht man andererseits unter **Gleichwertigkeit** dagegen **gleiche relative Vergünstigungen**, z. B. in Prozent zum gesamten eigenen Handelsvolumen, so fühlen sich die großen Länder gegenüber den kleineren benachteiligt und verlieren das Interesse an Handelszugeständnissen.

Unternehmen größerer Länder profitieren damit bedeutend weniger von gleichartigen Handelserleichterungen als potentielle Exporteure kleinerer Staaten, die einen großen Absatzmarkt hinzugewinnen würden, wohingegen z. B. Exporteure der EU nur wenig Freude an einem ungehinderten Marktzugang etwa zu den Fidschi-Inseln haben.

Es ist leicht einzusehen, dass unter diesem Aspekt insbesondere die Europäische Union als der mit Abstand größte Handelsakteur der Welt ein sehr schwieriger Verhandlungspartner bei Liberalisierungsverhandlungen ist oder – positiv formuliert – eine starke Interessenvertretung europäischer Produzenten und Anbieter auf nationalen und internationalen Märkten darstellt.

Die Beachtung dieses Prinzips der Reziprozität kann deshalb leicht dazu führen, dass die Verpflichtung zur unbedingten Meistbegünstigung de facto auf eine bedingte Meistbegünstigung mit angemessenen Gegenleistungen reduziert wird.

1.2.2.3 Das Prinzip der Liberalisierung bzw. möglichst offener Märkte

Das Prinzip der Liberalisierung besagt, dass keine Vertragspartei im Handel mit WTO-Mitgliedern neue Zölle einführen und mengenmäßige Verbote oder Beschränkungen erlassen oder alte auch nur beibehalten darf.

Diese **mengenmäßigen Beschränkungen** erlangten ihre große Bedeutung in der Zeit der **Weltwirtschaftskrise**, in der sich nahezu alle Staaten der Welt wirtschaftliche Vorteile vom merkantilistischen Prinzip versprachen, Exporte zu fördern, aber Importe möglichst zu verhindern (vgl. die Darstellungen zum Merkantilismus sowie zur protektionistischen Weltwirtschaftskrise in EIBNER, 2008a: Understanding Economic Policy – Anwendungsorientierte Wirtschaftspolitik, Teil A). Die Folge dieses Verstoßes gegen das klassische Freihandelsprinzip war ein Rückgang des Welthandels von bis zu 70 % in den Jahren 1929 bis 1933. Auch in Kriegs- und Krisenzeiten erfreuen sich diese mengenmäßigen Handelsbeschränkungen großer Beliebtheit.

Mittlerweile sind mengenmäßige Beschränkungen aber mit Ausnahme von landwirtschaftlichen Erzeugnissen, Textilien und Stahl weitgehend abgebaut, da dieser dritte Grundsatz der Liberalisierung des GATT alle nicht-tarifären Handelshemmnisse und insbesondere **mengenmäßigen Ein- und Ausfuhrbeschränkungen (Art. XI)** sowie den Missbrauch nationaler Abgaben und Regularien zum Zwecke der **Handelsbeschränkung (Art. III und VIII)** verbietet. Darüber hinaus untersagt dieses Prinzip den Vertragsparteien, ausländische Waren durch Erhebung von Steuern, inländischen Abgaben oder durch sonstige Belastungen, wie z. B. durch Gesetze, Verordnungen oder andere Vorschriften, gegenüber inländischen Waren zu benachteiligen.

Dies kommt vor allem den Unternehmen exportorientierter Staaten wie konkret Deutschlands sehr zugute. Stoßen nämlich Unternehmen auf unlautere, d. h. nach dem GATT verbotene Marktzugangsbarrieren bei dem Versuch auf ausländischen Märkten ihre Produkte anzubieten, so kann über die WTO der Marktzutritt erzwungen werden.

Allerdings enthält das GATT nach eigenem Selbstverständnis kein 'Freihandelsgebot' und ist auch eindeutig nicht die 'Freihandelsorganisation', für die es viele halten. Das GATT setzt sich vielmehr für einen offenen, fairen und unverzerrten Wettbewerb ein. Schutzmaßnahmen für inländische Wirtschaftszweige werden vom GATT nicht grundsätzlich untersagt; im nächsten Abschnitt werden diese erläutert.

1.2.3 Weitere Grundsätze des GATT

Neben den genannten Grundprinzipien, die in der Literatur üblicherweise aufgeführt werden, nennt das GATT selbst noch folgende weitere Prinzipien:

- **Transparente Außenhandelssteuerung**:

Ein Handelsschutz soll grundsätzlich nur durch Zölle erfolgen und nicht durch andere handelsbeschränkende Maßnahmen. Dadurch soll der Umfang der Schutzmaßnahme klar erkennbar und transparent sein.

- **Rechtssicherheit im internationalen Handel**:

Das GATT bietet eine stabile (Rechts-) Grundlage für den Handel. Die gebundenen Zollpositionen sind für jedes Land in Zolltariflisten zusammengefasst, die integraler Bestandteil des GATT-Abkommens sind und auf die sich daher jedes Land bzw. Unternehmen bei der Behandlung seiner Waren berufen kann. Zollheraufsetzungen bei einzelnen Waren sind grundsätzlich möglich, müssen aber mit der Gewährung von Gegenleistungen verbunden werden und sind damit Gegenstand politischer Verhandlungen.

Daneben besteht das explizite Recht auf Konsultationen und Beschwerde bei der WTO bei Vertragsverletzungen. Werden einem Land bzw. dessen **Unternehmen** durch ein anderes Land vertraglich zustehende Rechte vorenthalten oder wird es in seinen Rechten beeinträchtigt, so kann dieses Land bilaterale Konsultationen mit dem betreffenden Land verlangen, um die Streitigkeiten beizulegen. Gelingt dies nicht, wird im Rahmen des Streitschlichtungsverfahrens ein WTO-Panel mit der Untersuchung des Vorfalls beauftragt.

Dieses Panel erstellt einen Bericht und gibt darin Empfehlungen, die verbindlich sind, sofern mindestens eine der streitenden Parteien diese akzeptiert: Akzeptiert die unterlegene Partei die Panel-Entscheidungen nicht, ist das geschädigte Land ihr gegenüber zu Vergeltungsmaßnahmen berechtigt (Art. XII und XIII).

- **Begrenzte Legalisierung von Schutzmaßnahmen bzw. Ausnahmeregelungen**:

Schutzmaßnahmen sind **nur in Ausnahmefällen** und **Notsituationen** erlaubt.

Ausnahmefälle, in denen nationale Schutzmaßnahmen nach den Regeln des GATT erlaubt sind, liegen vor:
- wenn ein anderes Land unfaire Handelspraktiken wie z. B. Dumping oder Subventionen anwendet (Art. VI),
- bei Zahlungsbilanzproblemen (gemäß allgemeiner Generalklausel, Art. XII),
- bei vorübergehendem Schutz einzelner Industrien durch spezifische Schutzklauseln – vor allem aus arbeitsmarktpolitischen Gründen (Art. XIX),
- wenn bei Verstößen gegen die Sittlichkeit (Art. XXa), zum Schutz des Lebens und der Gesundheit von Menschen, Tieren und Pflanzen (Art. XXb) etc. oder zum Schutz nationaler Kulturgüter künstlerischer, historischer oder archäologischer Art (Art. XXf), die Einfuhr von Gütern verhindert wird,
- wenn die nationale Sicherheit bedroht ist (Art. XXI),
- bei der Befreiung von Verpflichtungen durch das GATT (Art. XXV),
- unter bestimmten Voraussetzungen zur Neuverhandlung über Handelszugeständnisse (Art. XXVII),
- zur Unterstützung der eigenen wirtschaftlichen Entwicklung unter bestimmten Voraussetzungen (Art. XXVIII).

Darüber hinaus galten bzw. werden auch nach Abschluss der 2006 gescheiterten sog. Doha-Runde immer noch die meisten **GATT-Regeln nicht für Agrarprodukte** gelten, weshalb der Schutz des nationalen Agrarsektors mit dem GATT bzw. der WTO grundsätzlich immer noch vereinbar ist (Art. XI). Ein zentrales Ergebnis der Uruguay-Verhandlungsrunde des GATT im Rahmen der Gründung der WTO war die Einigung der EU mit den USA auf Basis des sog. Blair-House-Abkommens, einen Abbau der Agrarsubventionen und einen erleichterten Marktzugang Dritter vor allem zum EU-Agrarmarkt ab 1994 zu realisieren.

Ferner wurde bereits 1994 eine **Reduzierung der 'nachteiligen' Handelswirkungen von Bestimmungen des Tier- und Pflanzenschutzes** vereinbart. Dies jedoch ist unter Aspekten des Gesundheitsschutzes nicht uneingeschränkt positiv zu werten, da nationale Importverbote aufgrund der Verwendung z. B. international üblicher, aber national verbotener Substanzen in der Tier- oder Pflanzenzucht in Importprodukten dadurch kaum mehr möglich sind.

Ausnahmeregelungen bestanden und bestehen auch im Rahmen der WTO noch teilweise für **Textilien** und **Bekleidung**. Ab 1961 wurde der Textilbereich durch eigene Abkommen zunehmend aus dem GATT herausgenommen. 1961 kam es unter der Ägide des GATT zwischen 19 Ländern erstmals zum Abschluss eines sog. 'kurzfristigen Baumwolltextil-Abkommens', um Textilproduzenten der Industrieländer gegen Textileinfuhren aus Niedriglohnländern zu schützen.

Nach diversen weiteren Abkommen wurden selektive Einfuhrbeschränkungen mit Abschluss des sog. **Multifaserabkommens** (MFA) 1974 auf alle Textilfasern ausgedehnt, um über die Festlegung von Quoten bzw. Obergrenzen für Importe von Textil exportierenden Ländern in westliche Industriestaaten die dortige Textilindustrie zu schützen. Zuletzt waren 41 Staaten am Multifaserabkommen beteiligt, wobei die Europäische Union als ein 'Staat' zählte.

Die meisten der im Rahmen des MFA getroffenen Schutzmaßnahmen waren bilaterale Abkommen, die die Grundsätze des GATT in mehrfacher Hinsicht verletzen. Nachdem aber auch diese z. T. drastischen Einfuhrbeschränkungen – insbesondere der damaligen EG zu Lasten der Türkei bei Baumwolle bzw. Südostasiens bei Textilien – den weitgehenden strukturellen Zusammenbruch der europäischen Textilindustrie nicht verhindern konnten, wurde im Rahmen der Uruguay-Runde des GATT 1994 die Abschaffung aller Quoten des MFA über 4 Stufen einer Quotenliberalisierung bis zum 1.1.2005 beschlossen und umgesetzt. Der Nachteil dieser Abschaffung liegt nun aber darin, dass eine vollständige Integration des Textilsektors in die Regelungen der WTO aufgrund des Scheiterns der Doha-Runde 2006 noch nicht gelungen ist: Damit können – und werden – nun im Textilsektor wieder bilaterale Quotenregelungen vereinbart, wodurch der weltweite Textilhandel nicht wirklich liberalisiert ist.

Bis heute (2007) ist der Textilsektor immer noch Gegenstand permanenter Handelsauseinandersetzungen – weil er relativ beschäftigungsintensiv ist.

Ein **Beispiel** hierfür sind die immer noch legalen Mengenbeschränkungen, etwa bei der Einfuhr chinesischer Textilien in die EU, die erst Ende 2005 auch in das öffentliche Bewusstsein drangen: Waren chinesische Textilimporte durch das MFA noch im Jahr 2001 z. B. auf eine maximale Einfuhr von 18 Mio. Jacken in die EU beschränkt, exportierte China 2005 ungehindert 199 Mio. Jacken in die EU (vgl. MAHMOUD, 2005, S. 4). Im gleichen Zeitraum verbot die EU die bereits erfolgte Einfuhr von 75 Mio. chinesischer T-Shirts, da das hier noch vereinbarte Lieferkontingent für das Jahr 2005 bereits überschritten war.

Die Einigung zwischen der EU und China lag dann darin, die Überschreitung der Lieferquoten im Jahr 2005 schon auf die Quoten der Jahre 2006 und 2007 anzurechnen. Dass hiermit das Problem nur verschoben wurde, sei nur am Rande vermerkt. China wird es wohl gelingen, durch massive Verstöße gegen die vereinbarten Lieferquoten diese dauerhaft zu erhöhen; nicht zuletzt aufgrund des zunehmend steigenden politischen Gewichtes Chinas.

In Notfällen erlaubt das GATT auch den **vorübergehenden Schutz einzelner Industrien** durch spezifische Schutzklauseln (Art. XIX). Kann ein Land begründen, dass der Import bestimmter Waren der heimischen Wirtschaft ernsthaften ökonomischen Schaden zufügen würde (z. B. den Bestand bestimmter arbeitsintensiver Branchen gefährdet), ist es möglich, dass das GATT Handelsbeschränkungen sanktioniert, wenn sich ein Land bestimmten wirtschaftlichen Härten oder Problemen gegenübersieht: So hat z. B. Deutschland nach der Wiedervereinigung einen sog. handelspolitischen 'waiver' (Ausnahmegenehmigung) zum Schutz der Wirtschaft in den neuen Bundesländern erhalten, der bestimmte schwache Branchen vor ausländischer Konkurrenz schützen soll.

Auch bei 'Zahlungsbilanzschwierigkeiten' ist die Einführung von Schutzmaßnahmen nach der **allgemeinen Generalklausel** des Art. XII zulässig, welche gemeinhin als die wichtigste Schutzklausel angesehen wird, da es fast immer möglich ist, 'Zahlungsbilanzprobleme' zu belegen.

Bedingung bei der Anwendung von Schutzklauseln oder Ausnahmeregelungen ist, dass der Schutz nicht über das notwendige Maß hinausgehen darf und dass er, sobald die Umstände es erlauben, wieder gelockert wird. Einsichtig ist, dass durch diese Vielzahl von Ausnahmeregelungen auch bei Einhaltung der GATT- bzw. WTO-Bestimmungen ein breites Spektrum für die (Wieder-) Einführung protektionistischer Maßnahmen verbleibt und immer wieder für Konfliktstoff zwischen einzelnen Vertragsparteien über die Auslegung der WTO-Bestimmungen in konkreten Fällen gesorgt ist.

1.3 Allgemeines Übereinkommen über den Handel mit Dienstleistungen (GATS)

Dienstleistungen waren nicht Bestandteil des GATT. Für die Entwicklung eines freien Welthandels war es deshalb unverzichtbar, dass der in vielen Staaten traditionell erheblichen Hemmnissen unterworfene Handel mit Dienstleistungen in die Handelsliberalisierung durch die WTO mit einbezogen wurde. Damit bestehen nun auch für Dienstleistungsunternehmen bedeutend bessere Exportchancen. Zugleich müssen sich diese natürlich – z. T. erstmals – auch massiver ausländischer Konkurrenz stellen.

Das GATS besteht aus drei Elementen:

- dem **Rahmenabkommen**, das grundsätzlich alle handelbaren Dienstleistungen gemäß dem Globalprinzip analogen Liberalisierungspflichten unterwirft, wie sie vom GATT erarbeitet wurden,
- Listen mit den von jedem einzelnen Land übernommenen **Liberalisierungsverpflichtungen**, sowie
- **verschiedenen sektorspezifischen Regelungen** (vor allem bei Finanzdienstleistungen, audiovisuellen Bereichen und im Verkehr), die noch nicht der Liberalisierung des Rahmenabkommens unterliegen.

Da Liberalisierungsverpflichtungen nicht automatisch über das Rahmenabkommen, sondern nur durch Aufnahme in die länderspezifisch auszuhandelnden Listen entstehen, ist jeder Mitgliedstaat verpflichtet, an den – mindestens alle 5 Jahre – stattfindenden Verhandlungsrunden des GATS teilzunehmen. Dabei müssen dann jeweils Listen mit spezifischen Verpflichtungen zu den Punkten Marktzugang und Inländerbehandlung vorgelegt werden. Hierbei kann jedes Land selbsttätig auswählen, für welche Sektoren es Liberalisierungsverpflichtungen übernehmen will. Bei Zustimmung der WTO-Staaten zu einer solchen Liste wird sie integraler Bestandteil des GATS.

1.4 Übereinkommen über handelsbezogene Aspekte der Rechte an geistigem Eigentum (TRIPS)

Große Probleme bestehen im **Schutz geistigen Eigentums**, das wie der Handel von Dienstleistungen nicht Gegenstand des GATT war. Hier geht es um eine Klärung der Behandlung von Patentschutz, Markenrechten usw. im internationalen Handel und um die Ausarbeitung neuer Vorschriften und Maßnahmen zur grenzüberschreitenden Sicherung der Rechte aus geistigem Eigentum. Außerdem wurde eine multilaterale Rahmenübereinkunft zu Sanktionsmaßnahmen beim Handel mit Warenfälschungen realisiert. Hier wurde erstmals das große und für viele europäische und deutsche Unternehmen z. T. **existenzgefährdende Problem der Plagiatfertigung** insbesondere in Südostasien zu Lasten eingeführter hochwertiger Markenartikel von Unternehmen vor allem der USA und der EU aufgegriffen.

TRIPS ergänzt das im Rahmen der World Intellectual Property Organization – **WIPO** – mit Sitz in Genf schon bestehende Spezialabkommen zum Schutz geistigen Eigentums vor Plagiatismus und Markenpiraterie in einer verbindlicheren Form (vgl. detaillierter VOLZ, 2000, S. 112 ff.).

Durch die Einbeziehung von TRIPS in die WTO wurden dessen Vorgaben für alle Staaten der WTO verbindlich, wobei allerdings Entwicklungs- und Transformationsländer teilweise längere Übergangsfristen zugebilligt bekamen (maximal 11 Jahre).

Die Einbindung von TRIPS in die WTO lässt auch erwarten, dass langfristig durch die möglichen Sanktionsmechanismen der WTO – notfalls durch Entscheidung des Schiedsgerichts im Streitschlichtungsverfahren (DSB), vgl. noch Abschnitt 1.6 – eine im Vergleich zur Vergangenheit deutlich stärkere Beachtung der Regeln zum Schutz des geistigen Eigentums stattfinden wird.

1.5 Handelspolitische Länderüberprüfungen (TPRM) und Überwachung regionaler Handels- und Integrationsabkommen

Bereits 1988 vereinbarte das GATT eine regelmäßige Überprüfung der Handelspolitik einzelner Mitgliedstaaten unter den Prämissen der Liberalisierungsziele. Die WTO hat diese regelmäßigen Überprüfungen als TPRM in das Regelwerk übernommen, um möglichst frühzeitig sich abzeichnende Mängel oder auch **zwischenstaatliche Konfliktpotentiale im internationalen Handel erkennen zu können**. Durch die außerdem vorgesehene Veröffentlichung der Prüfergebnisse verspricht sich die WTO einen nicht unwesentlichen Druck auf betroffene Mitglieder, handelspolitische Mängel oder Fehlverhalten abzustellen.

Folgende regelmäßige Überprüfungsintervalle sind vorgesehen:

- Die vier größten Handelsnationen (EU, USA, Japan und Kanada) werden alle 2 Jahre überprüft,
- die nächst größten 15 Länder alle 4 Jahre,
- alle anderen Staaten (mit Ausnahme der wenig entwickelten Länder der Dritten Welt, die längeren Intervallen unterliegen) alle 6 Jahre.

Die WTO beobachtet zudem die großen regionalen Handels- und Integrationsabkommen, denen gemäß der in Abschnitt 1.2.2.1 bereits geschilderten gruppeninternen Handelspräferenzen Ausnahmen vom allgemeinen Liberalisierungskodex zugestanden werden.

Es soll verhindert werden, dass regionale Handels- und Integrationsabkommen (wie z. B. die EU, EFTA, NAFTA, CARICOM, MERCOSUR oder die asiatische APTA; zukünftig vielleicht auch die gesamtamerikanische FTAA) zu einer Parzellierung der Weltwirtschaft führen, während doch die WTO die Schaffung eines global liberalisierten Wirtschaftsraumes anstrebt.

Überwacht werden also alle in Abschnitt 1.2.2.1 genannten Verträge oder Präferenzabkommen gemäß der Artikel XXIV und XXXVI et sqq. GATT sowie auch Integrationsabkommen im Dienstleistungssektor gemäß Art. V GATS.

1.6 Streitschlichtung in der WTO (DSB)

Mit dem Schiedsgericht des 'Dispute Settlement Body' (DSB) bietet die WTO einen institutionellen Rahmen für die Klärung von Streitfällen, die zwischen den Mitgliedstaaten im Rahmen der WTO-Verträge auftreten können (vgl. VOLZ, 2000, S. 116 f.).

Wenn ein solcher Streitfall auftritt, müssen sich zunächst die Streitparteien um eine gütliche Lösung bemühen. Gelingt ihnen dies nicht, kann formal das Streitschlichtungsverfahren angestrengt werden, welches dann auf Antrag einer Streitpartei ein aus drei Schlichtern bestehendes sogenanntes 'Panel' bildet. Dieses schließt nach Anhörung der unterschiedlichen Argumente das Verfahren mit der Veröffentlichung seines 'Abschlussberichtes' und den daraus folgenden 'Empfehlungen' ab.

Sehr kontrovers diskutiert und ein klares Demokratiedefizit ist, dass die Anhörungen des Panels unter Ausschluss der Öffentlichkeit und der Presse stattfinden.

Ein weiterer bemerkenswerter Punkt ist, dass das Panel in seinen Empfehlungen in keinster Weise an die von den Parteien vorgebrachten Beweggründe oder gestellten Anträge gebunden ist. Das heißt, es kann vorkommen, dass ein Schlichtungsspruch ergeht, um den keine der beiden Parteien nachgesucht hat.

Die Abschlussberichte des Panels werden automatisch gültig, wenn nicht alle Streitpartner diese einvernehmlich zurückweisen. Der Gewinner der Schlichtung ist somit in der Lage, falls nötig auch allein, die Annahme der Empfehlungen des Panels im Rahmen des Streitschlichtungsverfahrens der WTO durchzusetzen. Akzeptiert die andere Partei den Schlichtungsspruch nicht, kann sie den Abschlussbericht des Panels anfechten. Über diese Anfechtung wird dann in einer Berufungsinstanz, dem sog. 'Standing Appellate Body' entschieden. Dessen abschließender Bericht ist dann als letztinstanzliche Entscheidung nicht weiter anfechtbar.

Anhand von **zwei Beispielen** zum **GATT** soll im Folgenden zum einen kurz aufgezeigt werden, wie Streitschlichtungsverfahren am konkreten Fall ablaufen und welche Probleme bei der Anwendung bzw. Interpretation von WTO-Regelungen auftreten können (in Anlehnung an VOLZ, 2000, S. 100 ff.).

- Der **Delfin-Thunfisch Fall** USA gegen Mexiko:

Zum Schutz von Meeressäugetieren, insbesondere von Delfinen, erließen die USA ein Gesetz, das US-Fischern verbot, mit besonders engmaschigen und damit zugleich auch sehr ergiebigen Netzen auf Thunfische zu fangen. Statt dessen müssen diese besonders weitmaschige Netze benutzen, die z. B. jungen Delfinen die Möglichkeit zur Flucht lassen. Logischerweise wird dadurch der Fang geringer und der Thunfisch teurer.

Um die amerikanischen Fischer gleichzeitig vor ausländischer Konkurrenz zu schützen, die weiter die engmaschigen 'Killernetze' verwendet, und insofern den gefangenen Fisch billiger anbieten kann, verboten die USA gleichzeitig die Einfuhr von ausländischem Thunfisch, sofern dieser nicht ebenfalls mit derart weitmaschigen Netzen gefangen wurde.

Mexiko, einer der größten Thunfisch-Anbieter auf dem US-Markt, klagte 1993 vor dem GATT (zu dieser Zeit bestand die WTO noch nicht) gegen dieses Importverbot.

Die zugrunde liegende Fragestellung, die das damalige GATT-Panel zu entscheiden hatte, war:

Verstößt dieses US-Importverbot gegen Artikel III oder XI des GATT (vgl. die Ausführungen zu Beginn von Abschnitt 1.2.2) und wenn ja, **fällt dieser Verstoß ggf. unter eine der Ausnahmeregelungen gemäß Artikel XX GATT** (wie unter Abschnitt 1.2.3 aufgelistet), so dass er damit gerechtfertigt und zulässig ist?

Das vorliegende Thunfisch-Importverbot fällt unter Art. XI GATT: Es stellt damit ein Importverbot basierend auf dem Kriterium der 'Herstellung' (Fang mit engmaschigen Netzen) dar und ist damit unzulässig.

Die Frage war nun, ob dieses Verbot gemäß Artikel XX GATT möglicherweise doch zulässig ist: Art. XX GATT würde das Importverbot erlauben, wenn es ein dort genanntes legitimes politisches Regelungsziel verfolgt und zugleich verhältnismäßig, d. h. geeignet, erforderlich und nicht unverhältnismäßig in seinen Beschränkungen ausfällt und keine getarnte, unbotmäßige Handelsdiskriminierung darstellt.

Die erste dieser Voraussetzungen erscheint ohne weiteres erfüllt, da das US-Importverbot eindeutig das Überleben einer als schützenswert anzusehenden Säugetierart (der Delfine) sichern möchte und insofern ein eindeutig legitimes politisches Regelungsziel darstellt. Auch erscheint das Importverbot geeignet und nicht unverhältnismäßig, um den beabsichtigten Zweck erreichen zu können.

Abschließend ist es auch kein verstecktes Handelshemmnis oder eine Diskriminierung, so lange das Importverbot ohne Ausnahme für alle Fischer aller Nationen gilt, die mit engmaschigen Fischernetzen Thunfisch fangen.

Das **Panel** jedoch kann zu einer **vollständig anderen Wertung** des Falles: Im Gegensatz zu den Ergebnissen des Autors zu den oben diskutierten Fragestellungen war das Panel der Ansicht, dass in der Tat die politische Zielsetzung nicht zu legitimieren ist.

Für den Leser mag sich nun die Frage aufdrängen, warum das GATT den Schutz von Tieren nicht als legitimes Politikziel respektiert. In der Tat resultiert aus dieser Entscheidung des GATT eine der zentralsten Kritikpunkte an ihrer Arbeit, mit der sich die WTO konfrontiert sieht.

Die Gründe, die zu dieser Entscheidung des Panels geführt haben, basieren jedoch weniger auf einem Mangel an Respekt gegenüber dem Schutz von Tieren oder Umwelt, sondern eher auf der Überlegung eines sich aus anderer Entscheidung ergebenden Bruchs internationalen Rechts. Die Mitglieder des Panels waren der Ansicht, dass Gegenstand einseitiger US-Gesetzgebung nur Dinge, oder in diesem Fall Tiere, sein können, die dem Gesetzgebungsbereich der USA unterliegen. Genau dies aber sei im vorliegenden Streitfall nur zutreffend für Tiere des Festlandes oder innerhalb der Hoheitsgewässer der USA.

'Diese Bedingung war jedoch im vorliegenden Fall nicht erfüllt, da die Delfine in internationalen Gewässern leben, die unter keiner nationalen Gesetzgebung stehen. Damit ergibt sich im Endeffekt, dass das Panel eine weitere Bedingung in Art. XX GATT hinein interpretierte, die – obwohl nirgends im Vertragstext explizit erwähnt – zusätzlich erfüllt sein muss, damit Art. XX GATT anwendbar ist: Es reicht nicht aus, dass der Streitgegenstand als ein die Ausnahmeregelung legitimierendes Ziel in Artikel XX aufgeführt ist, sondern dieser Ausnahmetatbestand muss auch unter die Gesetzgebungshoheit des betreffenden Landes fallen. Nach Meinung des Panels ist diese zusätzliche Erfordernis nicht nur abgedeckt durch die Prinzipien internationalen Völkerrechts, sondern auch durch die Erfordernisse des Freihandels: Zu offensichtlich und zu Missbrauch einladend seien die sich hierdurch ergebenden Möglichkeiten einseitiger Beschränkungen, die sonst offen für alle Länder wären': vgl. *VOLZ, 2000, S. 101 englischer Text; eigene Übersetzung).*

Im Ergebnis wurde der Streitfall damit zugunsten Mexikos entschieden. Da 1993 allerdings noch nicht das heutige Streitschlichtungsverfahren der WTO galt, in der der Schlichtungsspruch bereits bei Annahme durch einen der beiden Streitführenden Gültigkeit erhält, war dieser Schiedsspruch nicht bindend für die USA. Nach heutigem WTO-Recht jedoch wäre eine solche Panel-Entscheidung für beide Parteien bindend.

- Der **Seeschildkröten-Garnelen Fall**:

Ein ähnlicher Fall war der Seeschildkröten-Garnelen Fall von 1998: Der Hauptunterschied lag lediglich darin, dass nun Seeschildkröten davor geschützt werden sollten, zusammen mit Garnelen in zu engmaschigen Netzen von US-Fischern gefangen zu werden. Wiederum wurde diese Vorschrift um ein Importverbot für mit zu engen Netzen gefangene Garnelen ausländischer Fischer ergänzt. (Vgl. VOLZ, 2000, S. 102.)

Das Panel und die Berufungsinstanz kamen erneut zu der Ansicht, dass diese Importrestriktion über Art. XX GATT legalisierbar sein könnte, insbesondere unter dem Aspekt des 'Schutzes und der Erhaltung der Umwelt', einer 1994 neu in die Präambel der WTO eingefügten Zielsetzung. Wiederum jedoch machten beide klar, dass ein solches Importverbot – neben der Erfordernis, dass es in gleicher Weise und fair für alle Garnelenfänge mit zu engen Netzen unbeschadet ihrer Herkunft gelten muss – nur auf Basis multinationaler völkerrechtlicher Abkommen oder zumindest ernsthafter Bemühungen, diese abzuschließen, Gültigkeit erlangen kann. Im vorliegenden Fall waren beide Punkte nicht gegeben.

Diese beiden WTO-Schiedsurteile machten deutlich, dass eine Definition internationaler Mindeststandards mit Blick auf Umweltschutz wie auch Arbeitsbedingungen unbedingt notwendig sind und für alle Wettbewerber verbindlich sein müssen. Das große Problem hierbei ist nun allerdings, dass solche Standards in absehbarer Zeit nicht erreichbar sein werden: **Dritte Welt Länder** sind letztlich **nur wettbewerbsfähig, weil sie sogar grundlegende Sozial- und Umweltstandards ignorieren**. Eben dies ist der Grund dafür, dass **diese Staaten den notwendigen Übereinkommen nicht zustimmen werden**, die unabdingbar nötig sind, um unsere Umwelt und unsere sozialen Standards zu erhalten.

Die WTO bedroht insofern nicht direkt unser nachhaltiges Wirtschaften für die Zukunft, sondern indirekt: So lange wie die WTO den Ausnahmenkatalog des Art. XX GATT nur in Zusammenhang mit multilateralen Verträgen sieht, werden diese Regelungen weitgehend nicht in der Lage sein, für eine bessere, gesündere und auch sozialere Welt zu sorgen.

1.7 Das Abkommen über handelsbezogene Investitionen (TRIMS)

Das 1995 in Kraft getretene Nebenabkommen zum GATT, das Abkommen über handelsbezogene Investitionen (Trade Related Investment Measures, TRIMS), muss **aus Sicht der Entwicklungs- und Schwellenländer** als **eines der problematischsten Abkommen** gelten:

Das Problem an TRIMS ist, dass hierdurch vielfach Entwicklungsstrategien von Entwicklungsländern nicht mehr autonom durchführbar sind. Ausländische Investoren genießen durch TRIMS eine nahezu unbeschränkte Freiheit, im Land ihres Investitionsvorhabens vollkommen eigenständig und ohne Rücksicht auf nationale Entwicklungsstrategien des Gastlandes oder der dortigen Arbeitsmärkte zu agieren.

Mit der Inkraftsetzung von TRIMS wurden 1995 für jedes WTO-Mitgliedsland **folgende nationale Regelungen** zur **Steuerung ausländischer Direktinvestitionen verboten**:

- der ausländische Investor kann nicht mehr verpflichtet werden, Vorprodukte seiner Produktion im Gastland zu kaufen,
- das Gastland darf auch den Import von Vorprodukten zur Produktion von Waren nicht mehr beschränken,
- es darf kein Investor mehr verpflichtet werden, seine im Gastland produzierten Produkte zu exportieren, und ein ungehinderter Absatz am nationalen Markt ist zu gewährleisten, egal wie viele nationale Arbeitsplätze dadurch verloren gehen,
- der Zugang von ausländischen Firmen zu möglicherweise knappen Devisen darf nicht mehr beschränkt werden,
- Investoren können nicht mehr verpflichtet werden, inländische Arbeitskräfte in Know-how und neuen Technologien zu schulen,
- ausländische Unternehmen können nicht mehr gezwungen werden, eine bestimmte Anzahl inländischer Arbeitskräfte (auch in höheren Positionen) anzustellen; eine Regelung, die insbesondere China seit seiner Mitgliedschaft in der WTO extrem ausnutzt, indem teilweise in erheblichem Umfang eigene Mitarbeiter im Rahmen einer Auslandsinvestition gleich mitgebracht werden.

Mit solchen dramatischen **Einschränkungen nationaler Souveränität** der Gastländer von Direktinvestitionen ist eine selbstbestimmte nationale Entwicklungsstrategie kaum mehr möglich: Eine sog. 'Local-content' Politik, eine an nationalen Interessen ausgerichtete Wirtschaftspolitik, ist in vielen Entwicklungsländern hierdurch de facto nicht mehr möglich.

Ein Beispiel konkreter Auswirkungen des TRIMS-Abkommens sei an der Regelung gegeben, dass ausländische Investoren keine lokalen Zulieferer mehr bevorzugen oder zumindest berücksichtigen müssen:

In Ländern wie Korea, Taiwan, Brasilien, Mexiko und Thailand halfen solche 'Local content'-Vorschriften beim Aufbau von Zulieferindustrien für die Automobil- und Elektronikindustrie. Seit der Aufhebung dieser Vorschriften in der Folge des TRIMS-Abkommens sind diese Zulieferfirmen unter großen Druck geraten. So hat beispielsweise der Importanteil in Brasiliens Autoindustrie sprunghaft zugenommen, womit viele lokale Arbeitsplätze vernichtet wurden.

Nationale Zulieferer wurden von transnationalen Konzernen aufgekauft, worauf der Anteil der Forschung und Entwicklung in Brasilien drastisch zurückging. Dieses Beispiel zeigt, dass ein Land früher dank der Auflagen – wie sie nun im TRIMS-Abkommen verboten werden – industrielle Entwicklungsfortschritte erzielen konnte, die ohne diese Regelungen – zugegebenermaßen in Form von Behinderungen des freien Welthandels – nicht erreicht worden wären. (Aus [www ATTAC 05/2007].)

1.8 Praktische Relevanz und Ausblick auf mögliche künftige Handlungsfelder der WTO

Die **praktische Relevanz** der durch die WTO verbürgten Grundsätze – insbesondere der Grundsätze der Präambel – für Unternehmen liegt darin, dass diese über Eingaben an ihre Regierungen bzw. über entsprechenden Lobbyismus Probleme im Exportgeschäft über die WTO – notfalls im Rahmen der Panels – lösen lassen können.

So kann über die WTO z. B. der Marktzutritt in einem anderen Land erzwungen werden, es können mengenmäßige Einfuhrbeschränkungen erfolgreich angefochten und viele andere Probleme gelöst werden, die für einzelne – vor allem kleinere oder mittelständische – Unternehmen ansonsten unlösbare Handels- bzw. Exporthemmnisse darstellen würden.

Für die stark exportorientierten deutschen Unternehmen kann somit der positive Einfluss der WTO in Bezug auf die Erschließung neuer oder die Sicherung bestehender Absatzmärkte gar nicht hoch genug angesiedelt werden.

Der erfolgreiche Abschluss der 7-jährigen Verhandlungen im Rahmen der sog. Uruguay-Runde und die Gründung der völkerrechtlich selbständigen

Welthandelsorganisation (WTO) war daher für den Ausbau einer liberalen Welthandelsordnung von entscheidender Bedeutung, von der insbesondere die deutsche Exportgüterindustrie profitiert und weiter profitieren wird.

Von den diversen Veröffentlichungen der WTO, die auch für exportorientierte Unternehmen von Bedeutung sind, sei auf folgende regelmäßige **Publikationen mit aktuellen Berichten und Zahlen zu Entwicklung und Problemen des Welthandels** hingewiesen:

- **WTO: Activities**,
- **WTO: Annual Report**,
- **WTO: FOCUS Newsletters**.

Eine zukünftig immer wichtigere Thematik wird **der Zusammenhang zwischen Handels- und Wettbewerbspolitik** sein. Relevant werden hier vermehrt Fragen einer Beeinträchtigung des internationalen Wirtschaftsverkehrs infolge von Unterschieden im nationalen Wettbewerbsrecht. Besonders kritisch sind **die international weit divergierenden jeweiligen Sozialnormen** zu beurteilen.

Es stellt sich die Frage, ob die bestehenden großen internationalen Unterschiede bei

- Löhnen,
- Arbeits(schutz)bestimmungen,
- Arbeitsbedingungen,
- Umwelt(schutz)bestimmungen und auch im Bereich der
- Sozialversicherungssysteme

mit freiem Handel vereinbar sind.

So befürchten vor allem die entwickelten Industriestaaten, einem **globalen Sozial- und Umweltdumping** ausgesetzt zu werden, wohingegen die Entwicklungsländer in solchen Befürchtungen oder gar Vorwürfen der Industriestaaten einen neuen Protektionismus sehen. (Tiefergehend interessierte Leser seien auf eine ebenso kritische wie lesenswerte Analyse der Arbeit der WTO hingewiesen: S. GEORGE, 2002.)

Das WTO-Sekretariat vertritt als Position des Ausgleichs zwischen diesen beiden Ländergruppen die Meinung, dass niedrige soziale Standards vor allem über ausländische Direktinvestitionen beseitigt, keinesfalls aber mit Handelsbeschränkungen bekämpft werden sollten.

1.8 Ausblick auf zukünftige Handlungsfelder der WTO

- So erfreulich diese Empfehlung für die Entwicklungsländer ist, so wenig dürfte sie für Industriestaaten zu akzeptieren sein: Zumindest solange nicht, wie in nahezu allen Industriestaaten eine hohe Arbeitslosigkeit herrscht, die eine Stärkung der Wettbewerbsposition von Entwicklungs- oder Schwellenländern unter nationalen Gesichtspunkten nicht gerade als zwingende Aufgabe erscheinen lässt.

Entsprechend werden in diesem Bereich die **handelspolitischen Konflikte der Zukunft** ausgetragen werden.

1.9 Kontrollfragen

1.1 Geben Sie einen Überblick über die Handlungsfelder der WTO inkl. der multi- bzw. plurilateralen Abkommen.

1.2 Welche Zielsetzung verfolgt das GATT im Rahmen der WTO?

1.3 Welche Verhandlungsrunden des GATT können als die wichtigsten angesehen werden und warum?

1.4 Was sind die handelspolitischen Grundprinzipien der Präambel des GATT?

1.5 Welche weiteren Grundsätze des GATT kennen Sie?

1.6 Erläutern Sie die zentralen Inhalte des GATS.

1.7 Geben Sie einen Überblick über die zentralen Inhalte des TRIPS.

1.8 Welche Überwachungsfunktionen hat die WTO?

1.9 Wie löst die WTO Streitfälle in der Anwendung von WTO-Regelungen?

1.10 Was ist das zentrale Problem der WTO-Forderung, dass i. d. R. Ausnahmen vom Verbot von Handelsbeschränkungen gemäß Art. XX GATT nur möglich sind, wenn diese auf multinationalen völkerrechtlichen Abkommen zur Definition verbindlicher Mindestnormen in den Bereichen Umwelt, Gesundheit und Arbeitsbedingungen, oder zumindest ernsthafter Bemühungen diese abzuschließen, basieren?

1.11 Was ist die Zielsetzung von TRIMS?

1.12 Worin liegt das zentrale Problem von TRIMS, das von Organisationen wie ATTAC massiv angegriffen wird?

1.13 Welche neuen Aktionsfelder werden zukünftig zunehmend die Arbeit der WTO bestimmen?

2 Die Konferenz der Vereinten Nationen für Handel und Entwicklung (UNCTAD)

Im Folgenden wird (auf Basis der Darstellungen in EIBNER, 1999, S. 27 ff.)
- ein Überblick über die **Ziele** der neben der WTO zweiten UN-Organisation auf dem Gebiet der Handelspolitik gegeben (Abschnitt 2.1) und
- die **zentralen Politikfelder** der UNCTAD unter sich wandelnden weltwirtschaftlichen Rahmenbedingungen dargestellt (Abschnitt 2.2).

Als **zentrale Publikationen der UNCTAD** sind dem interessierten Leser zu empfehlen:
- **UNCTAD**: Trade and Development Report,
  zur aktuellen Entwicklung des Welthandels;
- **UNCTAD**: UNCTAD Commodity Yearbook,
  welches die Entwicklung des Rohstoffhandels und der Rohstoffpreise abbildet;
- **UNCTAD**: World Investment Report,
  dem insbesondere die Entwicklung der weltweiten Direktinvestitionen zu entnehmen ist.

2.1 Wirtschaftspolitische Ziele der UNCTAD

Die (2007) 192 Mitgliedstaaten zählende UNCTAD mit einem Budget von rund 95 Mio. US-$ wurde 1964 als ein Organ der UN-Vollversammlung mit Sitz in Genf gegründet. Dies geschah auf dringenden Wunsch der Entwicklungsländer, die ihre wirtschaftlichen Wünsche in den bestehenden internationalen Institutionen wie dem Internationalen Währungsfonds (IWF), der Weltbank (IBRD) und vor allem dem GATT nicht ausreichend berücksichtigt sahen.

Die UN-Vollversammlung gab der Arbeit der neu gegründeten UNCTAD 1964 folgende **Zielsetzungen** vor:
- Förderung des internationalen Handels im Interesse der Entwicklungsländer inkl. einer Operationalisierung dieses Zieles, also der Aufgabe, Grundsätze, Richtlinien und Vorschläge für deren Anwendung auszuarbeiten;

- konkrete Vorschläge für multilaterale Vereinbarungen vorzulegen;
- Koordination der Tätigkeit anderer UN-Institutionen auf dem Gebiet des internationalen Handels und der wirtschaftlichen Entwicklung;
- als Zentrum für die angestrebte Harmonisierung der Handels- und Entwicklungspolitik von Regierungen und regionalen Wirtschaftsgruppierungen zur Verfügung zu stehen.

Bis zum Ende des kalten Krieges verstand sich die UNCTAD zusammen mit den Staatshandelsländern des 'Ostblocks' als eine Art Vorkämpfer für mehr **internationale Handelsgerechtigkeit zugunsten der Dritten Welt**. Ziel war es insbesondere, **Gegenpositionen zum GATT** aufzubauen und die **Vorrangstellung** von **IWF, Weltbank** und den **USA** sowie **Westeuropas abzubauen.**

Die Weltwirtschaft sollte stärker nach dirigistischen und armutsorientierten Prinzipien organisiert werden. Ziel war es, eine '**Neue Welt-Wirtschaftsordnung**' zu schaffen, die **stärker verteilungsorientiert** sein sollte.

War diesen Bemühungen schon in der Zeit des kalten Krieges wenig Erfolg beschert, so musste die UNCTAD spätestens mit dem Systemzusammenbruch der Staatshandelsländer 1989/1990 Konsequenzen aus ihrer sinkenden Bedeutung ziehen: Nach den **richtungsweisenden Beschlüssen von 1992 und 1996** sieht die UNCTAD ihre Hauptaufgaben nunmehr darin, die **Entwicklungs-** und **Transformationsländer** in die zunehmend liberalisierte und **globalisierte Weltwirtschaft zu integrieren**.

Mitglieder der UNCTAD sind grundsätzlich alle Staaten, die in irgendeiner Weise den Vereinten Nationen angehören, de facto also die in der UN-Vollversammlung vertretenen Länder.

Die UNCTAD trifft Beschlüsse in Form von moralisch bindenden Verpflichtungen; einklagbar sind die Resolutionen der UNCTAD insofern nicht.

2.2 Zentrale Politikfelder der UNCTAD

Als zentrale Politikfelder der UNCTAD sind folgende Themen zu nennen:
- Handelspolitik,
- Entwicklungsfinanzierung,
- Rohstoffpreisstabilisierung.

2.2 Zentrale Politikfelder der UNCTAD

2.2.1 Handelspolitik

Wie aus Abschnitt 1.2.2.1 bereits nach den Ausführungen zum GATT bekannt ist, existiert im internationalen Handel die sog. Meistbegünstigungsklausel.

Die Meistbegünstigungsklausel ist allerdings nicht in jedem Fall im Interesse von Entwicklungsländern, da diese auf den Märkten von Industriestaaten aus entwicklungspolitischen Gründen Handelspräferenzen fordern, die Industriestaaten oftmals verweigern, weil solche Präferenzen aufgrund des Meistbegünstigungsprinzips dann auch allen anderen Staaten gewährt werden müssen. Entsprechend forderte die **UNCTAD** direkt nach ihrer Gründung **einseitige Präferenzen für Entwicklungsländer**, die nicht der allgemeinen Meistbegünstigung unterliegen.

Die in Abschnitt 1.2.2.1 bereits erläuterten **Ausnahmen** von der **allgemeinen Meistbegünstigung** zugunsten einseitiger Präferenzen für Entwicklungsländer wurden vom GATT 1979 auf Druck und **Vorschlag der UNCTAD** als Ermächtigungsklausel in einer Protokollerklärung des GATT verankert: Zulässig sind einseitige Präferenzen sowohl zwischen Entwicklungsländern untereinander, als auch zwischen Industriestaaten und Entwicklungsländern.

2.2.2 Entwicklungsfinanzierung

Die UNCTAD fordert regelmäßig bestimmte **internationale Standards in der Entwicklungshilfe** ein. So gelang es der UNCTAD schon 1964, den Industriestaaten die Zusage abzuringen, eine jährliche Entwicklungshilfe von netto mindestens 1 % ihres Volkseinkommens zu leisten.

1970 setzten die Entwicklungsländer durch, dass die entwickelten Industriestaaten bis spätestens 1975 grundsätzlich einen Anteil von 0,7 % des Bruttonationaleinkommens (BNE) an staatlicher Entwicklungshilfe (ODA) bereitstellen sollten. Damit wäre eine deutliche Erhöhung der Entwicklungshilfe verbunden gewesen.

Aufbauend auf dieser Verpflichtung wurde 1983 eine Resolution angenommen, die fordert, dass eine öffentliche Entwicklungshilfe in Höhe von 0,15 % des BNE für die sog. LDCs, die am wenigsten entwickelten Länder (Least Developed Countries), reserviert ist.

Eine Betrachtung der tatsächlich transferierten Entwicklungshilfe-Gelder zeigt jedoch aus Sicht der UNCTAD sehr ernüchternd auf, dass nahezu alle Geberstaaten die geforderten bzw. auch zugesagten Finanztransfers nicht geleistet haben.

Das gegenwärtig vereinbarte Ziel einer Vergabe von 0,7 % des jeweiligen BNE an öffentlicher Entwicklungshilfe ist bis heute jedoch nur von den drei Ländern Skandinaviens, von Luxemburg und den Niederlanden erreicht bzw. sogar übertroffen worden, wie Abschnitt 7.3.3 noch genauer erläutern wird.

Ziel der UNCTAD war es immer, einen wesentlichen Einfluss auf Konditionen und Umfang internationaler Entwicklungshilfe auszuüben. **De facto** wird die relevante internationale **Entwicklungshilfe** aber von der **OECD** (vgl. hierzu noch Teil C, Abschnitt 7.3.3) bzw. von deren Ausschuss für Entwicklungshilfe (Development Assistance Committee, DAC) **gesteuert**.

2.2.3 Rohstoffpreisstabilisierung

Entwicklungsländer sind in ihrer Exportstruktur i. d. R. stark Rohstoff geprägt. Damit ist es von größter Bedeutung für fast alle Staaten der Dritten Welt, dass es keine allzu großen Preisbewegungen im Bereich der Rohstoffexporte gibt: Starke Preisschwankungen in diesem Bereich können zu so starken Veränderungen in den Deviseneinnahmen dieser Länder führen, dass dauerhafte Entwicklungsstrategien stark gefährdet sind.

Ein weiteres Problem ist die Tatsache, dass sich die **Terms of Trade** für Entwicklungsländer seit Jahrzehnten **permanent verschlechtern**:

- Die Preise notwendiger Industrie- bzw. Investitionsgüter steigen bedeutend schneller als die Exportpreise, die seit Jahren real – und z. T. sogar nominal (!) – fallen.

Entsprechend formuliert die UNCTAD **zwei Grundforderungen** an die Industriestaaten:
1. Stabilisierung der Grundstoffpreise 'auf hohem Niveau',
2. Indexierung der Preisentwicklung von Rohstoffen an die Preisentwicklung wichtiger Importgüter aus der industrialisierten Welt.

1976 schlug die UNCTAD ein sog. '**Integriertes Rohstoffprogramm**' vor. Es sollte ein Netz internationaler Rohstoffabkommen für insgesamt 18 Produkte geschaffen und durch einen gemeinsamen Fonds der Entwicklungsländer sowie der Industriestaaten in Höhe von 10 bis 13 Mrd. US-$ finanziert werden.

Grundgedanke dieser Modelle war und ist es, bei schwachen oder sinkenden Rohstoffpreisen diese Rohstoffe quasi unbegrenzt unter Verwendung der Fondsmittel **preisstützend** in sog. buffer stocks (de facto riesigen Lagern) anzukaufen.

Ursprünglich waren solche Rohstoffabkommen und buffer stocks für alle zentralen Agrar- und Bergbauexporte der Entwicklungsländer geplant: Bananen, Baumwolle inkl. -garne, Bauxit, Eisenerz, Fleisch, Hartfasern inkl. -erzeugnisse, Jute inkl. -erzeugnisse, Kaffee, Kakao, Kautschuk, Mangan, pflanzliche Öle inkl. Olivenöl und Ölsaaten, Phosphate, Tee, Tropenholz, Zinn und Zucker.

Entsprechend wurde 1980 mit Sitz in Amsterdam ein 'Gemeinsamer Fonds' zur Rohstoffpreissicherung gegründet, der 1989 mit 104 Mitgliedstaaten in Kraft trat. Er ist mit Pflichtbeiträgen in Höhe von 470 Mio. US-$ (auf Deutschland entfallen rund 25 Mio. €) und freiwilligen Beiträgen von 280 Mio. US-$ (rund 25 Mio. € von Deutschland) ausgestattet. Die Kapitalmehrheit liegt mit 90 % bei den Industriestaaten, die Stimmenmehrheit im Gemeinsamen Fonds aus politischen Gründen allerdings nur knapp mit 53 % bei den Industriestaaten.

Der Gemeinsame Fonds deckt Rohstoffabkommen für Kaffee, Kakao, Olivenöl, Zinn, Zucker, Jute inkl. Juteerzeugnisse und für Tropenholz ab.

Die Einbeziehung von Tropenholz in diesen Fonds zeigt auch auf, wie wenig Entwicklungshilfe oftmals mit Umweltpolitik koordiniert ist. Zu diesem wichtigen Komplex sei für Interessierte verwiesen auf: EIBNER, 1991a, insbesondere Kapitel 5.2.3 und 5.3.

Die Erfahrung der letzten Jahre hat allerdings gezeigt, dass vom Markt hervorgerufene ernsthafte Rohstoffpreisschwankungen nur kurzfristig vom Gemeinsamen Fonds 'geglättet' werden können: Bei strukturellen Marktpreisverschiebungen versagen die Rohstoffabkommen.

2.3 Kontrollfragen

2.1 Was war – zumindest bis 1990 – die zentrale Zielstellung der UNCTAD?

2.2 Beschreiben Sie die aktuelle Zielstellung der Politik der UNCTAD.

2.3 Nennen Sie die zentralen Politikfelder der UNCTAD.

2.4 Was ist von der Idee, Rohstoffpreise mittels Stabilisierungsfonds und buffer stocks regulieren zu wollen, zu halten?

Teil B: Ausgewählte Organisationen aus dem Bereich internationaler Währungspolitik und Entwicklungsfinanzierung

3 Der Internationale Währungsfonds (IWF)

Die Ausführungen des folgenden Abschnittes haben zum Ziel,

- den IWF als uns in der Tagespresse permanent begegnende **Organisation** vorzustellen, in welchem historischen Kontext er entstanden ist, welche Aufgaben er zunächst zu erfüllen hatte (Abschnitt 3.1),

und darzustellen,

- welche Bedeutung das sog. **Bretton-Woods-System** des IWF für die Weltwährungsordnung, den Welthandel und damit auch für exportorientierte Unternehmen hatte (Abschnitt 3.2);
- welche **neueren Aufgaben** sich dem IWF stellen, der sich seit Anfang der 70er Jahre von einer Organisation zur Überwachung des Weltwährungssystems gewandelt hat zu einer Institution zur Sicherung der internationalen Finanzmärkte über die Gewährung von Devisen- bzw. Liquiditätshilfen an Länder mit schwerwiegenden Zahlungsbilanzproblemen (Abschnitt 3.3);
- inwieweit der IWF in **Schuldenerlass-Programme** zugunsten der ärmsten Länder der Welt eingebunden ist und welche Problematiken mit einem Schuldenerlass generell verbunden sind (Abschnitt 3.4).
- Der die Darstellungen zum IWF abschließende Abschnitt 3.5 analysiert die besondere Problematik der sog. '**konditionalen Kreditvergabe**' des IWF und erläutert auch, welche Rolle ihm konkret bei der Einbindung von Transformations- und Entwicklungsländern in die globale Weltwirtschaft zukommt. (Unter dem Begriff Transformationsländer sind alle Staaten insbesondere Osteuropas subsumiert, die ihr Wirtschaftssystem vom System der Zentralverwaltungswirtschaft hin zum Wirtschaftssystem der Marktwirtschaft veränderten.)

Für Leser, die sich in besonderer Weise für den IWF interessieren, sei ergänzend zu diesem Kapitel neben dessen Homepage *www.imf.org* besonders auf **nachstehende weiterführende Publikationen hingewiesen**:

Eine mehr als hervorragende Beschreibung der Tätigkeiten des IWF bieten die mehrbändigen Veröffentlichungen des IWF zu seiner Geschichte von

- **J. K. HORSEFIELD (Hrsg.), 1969/1986**: The International Monetary Fund, 1945 – 1965: Twenty Years of International Monetary Cooperation, in 3 Bänden sowie
- **M. G. de VRIES (Hrsg.), 1976**: The International Monetary Fund, 1966 – 1971: The System under Stress, in 2 Bänden,
- **M. G. de VRIES (Hrsg.), 1985**: The International Monetary Fund, 1972 – 1978: Cooperation on Trial, in 3 Bänden und
- **N. K. HUMPHREYS, 1999**: Historical Dictionary of the International Monetary Fund.

Zu den möglichen Perspektiven des IWF im Rahmen der aktuellen Diskussionen zu seiner Umgestaltung sei hingewiesen auf:

- **E. M. TRUMAN (Hrsg.), 2006a**: Reforming the IMF for the 21st Century,
- **E. M. TRUMAN, 2006b**: Strategy for IMF Reform.
- **P. NUNNENKAMP, 2002**: IWF und Weltbank: Trotz aller Mängel weiterhin gebraucht?

Das Buch von

- **W. EIBNER, 1991a**: Grenzen internationaler Verschuldung der Dritten Welt, befasst sich in Abschnitt 3.4.2.2, S. 299 ff. kritisch mit der Rolle von IWF und Weltbank in der Entwicklungsfinanzierung.

Weitere ebenso kritische wie fundiert wissenschaftlich recherchierte Werke zur Arbeit von IWF und auch Weltbank sind:

- **S. GEORGE, 1988**: Sie sterben an unserem Geld. Die Verschuldung der Dritten Welt, und
- **S. GEORGE/ F. SABELLI, 1995**: Kredit und Dogma: Ideologie und Macht der Weltbank

sowie vor allem das ebenso konstruktive wie kritische Buch des ehemaligen Vizepräsidenten der Weltbank (1997 – 2001), Joseph E. Stiglitz:

- **J. E. STIGLITZ, 2004**: Die Schatten der Globalisierung.

3.1 Ziele, Aufgaben und Organisationsstruktur des IWF

Am 22. Juli 1944 wurde im kleinen US-amerikanischen Ort Bretton-Woods von 44 Staaten – darunter die Sowjetunion – ein Abkommen geschlossen, das die Gründung eines sog. Internationalen Währungsfonds und die Errichtung einer Internationalen Bank für Wiederaufbau, der sog. Weltbank (vgl. Abschnitt 4), vereinbarte.

3.1 Ziele, Aufgaben und Organisationsstruktur des IWF

Dieses Doppelabkommen wurde am 27.12.1945 von 39 Staaten unterzeichnet; die Sowjetunion sowie die Staaten des späteren Ostblocks unterzeichneten nicht und klinkten sich bereits mit dieser Entscheidung aus den Wirtschaftsbeziehungen der westlichen Welt aus.

Nach dem Austritt Venezuelas zum 1. Mai 2007 sind gegenwärtig (Mai 2007) 183 Staaten Mitglied des IWF, ebenso der Schwesterorganisation Weltbank: Abbildung 3.1 listet alle Mitgliedsländer mit deren Anteilsquoten (wie Ende 2006 besschlossen) in Sonderziehungsrechten (SZR) am IWF auf; ökonomische Grunddaten zu ausgewählten Ländern finden sich in Abbildung 7.3 in Abschnitt 7.3.4. Eine erneute Anpassung der Quoten insbesondere Indiens, der Türkei und Mexikos ist für Herbst 2008 geplant.

IWF-Mitgliedstaaten	Quote in Mio. SZR	in %	IWF-Mitgliedstaaten	Quote in Mio. SZR	in %
Ägypten	943,70	0,44	Chile	856,10	0,40
Äquatorialguinea	32,60	0,02	China	8.090,10	3,74
Afghanistan	161,90	0,07	Costa Rica	164,10	0,08
Albanien	48,70	0,02	Dänemark	1.642,80	0,76
Algerien	1.254,70	0,58	Deutschland	13.008,20	6,01
Angola	286,30	0,13	Djibouti	15,90	0,01
Antigua und Barbuda	13,50	0,01	Dominica	8,20	0,004
Argentinien	2.117,10	0,98	Dominikanische Rep.	218,90	0,10
Armenien	92,00	0,04	Ecuador	302,30	0,14
Aserbaidschan	160,90	0,07	Elfenbeinküste	325,20	0,15
Äthiopien	133,70	0,06	El Salvador	171,30	0,08
Australien	3.236,40	1,49	Eritrea	15,90	0,01
Bahamas	130,30	0,06	Estland	65,20	0,03
Bahrain	135,00	0,06	Fidschi Inseln	70,30	0,03
Bangladesch	533,30	0,25	Finnland	1.263,80	0,58
Barbados	67,50	0,03	Frankreich	10.738,50	4,96
Belgien	4.605,20	2,13	Gabun	154,30	0,07
Belize	18,80	0,01	Gambia	31,10	0,01
Benin	61,90	0,03	Georgien	150,30	0,07
Bhutan	6,30	0,003	Ghana	369,00	0,17
Bolivien	171,50	0,08	Grenada	11,70	0,01
Bosnien-Herzegowina	169,10	0,08	Griechenland	823,00	0,39
Botswana	63,00	0,03	Großbritannien	10.738,50	5,03
Brasilien	3.036,10	1,40	Guatemala	210,20	0,10
Brunei	215,20	0,10	Guinea	107,10	0,05
Bulgarien	640,20	0,30	Guinea-Bissau	14,20	0,01
Burkina Faso	60,20	0,03	Guyana	90,90	0,04
Burundi	77,00	0,04	Haiti	81,90	0,04

IWF-Mitgliedstaaten	Quote in Mio. SZR	in %	IWF-Mitgliedstaaten	Quote in Mio. SZR	in %
Honduras	129,50	0,06	Malawi	69,40	0,03
Indien	4.158,20	1,92	Malaysia	1.486,60	0,69
Indonesien	2.079,30	0,96	Malediven	8,20	0,004
Irak	1.188,40	0,55	Mali	93,30	0,04
Iran	1.497,20	0,69	Malta	102,00	0,05
Irland	838,40	0,39	Marokko	588,20	0,27
Island	117,60	0,05	Marshall-Inseln	3,50	0,002
Israel	928,20	0,43	Mauretanien	64,40	0,03
Italien	7.055,50	3,26	Mauritius	101,60	0,05
Jamaika	273,50	0,13	Mazedonien	68,90	0,03
Japan	13.312,80	6,15	Mexiko	2.585,80	1,19
Jemen	243,50	0,11	Mikronesien	5,10	0,002
Jordanien	170,50	0,08	Moldawien	123,20	0,06
Kambodscha	87,50	0,04	Mongolei	51,10	0,02
Kamerun	185,70	0,09	Mosambik	113,60	0,05
Kanada	6.369,20	2,94	Myanmar	258,40	0,12
Kapverdische Inseln	9,60	0,004	Namibia	136,50	0,06
Kasachstan	365,70	0,17	Nepal	71,30	0,03
Katar	263,80	0,12	Neuseeland	894,60	0,41
Kenia	271,40	0,13	Nicaragua	130,00	0,06
Kirgisien	88,80	0,04	Niederlande	5.162,40	2,38
Kiribati	5,60	0,003	Niger	65,80	0,03
Kolumbien	774,00	0,36	Nigeria	1.753,20	0,81
Komoren	8,90	0,004	Norwegen	1.671,70	0,77
Kongo (vorm. Zaire)	533,00	0,25	Österreich	1.872,30	0,86
Kongo, Republik	84,60	0,04	Oman	194,40	0,09
Korea, Republik	2.927,30	1,35	Pakistan	1.033,70	0,48
Kroatien	365,10	0,17	Palau	3,10	0,001
Kuwait	1.381,10	0,65	Panama	206,60	0,10
Laos	52,90	0,02	Papua-Neuguinea	131,60	0,06
Lesotho	34,90	0,02	Paraguay	99,90	0,05
Lettland	126,80	0,06	Peru	638,40	0,29
Libanon	203,00	0,09	Philippinen	879,90	0,41
Liberia	71,30	0,03	Polen	1.369,00	0,63
Libyen	1.123,70	0,52	Portugal	867,40	0,40
Litauen	144,20	0,07	Ruanda	80,10	0,04
Luxemburg	279,10	0,13	Rumänien	1.030,20	0,48
Madagaskar	122,20	0,06	Russland	5.945,40	2,79

3.1 Ziele, Aufgaben und Organisationsstruktur des IWF

IWF-Mitgliedstaaten	Quote in Mio. SZR	in %	IWF-Mitgliedstaaten	Quote in Mio. SZR	in %
Salomonen	10,40	0,005	Syrien	293,60	0,14
Sambia	489,10	0,20	Tadschikistan	87,00	0,04
Samoa	11,60	0,01	Tansania	198,90	0,09
San Marino	17,00	0,01	Thailand	1.081,90	0,51
Sao Tomé und Príncipe	7,40	0,003	Timor	8,20	0,004
Saudi-Arabien	6.985,50	3,27	Togo	73,40	0,03
Schweden	2.395,50	1,12	Tonga	6,90	0,003
Schweiz	3.458,50	1,62	Trinidad & Tobago	335,60	0,16
Senegal	161,80	0,08	Tschad	56,00	0,03
Serbien & Montenegro	467,0	0,22	Tschechien	819,30	0,38
Seychellen	8,80	0,004	Türkei	964,00	0,45
Sierra Leone	103,70	0,05	Tunesien	286,50	0,13
Simbabwe	353,40	0,17	Turkmenistan	75,20	0,04
Singapur	862,50	0,40	Uganda	180,50	0,08
Slowakei	357,50	0,17	Ukraine	1.372,00	0,64
Slowenien	231,70	0,11	Ungarn	1.038,40	0,48
Somalia	44,20	0,02	Uruguay	306,50	0,14
Spanien	3.048,90	1,42	USA	27.149,30	17,40
Sri Lanka	413,40	0,19	Usbekistan	275,60	0,13
St. Kitts & Nevis	8,90	0,004	Vanuatu	17,00	0,01
St. Lucia	15,30	0,01	Venezuela *	2.659,10	1,25
St. Vincent & Grenadinen	8,30	0,004	Ver. Arabische Emirate	61170	0,29
Südafrika	1.868,50	0,88	Vietnam	329,10	0,15
Sudan	169,70	0,08	Weißrussland	386,40	0,18
Surinam	92,10	0,04	Zentralafrikan. Rep.	55,70	0,03
Swaziland	50,70	0,02	Zypern	139,60	0,06
Gesamt: 184 Staaten *			216.493,0 Mio. SZR	= 100 %	

Abbildung 3.1: Mitgliedstaaten des IWF inkl. Einlagen in Sonderziehungsrechten (SZR) absolut und relativ (Quoten festgelegt im September 2006; vgl. [www IMF 10/2006]); *: Venezuela trat am 1. Mai 2007 aus dem IWF aus [www Auslandsjahr 05/2007], S. 1

Art. I des IWF-Abkommens definiert folgende **Aufgaben**:

- Koordinierung der Währungspolitik unter den Mitgliedstaaten mit der Folge einer Stabilität der Devisenmärkte und
- Ausbildung eines liberalen internationalen Zahlungssystems (Konvertierbarkeit aller nationalen Währungen),

um folgende zentrale **Ziele** zu realisieren:
- Ausgewogenes **Wachstum des internationalen Handelsvolumens,**
- eine **international hohe Beschäftigung,**
- **hohe Realeinkommen** in allen Mitgliedstaaten bei
- stetigem **Wachstum des Kapitalstocks** und
- **Auslastung der Produktionskapazitäten.**

Außerdem ist es bis heute Aufgabe des IWF, Mitgliedsländern **Finanzhilfe bei Zahlungsbilanzproblemen** (also hohen Kapitalabflüssen primär aufgrund negativer Leistungsbilanz) zu gewähren.

Art. VIII, 5 weist dem IWF die Aufgabe zu, **statistische Übersichten** insbesondere über **Zahlungsbilanzen, Währungsreserven, Außenhandel, Wechselkurse, Zinssätze, Preise wichtiger Welthandelsgüter** und eine Reihe weiterer wichtiger internationaler ökonomischer Kennziffern zu erstellen und zu publizieren.

Sämtliche **statistischen Veröffentlichungen des IWF** wie die *'International Financial Statistics'*, die *'Balance of Payments Statistics'* oder die *'Direction of Trade Statistics'* sind ebenso erstklassige Quellen wie auch die berichtenden oder wissenschaftlichen Publikationen des *'IMF Survey'* als Übersicht über die laufende Geschäftstätigkeit des Fonds (auch als digitale Version kostenfrei aus dem Internet zu beziehen [www IMF Survey]) oder die *'Occasional Papers'* und *'World Economic and Financial Surveys'* inkl. dem *'World Economic Outlook'*, die zu einem breiten Spektrum wirtschaftlicher und finanzieller Fragen Stellung nehmen. Die *'IMF Staff Papers'* informieren mit universitärer Zielrichtung. Die Reihe *'Finanzierung und Entwicklung'* dagegen bietet dem interessierten Praktiker relevante Informationen aus den Aufgabenbereichen von IWF und Weltbankgruppe.

Organisatorisch wird der IWF von einem Gouverneursrat geführt, in den jedes Mitgliedsland einen Gouverneur sowie einen Stellvertreter entsendet, wobei dieser Stellvertreter i. d. R. der nationale Finanzminister oder der Zentralbank-Präsident ist, je nach Autonomie der Zentralbank. Von anfänglich 44 Gouverneuren ist deren Anzahl – entsprechend der aktuellen Mitgliederzahl – auf 183 (Ende Mai 2007) gestiegen; davon sind – wie Abbildung 3.1 zu entnehmen ist – rund 130 Vertreter der Dritten Welt.

Der Gouverneursrat hat seine ausführenden Aufgaben einem 22-köpfigen Exekutivdirektorium übertragen. Von diesen 22 Exekutivdirektoren werden 16 gewählt und 6 von den Staaten mit der höchsten Quote – also Anteilen in Form von Gold oder Devisen als Einlage in den IWF (vgl. Abbildung 3.1) – bestimmt: Gegenwärtig sind dies die **USA, Japan, Deutschland, Frank-**

reich und Großbritannien. Saudi-Arabien stellt seit vielen Jahren aufgrund seiner hohen Einlagen in den IWF (6. Stelle) ebenfalls einen permanenten Exekutivdirektor.

Die Zuständigkeiten des Exekutivdirektoriums sind im Wesentlichen:

- Aufnahme und Änderung von Mitgliedsquoten,
- Zuteilung von sog. 'Sonderziehungsrechten', einer Art Kunstgeld des IWF, die dieser per Dekret schafft und bei Bedarf Mitgliedstaaten quasi als Ersatz 'richtiger' Devisen wie Dollar, Euro etc. zuteilen kann,
- zur Verfügungstellung sog. Kreditfazilitäten als weitere Möglichkeit einer Kreditvergabe an zahlungsschwache (devisenarme) Staaten.

Der geschäftsführende Direktor wird von den Exekutivdirektoren für 5 Jahre gewählt. Üblicherweise ist der Direktor des IWF immer ein Europäer, als Gegengewicht zur von den USA dominierten Weltbank, deren Präsident traditionsgemäß ein Amerikaner ist. Der aktuelle (2007) Bundespräsident Deutschlands, Horst Köhler, ist der bislang einzige Vertreter Deutschlands, der dem IWF als Direktor vorstand (1. Mai 2000 – 4. März 2004).

3.2 Das System von Bretton-Woods

Auf der bereits erwähnten Konferenz von Bretton-Woods wurde 1944 auch ein Internationales Währungssystem vereinbart: Das sog. System von Bretton-Woods.

Originäres Ziel dieses Systems war es, die Außenhandelsrisiken international durch **möglichst konstante Wechselkurse** zu minimieren. Vereinbart wurde, die Wechselkurse der Staaten der westlichen Welt um maximal +/– 1 % gegenüber dem an Gold gebundenen Dollar schwanken zu lassen, was für die Nicht-Dollar-Währungen eine maximale Schwankungsbreite von +/– 2 % zueinander bedeutete.

Die USA verpflichteten sich zur Glaubhaftmachung dieser „unveränderlichen" Parität, jederzeit Gold gegen Dollar zu diesem festen Kurs zu kaufen oder zu verkaufen. Das System von Bretton-Woods war damit ein **System des Goldstandards** (vgl. ausführlicher EIBNER, 2008a: Understanding Economic Policy – Anwendungsorientierte Wirtschaftspolitik, Teil C und auch EIBNER, 2006c: Understanding International Trade: Theory & Policy – Anwendungsorientierte Außenwirtschaft: Theorie & Politik, Teil C, Kapitel 14); genau genommen handelte es sich um einen **Gold-Dollar-Standard**.

Um aus dieser nationalen Geldwertdefinition ein internationales Währungssystem zu machen, ist es nötig, alle anderen Währungen der Welt bzw. der Mitgliedsländer des IWF mit einem bestimmten festen Wechselkurs an den US-$ zu binden.

Entsprechend war nach Art. IV des IWF-Abkommens jedes Land verpflichtet, mit dem IWF eine sog. Anfangsparität seiner Währung in Gold oder US-$ zu vereinbaren. Alle Mitgliedsländer des IWF außer den USA waren verpflichtet, diesen einmal gesetzten Kurs ihrer Währung gegenüber dem US-$ in einer maximalen Schwankungsbreite von +/– 1 % um die Parität durch Interventionen ihrer Zentralbanken an den Devisenmärkten zu stabilisieren.

Änderungen der Paritäten waren **nur nach Absprache mit dem IWF** und Vorliegen sog. **'fundamentaler Zahlungsbilanzungleichgewichte'** möglich. Um solche fundamentalen Zahlungsbilanzungleichgewichte erst gar nicht entstehen zu lassen, hat der IWF verschiedene Möglichkeiten einer Kreditgewährung an die Mitgliedstaaten.

Ohne an dieser Stelle zu tief ins Detail zu gehen, gab bzw. gibt es immer noch zwei grundlegende Arten, an Kredite des IWF zu kommen:

- Devisen-Kredite **ohne Auflagen** werden den Mitgliedstaaten bei Bedarf jederzeit bis in Höhe ihrer Einlagen beim IWF (vgl. Abbildung 3.1) gewährt.

Reicht diese Finanzierungshilfe nicht aus, ist eine

- weitere – sog. konditionale – Kreditaufnahme beim IWF möglich, nun aber nur gegen makroökonomische Auflagen des IWF, die der Schuldnerstaat unbedingt zu befolgen hat, um weiterhin kreditwürdig zu bleiben.

Diese **Kreditvergabe unter Auflagen** rangiert unter dem Begriff der sog. **'Konditionalität'** mit der sich Abschnitt 3.5 noch näher befassen wird.

Das System von Bretton-Woods funktionierte von Anfang an nicht ganz im Sinne seiner Gründerväter:

Es hat sich als Illusion erwiesen, langfristig ein weltumfassendes System fester Wechselkurse aufrechterhalten zu können. Dafür ist die wirtschaftliche Entwicklung in den einzelnen Mitgliedstaaten zu heterogen bzw. zu verschieden.

In der Zeit zwischen 1951 und 1960 nahm die Goldreserve der USA stetig ab und lag 1960 mit 18,7 Mrd. US-$ unter den Dollarguthaben von Ausländern in Höhe von 21,2 Mrd. US-$. Damit war eine – ja garantierte! – Umtauschmöglichkeit von US-$ gegen Gold de facto nicht mehr möglich.

Im Zuge der damaligen starken Geldmengen-Expansion in den USA (nicht zuletzt aufgrund des Vietnam-Krieges) stieg der freie Goldpreis zeitweilig bis auf 41 US-$ je Feinunze. Entsprechend musste Präsident Nixon im August 1971 die Goldkonvertibilität des US-Dollar aufheben, um einen Abfluss der nationalen Goldreserven zu verhindern.

Das System brach de facto endgültig im März 1973 zusammen: Man ging offiziell zu **flexiblen Wechselkursen** über, die bis heute den internationalen Devisenverkehr – zumindest in den Industriestaaten – dominieren.

3.3 Neuere Aufgaben des IWF im Rahmen der Zahlungsbilanz- und Liquiditätshilfen

Nach dem Wegfall der mehr oder weniger festen Wechselkurse 1973 und dem damit verbundenen Wegfall der Zahlungsbilanz-Stabilisierung zur Sicherung der festen Wechselkurse, erhielt der IWF drei neue Aufgaben:

- **Überwachung der Wechselkurspolitik** der Mitgliedsländer, mit dem Ziel, Wechselkursschwankungen gering zu halten, aber insbes. den jederzeit freien Austausch der Währungen untereinander zu fördern, was auch eine Überwachungsfunktion der Wirtschaftspolitik der Mitgliedsländer, vor allem aber der Entwicklungsländer, einschließt,
- die **Gewährung kurz- und mittelfristiger Finanzhilfen** bei Zahlungsbilanz- bzw. Liquiditätsproblemen über das Mittel diverser Kreditfazilitäten und
- die **Gewährung technischer Hilfe** für Mitgliedsländer.

Die **ökonomische Überwachung** realisiert der IWF in Form von Konsultationen mit den einzelnen Mitgliedsländern.

Ziel dieser Bemühungen ist es, durch eine Förderung multilateraler Zusammenarbeit und Konsultationen zu einer international stärkeren Harmonisierung der nationalen Wirtschaftspolitiken zu gelangen, insbesondere zu

- einer Konvergenz von Inflationsraten auf niedrigem Niveau,
- fiskalpolitischer Konsolidierung und
- abgestimmten strukturpolitischen Maßnahmen, die zu einem globalen Anstieg der Beschäftigung führen sollen.

Die Möglichkeiten zu **kurzfristigen Finanz- bzw. Liquiditätshilfen** an die Mitgliedsländer wurden ab 1974 stark ausgebaut und vor allem im Rahmen der Finanzmarktkrise in Asien 1997/98 in einer Höhe von über 100 Mrd. US-$ gewährt.

Konnte zuvor ein Land im Grunde nur Kredite bis zur Höhe seiner Einlagen (Quote) beim IWF aufnehmen, so räumte der IWF seinen Mitgliedern ab 1974 Sonderkredite in Form einer

- sog. **Erweiterten Fondsfazilität**

ein, die eine Kreditaufnahme bis zu 140 % der Quote ermöglicht. Diese Ausweitung der Kreditmöglichkeit reichte noch nicht, um dem erhöhten Liquiditätsbedarf im Zuge der ersten Erdölkrise gerecht werden zu können, deshalb wurde zwischen 1974 und 1976 eine befristete spezielle sog. **Ölfazilität** bereitgestellt.

Zu erwähnen sind noch die 1988 geschaffene

- **Kompensations- und Eventualfall-Finanzierungsvorkehrung** (CCFF),

die Entwicklungsländern die Möglichkeit gibt, durch eine Kreditaufnahme von bis zu 200 % der Quote unerwartete Liquiditätseinbußen bedingt durch einen Ölpreisverfall oder auch verteuerte Getreideimporte zu kompensieren, sowie die 1986 geschaffene

- **Strukturanpassungsfazilität** (SAF),

die auf Länder mit geringem Einkommen beschränkt ist, also primär auf die Länder Afrikas, der Karibik und des Pazifiks. Das Besondere dieser SAF sowie deren finanzieller Aufstockung bzw. Verlängerung 1987 und 1993 im Rahmen der

- **Erweiterten Strukturanpassungsfazilität** (ESAF)

ist, dass die Konditionalität, also die wirtschaftspolitische Auflagensetzung, sehr rigide ist und auch die Weltbank als Entwicklungsfinanzier in die Vertragsgestaltung miteinbezogen wird; dafür beträgt der Zinssatz nur 0,5 %.

Ein weiteres Liquiditätsinstrument des IWF ist die 1993 eingeführte

- **System-Übergangsfazilität** (STF),

die eigens geschaffen wurde, um den Transformationsländern Osteuropas beim Übergang zur Marktwirtschaft zu helfen.

Hauptnutznießer dieser Fazilität ist Russland, das erstmals 1993/94 rund 2 Mrd. US-$ erhielt und seitdem in seiner Zahlungsfähigkeit stark abhängig war von Liquiditätshilfen des IWF. Da die IWF-Finanzhilfen ganz wesentliche Vorbedingungen für die dringend benötigten Kredithilfen aus der westlichen Welt sind, hing die einst stolze Weltmacht zumindest während der 90er Jahre finanzpolitisch 'am Tropf' Amerikas und der Europäischen Union als Hauptkreditgeber des IWF und direkter Finanzhilfen an Russland.

Mit Beginn des starken Preisanstiegs bei Erdöl und Erdgas allerdings entschärfte sich die finanzielle Lage Russlands wieder durch die daraus resultierenden hohen Devisenzugänge aus den Rohstoffexporten.

Neuere Instrumente sind die
- **Poverty Reduction and Growth Facility** (PRGF) und
- der **Fonds zum Schuldenerlass** (MDRI) zugunsten der am stärksten verschuldeten Entwicklungsländer (Heavily Indebted Poor Countries, HIPC), auf den Abschnitt 3.4 eingehen wird.

Die zunehmende Bedeutung einer aktiven **Politik zur Bekämpfung der Armut** wird auch darin deutlich, dass der IWF seit 1999 von den unterstützten Staaten ein 'Poverty Reduction Strategy Paper (PRSP)' verlangt, also konkrete Überlegungen zur Bekämpfung nationaler Armut.

Das **dritte Standbein der IWF-Aktivitäten**, die **technische Hilfe**, beinhaltet eine umfassende Beratung der Mitgliedsländer durch Experten in Fragen der Fiskalpolitik, der Geldpolitik im weitesten Sinne und der Wirtschaftsstatistik; so sind z. B. viele Staaten nicht in der Lage, die einfachsten ökonomischen Kenngrößen zu ermitteln bzw. die diesen zugrunde liegenden ökonomischen Transaktionen zu erfassen. Ohne eine brauchbare Wirtschaftsstatistik aber ist jede Wirtschaftspolitik von vornherein zum Scheitern verurteilt.

3.4 Schuldenerlass: Die neuere Aufgabe des IWF

Im Jahre 1996 wurde auf Initiative der G-7-Staaten sowie der G-77 (vgl. hierzu noch Abschnitt 6.1.3) von IWF und Weltbank die sogenannte **HIPC-Initiative** zur **Rückführung der Auslandsverschuldung hochverschuldeter armer Entwicklungsländer** gestartet.

Das Ziel dieser Strategie ist es, mittels '**Debt-Relief**' (Schuldenstreichung) überschuldeten Entwicklungsländern wieder zu wirtschaftlichem Wachstum zu verhelfen und ihnen damit die Möglichkeit zu geben, aktiv die Armut in ihren Ländern lindern zu können.

1999 wurden 7 betroffenen Staaten Schulden von insgesamt 6 Mrd. US-$ erlassen. In Relation zur ausstehenden Verschuldung der Entwicklungsländer von über 2,5 Billionen US-$ im Jahr 2005 ist dies jedoch nicht auch nur annähernd ausreichend, um das gesteckte Ziel eines Wachstumsimpulses setzen zu können.

Entsprechend ist der potentielle Empfängerkreis des HIPC-Programms im Jahr 1999 auf 36 Länder ausgedehnt worden. Zudem wurde das **Programm zur Schuldenstreichung beschleunigt**, um schneller gegen die Armut vorgehen zu können und um so sicher zu stellen, dass **wieder mehr nationale Mittel für Programme zur Armutsbekämpfung verwendet werden können, statt in die Schuldenbedienung mittels Zinszahlungen zu fließen.** Gedacht ist hier an Programme insbesondere in den Bereichen Gesundheit und Bildung.

Von den 36 Ländern, die die Bedingungen des Schuldenerlassprogrammes erfüllten, waren bis 2001 23 überschuldete Low-Income Staaten – davon 19 in der Sahelzone – in den Genuss erster Schuldenstreichungen gekommen. Das Hauptprogramm des HIPC zielt auf die armen Staaten Afrikas. Entsprechend ist auch die Regionale Entwicklungsbank Afrikas, die AfDB, intensiv in das HIPC-Programm eingebunden (vgl. noch Abschnitt 5.5.1).

Ende 2005 startete der IWF seine **Multilateral Debt Relief Initiative (MDRI)**. Diese Initiative realisiert den Wunsch der G-8, für Länder, die die Kriterien der HIPC Initiative für einen Schuldenerlass der am stärksten verschuldeten ärmsten Länder der Welt erreicht haben oder voraussichtlich erreichen werden, einen kompletten Schuldenerlass von 100 % der ausstehenden Verbindlichkeiten bei den drei multilateralen Institutionen IWF, IDA (vgl. Abschnitt 4.2.2) und Afrikanischem Entwicklungsfonds (AfDF, vgl. Abschnitt 5.5.4) zu gewähren.

Im Januar 2006 begann der IWF mit der Umsetzung dieser Initiative indem er Schulden in Höhe von 3,4 Mrd. US-$ im Rahmen der MDRI-Schuldenerlass-Initiative einer ersten Gruppe von 19 Ländern erließ (Benin, Bolivien, Burkina Faso, Kambodscha, Äthiopien, Ghana, Guyana, Honduras, Madagaskar, Mali, Mosambik, Nicaragua, Niger, Ruanda, Senegal, Tansania, Tadschikistan, Uganda und Sambia). Weitere Staaten sind vorgesehen, und der IWF unterstützt diese Staaten in ihrem Bemühen, sich für den - Schuldenerlass zu qualifizieren. Im Rahmen des MDRI ist ein Gesamtschuldenerlass seitens des IWF von über 5 Mrd. US-$ vorgesehen (vgl. [www IMF 09/2006]).

Grundsätzlich ist aber im Rahmen eines Schuldenerlasses eine intensive Begleitung des wirtschaftlichen Wiederaufbaus der HIPC-Staaten notwendig. Dies erfolgt durch **finanzielle und technische Hilfe des IWF**, der **Weltbank** sowie der **Regionalen Entwicklungsbanken** (neben der Afrikanischen Entwicklungsbank sind hier auch die Asiatische Entwicklungsbank (ADB), die Karibische (CDB) und die Inter-Amerikanische Entwicklungsbank (IADB) mit einbezogen; zu den Regionalen Entwicklungsbanken vgl. noch Abschnitt 5), wobei diese Hilfe letztlich auch konditional sein müsste, um einseitige Mitnahme-Effekte der begünstigten Staaten zu verhindern.

Grundsätzlich erscheint es sehr **problematisch**, überschuldeten Staaten einseitige Schuldenstreichungen zu gewähren, ohne konkrete Gegenleistungen dieser Länder zu verlangen. Bedauerlich ist im Rahmen der Schuldenerlass-Programme vor allem der Umstand, dass es nicht gelungen ist, die schon Ende der 80er Jahre diskutierten Ansätze etwa eines Debt-for-Nature-Swap umzusetzen:

Hierbei hätten Entwicklungsländer, um in den einseitigen Genuss von Schuldenstreichungen zu gelangen, Gegenleistungen z. B. im Sinne eines verstärkten Ressourcen- bzw. Umweltschutzes zu erbringen. (Vgl. zum Konzept des Debt-for-Nature-Swap die Studie zur Entschuldung von Entwicklungsländern im Tausch gegen Umweltprojekte von EIBNER, 1991b.)

Abschließend ist im Zusammenhang mit Programmen zum Schuldenerlass grundsätzlich die Frage nach der Sinnhaftigkeit solcher Programme jenseits einer reinen Gewissensberuhigung der wohlhabenden industrialisierten Welt gegenüber der in Armut lebenden Dritten Welt zu stellen:

Die Frage ist hierbei vor allem die, ob Programme zu einem Schuldenerlass in der Realität überhaupt die Erwartungen eines hieraus resultierenden Wirtschaftsaufschwunges in der Dritten Welt erfüllen können.

Für einen Schuldenerlass spricht die Tatsache, dass **bei weiter bestehenden Schuldenlasten eine wirtschaftliche Erholung der Schuldnerstaaten dauerhaft nicht möglich** sein wird, da ein zu großer Teil der national erwirtschaftbaren Ressourcen über Zinszahlungen an die Gläubigerstaaten fließt und damit nicht für nationale Investitionen zur Verfügung steht.

Gegen einen Schuldenerlass spricht die Tatsache, dass hier eine **Sozialisierung unseriöser Wirtschaftspolitik OHNE Gegenleistung der Schuldnerstaaten auf die Geberstaaten der ersten Welt und deren Steuerzahler oder Bankkunden stattfindet.**

Diese **Kritik** wiegt um so stärker, als zu befürchten ist, dass die begünstigten Schuldnerstaaten auch in Zukunft keine rationalere Wirtschaftspolitik betreiben werden und die frei werdenden nationalen Wirtschaftsressourcen letztlich doch wieder in Militärprogramme oder in persönliche Bereicherung der herrschenden Eliten umgelenkt werden (zu diesem Problem vgl. noch die Ausführungen in Abschnitt 5.6). Aus Sicht des Verfassers wird aufgrund **nicht ausreichender Verpflichtungsmechanismen** im Rahmen des HIPC-Programms genau dies aber die Realität sein.

3.5 Probleme konditionaler Kreditvergabe des IWF

Viele Länder, die bis spätestens zur zweiten Ölkrise 1978 einer Finanzierung ihrer Investitionen oder Budgetdefizite über Marktkredite (also Kredite des internationalen Bankensektors ohne wirtschaftspolitische Auflagen) den Vorzug gegeben hatten, wandten sich im Zuge immer geringer werdender nationaler Devisenbestände in zunehmender Dringlichkeit mit Kreditanträgen an den IWF.

Dies wurde insbesondere auch deshalb zunehmend nötig, da der kommerzielle internationale Bankensektor angesichts des sich zunehmend verschlechternden finanziellen Standings der meisten Entwicklungs- (= Schuldner-) Länder zu meist dringendst benötigter Neukredit-Vergabe nur noch dann bereit war, wenn das Kredit nachsuchende Land mit dem IWF ein Konzept zur Sanierung seiner Wirtschaft ausgearbeitet hatte, d. h. mit dem IWF ein Kreditpaket in Verbindung mit wirtschaftspolitischen (Zwangs-) Sanierungsauflagen zur 'binnen- und außenwirtschaftlichen Anpassung' vereinbart hatte.

Genau dies galt auch für Osteuropa nach der marktwirtschaftlichen Öffnung 1989/90.

Auch die **osteuropäischen Staaten** suchten nach 1990 zunehmend den IWF als Kofinanzier bzw. Kreditgeber größerer Devisenbeträge für Investitionsprojekte, da private Kreditgeber viel bereitwilliger Kreditzusagen geben und ausländische private Investoren bereitwilliger investieren, wenn sie wissen, dass der IWF – als kritischer und wirtschaftspolitisch mitsteuernder Kreditgeber – ebenfalls in Form konditionaler Auflagen engagiert ist.

Übliche Auflagen sind z. B.: Auf- oder Abwertung der nationalen Währung; Sparmaßnahmen der öffentlichen Haushalte wie insbesondere Subventionskürzungen, Steuererhöhungen, Abbau des öffentlichen Sektors, Senkung der Staatsquote, etc.

Konditionale IWF-Kredite sind aus primär zwei Gründen für dessen **Schuldner problematisch**:

- Sie bedeuten einen **Souveränitätsverlust** im Sinne nicht mehr uneingeschränkt möglicher nationaler Geld-, Wechselkurs- und Finanzpolitik des Schuldners,
- IWF-Kredite sind i. d. R. kurzfristige Finanzhilfen (Laufzeit bis 4 Jahre, selten bis 10 Jahre); d. h., sie müssen **nach relativ kurzer Zeit umgeschuldet** werden. Hat sich die wirtschaftliche Lage des Schuldners bis dahin aber nicht gebessert, sind Neukredite vom IWF meist nur zu noch **härteren Auflagen** erhältlich. Aussteigen kann ein Land de jure natürlich jederzeit, de facto führt aber die hohe internationale Verschuldung der Dritten Welt in Devisen dazu, dass der Kreditbedarf jährlich steigt und beachtliche Netto-Neukredite vom kommerziellen Bankensektor aufgenommen werden müssen, nur um die fälligen Zinszahlungen bedienen zu können. Diese Neukredite sind aber i. d. R. von hoch verschuldeten Staaten nur noch bei Vorliegen einer konditionalen IWF-Mitkreditierung von den Banken zu erhalten.

3.5 Probleme konditionaler Kreditvergabe des IWF

Die Lage des Schuldners wird damit immer schwieriger: Er benötigt permanent Geld – allein schon zur Finanzierung kreditärer 'Altlasten' (Zinsen, Tilgung) – und bekommt Neukredite i. d. R. nur zum Preis steigenden wirtschaftspolitischen Souveränitätsverlustes.

Dies war ein heiß diskutiertes Thema insbesondere in der hoch verschuldeten Dritten Welt während der Jahre 1978 bis etwa 1990, in den GUS-Staaten während der 90er Jahre, im Rahmen der Finanzkrise Südostasiens 1997/98 und erneut anlässlich des Staatsbankrottes Argentiniens 2002.

Wie die **Gründung der 'Bank des Südens'** (Banco del Sur) im Juni 2007 auf Initiative Venezuelas, gefolgt von Argentinien, Brasilien, Bolivien, Ecuador und Paraguay (Stand Juni 2007) zeigt, wird der **IWF** – wie auch die **Weltbankgruppe** – **die gesamte Finanzierungspolitik stärker an den Bedürfnissen der Empfängerländer orientieren müssen**. Geschieht dies nicht, werden **beide Bretton Woods Institute ihre bislang bedeutende Rolle** zur Kontrolle der internationalen Finanzmärkte (IWF) und der Entwicklungsfinanzierung (Weltbankgruppe, vgl. hierzu insbesondere noch Abschnitt 4.3) **verlieren**.

Natürlich muss diese **Verbindung von Konditionalität und Souveränitätsverlust** nicht sein:

Die Auflagen sollen eigentlich dazu führen, dass das Land sich wirtschaftlich erholt. Der Grund, **warum IWF-Auflagen oft nicht zu ökonomischen Erfolgen in den Schuldnerländern führen**, liegt – neben anderen Gründen – daran, dass der IWF wie auch die (noch vorzustellende) Weltbank in der Dritten Welt wirtschaftliche und insbesondere sozio-gesellschaftliche Strukturen unterstellen, wie sie in der Ersten (Europa) und Zweiten Welt (Amerika) vorliegen. Dies ist natürlich nur selten der Fall; d. h. die meisten aller bisher vom IWF implementierten Auflagen bzw. wirtschaftspolitischen Programme haben sich im Endeffekt als ein Fehlschlag erwiesen.

Dies nicht zuletzt deshalb, weil in vielen Ländern der Dritten Welt – aber auch in Osteuropa – von den Verantwortlichen oftmals nur die Auflagen durchgesetzt werden, die die eigene Machtposition nicht gefährden.

Eine Studie des IWF stellt deshalb auch grundsätzlich die Frage, ob die Konditionalität nicht mehr schadet als nutzt: Vgl. die Kritik in REICHMANN/ STILLSON, 1978; bis heute ist diese Darstellung von ungebrochener Aktualität.

Von z. T. dramatischer Erfolglosigkeit geprägt waren die makroökonomischen Steuerungsversuche des IWF in Russland und der Ukraine der Jahre 1990 bis ca. 2000:

Der IWF ist bei diesen Ländern de facto 1998 von der Prämisse abgewichen, Neukredite nur zu gewähren, wenn die Auflagen erfolgreich umgesetzt wurden. Dies war in Russland und der Ukraine jedoch nicht der Fall. Insofern verhinderte der IWF durch nunmehr reine Liquiditätshilfen den vollständigen finanziellen Kollaps dieser beiden Staaten.

In entwickelteren Staaten, wie z. B. Portugal oder Griechenland führen IWF-Auflagen meist zu wirtschaftlichen Erfolgen, in Osteuropa aber eben nicht:

Die Gründe hierfür werden klar, betrachtet man die Auswirkungen der primär monetaristischen Programme in Russland, die den Erfolg der marktwirtschaftlichen Systemtransformation – nach Ansicht des Verfassers wie aber auch des ehemaligen Vize-Präsidenten der Weltbank, Joseph E. STIGLITZ, vgl. STIGLITZ, 2004, Kapitel 5 – zu stark über eine angebotsorientierte Deregulierung der Märkte und zuwenig über eine Erhöhung der gesamtwirtschaftlichen Nachfrage im Sinne einer Stärkung der Kaufkraft breiter Bevölkerungsschichten zu erzwingen versuchen.

Eingebettet in eine rein monetaristische Wirtschaftspolitik wäre auch der Wirtschaftsaufschwung Westdeutschlands nach dem Krieg in Form des auch nachfrageinduzierten ERHARDschen Wirtschaftswunders sicher nicht möglich gewesen.

3.6 Kontrollfragen

3.1 Mit welchen Aufgaben wurde der IWF bei seiner Gründung betraut?

3.2 Welche Staaten bestimmen de facto die Geschäftspolitik des IWF?

3.3 Was war das System von Bretton-Woods und welche ökonomische Zielsetzung verfolgte es?

3.4 Welche 'neueren' Aufgaben hat der IWF seit dem Ende des Systems von Bretton-Woods?

3.5 Nennen und erläutern Sie kurz die verschiedenen Finanzierungsfazilitäten des IWF.

3.6 Welche Aufgaben erfüllt der IWF im Rahmen des 'Debt-Relief'?

3.7 Beurteilen Sie die Zielsetzung eines Schuldenerlass-Programmes für überschuldete Entwicklungsländer unter ökonomischen Gesichtspunkten.

3.8 Welche Probleme werfen Schuldenerlassprogramme unter nichtökonomischen Gesichtspunkten auf?

3.9 Was versteht man unter konditionaler Kreditvergabe des IWF?

3.10 Worin liegen die zentralen Probleme konditionaler Kreditvergaben des IWF?

4 Die Weltbankgruppe

Die nachstehenden Ausführungen geben einen Überblick über

- die **organisatorische Struktur der Weltbankgruppe** in Abschnitt 4.1,
- und die konkreten **Aufgaben** und die **ökonomische Bedeutung** ihrer einzelnen Finanzierungsinstitutionen in Abschnitt 0.1.
- Abschnitt 4.3 diskutiert die **Hauptkritikpunkte an ihrer Arbeit**.
- Die aus dieser Kritik resultierende **Forderung nach einer stärker armutsorientierten Ausrichtung von Förderprogrammen** z. B. in Form von Mikrokrediten wird in Abschnitt 4.4 vertieft und ihre Umsetzung als **Exkurs am Beispiel der GRAMEEN Bank** vorgestellt.
- **Perspektiven zukünftiger Gestaltungskraft** der Weltbankgruppe diskutiert Abschnitt 4.5.

4.1 Organisationsstruktur der Weltbankgruppe

Die Weltbank wurde als Internationale Bank für Wiederaufbau und Entwicklung (IBRD) zeitgleich mit dem IWF 1945 in Bretton-Woods als dessen Schwesterinstitut gegründet.
Mitglied der Weltbankgruppe kann nur sein, wer Mitglied des IWF ist.

Die **Weltbankgruppe** umfasst die Finanzierungsinstitutionen

- **Internationale Bank für Wiederaufbau und Entwicklung** (IBRD), die eigentliche Weltbank, die in Abschnitt 4.2.1 behandelt wird,
- **Internationale Entwicklungsorganisation** (IDA), die Abschnitt 4.2.2 beschreibt,
- **Internationale Finanzkorporation** (IFC), die in Abschnitt 4.2.3 vorgestellt wird, zusammen mit Aktivitäten zur Förderung von Investitionen, wie über die **Multilaterale Investitions-Garantie-Agentur** (MIGA), die **Investitionsausfallgarantie** (GRIP) oder auch das **Internationale Zentrum zur Beilegung von Investitionsstreitigkeiten** (ICSID).
- Einen **Überblick über die zentralen Publikationen** der Weltbank gibt Abschnitt 4.2.4.

IBRD und IDA werden auch als **Weltbank im engeren Sinne** bezeichnet.

Oberstes Gremium ist auch hier jeweils ein entsprechender 'Gouverneursrat', der in der Regel von einem Exekutivdirektorium analog dem des IWF vertreten wird.

4.2 Aufgaben der Weltbankgruppe

4.2.1 Die Internationale Bank für Wiederaufbau und Entwicklung (IBRD)

Bis 1950 lag die Hauptaufgabe der IBRD (International Bank for Reconstruction and Development) in der Finanzierung des Wiederaufbaus Europas über günstige Kreditvergabe.

Damit gibt die Weltbank im Gegensatz zum IWF keine konjunktur- oder liquiditätsbedingten, sondern **ausschließlich entwicklungs- und wachstumsdeterminierte Kreditzusagen**.

Seit 1950 findet eine Kreditfinanzierung der Entwicklung der Dritten Welt über (Ko-) Finanzierung konkreter Einzelprojekte statt, durch deren Verwirklichung man sich einen Wachstumsschub für die wirtschaftliche Entwicklung der betreffenden Staaten erhoffte.

Gegenwärtig ist die Weltbank besonders in der Entwicklungsfinanzierung der Dritten Welt und seit 1990 auch Osteuropas engagiert. Dabei ist das Engagement der IBRD in Osteuropa primär auf Russland, die Ukraine sowie Polen konzentriert, während die Entwicklungsfinanzierung in den anderen Ländern des ehemaligen Ostblocks überwiegend der Europäischen Entwicklungsbank (EBWE) überlassen bleibt (vgl. hierzu noch Abschnitt 5.2).

Die gegenwärtigen Investitionsziele, die die Weltbank bei ihren Kreditvergaben verfolgt, sind in zwei Prioritäten primärer und sekundärer Projekte zu unterteilen:

- **Primäre Projekte**:
  Energieversorgung, Landwirtschaft und ländliche Entwicklung, Verkehrswesen, Industrieförderung.

- **Sekundäre Projekte**:
  Stadtentwicklung, Kleinbetriebe, Bevölkerung, Gesundheit, Ernährung, technische Hilfe.

Die Weltbank versteht sich als Kapitalsammelstelle, um Investitionen in der Dritten Welt kostengünstiger zu ermöglichen, als dies die betreffenden Länder selber könnten, würden sie das Kapital eigenständig auf den internationalen Finanzmärkten aufnehmen.

Die **Weltbank refinanziert** ihre zinsgünstigen Kredite an Entwicklungsländer zum kleinen Teil über ihr Eigenkapital (Quoteneinzahlungen ihrer Mitglieder), zum anderen jedoch **primär über eine eigene Kreditaufnahme** am internationalen Kapitalmarkt, da die Weltbank Kredite zu Zinssätzen weit unterhalb der Sätze, die andere Schuldner zu zahlen hätten, zur Verfügung gestellt bekommt. Dies deshalb, weil Anleihen der Weltbank von ihren Mitgliedern, d. h. also den 'reichen' Industriestaaten, verbürgt sind, mithin so gut wie keinerlei Ausfallrisiko besteht.

Die **Laufzeit der IBRD-Darlehen** für Dritte Welt- und Osteuropa-Projekte beträgt im allgemeinen **15 - 20 Jahre** bei **3 - 5 Freijahren** (zins- und tilgungsfreier Zeitraum).

Allein im Finanzjahr 2006 z. B. vergab die IBRD Kredite in Höhe von 14 Mrd. US-$ für 87 Projekte in 33 Länder. Insgesamt hat die **IBRD bis 2006** Darlehen in einer Höhe von **420 Mrd. US-$ in mehr als 5.000 Einzeldarlehen** vergeben (vgl. [www IBRD 03/2007]). Hauptempfänger sind Lateinamerika (Mexiko, Brasilien, Argentinien, Kolumbien), Indien und China sowie die Schwellenländer Südostasiens (Indonesien, Philippinen und Süd-Korea), aber auch die Türkei.

Ein neuer Schwerpunkt der Weltbank ist der dringend erforderliche Kampf gegen AIDS – insbesondere in Afrika (zu den dramatischen gesellschaftlichen wie ökonomischen Konsequenzen in Afrika vgl. TIETZE, 2006). Bis Ende 2004 wurden über 3 Mrd. US-$ hierfür eingesetzt; 2002 wurde unter u. a. unter massiver finanzieller Beteiligung der Weltbank UNAIDS gegründet, das UN-Hilfsprogramm zur Bekämpfung von HIV/ AIDS.

Abbildung 4.1 gibt einen Überblick über die Darlehenszusagen der IBRD nach Empfängerregionen zum 30.6.2006, und Abbildung 4.2 einen Überblick über die Darlehenszusagen nach Wirtschaftssektoren zum 31.12.2004.

Darlehenszusagen der IBRD nach Regionen, 07/2005 – 06/2006		
	Mrd. US-$	%
Lateinamerika und Karibik	5,7	41
Ostasien und Pazifik	2,3	16
Europa und Zentralasien	3,5	25
Südasien	1,2	9
Naher Osten und Nordafrika	1,3	9
Afrika	0,04	0
Summe	**14,1**	**100**

Abbildung 4.1: Darlehenszusagen der IBRD nach Regionen zum 30.6.2006 (Daten aus WORLD BANK, 2006a, eigene Zusammenstellung)

Darlehenszusagen der IBRD nach Sektoren, 2004		
	Mrd. US-$	%
Recht, Justiz & öffentliche Verwaltung	2,6	24
Verkehr	2,5	23
Gesundheit & andere soziale Dienste	1,8	16
Finanzwesen	1,2	11
Land- und Forstwirtschaft, Fischerei	0,7	6
Industrie & Handel	0,7	6
Wasser, Abwassersystem & Hochwasserschutz	0,7	6
Bildung	0,5	5
Energie & Bergbau	0,3	3
Summe	**11,0**	**100**

Abbildung 4.2: Darlehenszusagen der IBRD nach Wirtschaftssektoren 2004 (vgl. [www WORLD BANK 01/2006], Tabelle 5.7)

4.2.2 Die Internationale Entwicklungsorganisation (IDA)

1960 wurde zum Zweck einer gezielten Förderung der ärmsten Entwicklungsländer die IDA (International Development Association) gegründet. Sie hat mittlerweile (2007) 165 Mitglieder.

Drei **Kriterien** werden zur Beurteilung herangezogen, welche Länder **förderfähig** sind und somit IDA Mittel beanspruchen können:

- **Relative Armut**, definiert als BNE pro Kopf unterhalb eines festgelegten Schwellenwertes von 1.025 US-$ (Stand: 1. Juli 2006, vgl. [www IDA 10/2006]),
- **nicht ausreichende Kreditwürdigkeit**, um zu Marktkonditionen Geld leihen zu können,
- **gute politische Leistungen**, die durch geeignete wirtschafts- und sozialpolitische Maßnahmen belegt werden und Wachstum sowie die Bekämpfung der Armut begünstigen.

Die IDA leiht ihre Mittel in der Regel unverzinslich aus. Die Laufzeit solcher 'Schenkungen auf Zeit' beträgt in der Regel 50 Jahre; die Tilgung beginnt nach 10 Jahren.

Es werden im Grunde dieselben Projektarten wie von der IBRD gefördert: Die **IBRD** vergibt ihre Mittel primär an **Schwellenländer** wie Brasilien, Mexiko, Türkei, Thailand etc., von denen eine Rückzahlung der Darlehen erwartet wird; die **IDA** dagegen finanziert **Projekte primär in den ärmsten Staaten der Welt** (Äthiopien, Bangladesch, etc.), von denen mittelfristig keinerlei Wirtschaftsaufschwung und damit für Zahlungen freiwerdende Devisenbestände erwartet werden können.

Die **IDA** hat von ihrer Gründung 1960 **bis 2006** über **170 Mrd. US-$ für rund 4.000 Projekte** in **113 Ländern** vergeben. Allerdings entfallen über 60 % aller vergebenen Mittel auf nur 10 Länder, von denen **Indien** mit über 32 Mrd. US-$ den Löwenanteil erhielt, vor **Bangladesch** mit ca. 12 Mrd., China mit rund 10 Mrd., Pakistan mit rund 9 Mrd., Vietnam mit über 6 Mrd., Äthiopien, Ghana, Tansania und Uganda mit je rund 5 Mrd. sowie einer Reihe von Staaten mit jeweils etwa 3 Mrd. US-$: Kenia, Kongo, Madagaskar, Mosambik, Nigeria, Sambia und Sri Lanka (vgl. [www IDA 03/2007]).

Abbildung 4.3 gibt analog zur Darstellung für die IBRD einen Überblick über die für die Finanzperiode 2006 bis 2008 geplanten und noch laufenden Darlehenszusagen der IDA:

Darlehenszusagen der IDA nach Regionen im Zeitraum 2006 - 2008		
	in Mrd. US-$	in %
Südasien	6,81	34,1
Afrika	8,97	44,8
Ostasien und Pazifik	2,24	11,2
Europa und Mittelasien	0,94	4,7
Lateinamerika und Karibik	0,51	2,5
Irak	0,34	1,7
Naher Osten und Nordafrika	0,20	1,0
Summe	**20,01**	**100**

Abbildung 4.3: Darlehenszusagen der IDA nach Regionen 2006 – 2008 (vgl. [www IDA 01/2006], Tabelle 4, S. 11)

Ein neuerer Schwerpunkt auch der IDA ist der Kampf gegen die Immunschwächekrankheit AIDS: Seit 1986 hat die IDA 690 Mio. US-$ in 46 Staaten gegen AIDS verausgabt. Im Jahr 2000 wurden nochmals 500 Mio. US-$ für AIDS-Projekte bewilligt.

Seit 1995 ist die IDA auch einbezogen in die Unterstützung Armer über die Vergabe von sog. **Mikrokrediten**; vgl. noch Abschnitt 4.4.3.

Aktuell wirkt die IDA auch mit in der von den G-8, IWF und Weltbank initiierten Politik des **Schuldenerlasses** für die LDCs (vgl. Abschnitt 3.4): Da die IDA profilbedingt bevorzugt in der Entwicklungsfinanzierung der ärmsten Staaten der Welt engagiert ist, sind letztlich die gesamten Außenstände der IDA potentiell Gegenstand der aktuellen Schuldenerlass-Programme.

4.2.3 Aktivitäten der Weltbankgruppe zur Investitionsförderung: IFC, MIGA, GRIP und ICSID

Die 1956 als erste Schwesterorganisation der IBRD gegründete **Internationale Finanzkorporation (IFC)** soll die **private Investitionstätigkeit in der Dritten Welt fördern**. Sie tritt damit nur als **Kofinanzier** von Investitionsvorhaben **privater** (d. h. nicht-staatlicher) **Unternehmen** auf.

Aufgabe des IFC ist es, nachhaltig Investitionen im privaten Sektor in Schwellenländern zu fördern, um hierdurch zur Armutsreduzierung und Verbesserung der Lebensbedingungen der Bevölkerung beizutragen.

Die IFC
- finanziert Investitionen im privaten Sektor in Transformations- und Entwicklungsländern,
- mobilisiert Kapital auf internationalen Finanzmärkten,
- hilft bei der Verbesserung von Sozial- und Umweltbedingungen und
- stellt Regierungen und Unternehmen technische Hilfe sowie Beratung zur Verfügung.

Seit ihrer Gründung 1956 bis Ende 2004 hat die IFC insgesamt mehr als 44 Mrd. US-$ aus eigenen Mitteln zugesagt und zusammen mit privaten Investoren 23 Mrd. US-$ mit 3.143 Unternehmen in 140 Entwicklungsländern finanziert. Zum Jahresende standen weltweit Gelder der IFC in Höhe von 17,9 Mrd. US-$ aus Eigenmitteln und 5,5 Mrd. US-$ in Beteiligungsfinanzierungen aus. (Vgl. [www IFC 01/2007].)

Die Finanzierungsbedingungen werden individuell an den mit der Investition verbundenen Risiken und den kapitalmarktüblichen Konditionen ausgerichtet: Sie sind damit ungleich härter, d. h. teurer, als die Darlehen ihrer Schwesterinstitute IBRD und IDA.

Dafür kann die IFC sich aber auch am Eigenkapital privater Unternehmen beteiligen und Unternehmen durch die Erteilung von Übernahmegarantien unterstützen, was IBRD und IDA untersagt ist.

Seit 1995 ist auch die IFC einbezogen in die Finanzierung von sog. **Mikrokrediten; die nachstehenden Abschnitte 4.4.2 und 4.4.3 werden noch detailliert auf dieses Thema eingehen.**

Konkretes Ziel der IFC ist die **Förderung von Direktinvestitionen**. Dies wird versucht u. a. „ *... durch eine über die national i. d. R. ohnehin bestehende Versicherungsmöglichkeit gegen nicht-kommerzielle Risiken (Enteignung, Kriegsverluste, mangelnde Konvertierbarkeit von Dividenden und Kapitaltransfers) hinausgehende zusätzliche Schließung von Versicherungslücken über die 1988 gegründete* '***Multilateral Investment Guarantee Agency***' **(*MIGA*)** *der Weltbank [mit gegenwärtig (2007) 168 Mitgliedstaaten, d. V.] und über den* '***Guaranted Recovery of Investment Principal***' **(*GRIP*)** *der IFC, der sogar kommerzielle Risiken (Übernahme des Verlustrisikos) abdeckt ...*": EIBNER, 1991a, S. 315.

Die zentrale Aufgabe der MIGA ist zugleich ihre besondere Stärke im Markt: Investoren und private Versicherer in Aktivitäten in schwierigem ökonomischem Umfeld einzubinden. Die Geschäftstätigkeit der Agentur konzentriert sich auf folgende Bereiche (aus [www MIGA 02/2007]):

- Die **Entwicklung von Infrastruktur** ist von herausgehobener Priorität für die MIGA, wenn berücksichtigt wird, dass der geschätzte Mittelbedarf nur für die nötigen Neu-Investitionen zugunsten der schnell wachsenden Stadtbevölkerung wie auch der unterentwickelten ländlichen Regionen in Entwicklungsländern bei 230 Mrd. US-$ liegt.
- **Randregionen** – also hochriskante Märkte und/ oder Staaten mit sehr niedrigem Einkommen – sind eine weitere Zielgruppe der MIGA. Diese Märkte haben üblicherweise den größten Bedarf und ziehen auch den größten Nutzen aus ausländischen Direktinvestitionen, werden aber vom privaten Sektor eher vernachlässigt.
- Investitionen in **Krisenregionen** sind eine andere Priorität der Agentur. Private Investitionen sind besonders bedeutsam für Wiederaufbau und Wachstum. Da aber viele Investoren vor zukünftigen Risiken zurückschrecken, ist eine Versicherungsmöglichkeit gegen politische Risiken unverzichtbar, um die Investitionstätigkeit aufrecht zu erhalten.
- **Süd-Süd Investitionen** (Investitionsaktivitäten zwischen Entwicklungsländern) tragen zu einem deutlichen Anstieg von Direktinvestitionen bei: Der private Versicherungsmarkt in diesen Ländern ist allerdings nur selten zufriedenstellend entwickelt und nationale Exportfinanziers haben oft weder die Möglichkeit noch die Kapazität, politische Risiken abzusichern, so dass die MIGA hier einspringt.

Diese Instrumente sind allerdings in ihrer quantitativen Wirkung nicht sehr bedeutend, obwohl solche Angebote für Unternehmen z. B. im Rahmen von **Joint-Ventures** in Entwicklungsländern attraktiv sein könnten.

Ein letztes Mittel zur Förderung internationaler Direktinvestitionen ist das bereits 1966 gegründete **Internationale Zentrum zur Beilegung von Investitionsstreitigkeiten** (ICSID) mit mittlerweile (Ende 2006) 143 Mitgliedern.

4.2.4 Zentrale Publikationen der Weltbankgruppe und die Bedeutung der Weltbank für exportorientierte Unternehmen

An wichtigen, hoch informativen Publikationen der Weltbankgruppe sind – neben ihrer Homepage *www.worldbank.org* – an erster Stelle zu nennen

- WELTBANK: **Weltentwicklungsbericht**,
  der in englisch als World Development Report erscheint und sich jährlich wechselnden entwicklungspolitischen Schwerpunktthemen widmet; vgl. z. B.:
  - WELTBANK, 2004, zur Notwendigkeit einer stärkeren Einbindung der Armen in die Planung und Durchführung von Projekten,
  - WELTBANK, 2005, zu Möglichkeiten, Investitionsbedingungen in der Dritten Welt zur Verringerung von Armut und Unterentwicklung zu verbessern, oder
  - WELTBANK, 2006d, mit dem Thema, nach Möglichkeiten und Wegen zu suchen, armutsfestigende Diskriminierungen aufzubrechen, wie z. B. Ungleichheiten in der Behandlung von Mann und Frau sowie Diskriminierungen aufgrund der Zugehörigkeit zu Nationalität, Rasse und sozialer Schicht einerseits sowie ungleichen Besitz- und Machtverhältnissen in Entwicklungs- und Industrieländern andererseits, die zu einem Teufelskreis aus Armut und ungerecht verteilten Chancen führen, den es zu durchbrechen gilt. Der Bericht belegt diese 'Ungleichheitsfallen' mit einschlägigen Vergleichsdaten zu Ökonomie generell, Bildungs- und Gesundheitswesen, Recht, Demographie, Verteilung und Infrastruktur sowie Finanz-, Arbeits- und Absatzmärkten und erörtert die Tragweite gerechtigkeitsfördernder sozialer, ökonomischer und politischer Handlungskonzepte für eine nachhaltige, effiziente Entwicklung.

Hervorgehoben zu nennen sind auch folgende jährlich publizierten statistischen Übersichten:

- The WORLD BANK, 2006b: **Global Development Finance**,
  der eine Übersicht gibt über die Verschuldungssituation der Schwellen- und Entwicklungsländer (in Nachfolge der früheren 'Debt-Tables' der Weltbank), sowie vor allem auch
- The WORLD BANK: **World Development Indicators**,
  die mit über 800 verschiedenen Kennzahlen für 150 Länder getrennt und vernetzt einen ausgezeichneten Überblick geben über den globalen Entwicklungsstand in so unterschiedlichen Bereichen wie Bevölkerung,

Infrastruktur, Märkte, Soziales, Staat, Umwelt, Wirtschaft u. a. m. Über die ebenfalls zu beziehenden CD-ROMs der World Development Indicators lassen sich zudem für über 200 Länder Zeitreihen von mehr als 40 Jahren erstellen und abrufen (vgl. z. B. WORLD BANK, 2006d).

Als allgemeine Informationsquellen über aktuelle währungs- und wirtschaftspolitische Probleme können genannt werden:

- The WORLD BANK: **Annual Report**, und
- MIGA: Annual Report, der gezielt über die Risiken von Investitionsprojekten berichtet.

Eine sehr gute Möglichkeit zur Recherche ökonomischer Grunddaten zu allen Mitgliedsländern bietet die Weltbank außer in ihren Weltentwicklungsberichten vor allem über den

- 'Data Query' im Internet: [www WORLD BANK Data Query].

Die Weltbankgruppe gilt als einer der solventesten Schuldner der Welt überhaupt. Damit stellen **von der Weltbank ausgeschriebene und finanzierte Investitionsvorhaben** auf Basis auch der o. g. sehr guten Informationsbereitstellung zur ökonomischen und sozialen Infrastruktur dieser Länder eine mehr als sichere **Exportchance** dar.

Insbesondere im Rahmen der nun auch auf Osteuropa ausgedehnten Förderprojekte der Weltbankgruppe bieten sich informierten Unternehmen bedeutende Chancen, Großprojekte auch in zahlungsschwachen Ländern risikolos abwickeln zu können.

Allein in privater Regie durchgeführt, würden diese Investitionsvorhaben sehr risikoreiche Engagements bedeuten und nur für wenige Großunternehmen tragbar sein.

Relevant zur **Risikoabsicherung bei Investitionsvorhaben** sind die unter Abschnitt 4.2.3 erwähnten MIGA und GRIP.

4.3 Kritische Betrachtung der Weltbankgruppe

Die Weltbankgruppe spielt eine maßgebliche Rolle bei der **Koordinierung der Entwicklungshilfe**; d. h. es gibt kaum Entwicklungshilfeprojekte, in die die Weltbank nicht irgendwie eingebunden ist.

Die ökonomischen Publikationen der Weltbank sind ausnahmslos als in jeder Hinsicht problembewusst und problemadäquat anzusehen (vgl. z. B. den jährlich erscheinenden **Weltentwicklungsbericht**).

4.3 Kritische Betrachtung der Weltbankgruppe

Die **praktische Umsetzung** des theoretisch als nützlich oder sinnvoll Erachteten muss jedoch als zumindest tendenziell katastrophal bezeichnet werden (vgl. Abschnitt 4.3.1).

Eine wirksame Armutsbekämpfung in den Entwicklungsländern findet nur unzureichend bzw. nahezu gar nicht statt (vgl. Abschnitte 4.3.2 und 0.1).

4.3.1 Kritische Erfolgsbeurteilung der Entwicklungsprojekte der Weltbank

Die Weltbank selbst geht in offiziellen Publikationen davon aus, dass **rund 40 % aller Projekte als gescheitert** angesehen werden müssen, d. h. die infolge der erwarteten Investitionen erhofften bzw. geplanten volkswirtschaftlichen Wohlfahrtseffekte oder unternehmerischen Gewinne werden nicht erreicht.

Oftmals war die Ausgangssituation vor der Weltbankhilfe sogar besser. Als weitere **Quellen massiver Kritik an Weltbank** und auch **IWF**, bzw. **Entwicklungshilfe** allgemein, seien nochmals genannt: S. GEORGE 1988; GEORGE/ SABELLI, 1995; B. ERLER, 1988 (letztere war lange Jahre im Bundesministerium für wirtschaftliche Zusammenarbeit – 'Entwicklungshilfeministerium' – tätig); sowie für die Ära Wolfensohn der Weltbank: W. BELLO/ S. GUTTAL, 2006.

Spätestens seit den 60er Jahren, als sich ihr Fokus auf die Finanzierung vor allem von großen Infrastrukturprojekten in Entwicklungsländern verschob, **geriet die Entwicklungspolitik der Weltbank zunehmend in die Kritik:** Etwa für die Unterstützung von Staudammprojekten in Lateinamerika und Afrika – heute in China. Diese erscheinen sowohl aus ökologischer wie auch aus sozialer Sicht problematisch, zwangen Millionen Menschen zur Umsiedlung oder zerstörten riesige Waldgebiete.

Dass die Weltbank mit ihren Projekten bis heute alles andere als erfolgreich ist, zeigt eindrucksvoll ein vom US-Kongress 2000 zur Arbeit der Institution angeforderter Bericht, der sog. **Meltzer-Bericht**: Mehr als die Hälfte aller von der Bank geförderten Projekte waren Misserfolge; besonders betroffen war mit einer Misserfolgsquote von 73 % Afrika, wie Abbildung 4.4 zeigt.

Der Meltzer-Bericht nennt als **Hauptursache für gescheiterte Weltbankprojekte** und problematische Politikempfehlungen die **mangelnde Kenntnis der Situation vor Ort** durch die Mitarbeiter – auch in der Weltbank treffen die reichen Industrienationen die Entscheidungen, die Entwicklungsländer sind stark unterrepräsentiert.

Fehlgeschlagene Entwicklungsprojekte der Weltbank in % der Gesamtprojekte

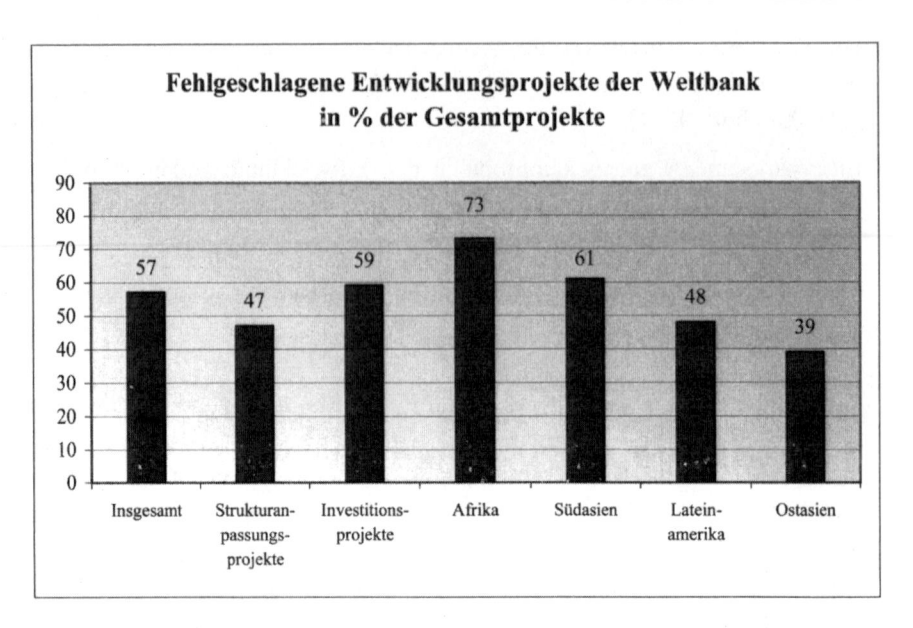

Kategorie	Prozent
Insgesamt	57
Strukturanpassungsprojekte	47
Investitionsprojekte	59
Afrika	73
Südasien	61
Lateinamerika	48
Ostasien	39

Abbildung 4.4: Misserfolge von Weltbankprojekten nach Art und Zielgruppe (aus MELTZER–Commission, 2000, Tab. 3-8)

Das Ausmaß, in dem die Weltbank alten Entwicklungskonzepten verhaftet ist und es nicht schafft, diese neuen Gegebenheiten anzupassen, ist offensichtlich: Der damalige Präsident der Weltbank, James Wolfensohn, selber hatte 2002 eine Expertenkommission beauftragt zu untersuchen, ob der Fokus der Weltbank auf die Finanzierung von Öl- und Kohleprojekten zur Armutsbekämpfung beiträgt.

Das Ergebnis der Studie war eindeutig: Diese Politik sei nicht nur für das globale Klima mehr als bedenklich, sondern helfe auch der Bevölkerung vor Ort nicht. Die Bank solle sich daher bis zum Jahr 2008 schrittweise aus dem Engagement bei fossilen Energien zurückziehen und dafür die **Förderung erneuerbarer Energien** um jährlich 20 Prozent steigern (vgl. [www Extractive Industries Review (EIR) 10/2006], S. 7; die vollständigen Berichte des Extractive Industries Review sind zu finden in [www Extractive Industries Review Reports 10/2006]).

Die Reaktion des Bank-Managements aber war ebenfalls eindeutig. Es fegte die Hauptforderungen der Kommission vom Tisch, kaum dass es den Bericht kannte. Die Begründung dafür legt nahe, dass das Management den Bericht noch nicht einmal richtig gelesen hat: Es lehnt den Ausstieg aus fossilen und den Einstieg in erneuerbare Energien ab, weil dadurch die Kosten des Umweltschutzes auf die Bevölkerungen armer Länder abgewälzt würden.

4.3 Kritische Betrachtung der Weltbankgruppe

Das ist blanker Hohn, denn der Extractive Industries Review hatte noch einmal deutlich gezeigt, was **NGOs** seit Jahren beklagen: **Ärmere Bevölkerungsschichten profitieren kaum vom Öl- und Kohleabbau**; stattdessen schöpfen in der Regel große Konzerne und einheimische Oligarchien, nicht selten aus dem Ausland, die Profite ab. **Für die heimische Bevölkerung** bleibt oftmals nur **zerstörter Lebensraum** zurück: Vgl. CARUSO u. a., 2003.

Dramatische Beispiele hierfür – aus einer nahezu unerschöpflichen Zahl von weltweiten Tragödien – sind z. B.

- die **Edölförderung** in **Nigeria**, die der einheimischen Bevölkerung statt gut bezahlter Arbeitsplätze oder Gewinnabführungen der Konzerne lediglich eine dramatisch zerstörte Umwelt hinterlässt (vgl. HUMAN RIGHTS WATCH, 1993), die **Ölförderung** in **Ecuador** mit dramatischen Konsequenzen für den Regenwald und die indigene Bevölkerung (vgl. SCHMIDT, 2003; GOODLAND, 2005; [www Eine Welt Netz NRW 08/2006]; vgl. auch [www Global Aware Cooperative Deutschland 08/2006]),

- die **Kohleförderung** in **Venezuela** (vgl. [www Uni Kassel – Venezuela 08/2006]; [www Mines and Communities 08/2006]) in deren Rahmen ein ausgeweiteter Tagebau im Bundesstaat Zulia die Leitlinie einer 'nachhaltigen Entwicklung' der Regierung Chávez zu konterkarieren droht, oder auch beispielhaft die Auswirkungen von **Bergbau** und **Holzwirtschaft** in **Westpapua** (Indonesien), bei der die örtliche Bevölkerung nicht nur nicht an den Erträgen beteiligt, sondern gewaltsam vertrieben oder bei Widerstand gar getötet wird (vgl. [www Gesellschaft für bedrohte Völker 08/2006]; gleiches gilt auch für entwickeltere Länder wie etwa Brasilien (vgl. HOUSE, 1988, S. A 10; SCHWELIEN, 1989; [www Die Welt.de 08/2006]).

- Generell zur Problematik der **Ausbeutung von Bodenschätzen in Entwicklungsländern**, den sog. 'Ressourcenkriegen', sei hingewiesen auf: RENNER, 2002; BANNON/ COLLIER (Hrsg.), 2003, oder auch GLOBAL WITNESS/ FAFO INSTITUTE for APPLIED SOCIAL SCIENCE, 2002.

Die **Förderung erneuerbarer Energien** hingegen wirkt sich in zweierlei Hinsicht positiv aus. Sie schützt das Klima und sie bietet ärmeren Ländern und deren Bevölkerung eine echte Entwicklungschance: Durch einzusparende Devisen infolge geringerer Öl- und Kohleimporte und durch die Möglichkeit des dezentralen – und damit auch beschäftigungsfördernden, bzw. armutsverringernden – Ausbaus alternativer Energietechnologien.

Zu beachten dabei ist allerdings, dass nicht auch Projekte zur Gewinnung regenerativer Rohstoffe Lebensgrundlagen vor Ort vernichten, etwa durch große Brandrodungen von Primärwäldern zum Anbau von Ölpflanzen oder Soja z. B. für die Herstellung von Bio-Diesel (vgl. hierzu z. B. das breite Informationsangebot im regelmäßig publizierten 'Regenwaldreport' der Organisation 'Rettet den Regenwald e. V.': [www Rettet den Regenwald e. V. 08/2006]).

4.3.2 Hauptkritikpunkte an der Entwicklungspolitik der Weltbank und hieraus resultierender Handlungsbedarf

Die **Hauptkritikpunkte** an der Entwicklungspolitik der Weltbank sind, dass die Weltbankprojekte überwiegend ein '**Kurieren am Symptom**' versuchen, **nicht aber die Ursachen soziopolitischer und ökonomischer Probleme aufgreifen**.

D. h., es **wird zu technisch pragmatisch** vorgegangen: Mit z. T. immensem Kapitaleinsatz – der vor Ort irgendwie 'verprasst' werden muss (wie im öffentlichen Dienst müssen einmal bewilligte Gelder auch schnellstmöglich verausgabt werden, will man nicht riskieren, dass sich Folgezahlungen verzögern oder gar ausfallen) – wird versucht, **Entwicklungsstufen zu realisieren, die sozio-kulturell bzw. politökonomisch nicht durchsetzbar** sind.

Dies zum einen, weil auf die Mentalität der Bevölkerung keinerlei Rücksicht genommen wird, wobei dies allerdings meist auf **Vorgaben der Empfängerländer selbst** zurückzuführen ist (Nomaden werden kaum in einem 'Stahlkombinat' arbeiten wollen; das Projekt wird nie kostendeckend arbeiten, die Zahlungsbilanz des Staates – in diesem Fall Algeriens – noch weiter geschwächt).

Ein zweiter – wesentlicher – Kritikpunkt ist, dass die **Eliten des jeweiligen Staates** Projekte präferieren, deren Erträge nur auf eine kleine 'Kaste bereits Wohlhabender' entfallen, mithin nicht zur Entwicklung insbesondere des ländlichen Sektors beitragen und damit auch nicht die Kaufkraft der Armen erhöhen. (Vgl. zur Kritik an den herrschenden 'Eliten' in vielen Ländern der Dritten Welt sehr ungeschminkt: Hans Magnus ENZENSBERGER, 1988, S. 183 ff.)

Unnötig zu betonen, dass natürlich auch **Landreformen** unumgänglich sind, um überhaupt eine kleinbäuerliche Produktionsstruktur herbeiführen zu können. Viele Schwellen- und Entwicklungsländer – z. B. Brasilien – sind

4.3 Kritische Betrachtung der Weltbankgruppe

jedoch nicht an Landreformen welcher Art auch immer interessiert um der ständig wachsenden Bevölkerung Erwerbsmöglichkeiten zu verschaffen.

Von der Weltbank werden seitens der Schwellen- und Entwicklungsländer vor allem (Mit-) Finanzierungen von Großprojekten gefordert, die große Industriekomplexe ermöglichen, deren Eigner – 'zufällig' – natürlich wieder eben jene Elite sein wird, die der Weltbank die Projekte andient. Auch die Umweltverträglichkeitsprüfung, die die Weltbank 1988/89 zwingend eingeführt hat, stößt auf erbitterten Widerstand nicht der 'Kapitalistischen Ersten Welt', sondern muss i. d. R. den Entwicklungsländern aufgezwungen werden, was diese oft als 'Neokolonialismus' brandmarken.

Dramatische Beispiele ökonomisch sinnloser und ökologisch desaströser 'Entwicklungsprojekte' gibt es viele:

Neben dem **Yacyreta-Staudamm** an der Grenze von Paraguay und Argentinien, der 1992 für 894 Millionen US-Dollar mit einer 65 Kilometer langen und 76 Meter hohen Staumauer einen fischreichen Fluss in einen fauligen See verwandelte und Strom erzeugt, der um 300 % über dem Elektrizitätspreis in Argentinien liegt, ist vor allem der **Balbina-Stausee** in Brasilien zu nennen: 2.500 km² Regenwald im Edelholzwert von ca. 200 Millionen US Dollar wurden überflutet, die Indianerstämme der Waimirí und Atroarí mussten z. T. gewaltsam zwangsumgesiedelt werden, es wurden enorme Mengen CO_2 durch verrottende Pflanzenmassen im Wasser freigesetzt und statt der geplanten jährlichen Stromerzeugung von 250 MW können nur maximal 94 MW Strom erzeugt werden.

Eine der Hauptkritikerinnen der Weltbankpolitik, Susan S. GEORGE, schreibt z. B.: „*Das Konzept von der 'Entwicklung' hat in unserer Gesellschaft in diesem Jahrhundert religiöse und doktrinäre Bedeutung erhalten.*": GEORGE/ SABELLI, 1995, S. 11; die Institution Weltbank gleiche einer Religion: Man kann nur an sie glauben oder sie ablehnen. Ihre ökonomischen Glaubenssätze dienen einer kleinen Fraktion transnationaler Elite-Interessen. Die neue Konzentration der Weltbank auf die Bekämpfung der Armut zeigt, dass sie nach einer Mission sucht, aber in der Praxis – bzw. in der umsetzbaren Politik – keinen Plan zu haben scheint, der über die Gestaltung der Ökonomien nach neoklassischem Muster und die Wahrnehmung aller Männer und Frauen als Homo Ökonomicus hinausgeht (vgl. GEORGE/ SABELLI, 1995, S. 13).

Die Weltbank sei eine Institution, *"... die dringend eine 'intellektuelle Führung' braucht, sie aber selbst im eigenen Haus nicht unbedingt erkennt, die dazu verurteilt scheint, ein überholtes und bankrottes Entwicklungsparadigma immer wieder neu aufzulegen und damit viel Schaden anrichtet, die gelegentlich auf Kritik reagiert, aber unfähig ist, ihr durch echte Veränderung die Grundlage zu entziehen."*: GEORGE/ SABELLI, 1995, S. 14.

Die **Konditionalität der Weltbank** innerhalb der Strukturanpassungsprogramme hat **Normen setzende Wirkung** für alle jene Länder, die um Kredite nachsuchen oder Mitglied des Bretton-Woods-Institutes werden wollen. Die **Konsequenzen sind in den meisten Fällen negativ** (Russland, Mexiko, Lateinamerika), da die Konditionalität nur erfüllt werden kann, wenn Normen und Formen, die Arbeit und Leben normierten, gebrochen und darüber hinaus **ganze Bereiche von Wirtschaft und Gesellschaft in die Informalität ausgegrenzt** werden. Die Ausweitung der Informalität ermöglicht eine elastische Anpassung von Ökonomie und Gesellschaft eines 'Standortes' an die durch die globale Konkurrenz gesetzten Standards; und die Motive orientieren weltweit nicht unbedingt in die Richtung zunehmender sozialer Verantwortung, sondern vielmehr in die Richtung freier, kostenminimierender Marktkräfte primär der Angebotsseite des Marktes.

Die USA haben ein **System der 'Zertifikation'** (gem. §§ 489, 490 des „Foreign Assistance Act") entwickelt, mit dem Staaten in 'gute' und 'böse' eingeteilt werden können. Das **Zertifikat wird nur erteilt, wenn** diejenigen **Normen erfüllt** werden, welche die USA souverän erlassen und deren Einhaltung sie verlangen, sofern Länder mit den USA **Handel treiben wollen** oder **Kredite und Wirtschaftshilfe erwarten**. Die USA verlangen Kooperation, insbesondere bei der Bekämpfung des Drogenhandels, wenn die Zertifizierung erteilt werden soll. Dieser Standard ist nach dem 11. September 2001 verschärft worden, da nun von Regierungen auch verlangt wird, sich dem Kampf gegen den Terror anzuschließen.

Da die USA der größte Geldgeber und Anteilseigner der Weltbank – wie natürlich auch des IWF – sind, ergeben sich ungeahnte Steuerungsmöglichkeiten der USA bis tief in die Entscheidungsstrukturen der Weltbank hinein, wenn es um die grundlegende Strategie der Weltbankprogramme zur 'Armutsbekämpfung' geht.

Wenn dieser große Einfluss weniger unter der Zielsetzung einer Maximierung globaler amerikanischer Wirtschafts- und Politikinteressen geltend gemacht, sondern vielmehr im Sinne einer weltweiten Armutsbekämpfung eingesetzt würde, wäre viel gewonnen.

4.4 Die Notwendigkeit zu stärkerer aktiver Armutsbekämpfung: Kredite für die Armen

Der Kreislauf von
- a: Produzieren und verdienen und
- b: Konsumieren

kommt in der Dritten Welt – und leider auch in vielen Ländern Osteuropas bzw. insbesondere den Staaten der GUS – für die breite Masse nicht in Gang.

4.4.1 Ungenügende Einbindung zu stark wachsender Bevölkerung in den Wirtschaftskreislauf

Eine der zentralen Ursachen für die dauerhafte Rückständigkeit des Großteils aller Entwicklungsländer liegt darin begründet, dass die übergroße Mehrheit der Bevölkerung nicht aktiv in den Wirtschaftskreislauf als produktive Anbieter und Nachfrager von Wirtschaftsleistungen einbezogen ist.

Entscheidende Gründe hierfür sind zum einen die in vielen Entwicklungsländern bestehende tiefe **Abhängigkeit eines Großteils der Landbevölkerung von Großgrundbesitzern** und zum anderen die nicht minder dramatische **Abhängigkeit vieler gewerblich Tätiger der Land- und Stadtbevölkerung von monopolistisch organisierten Kredit- und Kapital- bzw. Sachmittelgebern**. Diese stellen der mittellosen Masse der Bevölkerung nicht nur die für ihre Gewerbe nötige Liquidität zu horrenden Wucherzinsen bereit, sondern verleihen auch die benötigten Materialien aller Art wie z. B. Nähmaschinen, Stoffe oder Fischerboote zu solch überhöhten Preisen, dass den Armen nahezu kein Verdienst verbleibt.

Verschärft wird dieses Grundproblem noch durch das in nahezu allen Entwicklungsländern sehr hohe Bevölkerungswachstum. Selbst wenn es durch vielfältige Reformen in den Entwicklungsländern gelingt, eine gewisse Wachstumsdynamik zu entfachen, dann in der Regel doch nur in einem Umfang, der unter dem **Bevölkerungswachstum** liegt, so dass der Einzelne trotz Produktivitätszuwächsen der Gesamtwirtschaft dennoch immer ärmer wird.

Von zentraler Bedeutung für eine dauerhafte Entwicklungsperspektive ist damit neben ökonomischen Reformen vor allem auch eine aktive Fertilitätskontrolle, die in der Lage ist, das Bevölkerungswachstum deutlich zu verlangsamen.

Entsprechend ist in diesem Zusammenhang z. B. auch die Bevölkerungspolitik des Vatikans als wachstumsfeindlich zu kritisieren. Wobei in diesem Rahmen entwicklungs- und sozialpolitisch noch hinzu kommt, dass durch die Verteufelung aktiver Bevölkerungspolitik wie vor allem durch das kirchliche Verbot der Nutzung von Kondomen trotz der dramatischen Ausbreitung von HIV/ AIDS gerade in Entwicklungsländern der Verbreitung dieser Seuche Vorschub geleistet wird – eine Haltung, die u. a. bei der Ende 1994 in Kairo durchgeführten Weltbevölkerungskonferenz der UNO für weltweites Aufsehen sorgte.

In vielen Staaten insbesondere Afrikas bricht durch den hohen Durchseuchungsgrad mit AIDS vor allem die Altersgruppe der ökonomischen Leistungsträger der Altersstufen 20 bis 40 weg (vgl. hierzu z. B. die nationalen Durchseuchungsraten mit AIDS, wie sie im 'Worldwide HIV & AIDS Statistics Commentary' [www Aids Statistics 02/2007] wiedergegeben werden). Damit wird das trotz der hohen Zahl von AIDS-Toten immer noch viel zu hohe Bevölkerungswachstum noch durch einen nahezu ungebremsten Anstieg von unversorgten AIDS-Waisen und ebenso unversorgten Alten verschärft.

Immerhin setzte unter dem deutschen Papst Benedikt XVI. ein Umdenken der Kurie ein, die 2006 erstmals über die Zulassung von Kondomen diskutierte, um die global starke Ausweitung von AIDS nicht noch weiter zu fördern.

Der Leser wird sich nun sicher fragen, warum denn die Weltbank aus diesen und den in Abschnitt 4.3.2 genannten Überlegungen – die ihr ja keineswegs fremd sein dürften – keine Schlüsse in Bezug auf ihre Geschäftspolitik zieht, zumal die Weltbank unbestritten eine Reihe hochkarätiger Ökonomen wie auch Entwicklungstheoretiker und -politiker beschäftigt.

Tatsache ist, dass sich die Weltbank vor allem schon seit 1973 nach der sog. 'Nairobi-Rede' des damaligen Weltbank-Präsidenten McNamara darum bemüht, eine **armutsorientierte Entwicklungspolitik** zu betreiben.

Konkret wäre eine solche Politik etwa in Kleinbauernprogrammen umzusetzen, mit der z. B. Kleinbauern, die schon über Landbesitz verfügen, derart gefördert werden, dass sie über Produktivitätsgewinne Überschüsse erzielen, die vor Ort handelbar wären, so dass als Folge dieses 'Überschusses' eine Art Arbeitsteilung möglich werden könnte, die anderen – beispielsweise Landlosen – die Beschäftigung als Händler oder Handwerker ermöglichen könnte. Dies wäre zudem über **Kleinkredite im Rahmen einer umfassenden Selbständigenförderung** zu unterstützen, wie dies insbesondere in Asien basierend auf den Ideen der Grameen Bank auch teilweise der Fall ist.

4.4.2 Hilfe zur Selbsthilfe: Das Beispiel der GRAMEEN BANK und der GRAMEEN STIFTUNG; ein EXKURS zu Mikrokrediten

Ein sehr **gelungenes Beispiel** für eine **armutsorientierte Entwicklungsfinanzierung** ist z. B. **die Arbeit der GRAMEEN BANK** in Dhaka, Bangladesch. Gegründet wurde die Bank von Professor Muhammad YUNUS, der 2006 den Friedensnobelpreis für seinen Einsatz für die Armen erhielt. Seine Bank vergibt sog. 'Mikrokredite' zur unternehmerischen Selbsthilfe an Mittellose und ermöglicht ihnen dadurch eine Existenzgründung und -sicherung (vgl. YUNUS/ JOLIS, 2003; SCHÖNERT, 1998, S. 73).

Die Bank refinanziert sich primär über öffentliche Gelder und Entwicklungshilfe. Nur über eine solche gezielte 'Anschubfinanzierung' Mitteloser ist in der Dritten Welt Selbständigkeit und eine Stärkung der viel zu geringen volkswirtschaftlichen Kaufkraft breiter Schichten zu erreichen.

Abbildung 4.5: Nobelpreisträger Muhammad Yunus (aus [www Grameen Bank 12/06])

Die **Idee** eine neue Art "**Bank für die Armen**" zu etablieren, stammt von **Muhammad Yunus**, damals Leiter eines ländlichen Wirtschaftsprogramms an der Universität von Tschittagong, im äußersten Süden von Bangladesch. Nach einer Hungersnot im Jahre 1974 unternahm Yunus eine Exkursion in ein nahegelegenes armseliges Dorf, Jobra, und kam mit einer Liste von 42 armen Familien wieder, die nur wegen ein paar Cents in ihrer Armut festsaßen. Yunus wird mit dem Satz zitiert: '*Als ich die Gesamtsumme ausgerechnet hatte, die sie benötigten, bekam ich den größten Schock meines Lebens. Alles in allem waren es 27 Dollar! Ich fühlte mich beschämt, Teil einer Gesellschaft zu sein, die nicht einmal 27 US-$ für 42 hart arbeitende, qualifizierte menschliche Wesen bereitstellen konnte.*' (Vgl. [www D. Murphy 11/2004].) So lieh er 42 Familien 27 US-$, um sie aus der Armut zu reißen.

Weil Arme über keine Sicherheiten verfügen, sind sie bei konventionellen Banken nicht kreditwürdig. Deshalb lieh Yunus für sich selbst Geld von der Bank, um es anschließend an die Landbevölkerung weiter zu verleihen.

1976 eröffnete er schließlich seine eigene Bank: Die **Grameen Bank**.
Grundlegendes Ziel dieser Bank ist es, der Landbevölkerung in den Dörfern Bangladeschs mit Kleinstkrediten zu helfen, ohne nach Sicherheiten zu verlangen. Ein Kredit liegt üblicherweise bei 30 bis 50 US-$. Wegen einer höheren Rückzahlungsmoral und um die **Rolle der Frau** in der Gesellschaft zu verbessern, werden Kredite hauptsächlich an Frauen vergeben. Für eine Kreditaufnahme müssen sich die Frauen zu einer Gruppe von fünf zusammenschließen, um die Rückzahlung sicherer zu gestalten.

Jedes Mitglied einer solchen Gruppe kann einen Kredit bekommen. Zu Beginn allerdings bekommen nur 2 Frauen eine finanzielle Unterstützung. Bei fristgemäßer Rückzahlung können auch die anderen drei einen Kredit beantragen. Im Falle außergewöhnlicher Vorkommnisse, die eine Rückzahlung verhindern (z. B. wenn der Ehemann mit dem Geld verschwindet), kann ein neuer Kredit beantragt werden. Der erste Kredit wird dann in einen langfristigen Kredit umgewandelt, der frei von Zinsen ist und bei dem der Kreditnehmer entscheiden kann, wann er den Kredit zurückzahlt. Gewöhnlich liegt der Zinssatz bei 20 %. Kredite für Ausbildungszwecke werden zu einem Zinssatz von 5 % vergeben, für Hypothekenkredite beträgt der Zins 8 %.

Die Rückzahlung erfolgt mittels wöchentlicher Ratenzahlungen. Das Darlehen kommt entweder von Nichtprofit-Organisationen oder von Institutionen im Besitz der Kreditnehmer der Grameen Bank. Wenn das nicht reicht, versucht die Grameen Bank Geld von einer gewinnorientierten Organisation für einen möglichst niedrigen Zinssatz zu leihen. Es gibt keine vertraglichen Regelungen zwischen der Bank und ihren Kreditnehmern. Wenn ein Kunde nicht in der Lage ist, seinen Kredit rechtzeitig zurückzuzahlen, kann er seine Tilgungen aussetzen. Unabhängig von der Zinshöhe, darf die Zinssumme den Betrag des Darlehens nicht überschreiten.

Das System der Bank basiert auf gegenseitigem Vertrauen, Kreativität, Mitbestimmung und Offenheit. Die Besitzer der Bank sind die Kreditnehmer selbst. Sie besitzen 90 % und die Regierung ist mit 10 % beteiligt. Die Leitung der Bank wird jährlich aus den Mitgliedern der Bank gewählt; diese entscheiden über die Kreditvergabe.

Im Gegensatz zu konventionellen Banken sind die Filialen der Grameen Bank in den ärmeren Gegenden vor Ort. Die Angestellten gehen von Tür zu Tür, um den Armen Kredite anzubieten. Hierbei gibt es ein Auswahlverfahren, das die Kreditvergabe festlegt. In Katastrophenfällen wie z. B. einer Überflutung, schließen die Zweigstellen in den betroffenen Gebieten und die Bankangestellten gehen in die Dörfer und unterstützen die Betroffenen, indem sie finanzielle Unterstützung geben, um z. B. Nahrungsmittel zu kaufen. Die gesamten hierfür nötigen Mittel garantiert die Bank.

4 Exkurs GRAMEEN BANK

Die Grameen Bank **verleiht Geld, ohne Ratschläge oder Hinweise** zu geben. Auf diese Weise **soll die Landbevölkerung Kreativität entwickeln**. In den Jahren nach 1976 wuchs die Zahl der Mitglieder der Grameen Bank enorm. Frauen werden von ihren Ehemännern und der Gesellschaft immer stärker respektiert. Mehr Menschen engagieren sich in Bangladeschs Politik; Mitglieder der Grameen Bank lassen sich für Wahlen aufstellen. Die Geburtenrate ist rückläufig und mehr Kinder besuchen die Schule. Daraus resultiert eine niedrigere Analphabetenquote, die von 90 % auf 70 % gefallen ist.

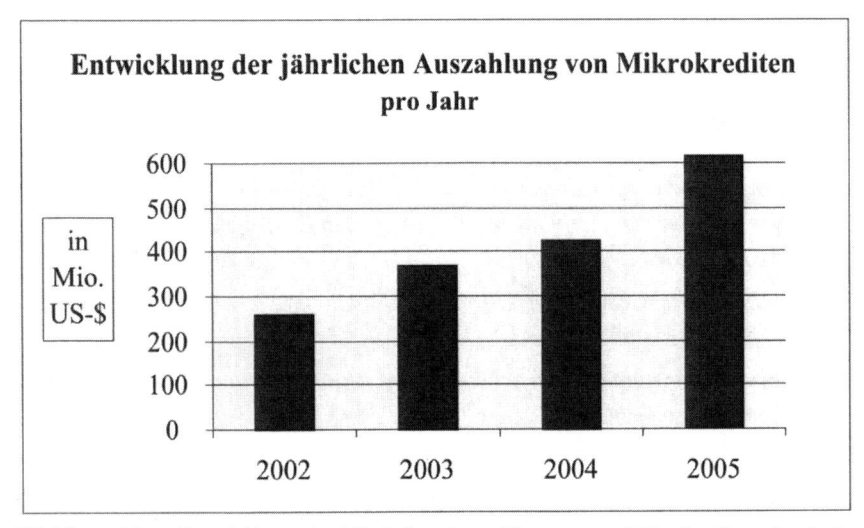

Abbildung 4.6: Entwicklung der jährlichen Auszahlungen von Mikrokrediten durch die Grameen Bank (Daten aus [www Grameen Bank 01/07])

Es gibt 16 grundlegende Prinzipien der Grameen Bank von denen erwartet wird, dass sie von allen Mitgliedern der Grameen Bank-Familie verinnerlicht werden, um der Landbevölkerung in Bangladesch zu helfen.

Diese **16 Prinzipien der Grameen Bank** sind nachstehend aufgelistet (analog [www Grameen Bank 11/2006]):

1. *'Wir folgen den vier Prinzipien der Grameen Bank – Disziplin, Einheit, Mut und harte Arbeit – auf allen Wegen unseres Lebens und vervollkommnen diese.*
2. *Wir bringen unseren Familien Reichtum.*
3. *Wir sollen nicht in abbruchreifen Häusern wohnen. Wir reparieren unsere Häuser und arbeiten, um uns so früh wie möglich ein neues Haus zu bauen.*
4. *Wir sollen das ganze Jahr Gemüse anbauen. Wir essen reichlich davon und verkaufen den Überschuss.*

5. *Während der Pflanzsaison pflanzen wir so viele Setzlinge wie möglich.*
6. *Wir praktizieren Familienplanung, um unsere Familien klein zu halten. Wir sollen unsere Ausgaben minimieren. Wir kümmern uns um unsere Gesundheit.*
7. *Wir sollen unsere Kinder bilden und sicherstellen, dass sie Geld verdienen können, um ihre Ausbildung bezahlen zu können.*
8. *Wir sollen unsere Kinder und die Umgebung sauber halten.*
9. *Wir bauen und benutzen Latrinen.*
10. *Wir sollen Wasser aus der Wasserleitung trinken. Wenn dies nicht verfügbar ist, kochen wir das Wasser ab oder benutzen Alaun.*
11. *Wir sollen kein Brautgeschenk zur Hochzeit unseres Sohnes nehmen, noch geben wir eine Mitgift zur Hochzeit unserer Tochter. Wir halten unsere Zentren frei von der Tradition der Brautgeschenke. Wir erlauben keine Kinderehen.*
12. *Wir sollen niemandem Unrecht zufügen, noch sollen wir jemandem erlauben so etwas zu tun.*
13. *Wir sollen gemeinsam größere Investitionen tätigen, um höhere Einkommen zu erzielen.*
14. *Wir sollen jederzeit bereit sein, uns gegenseitig zu helfen. Wenn jemand in Schwierigkeiten ist, sollen wir alle ihm oder ihr helfen.*
15. *Wenn wir von einem Bruch der Disziplin in irgendeinem Zentrum erfahren, sollen wir alle dort hin gehen und helfen, die Disziplin wieder herzustellen.*
16. *Wir sollen an allen sozialen Aktivitäten gemeinsam teilnehmen.'*

1989 begann die Grameen Bank mit zusätzlichen Kreditprogrammen zur Finanzierung von Toiletten, Sickergruben und Wasserversorgung. Desweiteren gründete die Grameen Bank eine Reihe von Nicht-Profit-Unternehmen, die sich mit einer Vielzahl von Aktivitäten für Arme engagieren: Diese Unternehmen sind mittlerweile bekannt als die '**Grameen Familie**' (vgl. [www Grameen Family 02/2007]). Nachfolgend werden die wichtigsten aufgelistet.

- **Grameen Fonds**

Der Grameen Fonds wurde im Januar 1994 als eine nicht-profitorientierte Gesellschaft ins Leben gerufen und nahm seine Geschäftstätigkeit am 1. Februar 1994 auf. Sein Geschäftsziel ist die Bereitstellung von Wagniskapital für Investitionen, die aufgrund ihrer Risikobehaftung, Technologieorientierung oder aus anderen Gründen von herkömmlichen Finanzinstitutionen von der Kreditvergabe ausgeschlossen sind.

- **Grameen Communications/ IT**

Grameen Communications ist ein Technologie-Unternehmen im Geschäftsfeld der Gründungsunterstützung und der Bereitstellung von Computern und auch Internet-Zugängen. Das Unternehmen arbeitet als Teil der Grameen Familie ebenfalls nicht gewinnmaximierend. Über den Internetzugang sollen sich Dorfbewohner die Geschehnisse der Welt ins Haus holen und am grenzüberschreitenden Wirtschaftsverkehr teilnehmen. Das Unternehmen bietet seit seiner Gründung im Jahr 1997 komplette Systemlösungen über eigene Softwareentwicklung inkl. Softwareservice, sowie Internet Service, Hardware- und Netzwerkservice an und ist auch im Bereich der IT-Ausbildung tätig. Die dahinter stehende Idee ist, über die Erwirtschaftung von Devisen die wirtschaftliche Entwicklung des ganzen Landes zu beschleunigen.

- **Grameen Shakti/ Energie**

Grameen Shakti ist ein nicht-gewinnorientiertes Unternehmen der ländlichen Energieerzeugung mit der Zielsetzung, noch nicht an das Stromnetz angeschlossene Dörfer in Bangladesch mit erneuerbarer Energie zu versorgen. Grameen Shakti will nicht nur regenerativen Strom anbieten, sondern hofft hierdurch auch zu einem Anstieg der Beschäftigung in den ländlichen Bereichen beizutragen und so verbesserte Einkommensmöglichkeiten zu schaffen.

- **Grameen Shikkha/ Bildung**

Gegründet 1997, liegen die Hauptziele von Grameen Shikkha in der Förderung der Breitenbildung in ländlichen Gebieten, der Bereitstellung finanzieller Hilfen in Form von Ausbildungskrediten und Stipendien zum Zwecke der besseren Bildung, der Nutzung von Informationstechnologien zum Abbau des Analphabetentums und der Weiterentwicklung im Bildungsbereich, der Förderung neuer Technologien und innovativer Ideen wie generell von Methoden der Weiterentwicklung von Bildungskonzepten etc. Grameen Shikkha hat bereits lebensnahe Bildungsprojekte, Vorschul- und Kindergartenprogramme wie auch Aktivitäten zur Linderung von Arsenvergiftungen in verschiedenen Distrikten von Bangladesch durchgeführt.

- **Grameen Telecom** and **GrameenPhone**

Yunus kooperiert seit 1996 mit der norwegischen Telefongesellschaft Telenor, die ihm Mobiltelefone zur Verteilung in den Dörfern zur Verfügung stellte. Diese werden vorrangig dazu genutzt, um Notrufe zu tätigen, Bestellungen aufzugeben und den Postweg zu verkürzen. Grameen Telecom plant bis 2010 den GSM 900/1100 Mobilfunk-Standard 100 Millionen Landbewohnern in 68.000 Dörfern bereitzustellen; zum einen über Finanzhilfen an 60.000 Mitglieder der Grameen Bank zum Aufbau von dörflichen Pay-phone Diensten und zum anderen durch die Bereitstellung eigener Telefone an potentielle Nutzer. Mit Stand Januar 2007 existieren 283.000 Dorftelefone.

Grameen Telecom hält 38 % der ebenfalls gemeinnützigen **GrameenPhone Ltd.**, die im März 1997 gegründet wurde; der Gesellschaft wurde die landesweite Lizenz für den GSM 900 Service zugeteilt. Sie ist ein Gemeinschaftsunternehmen mit Telenor (62 %), dem größten Telekommunikationsanbieter Norwegens, mit Mobilfunkaktivitäten in 12 weiteren Ländern. GrameenPhone ist mit Stand November 2006 der führende Telekommunikationsanbieter im Land mit mehr als 10 Millionen Kunden. Gegenwärtig gibt es über 15 Millionen Telefonnutzer im Land, von denen etwas über eine Million Festnetzkunden und der Rest Handy-Nutzer sind.

- **Grameen Knitwear Limited**

Das Unternehmen mit Sitz in der Exportsonderwirtschaftszone Savar in der Nähe von Dhaka, der Hauptstadt Bangladeschs, ist ein zu 100 % exportorientierter Verbund-Strickwarenhersteller. Das Unternehmen verfügt über Produktionsstätten für Strickwaren sowie Textilien inkl. eigener Färberei und bietet eine Vielzahl überdurchschnittlich gut bezahlter Arbeitsplätze in der Region. Der überwiegende Teil der Produktion geht nach Europa und bringt so dringend benötigte Devisen ins Land.

- **Grameen Cybernet Ltd**

Grameen Cybernet ist seit Gründung der Firma im Juli 1996 Bangladeschs führender Anbieter in der Bereitstellung von Internet Dienstleistungen.

Das gesamte Projekt der Kleinstkredite der Grameen Bank wird mittlerweile von der Zentralbank gesponsert und bekommt Unterstützung von den staatlichen Geschäftsbanken.

Im Oktober 1983 wurde das Grameen Banken Projekt **durch ein Gesetz der Regierung in eine unabhängige Bank** umgewandelt. Im Gegensatz zur Situation bei konventionellen Banken zahlen 98 % der Kreditnehmer der Grameen Bank ihr Geld pünktlich zurück.

Alles begann mit 42 Familien im Jahre 1974 und bis **Januar 2007** hat die Grameen Bank 6,95 Millionen Darlehensnehmer, 97 Prozent von ihnen sind Frauen. Mit 2.343 Zweigstellen bietet sie ihre Dienste in 75.359 Dörfern an und deckt damit mehr als 90 % der gesamten Dörfer in Bangladesch ab; 2.120 der 2.343 Zweigstellen arbeiten bereits mit Computern. Die Grameen Bank verzeichnet landesweit ein beständiges Wachstum ihrer Kundenzahl.

Seit ihrer Gründung bis Januar 2007 kann die Grameen Bank **kumulierte Auszahlungen von 6,009 Milliarden US-$** vorweisen, wovon eine Gesamtsumme von 5,344 Milliarden **zurückgezahlt** wurde; das entspricht **98,48 %** der ausstehenden Kreditbeträge. [Daten aus [www Grameen Bank 02/2007b].)

Die gesamten Einnahmen der **Grameen Bank** betrugen im Jahr **2005** 112,40 Millionen US-$. Die Gesamtsumme der Ausgaben lag bei 97,19 Mio. US-$. Verbindlichkeiten aus Krediten von 34,74 Mio. US-$ waren der größte Posten der Ausgaben (36 %). Gehälter, Wertberichtigungen und Pensionen summierten sich auf 25,37 Mio. US-$ als zweitgrößten Ausgabeposten (26 %). Im Jahr 2005 erwirtschaftete die Grameen Bank einen Gewinn von 15,21 Millionen US-$. Der gesamte **Gewinn** wird **in einen Rehabilitationsfonds eingezahlt**, der für die Katastrophenhilfe eingerichtet wurde. Dies geschieht in Erfüllung eines Vertrages mit der Regierung, die im Gegenzug die Grameen Bank von der Zahlung der Körperschaftssteuer frei stellt (vgl. [www Grameen Bank 02/2007a]).

Auch die Bilanz in Abbildung 4.7 zeigt, dass sich eine armutsorientierte Kreditpolitik ökonomisch rechnet:

Bilanz 2003

VERMÖGENSBESTÄNDE UND SACHANLAGEN 2003	in US-$
Durchschnittlicher Wechselkurs Bangladesh-Taka/ US-Dollar	58,45
Barvermögen	103.668
Forderungen an andere Banken	9.915.216
Beteiligungen – zum Anschaffungswert	91.280.150
Kredite and darauf erhaltene Zahlungen	287.830.780
Sachanlagen – zum Anschaffungswert abzgl. Abschreibungen	15.584.661
Andere Sachanlagen	59.670.599
Gesamt	**464.385.074**
EIGENKAPITAL UND VERBINDLICHKEITEN 2003	**in US-$**
Eigenkapital:	
genehmigtes Kapital	8.554.320
eingezahltes Kapital	4.979.109
Allgemeine und andere Rücklagen	135.893.551
Revolvierende Fonds	-
Einlagen und andere Guthaben	251.766.477
Kredite von Banken und Auslandsinstitutionen	72.075.195
Andere Verbindlichkeiten	329.258
Saldo der Gewinn- und Verlustrechnung	-
Gesamt	**464.385.074**

Abbildung 4.7: Bilanz der Grameen Bank zum Jahresende 2003 (aus [www Grameen Bank 07/2006])

Der Beitrag der Grameen Bank zum BIP Bangladeschs beläuft sich auf mehr als 1 % (vgl. [www Grameen Bank 05/2005]).

Das Einkommen der Grameen Bank Kunden liegt schätzungsweise mehr als 50 % über dem von Vergleichsgruppen in nicht-unterstützten Dörfern und 25 % höher als bei Vergleichsgruppen von Nicht-Mitgliedern in Dörfern, die von der Grameen Bank unterstützt wurden.

Die Landlosen haben am meisten profitiert, gefolgt von denjenigen mit kleinem Landbesitz. Dies hatte zur Folge, dass die Zahl von Mitgliedern der Grameen Bank, die unter der Armutsgrenze leben, auf 20 % gesunken ist.

Es fand ebenfalls eine Verschiebung vom Ackerbau hin zum Kleinhandel mit einer hohen Rate von Selbständigen statt.

Diese Verschiebungen im Beschäftigungsverhalten haben einen indirekten positiven Effekt auf die Beschäftigung und Bezahlung anderer landwirtschaftlich beschäftigter Arbeiter. Was als innovative örtliche Initiative begann, ist an einen Punkt gelangt, an dem die Armutsbekämpfung auf nationaler Ebene positiv beeinflusst wird, wie auch Abbildung 4.8 nahelegt:

Schlüsselzahlen der Hilfe für die Armen 2007 (kumuliert)

Ausgezahlte Kreditsumme	6,009 Milliarden US-$
Anzahl der Mitglieder der Grameen Bank	6,949 Millionen
Anzahl der ausgezahlten Mikrokredite	1,036 Millionen
Anzahl der gebauten Häuser	642 Tausend
Anzahl der Dorf-Telefone	283 Tausend

Abbildung 4.8: Schlüsselzahlen der Hilfe der Grameen Bank zur Selbsthilfe für die Armen in Bangladesch; Stand Januar 2007 (Daten aus [www Grameen Bank 02/2007b])

Inspiriert von der Arbeit der Grameen Bank in Bangladesch wurde eine Grameen Stiftung geschaffen, mit der Zielsetzung, die Philosophie der Grameen Idee zu verbreiten und die positive Wirkung der Kleinstkredite für die Ärmsten der Welt zu beschleunigen. Obwohl sie voneinander unabhängige Organisationen sind, stehen die Grameen Stiftung und die Grameen Bank in enger Kooperation.

4 Exkurs GRAMEEN BANK

Die **Grameen Stiftung** unterstützt den Erfolg der Grameen Bank auf internationaler Ebene, indem sie **Kleinstkredite vergebende Institutionen**, die ihre Visionen und Werte teilen, **weltweit unterstützt**; Professor Yunus ist ebenso Gründungsmitglied wie auch aktives Mitglied des Direktoriums der Grameen Stiftung. (Vgl. [www Grameen Foundation 01/2007a].)

Das 1997 gegründete globale Netzwerk der Kleinstkredit-Partner der Grameen Stiftung umfasst mittlerweile **2,7 Millionen Familien in 22 Ländern** (vgl. [www Grameen Foundation 01/2007b]).

Die nachstehenden Abbildungen geben einen Überblick über die finanzielle Situation und die Aktivitäten der Grameen Stiftung per Abschluss 2005:

Bilanzübersicht zum 31. Dezember 2005

Aktiva	in $
Barvermögen	7.354.270
Beteiligungen, Wertpapiere	1.044.995
Sonstiges Umlaufvermögen	238.739
Programmbezogene Forderungen	
Ausstehende Kredite	4.471.115
Nebenbürgschaften	764.500
Netto-Sachanlagen	22.709
Aktiva gesamt	**13.895.968**

Passiva	in $
Verbindlichkeiten	
Kreditorenverbindlichkeiten	434.854
Andere kurzfristige Verbindlichkeiten	255.000
Gesamte Verbindlichkeiten	**689.854**
Eigenkapital	
unbegrenzt haftend	6.208.941
befristet haftend	6.997.173
Gesamtes Nettovermögen	**13.206.114**
Passiva gesamt	**13.895.968**

Vermögensübersicht für den Zeitraum vom 1. Januar bis 31. Dezember 2005

Einnahmen	in $
Einlagen	
gezeichnetes Kapital	7.324.240
eingezahltes Kapital	1.537.648
Eigenkapital	**8.861.888**
Kreditrückflüsse	854.020
Beteiligungserträge	282.960
Unentgeltliche Leistungen	446.762
Gesamte Einnahmen	**10.445.630**

Ausgaben	in $
Ausgaben für die Stiftungsziele	
Unterstützung d. Partner	3.755.253
Technologie Center	1.212.332
Öffentlichkeitsarbeit	191.089
Gesamtausgaben für Stiftungsziele	**5.158.674**
Dienstleistungen	
Management & Verwaltung	1.948.799
Mittelbeschaffung & Marketing	476.146
Ges. Dienstleistungen	**2.424.945**
Gesamtausgaben	**7.583.619**
Vermögensveränderung	**2.862.011**

Abbildung 4.9: Aktiva und Passiva der Grameen Stiftung

Abbildung 4.10: Einnahmen, Ausgaben

(aus [www Grameen Foundation 11/06], S. 32; GRAMEEN FOUNDATION, 2006, S. 32)

Die Grameen Stiftung konzentriert ihre Arbeit auf vier zentrale Bereiche:
- **Unterstützung** von **Kleinstkreditprogrammen** durch Bereitstellung von Finanzierungen, technischer Unterstützung, Ausbildung und neuen Technologien.
- **Konzentration auf die Technologieförderung** über die Gründung eines eigenen **Technologiecenters**, das führend ist in Initiativen der Informations- und Kommunikationstechnologie, die gezielt darauf ausgerichtet sind, Kleinstkredite mittels technologiefördernder Innovationen zu begünstigen. Diese erhöhen die Effizienz von Mikrokredite vergebenden Institutionen, schaffen neue Kleingewerbemöglichkeiten und einen weltweiten Telekommunikationszugang für die arme Landbevölkerung.
- **Förderung des Zugangs von Mikrokredite vergebenden Institutionen zu Kapitalmärkten** mit der Zielsetzung der Erschließung neuer Finanzressourcen für die Kleinstkreditvergabe weltweit: Bei mehr als 400 Millionen Armer, die vollständig von Finanzdienstleistungen abgeschnitten sind, besteht ein dramatischer Bedarf an Mikrokrediten. Um diese zu erreichen, benötigen die Kleinkredite vergebenden Institutionen Kapital jenseits traditioneller philanthropischer Unterstützung, um ihre Aktivitäten ausweiten zu können.
- **Weitergabe von Erfahrungen mit Kleinstkreditvergaben**: Die gemeinsame Nutzung von Wissen ist von größter Bedeutung im Rahmen weltweiter Armut. Neue Ideen und innovatives Denken sind essentiell für die Ausweitung und Effizienzsteigerung der Mikrofinanzierung.

Die Stiftung hat zum Ziel, die Ärmsten der Welt auf vier Kontinenten zu erreichen und ist bislang (2007) in den nachstehenden Ländern aktiv:

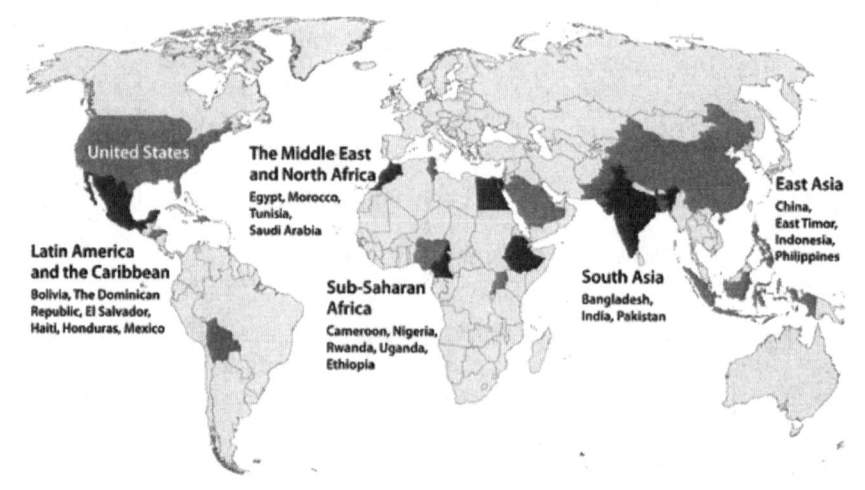

Abbildung 4.11: Weltweite Aktivitäten der Grameen Stiftung (aus [www Grameen Foundation 02/2007b])

4 Exkurs GRAMEEN BANK

Abbildungen 4.12 a) bis c) geben einen abschließenden Überblick über Mittelherkunft, Herkunft des Eigenkapitals und Mittelverwendung der Grameen Stiftung (vgl [www Grameen Foundation 02/2007a]; [www Grameen Foundation 11/06], S. 31; GRAMEEN FOUNDATION, 2006, S. 31).

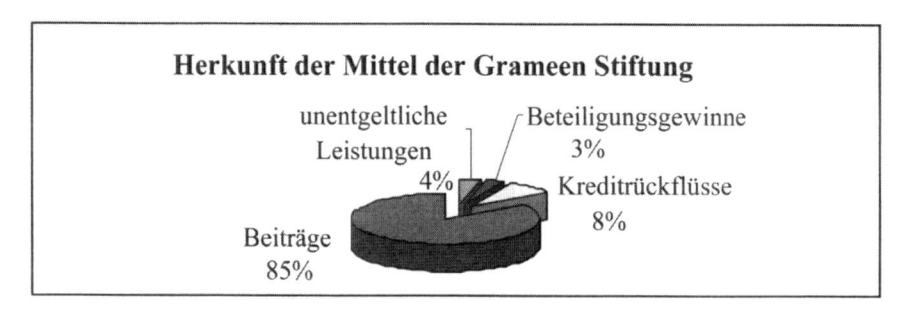

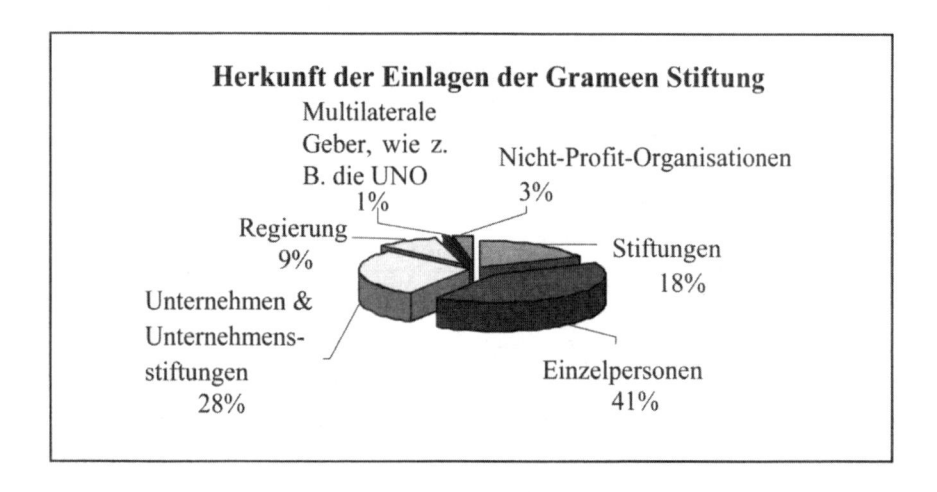

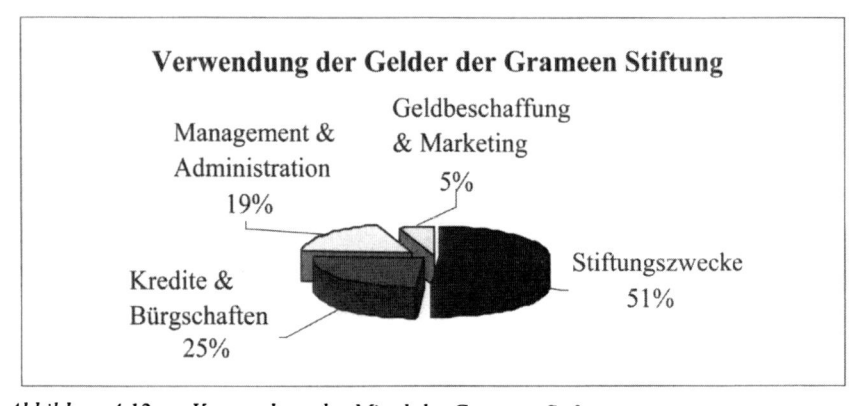

Herkunft der Mittel der Grameen Stiftung
- unentgeltliche Leistungen 4%
- Beteiligungsgewinne 3%
- Kreditrückflüsse 8%
- Beiträge 85%

Herkunft der Einlagen der Grameen Stiftung
- Multilaterale Geber, wie z. B. die UNO 1%
- Nicht-Profit-Organisationen 3%
- Regierung 9%
- Stiftungen 18%
- Unternehmen & Unternehmensstiftungen 28%
- Einzelpersonen 41%

Verwendung der Gelder der Grameen Stiftung
- Management & Administration 19%
- Geldbeschaffung & Marketing 5%
- Kredite & Bürgschaften 25%
- Stiftungszwecke 51%

Abbildung 4.12c: Verwendung der Mittel der Grameen Stiftung

4.4.3 Mikrokreditvergabe als neues Instrument auch der Weltbankgruppe

Aktuell können weltweit in über 60 Ländern knapp 120 Millionen völlig verarmte Menschen bei Mikrokreditbanken Kleinstkredite in Anspruch nehmen und sich dadurch mit einfachen Tätigkeiten selbständig machen.

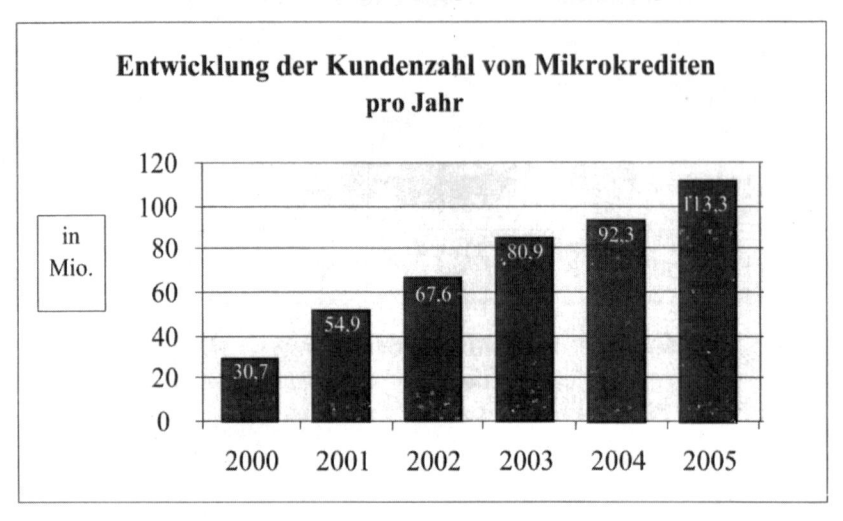

Entwicklung der Kundenzahl von Mikrokrediten pro Jahr (in Mio.)

Jahr	Kunden (Mio.)
2000	30,7
2001	54,9
2002	67,6
2003	80,9
2004	92,3
2005	113,3

Abbildung 4.13: Kunden von Mikrokrediten weltweit in Millionen (Daten aus RETTBERG, 2007, S. 34)

Die Weltbank gründete 1995 die 'Consultative Group to Assist the Poor – **Konsultationsgruppe zur Unterstützung der Armen**' (CGAP) mit dem Ziel, Finanzmittel für die Vergabe von Mikrokrediten zu mobilisieren. Ein erster Höhepunkt dieser erfolgreichen Aktion war der 'Microcredit Summit' im Jahr 1997; bis Ende 1999 konnten 200 Millionen US-$ aufgebracht werden.

1999 startete die Weltbank den '**World Bank Group's Microfinance Institutional Action Plan**':

Ziel dieses Aktionsplanes ist es, den institutionellen Aufbau eines dauerhaft belastungsfähigen Mikrokredit-Finanzierungssektors zu fördern und bestehende Strukturen der Kleinstkreditvergabe weiter zu stärken, um ihr Portfolio und ihren Wirkungskreis ausdehnen zu können.

Dabei verfügt die Weltbankgruppe über **vielfältige Instrumente**, dieses Ziel zu erreichen und Mikrokredit vergebende Institutionen zu unterstützen:

- Kooperation mit dem **Small and Medium Enterprise Department** (SMED) zum Erfahrungsaustausch in der Arbeit mit Klein- und Mittelunternehmen;

4.4 Zur Notwendigkeit stärkerer direkter Armutsbekämpfung

- Schulungsmaßnahmen, wie z. B. über das **Weltbank Institut** (WBI), und die Länderabteilungen der Weltbank, die technisches und administratives Wissen vermitteln;
- die führende Informationssammlung zur Mikrokreditvergabe stammt von der **SBP-Initative** der Weltbank (Sustainable Banking with the Poor), die 1999 das 'Microfinance Handbook' herausgab und über eine Vielzahl von Fallstudien und vergleichendem analytischen Material allen Interessierten umfangreiche Informationen zum breiten Komplex der Kleinstkreditfinanzierung zur Verfügung stellt;
- besonders die afrikanische Region wird über das **'Financial Sector Development Department'** (FSD) der Weltbankgruppe unterstützt: Ziel ist der Aufbau von Mikrokredit-Netzwerken; die **'African Action Research on Sustainable Microfinance Institution'** hat bislang in den Ländern Äthiopien, Ghana, Kamerun, Kenia, Mosambik und Sambia schon solche Netzwerke aufgebaut;
- Netzwerkarbeit betreibt auch der **'Foreign Investment Advisory Service'** (FIAS) der Weltbankgruppe.

Finanzielle Mittel werden bereit gestellt über

- Schenkungen, wie durch die **Konsultationsgruppe zur Unterstützung der Ärmsten** (CGAP), die mittlerweile schon in vielen Staaten Afrikas, Asiens und Lateinamerikas Mikrokreditfinanzierungen mit 34 Millionen US-$ gefördert hat;
- Kredite zu Marktpreisen der **IBRD**,
- stark subventionierte Kredite über die **IDA**, und
- Direktinvestitionen der **IFC** mit einem weltweit eingesetzten Volumen von über 200 Millionen US-$, wobei sich die IFC als Kofinanzier vieler privater Mikrofinanzinstitutionen an konkreten Kleinstkreditprojekten beteiligt.

So arbeitet die IFC z. B. mit der in 10 Ländern aktiven **'Aga Khan Microfinance Agency'** zusammen, die primär in Zentral- und Südasien, Ägypten, Syrien und Teilen Afrikas aktiv ist und über ein Netzwerk von 25.000 Kreditnehmern bei einem Kreditvergabevolumen von 35 Millionen US-$ verfügt.

Der **bedeutendste Kooperationspartner** der IFC seit dem Jahr 2005 ist **ACCION International**, die parallel zur Grameen Bank zu den Pionieren auf dem Gebiet der Mikrofinanzierungen gehört, mit einem ausgezahlten Kleinstkreditvolumen von 9,4 Mrd. US-$ bei 4 Mio. Kreditkunden (kumuliert 1996 – 2006), von denen 65 % Frauen sind; die Rückzahlungsquote liegt bei 97 %. ACCION ist tätig in 23 Ländern Lateinamerikas, der Karibik, der Subsahara und in den USA (vgl. [www ACCION 02/2007]) und im Ranking gemessen an der Kundenzahl nach der Grameen Bank die zweitgrößte Mikrokreditinstitution der Welt.

Ein weiterer wichtiger Partner der IFC ist **FINCA**, mit gegenwärtig über 120.000 Kunden in 17 Ländern auf 5 Kontinenten. Der Schwerpunkt ihrer Mikrokreditfinanzierungen liegt in Lateinamerika, zunehmend aber auch in den GUS-Staaten der ehemaligen Sowjetunion.

Seit 2006 arbeitet die IFC in Marokko zusammen mit der '**Foundation for Local Development and Partnership**' (FONDEP), und versorgt über 45.000 Arme mit günstigen Kleinstkrediten.

In ähnlicher Weise arbeitet die IFC zunehmend auch mit rein regionalen Partnern im Rahmen eines weltumspannenden Netzwerkes von Mikrokredit-Institutionen zusammen.

Ebenfalls in **Zusammenarbeit mit der IFC** stark engagiert in der Förderung des Aufbaus von Mikrofinanzinstitutionen sind neben dem 'Soros Economic Development Fonds' (SEDF) vor allem auch die gemeinnützige Stiftung 'Opportunity International', die Spendengelder für den Aufbau von Mikrofinanzinstitutionen verwendet und die ökumenische Entwicklungsgenossenschaft 'Oicocredit', die 50 % ihrer Kredite an Mikrofinanzinstitute vergibt.

Von seiten multilateraler Organisationen sind bislang neben der Weltbankgruppe nur die Europäische Bank für Wiederaufbau und Entwicklung (EBWE) in relevantem Maße beteiligt.

Insbesondere seit der Vergabe des Friedensnobelpreises für die Umsetzung des Mikrokredit-Gedankens 2006 an Muhammad Yunus und seine Grameen Bank, beginnen zunehmend **auch traditionelle Banken** mit einem **Engagement im Bereich der Kleinstkreditvergabe**, wie z. B. ABN Amro, AXA, Bank of America, oder Erste Bank Österreich. Um das Finanzierungsvolumen zu erhöhen, erobern Mikrokredite auch die Finanz- und Kapitalmärkte:

Es gibt mittlerweile sogar erste **Zertifikate**, die auf Basis von Mikrokrediten aufgelegt werden und eine Reihe von **Investmentfonds und Anleihen**, die der Finanzierung von Mikrokrediten dienen. Als **Beispiele** seien genannt der Luxemburger 'responsAbility global Microfinance Fonds' eines vorwiegend Schweizer Bankenverbundes, sowie der Luxemburger 'Vision Microfinance', der über die Gesellschaft 'Invest in Visions' vertrieben wird und vorwiegend festverzinsliche Anlagen in Form von Darlehen an Mikrofinanzinstitute enthält. Die ProCredit Holding AG, an der auch die staatseigene deutsche KfW Bankengruppe beteiligt ist, refinanziert die ProCredit Gruppe, bei der sich wiederum auch Privatanleger durch den Erwerb von Inhaber-Teilschuldverschreibungen beteiligen können.

Die **offizielle Nachfrage** seitens der Regierungen der Entwicklungsländer **bei der Weltbank nach solchen Projekten** der Armenhilfe ist allerdings **nahezu Null.**

Auch **für die Exportwirtschaft der Geberländer sind solche Kleinstprojekte natürlich wenig sinnvoll**; angeboten werden überwiegend **Entwicklungskonzepte**, die den Bau **kapitalintensiver** – also moderner – **Infrastrukturen** (Verkehr und Energie) sowie von Industriekomplexen erfordern. Genau dies wollen ja auch die Entwicklungsländer.

Damit ist das bislang in Relation zur Gesamtkreditvergabe noch sehr bescheidene Engagement der Weltbankgruppe im Bereich der Mikrokreditfinanzierung nicht wirklich nur ein Fehler der Weltbank: Es ist mindestens ebenso sehr eine direkte Konsequenz fehlender Nachfrage nach solchen Finanzierungshilfen der Weltbank seitens der Regierungen der armen Staaten.

Zu berücksichtigen ist hierbei auch, dass die primären Ziele der Weltbank in der Entwicklungsfinanzierung von Investitionsprojekten liegen: Dies muss jedoch nicht nur über die Finanzierung kapitalintensiver Großprojekte von der Angebotsseite her erfolgen, sondern kann auch über die Finanzierung von Kleinstprojekten sinnvoll sein, die dann unmittelbar auch Kaufkrafteffekte von der Nachfrageseite aus entwickeln. Dies ist ein Lernprozess, mit dem nicht nur die Weltbank, sondern ein großer Teil der Entwicklungstheorie ebenso wie der Entwicklungsländer selber konfrontiert ist.

Es ist insofern mehr als zu begrüßen, dass die Weltbankgruppe insbesondere unter der Präsidentschaft von Wolfensohn über die Fördermittel der IDA und vor allem auch der IFC nachdrücklich in die Finanzierung von Kleinstkrediten eingestiegen ist.

4.5 Perspektiven zukünftiger Gestaltungskraft der Weltbank

In den 10 Jahren von 1995 bis 2005 fand unter Weltbank-Präsident Wolfensohn eine gewisse ideologische Öffnung der Weltbank statt: Die Weltbank präsentiert sich nun offener, transparenter, mit vielen Informationen auf der Homepage und stellt deutlicher als in früheren Jahren die **hohe Bedeutung** einer **aktiven Armutsbekämpfung** und einer **nachhaltigen umweltorientierten Entwicklungspolitik** heraus, die beide **Voraussetzung** für eine **dauerhafte Stärkung der wirtschaftlichen Entwicklung** von Ländern der Dritten Welt sind (vgl. z. B. WORLD BANK, 2001).

Dennoch ist eine noch deutlich stärkere **Berücksichtigung politischer, sozialer und kultureller Dimensionen der Entwicklung** nötig (vgl. noch nachfolgenden Abschnitt 5.6).

Analyse-Kapazitäten der Entwicklungsländer, insbesondere im Bereich der Wirtschaftspolitik und ihrer sozio-ökonomischen Implikationen, müssen noch weit stärker gefördert werden, will die Weltbank ihrem selbstgesetzten **Ziel** näher kommen: **Die Armut in dieser Welt zu beseitigen** (vgl. hierzu die Veröffentlichung der Weltbank von Sandra GRANZOW, 2000: Our Dream – A World Free of Poverty).

Diesem Ziel ist auch das mehr als lesenswerte Buch des Vizepräsidenten der Weltbank 1997 – 2001 verpflichtet. Joseph E. STIGLITZ spricht sich nachdrücklich für eine ordnungspolitisch regulierte Globalisierung aus und tritt für eine alternative, stärker armutsorientierte Weltbankpolitik ein (J. E. STIGLITZ, 2004: Die Schatten der Globalisierung): Handlungsalternativen, mit denen sich STIGLITZ in der Weltbank nicht durchsetzen konnte.

1989 begann die Weltbank unter dem Druck ihrer Kritiker an Politik und Programmen der Weltbankgruppe erstmals ernsthaft umweltpolitisch zu agieren. Erfreulich und ein Zeichen der Hoffnung war insofern der Anstieg **aktiver Umweltprojekte** der Weltbankgruppe (IBRD und IDA) mit Beginn des Jahres 1989, wie den Abbildungen 4.14 und 4.15 zu entnehmen ist.

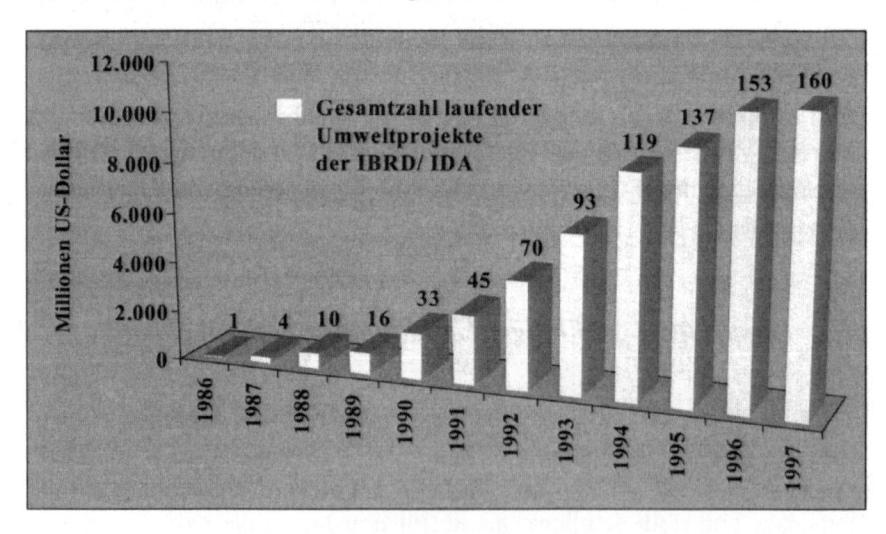

Abbildung 4.14: Aktive Umweltprojekte der IBRD und der IDA 1986 – 1997 nach Anzahl und in Mio. US-$ (aus [www Machno hbi-Stuttgart 01/2000])

Eine dauerhafte Umsetzung des Prinzips 'ökologischer Verantwortung' auch im Tagesgeschäft dagegen ist bis heute nicht verankert:

4.5 Perspektiven zukünftiger Gestaltungskraft der Weltbank

Die Mehrheit der Entscheidungsträger in der Weltbank – insbesondere derjenigen aus den Entwicklungsländern! – sehen die Natur immer noch primär als ein Reservoir von Rohstoffen, die uneingeschränkt in den Dienst des gewünschten Wirtschaftswachstums zu stellen sind und wo die Natur als Auffangbecken für alle Abfallprodukte eben dieses Wachstums dient – welche Stoffe es auch immer seien, von CO_2 bis hin zu Giftmüll (vgl. GEORGE/ SABELLI, 1995, S. 150).

Abbildung 4.15 zeigt dann in der Tat auch die wieder rückläufige Weiterentwicklung der Ausgaben für Umweltprojekte der Weltbank in den Jahren 1998 bis 2004; Ende 2004 betrugen die laufenden Umweltkreditvergaben der Weltbank trotz dieses Rückganges allerdings immer noch 1,3 Mrd. US-$, mit der klaren Aussage von Ex-Präsident Wolfensohn, dieses Standbein der Weltbankpolitik weiter ausbauen zu wollen.

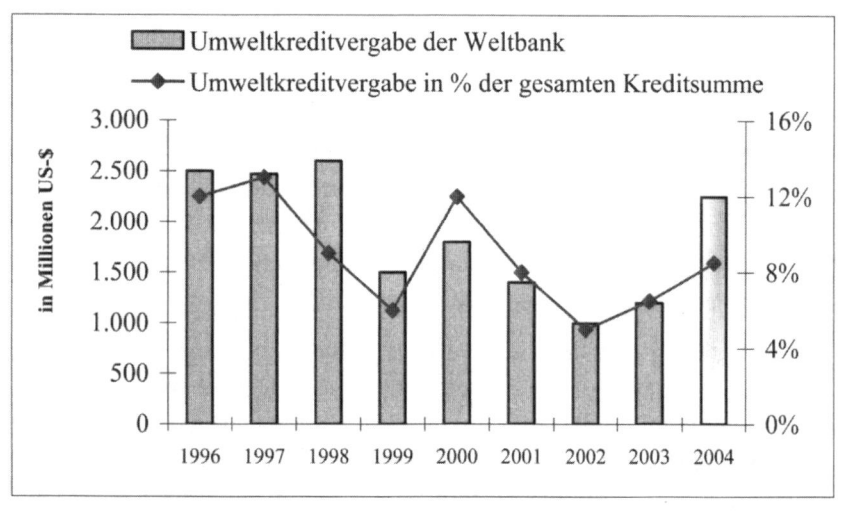

Abbildung 4.15: Umweltausgaben der IBRD und der IDA 1996 – 2004 (Daten aus [www WORLD BANK 02/2006])

Die Weltbank äußerte gegen Ende der Präsidentschaft Wolfensohns im Jahr 2004 die Vision, **erneuerbaren Energien** in Zukunft eine **zentrale Rolle in ihrer Energiestrategie einzuräumen**. Ihr Ziel ist es, Energiedienstleistungen zu günstigen Preisen anzubieten, um die Hochtechnologie des Nordens für den Süden nutzbar machen zu können. Das Szenario – Forschung und Entwicklung von Technologien im Norden, Aufbau von Märkten für alternative Energien und schließlich die Drosselung der Kosten durch Massenproduktion und Anpassung der Technik an die Bedürfnisse des Südens – erfordert viele weitere Jahre der Entwicklung, die insbesondere in Zeiten sich abzeichnenden Klimawandels nicht mehr verfügbar sind.

Um dieses Ziel schneller umzusetzen, ist eine weitere beschleunigte Kostensenkung sowohl im Bereich alternativer Energieerzeugung wie auch für Finanzierungen zur Förderung erneuerbarer Energien unabdingbar.

Ein Aspekt der **Kostensenkung im Einsatz und in der Förderung regenerativer Energieerzeugung und -verwendung** sind die in Abschnitten 4.4.2 und 4.4.3 erläuterten Mikrokredite, die die Weltbank zukünftig deutlich stärker in ihre Entwicklungsfinanzierung einbauen möchte (vgl. [www Monika HÜLSKEN-STOBBE, 06/2004]). Derzeit gibt es rund 10.000 Mikrokreditunternehmen weltweit. Erfolgreich und kommerziell dauerhaft tragfähig sind bislang letztlich aber nur fünf Unternehmen, die 78 Prozent aller Kredite vergeben.

Die Weltbank interessiert sich vor allem für Modelle mit sehr niedrigen Zinsen. Bei der Grameen Bank in Bangladesch liegt der Kreditzins i. d. R. noch bei ca. 20 %. Bei USHA, einer Nichtregierungsorganisation in Indien, hingegen bei nur 4 %. Die niedrigen Zinsen werden ermöglicht durch sehr geringe Kosten, die vor allem durch modernste Datenverarbeitung und Bürokommunikation möglich werden. (Auch die Grameen Bank versucht u. a. mit Hilfe der Grameen Stiftung über diverse Modernisierungsprogramme ihre Kosten deutlich zu senken.) Solche Ansätze will die Weltbank aufgreifen, um Finanzdienstleistungen erschwinglich zu machen, auch zugunsten der Förderung regenerativer Energien.

Die Mikrokredit-Produkte zeichneten sich dadurch aus, dass sie sehr anpassungsfähig und damit flexibel entwicklungspolitisch einsetzbar sind. In Lateinamerika sind zum Beispiel nur Einzelkredite denkbar, keine Gruppenkredite wie in Südasien. In Südasien wiederum wäre das Beispiel der Grameen Bank richtungsweisend für Reformansätze.

Eine weitere Strategie zur Drosselung der Kosten ist die Vergabe von speziellen **'Soft money'-Krediten**, die bei stark risikobehafteten Projekten als Zuschuss vergeben werden.

Als **Beispiel** sei ein **Projekt in Tadschikistan** genannt, wo mittels einer Mischfinanzierung mit der Aga Khan Stiftung, Zuschüssen der Schweizer Regierung und Mitteln der schon in Abschnitt 4.4.3 als Speerspitze in der Vergabe von Mikrokrediten der Weltbank genannten Internationalen Entwicklungsorganisation IDA, ein Wasserkraftwerk ausgebaut werden konnte, dessen Strom für 2,2 statt vormals 4,5 US-Cent angeboten wird. Hinzu kam die Vereinbarung, dass Kleinstverbraucher, also sehr arme Haushalte mit äußerst geringem Strombedarf, einen Spezialtarif von 0,25 US-Cent erhalten.

4.5 Perspektiven zukünftiger Gestaltungskraft der Weltbank

Solche komplexe Ansätze könnten die Zukunft zur Förderung erneuerbarer Energie in armen Ländern sein (vgl. [www Monika HÜLSKEN-STOBBE, 06/2004]).

Parallel zur Entwicklung finanzieller Instrumente muss auch ein Technologietransfer in die Länder des Südens erfolgen. Nichtregierungsorganisationen betonen, dass auch die erneuerbare Energiegewinnung an den Süden angepasst werden muss, und zwar kulturell, sozial und umweltgerecht.

Dies ist unter anderem auch Aufgabe der 1991 eingerichteten **Globalen Umweltfazilität** (GEF: Global Environment Facility).

Die Globale Umweltfazilität wird geführt durch eine Generalversammlung aller teilnehmenden Staaten, einem Rat, einem Sekretariat, einem wissenschaftlichen und technischen Beratungsgremium, und wird von den 3 'Implementierenden Organisationen' UNDP (Entwicklungsprogramm der Vereinten Nationen), UNEP (Umweltprogramm der Vereinten Nationen) sowie der Weltbank getragen und finanziert sich aus Beiträgen von 174 Staaten. Vier Regionale Entwicklungsbanken (ADB, AfDB, EBRD und IDB) sowie FAO, UNIDO, und IFAD tragen zum Management und der Ausführung von GEF Projekten als rein ausführende Organisationen bei.

Zwischen 1991 und 2006 wurden durch die GEF etwa 7,4 Mrd. US-$ für 1.300 Projekte in über 140 Ländern zur Verfügung gestellt; die Weltbank hat hiervon mit über 3 Mrd. US-$ rund 450 Projekte in 100 Entwicklungsländern gefördert (vgl. WORLD BANK, 2006c, S. 1).

Finanziert werden Zusatzkosten von Entwicklungsprogrammen, die durch die Berücksichtigung nachhaltiger umweltorientierter Entwicklung im Sinne des o. g. Förderkataloges der GEF anfallen.

Abbildung 4.16 gibt einen Überblick über die Ausgaben der Weltbank im Rahmen der GEF 1991 – 2006 nach Aufgabengebieten und Programmen:

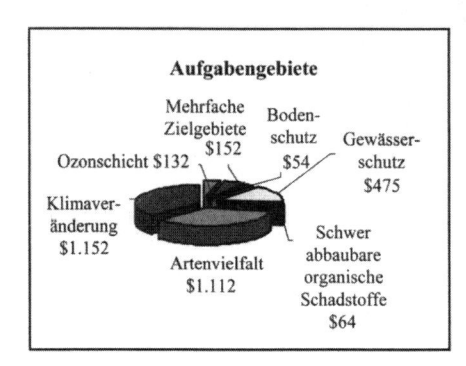

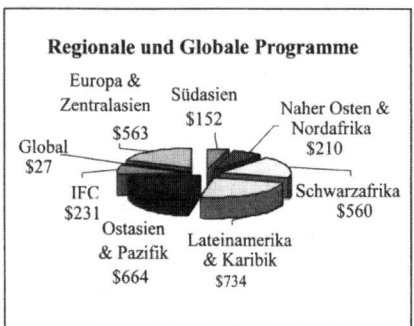

Abbildung 4.16: Verteilung der Weltbank – GEF Mittel 1991 – 2006 in Millionen US-$ (aus WORLD BANK, 2006c, S. 3)

Der **Schwerpunkt der Arbeit der GEF** liegt in den Bereichen **Klimaschutz** inkl. Programmen zur CO_2 Verringerung, Schutz der Ozonschicht, **Artenvielfalt, Gewässerschutz**, der **Eindämmung von Wüsten** und dem **Schutz vor schwer abbaubaren organischen Schadstoffen**.

Die originären GEF-Gelder in Höhe von 3,1 Mrd. US-$ der Weltbank wurden durch die IBRD und deren Schwesterinstitut IDA um nochmals 5,2 Mrd. aus eigenen Mitteln aufgestockt. Damit beteiligt sich die Weltbankgruppe in herausragendem Maße an der Finanzierung von Umweltprogrammen.

Zusammen mit Kofinanzierungen anderer öffentlicher und privater Geldgeber in Höhe weiterer 15 Mrd. US-$ stehen – wie Abbildung 4.17 zeigt – 23,3 Mrd. US-$ zu den o. g. Zwecken der GEF zur Verfügung – unter anderem für Maßnahmen gegen den Klimawandel, der in erster Linie die armen Staaten der Dritten Welt ökonomisch bedroht.

Mit diesen Mitteln konnten bis Ende 2006 bereits über 1.800 Projekte unterstützt werden, die globalen Umweltschutz in 140 Entwicklungsländern und Ländern mit Ökonomien im Systemwandel von Plan- zu Marktwirtschaften finanzierten (vgl. [www WORLD BANK 02/2007]).

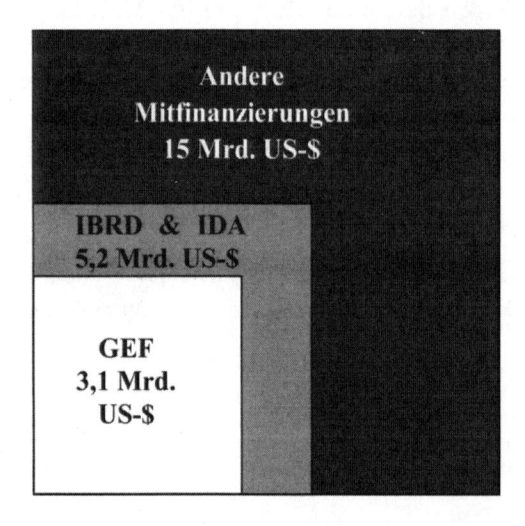

Abbildung 4.17: Mobilisierung von öffentlichem und privatem Kapital zugunsten der Umwelt: Das Weltbank – GEF Programm 1991 – 2006 (aus WORLD BANK, 2006c, S. 3)

Es geht damit nicht nur um die Quantität von Entwicklungshilfe, sondern ganz wesentlich um die Frage einer konkreten Verbesserung der globalen Lebensqualität der Menschen vor allem auch auf dem Lande.

4.5 Perspektiven zukünftiger Gestaltungskraft der Weltbank

Genau hierin aber liegt noch der zentrale Schwachpunkt gegenwärtiger Weltbankprojekte: Es müssen vor Ort alle relevanten Akteure in die Projektplanungen und die Projektdurchführung einbezogen werden. Das kann eine auf Großinvestitionen spezialisierte große Organisation wie die Weltbank zum gegenwärtigen Zeitpunkt noch nicht leisten. Derart sensible Aufgaben sind notwendigerweise durch Entwicklungshilfeorganisationen zu erfüllen, die vor Ort sind und sich dort sehr gut auskennen.

Die **Herausforderungen der zukünftigen Entwicklungshilfe**, insbesondere auch unter sich möglicherweise dramatisch verschärfenden Umweltproblemen **erfordern große Flexibilität** und ein **massives institutionsinternes Umdenken innerhalb der Weltbank**, wobei hier **vor allem die Entwicklungsländer** selber **massiv bremsen** und weniger die Industriestaaten:

Vgl. hierzu das **Beispiel** des Narmada Valley Stausees in Indien, ein höchst umstrittenes Projekt, das trotz verfehlter Energieprognosen, massiver Umweltprobleme und sich aus dem Projekt für die Anrainer ergebender dramatischer Gesundheitsprobleme (Malaria) innerhalb der Weltbank 1992 von den Nehmerländern gegen den Willen der Geberstaaten gestützt wurde (GEORGE/ SABELLI, 1995, S. 161 ff.) und damit das verheerende Signal gab,

„... *daß die Weltbank nach eigenem Gutdünken weitermacht, egal, wie haarsträubend die Situation sein mag, wie fehlerhaft das Projekt, gegen wie viele Regeln verstoßen und wie eindeutig mögliche Verbesserungen beschrieben werden*",

wie sogar der damalige US-Executive Direktor der Weltbank zu Protokoll gab (Patrick COADY, 1993, S. 14, aus GEORGE/ SABELLI, 1995, S. 163).

Als das Projekt schließlich aufgrund starken öffentlichen Drucks doch eingestellt wurde, waren bereits 950 Millionen US-$ inkl. 440 Millionen US-$ Abbruchsentschädigung an Indien sinnlos verausgabt (GEORGE/ SABELLI, 1995, S. 161 und S. 165, Anmerkung 28/ S. 248) der Leser mag darüber sinnieren, für wieviele Millionen armer Menschen in der Dritten Welt wieviele existenzgründende Mikrokredite hiermit hätten finanziert werden können (z. B. 20 Millionen Kredite à 50 US-$).

Der – von US-Präsident George W. Bush ins Amt gehobene – Nachfolger im Amt des Weltbankpräsidenten, Paul Wolfowitz, galt unter Kritikern der Weltbank von Anfang an als eklatante Fehlbesetzung (Wolfowitz war bekanntlich stellvertretender US-Verteidigungsminister unter Bush und galt als ultrakonservativer Vertreter freier Marktkräfte), der die unter Wolfensohn begonnenen Versuche der Öffnung und Liberalisierung der Weltbank inkl. der Ausrichtung auf eine umweltverträglichere Förderpolitik eher wieder rückgängig machen würde (vgl. hierzu z. B. auch de THIER, 2005).

Zum 1. Juli 2007 folgte vorzeitig Robert Zoellick als neuer Weltbankpräsident, nachdem Wolfowitz zurücktreten musste, nachdem er sich Vorwürfen der Günstlingswirtschaft im Amt gegenübersah (ZIENER, 2007, S. 2) und damit der Reputation der Weltbank schweren Schaden zufügte.

Inwieweit der neue Weltbankpräsident ZOELLICK die Arbeit der Weltbank wieder stärker in Richtung auf eine aktive, Umweltbelange stärker berücksichtigende Politik zur Armutsbekämpfung ausrichten wird, bleibt abzuwarten. Erneut trägt auch dieser Präsident die Hypothek, von der Bush-Administration ohne große Rücksprache mit den Empfängerländern ins Amt gehoben worden zu sein.

Zudem gilt er zwar als guter Verwalter, ist jedoch als Entwicklungspolitiker nicht ausgewiesen: Von dem höchst-renommierten Ökonomen und langjährigen Experten für Entwicklungspolitik Jagdish BHAGWATI stammt die Aussage über ZOELLICK: *'Wenn der Entwicklungsexperte ist, bin ich Ballett-Tänzer'* (HANDELSBLATT, 2007, S. 8).

Abschließend stellt sich die Frage:

Wer also ist Schuld, wenn die Entwicklungspolitik gegenwärtig – zu Recht – für eher schädlich als nützlich erachtet wird? Die Weltbank? Oder vielleicht doch die Empfänger bzw. genauer: Die dortigen Herrscher über die Armen?

Der Arme wird immer ärmer: **Ohne Weltbank** sowieso, **mit Weltbank** wahrscheinlich auch – sofern sich einerseits die in der Weltbank vorherrschende kapitalintensiv agierende Wachstumsideologie nicht aufbrechen lässt und zum anderen die Feudalstrukturen und die Korruption in der Dritten Welt nicht aufgelöst werden können.

Die großflächige Vergabe von Mikrokrediten an leistungswillige Arme ist als ein zentrales Instrument der Armutsbekämpfung anzusehen und weiter zu stärken. Verbunden werden muss dieses **Mittel der Selbsthilfe** mit einer starken **Deregulierung von Staatseingriffen** und mit dem **Aufbau demokratischer politischer und insbesondere auch liberaler gesellschaftlicher Strukturen**, in denen auch der Gedanke eines **nachhaltigen, umweltgerechten Wirtschaftens** im Interesse kommender Generationen deutlich stärker zu gewichten ist.

Der Fehler der Weltbank ist wohl der, dies zwar erkannt zu haben, das Ziel aber weder intern institutionell noch extern politisch für durchsetzbar zu halten. Ist es durchsetzbar? Diese Frage mag der Leser für sich selbst beantworten.

4.6 Kontrollfragen

4.1 Welche Finanzierungsinstitutionen umfasst die Weltbankgruppe?

4.2 Worin liegt der zentrale Unterschied der Kreditgewährung der Weltbank im Vergleich zu der des IWF?

4.3 Was sind die Aufgaben der Weltbank (IBRD)?

4.4 Warum kann die Weltbankgruppe vielen Staaten Kredite günstiger zur Verfügung stellen als andere Kreditgeber?

4.5 Was unterscheidet die IDA von der IBRD?

4.6 Welche Aufgaben hat die IFC?

4.7 Welche Ziele verfolgen MIGA und GRIP?

4.8 Nennen Sie die wichtigsten Publikationen und Informationsquellen der Weltbankgruppe.

4.9 Wie ist der ökonomische Erfolg der Weltbankprojekte zu bewerten?

4.10 Welche Punkte können als Hauptkritik an der Entwicklungspolitik der Weltbank angeführt werden?

4.11 Worin liegen die zentralen Entwicklungsprobleme, die dazu führen, dass Weltbankprojekte die Situation der Armen oftmals nicht verbessern?

4.12 Was sind die Ziele der GRAMEEN Bank und wie werden diese umgesetzt?

4.13 Welche Rolle spielt die Vergabe von Mikrokrediten im Rahmen der Entwicklungsfinanzierung der Weltbank?

4.14 Welche Bedeutung haben Umweltaspekte im Rahmen der Aktivitäten der Weltbankgruppe?

4.15 Was ist die GEF und mit welcher Zielsetzung ist sie in die Arbeit der Weltbankgruppe eingebunden?

4.16 Welche Maßnahmen sollten zukünftig seitens der Weltbank ergriffen werden, um den Kampf gegen Armut erfolgreicher führen zu können?

5 Internationale Entwicklungsbanken mit regionalem Tätigkeitsbereich

Die nachstehenden Ausführungen geben einen Überblick über die

- verschiedenen **Regionalen Entwicklungsbanken**, als wichtige Finanziers regionalspezifischer Entwicklung, deren
- **Ziele, Zuständigkeiten, Struktur** und ihre
- **konkrete Kreditpolitik**

im Rahmen der **internationalen Entwicklungsfinanzierung**.

Vorgestellt werden nach einer **generellen Einführung in die Ziele Regionaler Entwicklungsbanken** (Abschnitt 5.1)

- die **Europäische Bank für Wiederaufbau und Entwicklung**: EBWE (Abschnitt 5.2),
- die **Asiatische Entwicklungsbank**: ADB (Abschnitt 5.3),
- die **Inter-Amerikanische Entwicklungsbank**: IADB (Abschnitt 5.4), sowie
- die **Afrikanische Entwicklungsbank**: AfDB (Abschnitt 5.5).
- Eine generelle **kritische Bestandsaufnahme** der gegenwärtigen, politisch und ethisch nicht ausreichend reflektierten **Entwicklungsfinanzierung** schließt diesen Teil B (Abschnitt 5.6).

5.1 Überblick: Ziele Regionaler Entwicklungsbanken

Regionale Entwicklungsbanken, die es für Europa, Asien, Lateinamerika und Afrika gibt, sind '**Selbsthilfeeinrichtungen**' der jeweiligen Regionen **zur Förderung ihrer wirtschaftlichen Entwicklung**.

Analog zur Aufgabenstellung der Weltbank versuchen die regionalen Entwicklungsbanken über **gezielte Finanzhilfen** und **beratende Tätigkeit** zur **Verbesserung von Finanzierungsmöglichkeiten** eine **Beschleunigung des wirtschaftlichen Wachstums** herbeizuführen und damit auch zur **wirtschaftlichen Integration der Staaten des jeweiligen Aktionsgebietes** beizutragen.

Finanzierungsmuster und organisatorischer Aufbau der Entwicklungsbanken entsprechen alle weitgehend dem Vorbild der Weltbank.

So setzt sich der **Gouverneursrat** als oberstes Organ jeder Entwicklungsbank aus **Vertretern eines jeden Mitgliedstaates** zusammen. Als **Exekutivgremium** zur Durchführung der allgemeinen Geschäftätigkeit zeichnet ein **Direktorium** verantwortlich. Die laufenden Geschäfte führt auf Basis der Weisungen des Direktoriums der jeweilige **Präsident** der Entwicklungsbank.

Auch die finanzielle Struktur ist bei allen Banken ähnlich. Zu unterscheiden ist grundsätzlich in **ordentliche Finanzierungsmittel**, sog. 'Ordinary Resources' und in **Sonderfonds**, sog. 'Special Funds'.

- **Ordinary Resources** sind in Höhe des **Eigenkapitals** und über auf dem **Kapitalmarkt** von der Regionalen Entwicklungsbank aufgenommene Kredite verfügbar.
  Kreditvergaben aus den Ordinary Resources werden nach **strengen ökonomischen Erfolgs- bzw. Rendite-Kriterien** vergeben.

- **Special Funds** dagegen sind Sonderfonds, aus denen besonders 'weiche', also **zins- und laufzeitgünstige Kredite** vor allem an **wirtschaftlich schwache Länder und Sektoren** ausgereicht werden.
  Dabei besteht bei den Sonderfonds durchaus die **Gefahr auch eines Wertberichtigungsbedarfes** aufgrund von **Kreditausfällen** infolge schwer beurteilbarer Risiken.

Entsprechend sind beide Kreditlinien verwaltungs- und bilanztechnisch streng voneinander getrennt, um das Vertrauen der internationalen Kreditmärkte – als Finanziers der Regionalen Entwicklungsbanken – nicht zu beeinträchtigen.

Für deutsche Unternehmen ist die Arbeit Regionaler Entwicklungsbanken vor allem deshalb von z. T. beachtlicher Relevanz, weil ein bedeutender Teil der bereitgestellten Finanzmittel der deutschen Exportwirtschaft zugute kommt. Von herausragender Bedeutung für die deutsche **Exportwirtschaft** sind die Kreditvergaben insbesondere der EBWE, aber auch der IADB, deren Mittelvergaben zu über 4 % deutsche Exporte finanzieren.

5.2 Die Europäische Bank für Wiederaufbau und Entwicklung (EBWE)

Die Europäische Bank für Wiederaufbau und Entwicklung (EBWE) wurde 1991 als Antwort auf die marktwirtschaftliche Öffnung Osteuropas und den daraus resultierenden sehr hohen Kapitalbedarf zur Bewältigung der Systemtransformation dieser Länder im öffentlichen und privaten Sektor gegründet.

5.2.1 Gründung und Aufgaben der EBWE

Aufgabe der EBWE ist es, den sehr hohen **nötigen Investitionsbedarf** der Staaten Mittel- und Osteuropas sowie der GUS-Staaten über **zinsgünstige Infrastruktur- und Investitionskredite** bereitstellen zu helfen.

Wichtig erschien es in der Gründungsphase zudem, den Prozess der wirtschaftlichen Systemtransformation von schwerfälligen zentralistisch organisierten planwirtschaftlichen Strukturen zu marktwirtschaftlichen, dezentral verantwortlichen Entscheidungs- und Leistungseinheiten aus sozialen wie politischen Gründen zu beschleunigen.

Auf dem EG-Gipfel Ende 1989 in Paris schlug der damalige französische Präsident Mitterand deshalb die Gründung einer Europäischen Entwicklungsbank für Osteuropa vor. Im April 1991 wurde die Europäische Bank für Wiederaufbau und Entwicklung mit Sitz in London schließlich von **39 Staaten gegründet**. Anfang 2007 sind **61 Staaten plus** die **Europäische Union** und die **Europäische Investitionsbank** Mitglieder der EBWE: Neben allen europäischen und außereuropäischen OECD-Staaten inkl. der EU und EIB als Geldgeber sind mittlerweile alle mittel- und osteuropäischen Staaten Mitglied. Neben Russland, Weißrussland, der Ukraine, Albanien, Kroatien, Mazedonien, Montenegro und Serbien sind dies auch die eurasischen GUS-Staaten Armenien, Aserbaidschan, Georgien, Kasachstan, Kirgisien, Moldawien, Tadschikistan, Turkmenistan und Usbekistan, ebenso wie Ägypten, Marokko und die Mongolei.

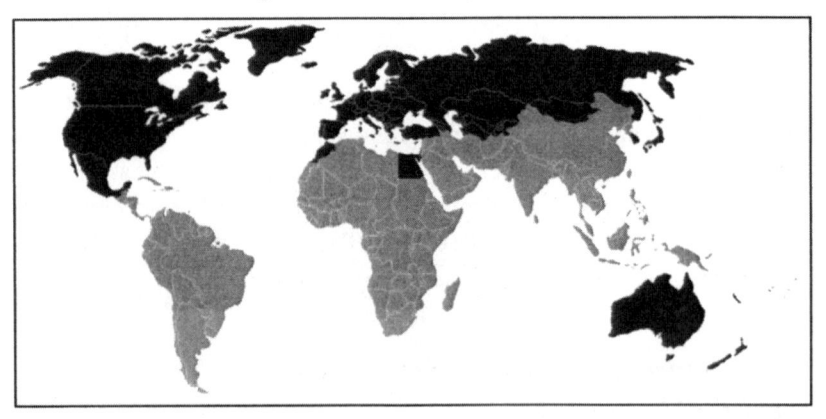

Abbildung 5.1:   Mitgliedstaaten der EBWE 2007 (dunkle Länder)

Im Rahmen des oben beschriebenen Handlungsbedarfs der westlichen Welt zur Unterstützung der politischen und ökonomischen Transformationsprozesse in den Staaten des ehemaligen Ostblocks und deren Eingliederung in einen wettbewerbsfähigen Handel ist es **konkrete Aufgabe der EBWE**:

- durch günstige Kreditvergaben den **Aufbau des Privatsektors** zu fördern,
- sich für **die Mobilisierung von Privatkapital** in diese Länder einzusetzen,

beides u. a. auch mittels **Investitionen in Beteiligungskapital**, also reinen Kapitalanlagen. Insofern ist es auch Aufgabe,

- intensiv den **Aufbau eines leistungsfähigeren privaten Bankensektors** zu fördern,
- **Infrastruktur-** und **Umweltschutzmaßnahmen** zu unterstützen und
- **technische Hilfe** bei der Vorbereitung, Finanzierung und Durchführung in Frage kommender Projekte zu leisten.

Letzteres schlägt sich auch im Rahmen

- **der Sicherstellung von Umwelt- und Reaktorsicherheit** durch gezielte Schwerpunktförderungen im Energiesektor nieder,

wozu insbesondere auch

- umfangreiche **Kernkraftwerks-Modernisierungen** – vor allem in Tschernobyl – zählen, sowie
- die **Verwaltung des Reaktorsicherheitskontos Tschernobyl** und des **Sarkophag-Fonds**, wozu die Ukraine in keinster Weise finanziell in der Lage ist.

Voraussetzung für die Förderung eines Projektes durch die EBWE ist es, dass dadurch auch der **Aufbau von demokratischen Prinzipien, Pluralismus und die Sicherstellung der Menschenrechte gefördert** wird.

Des weiteren sollen die Projekte zugleich zur **Verbesserung der Umwelt** beitragen: D. h. die geförderten Projekte müssen bestimmten **Umweltstandards genügen**.

Eine wesentliche Aufgabe der Bank liegt auch in der **Mobilisierung von privatem Investitions-Kapital** in den Zielländern. Projektvorhaben privater wie öffentlicher Investoren unterstützt die Bank neben einer direkten **Kreditvergabe zur Mitfinanzierung** vor allem auch durch die **Übernahme von Garantien** (Bürgschaften und Wertpapieremissionen).

Insgesamt konnte die EBWE in der wichtigen Aufbauphase der 90er Jahre für jeden Euro Eigenengagement weitere 2,5 Euro aus anderen Quellen mobilisieren: Bis Ende 1999 waren das bei eigenen Investitionskrediten von rund 10 Mrd. Euro weitere rund 24 Mrd. Euro (vgl. EBWE, 2000, S. 10).

Teil B					5 Regionale Entwicklungsbanken

Der **ökonomische Sinn und Zweck der EBWE** liegt darin, dass sie als seriöse, d. h. **an den Kapitalmärkten sicherer Schuldner** gilt und **damit günstiger Kredite auf dem Kapitalmarkt aufnehmen kann,** als dies vielen privaten Investoren – insbesondere mittelständischen Unternehmen – in Osteuropa möglich ist. Diese selbst aufgenommenen Kredite kann die EBWE dann in einem weiteren Schritt zinsgünstig an private oder öffentliche Investoren weiterreichen.

Damit verfügt die EBWE über zwei **Quellen ihrer Finanzkraft**:

- Ihr **Eigenkapital** (eingezahltes Stammkapital in Höhe von rund 7 Mrd. Euro und nicht eingezahltes Stammkapital in Höhe von rund 13 Mrd. Euro als Haftungskapital), sowie
- die Möglichkeit zur günstigen **Refinanzierung auf den internationalen Kapitalmärkten**.

Eine weitere **Besonderheit** der EBWE ist, dass die Bank eine Kombination zwischen einer Geschäftsbank und einer Entwicklungsbank darstellt: Sie ist satzungsgemäß gehalten, bei ihrer Projektvergabe mindestens **zu 60 Prozent private** und zu **höchstens 40 Prozent öffentliche Projekte** zu unterstützen (1995 lag das Engagement für den **Privatsektor** bei 62,5 %, im Jahr 2000 bei 70 % und 2005 bei 76 %).

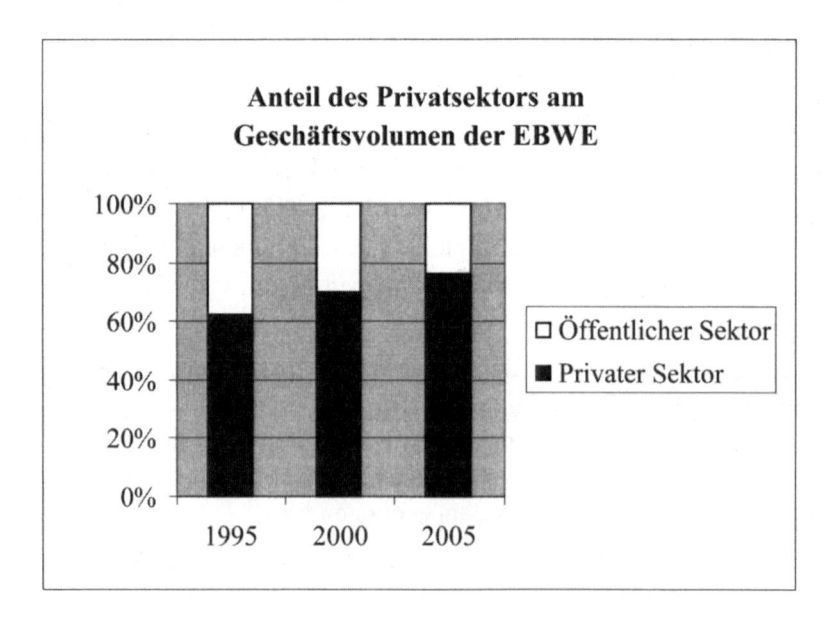

Abbildung 5.2:   Anteil des Privatsektors am Geschäftsvolumen der EBWE-Kreditvergabe

Die EBWE arbeitet satzungsgemäß bei der Verfolgung aller ihrer Aufgaben eng mit anderen internationalen Organisationen zusammen, so vor allem mit dem Internationalen Währungsfonds (IWF), der Weltbank, deren Tochter Internationale Finanzkorporation (IFC), der Multilateralen Investitions-Garantie-Agentur (MIGA), der Europäischen Investitionsbank (EIB) sowie der OECD. Auch mit anderen Regionalen Entwicklungsbanken ist eine Zusammenarbeit grundsätzlich erwünscht: Sinnvoll ist hier letztlich allerdings nur eine Zusammenarbeit mit der Asiatischen Entwicklungsbank (vgl. Abschnitt 5.3), weil viele Länder zugleich Mitglied der EBRD und der ADB sind; ein Kooperationsbeispiel ist ein großes Eisenbahnprojekt in Usbekistan von 1999, das von der EBWE und der ADB gemeinsam finanziert wurde.

5.2.2 Institutioneller Rahmen der Bank

Oberstes Leitungsorgan ist der **Gouverneursrat**, in dem jedes Mitgliedsland vertreten ist. Der Gouverneursrat kann Beschlüsse mit **zwei Dritteln der Stimmen seiner Mitglieder** fassen.

Das **Direktorium** ist für die Leitung der allgemeinen Geschäftstätigkeit, insbesondere für die Entwicklung geschäftspolitischer Strategien verantwortlich und besteht aus 23 Mitgliedern, die jeweils ein großes oder mehrere kleine Länder vertreten.

Dabei bestimmt die Europäische Union de facto die Geschäftspolitik der EBWE.

In enger Zusammenarbeit mit dem Gouverneursrat fasst das Direktorium Beschlüsse über Darlehen, Garantien, Kapitalbeteiligungen, Kreditaufnahmen durch die Bank sowie die Gewährung technischer Hilfe.

Der **Präsident** der EBWE wird mit der Mehrheit der Stimmen des Gouverneursrats und der Mehrheit der Gesamtstimmen für vier Jahre (mit Recht auf Wiederwahl) gewählt. Er ist der gesetzliche Vertreter der Bank und führt nach den Weisungen des Direktoriums die laufenden Geschäfte der Bank.

Die USA halten mit **10 %** den größten Einzelanteil. **Frankreich, Deutschland, Großbritannien, Italien und Japan** stellen mit **jeweils über 8 %** des Kapitals die nächst wichtigen Anteilseigner. Das Bankstatut sieht vor, dass selbst bei Neuaufnahme von Mitgliedern immer zu gewährleisten ist, dass die EU-Mitgliedstaaten mit der EU als Institution und der EIB die absolute Mehrheit der Kapitalanteile halten.

Im Mai 2007 verfügen die **EU Staaten (56 %)** zusammen mit der **EU als Institution (3 %)** und der **EIB (3 %)** über **62 % des Kapitals**, wovon die **Geberländer der EU 50,55 %** innehaben.

Teil B   5 Regionale Entwicklungsbanken

Auch hieran wird deutlich, dass die EBWE im Gegensatz zu IWF oder Weltbank eine europäische Institution ist.

Die **Empfängerländer der Bank** (29 mit Stand Mai 2007) in Mittel- und Osteuropa – also die potentiellen Schuldner – halten zusammen weniger als 15 % der Anteile; davon halten die **Nicht-EU-Empfängerstaaten weniger als 10 %**. Insofern haben sie in realitas **keinen Einfluss** auf die primär von der Europäischen Union gesteuerte **Geschäftspolitik der Bank**.

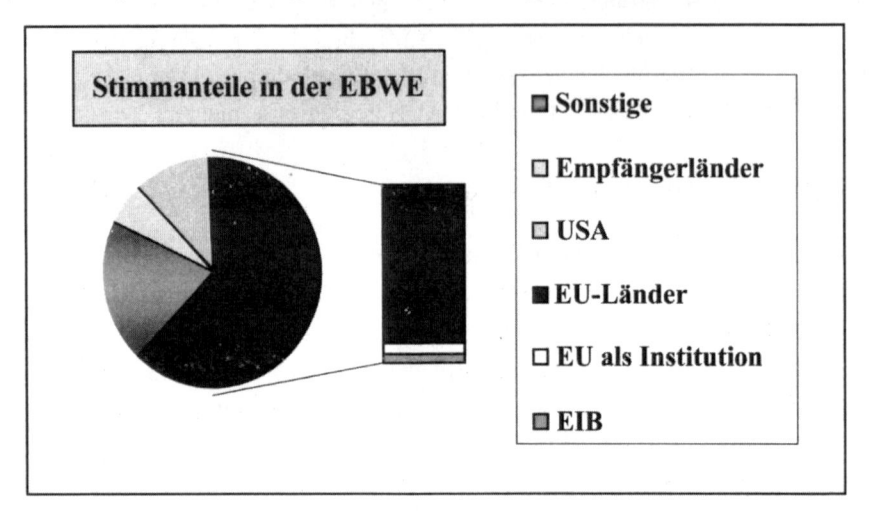

Abbildung 5.3:   Stimmrechtsanteile der einzelnen Mitglieder (-gruppen) der EBWE

5.2.3 Zur generellen Bedeutung der EBWE für die Entwicklung osteuropäischer Staaten und der GUS

Bis Ende 1999 wurden Projekte im Gesamtvolumen von 10,8 Milliarden Euro unterzeichnet und hiervon rund 7 Mrd. Euro ausgezahlt (EBWE, 2000, S. 10).

Damit war und ist bis heute die **praktische Bedeutung der EBWE für die wirtschaftliche Entwicklung** der Staaten Osteuropas gerade in deren ökonomischer Aufbruchphase **weit hinter dem ihr an sich gesetzten Anspruch zurückgeblieben**.

Insbesondere im Vergleich zur schon lange bestehenden **Europäischen Investitionsbank** (EIB), deren Ziel es ist, langfristige Darlehen für Investitionsprojekte in Europa zu gewähren, ist die EBWE deutlich hinter ihrer Zielsetzung als tragende Investitionsstütze für die Transformationsländer zurückgeblieben.

Die **EIB** reicht jedes Jahr Gesamt-Darlehen in Höhe von rund 40 Mrd. Euro aus.

1994 – 1996 wurden von der **EIB** mit steigender Tendenz allein rund 3 Mrd. Euro für Mittel- und Osteuropa – also die Zielländer der EBWE – bereit gestellt; im Jahr 2000 waren es über 3 Mrd. Euro, in den Jahren **2001 – 2006** wurden nochmals **28,3 Mrd. Euro** ausbezahlt (vgl. [www EIB 05/2007a, b].

Dies sind Volumina, die die EBWE in keinster Weise realisieren kann.

Z. B. wurden auch die beiden Großprojekte des Flughafens in Tallinn und das estnische Eisenbahnprojekt in Kofinanzierungen mit der EIB realisiert.

Auch die **privatwirtschaftlichen Direktinvestitionen** in die Zielländer der EBWE sind zwischen 1993 und 1999 von 4 auf 17 Mrd. US-$ sehr **stark angestiegen**, so dass auch hier die relative Bedeutung der EBWE für die wirtschaftliche Entwicklung Mittel- und Osteuropas nicht so bedeutsam ist, wie dies bei ihrer Gründung 1991 erwartet wurde.

Dies ist auch Folge des Konstruktionsdefizites der Bank, die zum einen zwar mit dem politischen Auftrag arbeitet, die osteuropäischen Länder auf ihrem Weg in die Marktwirtschaft zu unterstützen, umgekehrt sich jedoch nach den Bankstatuten bei ihrer Kreditvergabe mit der bei Geschäftsbanken üblichen Vorsicht zu verhalten hat, wodurch insbesondere stark risikobehaftete Existenzgründer- oder Joint venture Projekte kaum förderbar sind.

Ein weiterer Kritikpunkt an der EBWE ist auch, dass sie sehr ertragsorientiert arbeitet und insofern ihre Finanzhilfen nur gering unter den üblichen Marktkonditionen privater Geschäftsbanken anbietet.

Damit können andere eingeführte Geschäftsbanken oder internationale Finanzinstitutionen bei attraktiv erscheinenden privaten Projekten Finanzierungen oftmals zu gleichen Bedingungen anbieten. Insofern stellt sich zum einen die Frage, ob die jeweiligen Investitionen nicht auch ohne die EBWE realisiert worden wären und zum anderen, ob die EBWE zukünftig nicht sogar die weitere Entwicklung eines privaten Banksystems durch ihre subventionierte Kreditvergabe behindert.

Hervorzuheben ist allerdings, das dieser Kritikpunkt nur für die bereits entwickelteren Nehmerländer gilt: Für **Staaten der ökonomischen Peripherie**, wie insbesondere die eurasischen GUS-Staaten, aber auch Bulgarien und Rumänien, die noch über keine einsatzfähige Finanzinfrastruktur und noch nicht über ein modernes Bankensystem verfügen, ist die **EBWE auch weiterhin unverzichtbar**. Für die der EU **beigetretenen Staaten Osteuropas** dagegen ist die **Bedeutung der EBWE zunehmend rückläufig**. Insofern wäre auch eine Überarbeitung des Förderkonzeptes und ggf. eine stärkere Arbeitsteilung mit der EIB hilfreich.

Ein letzter **Kritikpunkt** ist auch die **geringe Bedeutung der Fördermittel der EBWE zugunsten kleiner und mittlerer Unternehmen.**

Hieran konnte auch ein 1993 von der EBWE zu 50 % mitfinanzierter 300 Mio. Euro starker Fonds zur Förderung kleiner und mittlerer Unternehmen nichts Wesentliches ändern.

Nützlicher als die direkten Investitionshilfen für die KMU sind vor allem die von der EBWE angebotenen Netzwerke und die Kontaktadressen für Investitionsabwicklung und Finanzierung in den Nehmerstaaten Mittel- und Osteuropas, die interessierte Unternehmen jederzeit über Internet unter www. EBRD.org abrufen können, wie z. B. der **Kontakt- und Finanzierungs-Leitfaden der EBWE für KMU in Mittel- und Osteuropa.**

Positiv hervorzuheben sind im Bereich der Förderung von KMU die für die Empfängerstaaten von der EBWE bereitgestellten sogenannten **Mikro- und Kleindarlehen**:

Mit **Mikrodarlehen** zwischen 100 und 20.000 US-$ stehen Kleinstunternehmern Investitionskredite für 9 – 12 Monate zur Verfügung, die anschließend bei erfolgreicher Geschäftsentwicklung in **Kleindarlehen** bis zu 125.000 US-$ aufgestockt werden können.

5.2.4 Überblick über die Finanzierungen der EBWE

Kreditzusagen und Bruttoauszahlungen der EBWE 2001 – 2005

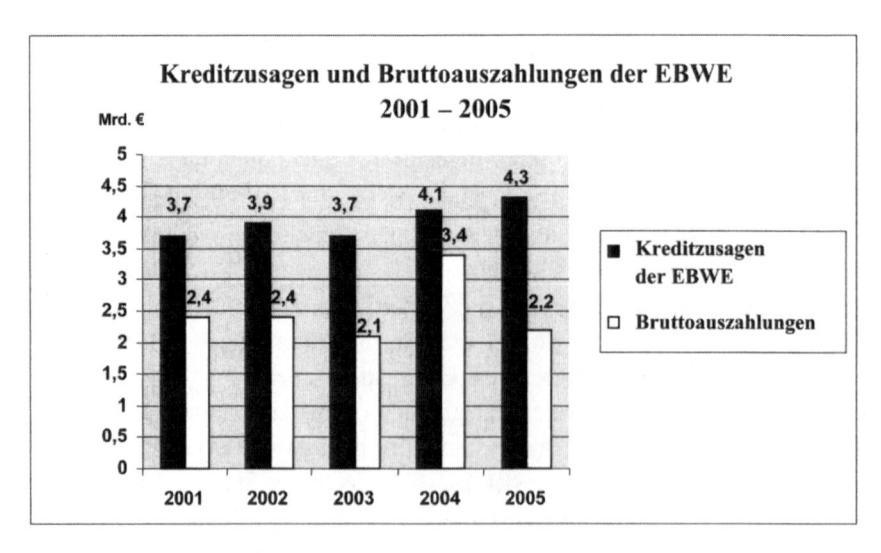

Mrd. €

Jahr	Kreditzusagen der EBWE	Bruttoauszahlungen
2001	3,7	2,4
2002	3,9	2,4
2003	3,7	2,1
2004	4,1	3,4
2005	4,3	2,2

Abbildung 5.4: Kreditzusagen und Auszahlungen der EBWE im Zeitraum 2001 bis 2005 in Mrd. US-$ (vgl. EBRD, 2006, S. 2)

5.2 EBWE

Im Jahr **2005** finanzierte die EBWE **151 Projekte** mit Kreditzusagen in Höhe von **4,3 Mrd. Euro**. Die Auszahlungen von EBWE-Finanzierungen gingen allerdings von 3,4 Mrd. Euro in 2004 auf 2,2 Mrd. Euro in 2005 zurück.

Bislang hat die EBWE im Rahmen ihrer Förderungen primär auf den Bereich der realen wie finanzwirtschaftlichen Infrastruktur gesetzt.

Neben den realwirtschaftlichen Finanzierungshilfen der **Infrastrukturförderung** in den Bereichen Energie (Elektrizitäts- und Energieversorgung inkl. Effizienzsteigerung), Transport und Verkehr sowie kommunaler- und Umwelt-Infrastruktur, liegt der eindeutige **Schwerpunkt** auf dem **Aufbau einer finanzwirtschaftlichen Infrastruktur** in Form einer massiven Förderung zum Aufbau eines leistungsfähigeren Bankensystems. Demnach fließen 32 % der Gesamtinvestitionen der EBWE in die Finanzmarktförderung.

Abbildung 5.5 gibt hierzu im **linken Kreisdiagramm** einen Überblick über die sektorale Verteilung der **Gesamtfinanzierungen** und zeigt im **rechten Diagramm** die Verteilung der diversen Formen an **Finanzinvestitionen**, wovon auf Bankkredite über 55 % dieser Förderungsform entfallen.

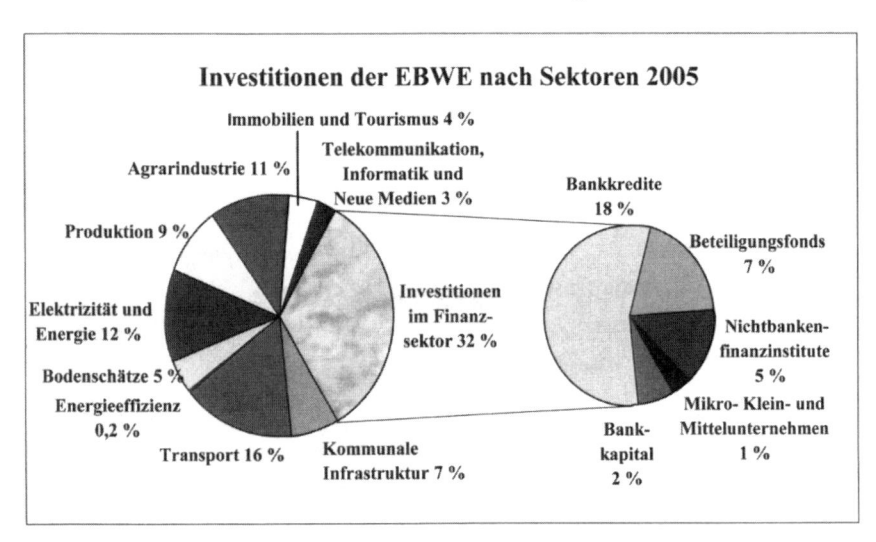

Abbildung 5.5: *Finanzierungen der EBWE nach Sektoren – real und monetär, 2005 (Daten aus EBRD, 2006, S. 3, eigene Berechnungen)*

199 Mio. Euro der insgesamt 796,7 Mio. Euro im **rechten Kreisdiagramm** aufgezeigten Bankkredite entfielen in 2005 auf kleine und mittlere Unternehmen.

Ein besonderes Programm in diesem Zusammenhang ist das '**Handelsförderprogramm für Banken in Mittel- und Osteuropa und der GUS**': Hiermit möchte die EBWE die Handelsintegration vor allem dadurch fördern, dass

- die EBWE Garantien zur Unterstützung von Handelsinstrumenten übernimmt, die durch Banken emittiert werden,
- Direktfinanzierungen von Banken in der Region gefördert werden, die mittels revolvierender Finanzierungsvorschüsse den Export fördern, und
- Direktfinanzierungen ausgewählter privater Großunternehmen ebenfalls in Form revolvierender Exportfinanzierungen und/ oder Betriebskapitaldarlehen (vgl. [www EBRD 01/2001]) gefördert werden.

Dabei erweitert die EBWE im Rahmen dieses Programms ihre Deckung auf Akkreditive und Bereitschaftsakkreditive, Vorauszahlungsgarantien, anderen Formen von Zahlungsgarantien, Wechseln und Schuldscheinen von krediteröffnenden Banken bis auf 100 % des Nennwerts der zugrunde liegenden Handelsfinanzierungsinstrumente.

Abbildung 5.6 gibt abschließend einen Überblick über die **Verteilung der EBWE-Finanzierungshilfen nach Regionen**.

EBWE Kreditvergaben pro Region

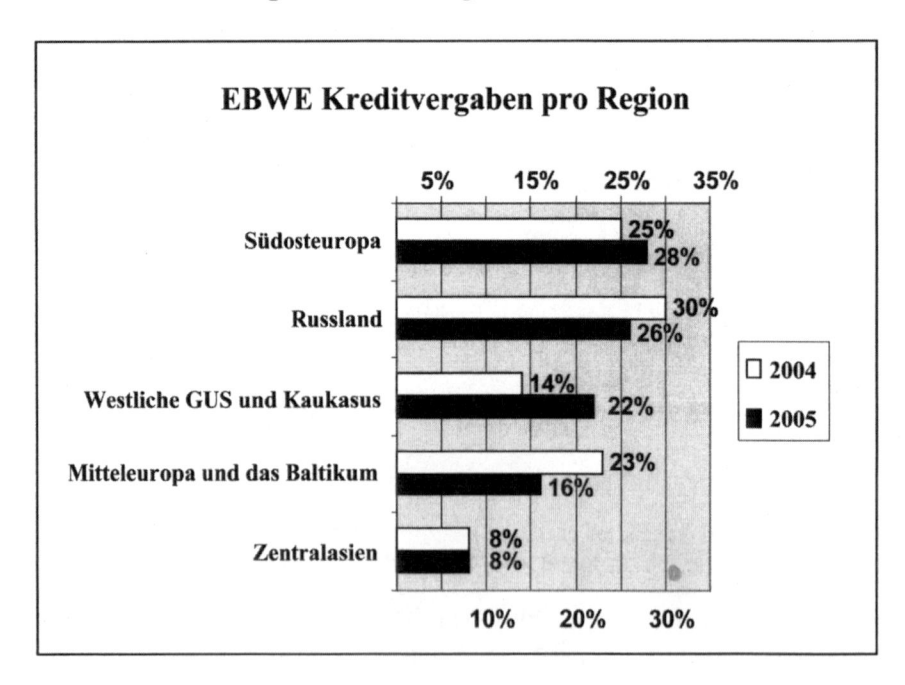

Region	2004	2005
Südosteuropa	25%	28%
Russland	30%	26%
Westliche GUS und Kaukasus	14%	22%
Mitteleuropa und das Baltikum	23%	16%
Zentralasien	8%	8%

Abbildung 5.6:   Kreditvergaben der EBWE nach Regionen (aus EBRD, 2006, S. 2)

5.2 EBWE

Im Zuge ihrer neueren **Strategie einer Verlagerung der Förderschwerpunkte weiter nach Süden und Osten**, wurden im Jahr 2005 rund 58 Prozent des Geschäftsvolumens der EBWE im Rahmen von Förderprojekten in den Transformationsländern Südosteuropas, des Kaukasus, Zentralasiens und des äußersten Westens der ehemaligen Sowjetunion investiert.

Nicht unerwartet wird der größte Teil der Finanzmittel der EBWE in Russland eingesetzt. Bei der Bewertung des Finanz-Mittelzuflusses in die Staaten Mittel-, Ost- und Südost-Europas ist jedoch zu berücksichtigen, dass – wie in Abschnitt 5.2.3 bereits erwähnt – vor allem auch die **Europäische Investitionsbank (EIB)** insbesondere die **(potentiellen) Beitrittsländer Mittel- und Osteuropas zur Europäischen Union** mit Investitionshilfen von aktuell über 4 Mrd. Euro pro Jahr unterstützt: Seit 1993 sind dies bis Ende 2006 rund **50 Mrd. Euro**; ein Betrag, der die **gesamten Finanzierungsleistungen der EBWE weit übertrifft**. Auch dies ist ein Beleg dafür, dass die EBWE eine wichtige, aber keine zentrale Rolle bei der Bewältigung des wirtschaftlichen Transformationsprozesses spielt.

Die EBWE ist damit eher von Bedeutung für die Staaten Osteuropas, die in absehbarer oder auch langfristiger Zeit keine Perspektive eines EU-Beitritts haben, da diese Staaten nicht in den Genuss der hohen Finanzhilfen der EIB kommen; dies erklärt auch den hohen Einsatz der EBWE in Russland, das allerdings insbesondere in den 90er Jahren auch sehr stark von Weltbank und IWF liquiditätspolitisch (IWF) und investitionsstärkend (IBRD) unterstützt wurde.

In geringem Umfang unterstützt die EBWE – zusammen mit der EIB – allerdings auch noch die Regionalpolitik der Europäischen Union im Rahmen des EU-Förderprogramms JASPERS (vgl. noch Abschnitt 8.8.4). Es stellt sich hierbei allerdings die Frage, ob es nicht sinnvoller wäre, die Mittel der EBWE ebenso wie deren Kompetenz ausschließlich auf die Förderung der osteuropäischen nicht-EU-Staaten und der mittelasiatischen GUS-Staaten zu konzentrieren.

5.3 Asiatische Entwicklungsbank (ADB)

Die Asiatische Entwicklungsbank (ADB: Asian Development Bank) wurde im Dezember 1965 von zunächst 31 Ländern mit dem Ziel gegründet, die wirtschaftliche Entwicklung in Asien mittels günstiger Finanzierungshilfen zu unterstützen. Deutschland ist Gründungs-Mitglied der ADB.

Sitz der Bank ist Manila (Philippinen); Ende 2006 beschäftigte die ADB über 2.000 Mitarbeiter aus 53 Ländern.

5.3.1 Institutioneller Rahmen und Aufgaben der ADB

Anfang 2007 gehören der ADB **67 Staaten** an, davon 44 Entwicklungsländer. Mit 48 Mitgliedstaaten der Region sind dies außer Nord-Korea alle asiatischen Staaten östlich der Türkei: Neben Japan alle Staaten Südostasiens, die islamischen Nachfolgestaaten der Sowjetunion (die sowohl Mitglieder der ADB als auch der EBWE sind), Afghanistan, China, Indien, Korea, Pakistan, Taiwan, die Insel-Staaten des Pazifiks sowie Australien und Neuseeland. Von den 19 nicht-regionalen Mitgliedern sind 16 Westeuropäische Staaten: Die BeNeLux-Staaten, Deutschland, Frankreich, Großbritannien, Irland, Italien, Österreich, Portugal, alle 4 Länder Skandinaviens, Spanien und die Schweiz; die USA, Kanada und die Türkei ergänzen zu 19 (vgl. [www ADB 05/2007]).

Das Stimmrecht verteilt sich mit rund 64,85 % auf die 48 regionalen Mitgliedstaaten; Japan verfügt als wichtigstes regionales Geberland über 15,6 % des Stammkapitals und damit über 12,8 % der Stimmrechte; China, Indien, Australien, Indonesien und Süd-Korea verfügen über jeweils 6,45 – 5,04 % des Stammkapitals und damit über 5,46 – 4,33 % der Stimmrechte.

Die 19 nicht-regionalen Mitgliedstaaten der ADB haben ein Stimmrecht in Höhe von rund 35,15 %; der Löwenanteil entfällt mit über 12,8 % auf die USA und mit rund 4,49 % und 3,76 % auf Kanada und Deutschland.

Die ADB ist entsprechend ihrer Gründungscharta ermächtigt, diverse Fonds einzurichten, um gezielter auf bestimmte Entwicklungserfordernisse eingehen zu können. Der erste und älteste von der ADB geführte Fonds ist

- der **Asian Development Fund** (ADF), als ein treuhänderischer Entwicklungsfonds zur präferierten Förderung der ärmsten Mitgliedsländer der ADB. Dieser Fonds ist zugleich der größte Fonds der ADB und wird in

5.3 Asiatische Entwicklungsbank (ADB)

regelmäßigen Abständen mit neuem Kapital der Mitgliedsländer ausgestattet. Aktuell – 2007 – wird das IX. ADF-Finanzprogramm für die Jahre 2005 – 2008 durchgeführt, nachdem ADF-VIII die Jahre 2001 – 2004 abdeckte (vgl. hierzu ausführlicher noch Abschnitt 5.3.2.2).

Die Asiatische Entwicklungsbank führt unter ihrem Dach noch weitere Fonds zur gezielten sektoralen oder regionalen Förderung, die in Abschnitt 5.3.2 noch näher erläutert werden.

So gibt es

- einen **Technical Assistance Special Fund**, der die Aufgabe hat, zur Finanzierung von Projekten administrativer und technischer Hilfeleistungen zugunsten der Entwicklungsländer innerhalb der ADB beizutragen,

- seit 1988 den **Japan Special Fund** als Japanischen Sonderfonds zur Strukturanpassung von Entwicklungsländern der Region, wobei insbesondere Programme technischer und administrativer Hilfestellung und Beratung finanziert werden,

- **den Japan Fund for Poverty Reduction**, der gezielt Programme des Schwerpunktes der ADB zur aktiven Armutsbekämpfung unterstützen soll,

- den **Asian Tsunami Fund** für die Unterstützung der vom Tsunami im Indischen Ozean Ende 2004 betroffenen Gebiete, und

- den **Pakistan Earthquake Fund**, welcher die Aufgabe hat, die am 8.10.2005 von einem Erdbeben erschütterten Gebiete Nord-Pakistans und angrenzender Regionen zu unterstützen.

- Darüber hinaus existiert seit 1997 das von der ADB und der Regierung von Japan gegründete **ADB Institute** (ADBI) zur Bereitstellung und Verteilung von benötigtem entwicklungspolitischen und -theoretischen Wissens und Informationsstandes. **Zentrale Ziele** des **ADBI sind:**
  - Erarbeitung von **Entwicklungsstrategien** zur langfristig orientierten Entwicklung der Region und Definition hierfür notwendiger **sozialer und ökonomischer Bedingungen**,
  - Aufbau von **Management-Kapazitäten** und **Beratung** von Institutionen in Entwicklungsländern, die Mitglied der ADB sind,
  - Aufbau moderner **digitaler Telekommunikation**, die als wesentlicher Schlüssel auch der Armutsbekämpfung durch Modernisierung und Bildung der Gesellschaft gesehen wird,

- und schließlich auch eine abgestimmte **Reform der nationalen Kapitalmärkte**, um den Anschluss an die internationalen Finanzmärkte zu finden.

Seit 2003 liegt die Ausrichtung der Aktivitäten zur Zielerreichung des ADBI stärker auf der Forschungsförderung, der Vermittlung von Fähigkeiten im Bereich der Entwicklung armer Länder und dem Wissensmanagement.

Vor allem im Wissensmanagement übernimmt das ADBI eine wesentliche Rolle, da sich die ADB im Jahre 2004 in Rahmen einer 'Grundausrichtung auf Wissensmanagement' zu einer Organisation bekannt hat, deren größtes Gut die Erzeugung und Nutzung von Wissen ist. Im Jahr 2004 hat das ADBI in ihrem Statut auch schriftlich diese Zielstellung festgehalten, um die Unterstützung der ADB und der Mitgliedstaaten zu verbessern.

- Ursprünglich wurde in Konsequenz und als Antwort auf die **Finanzkrise Südostasiens** von 1997/98, im Rahmen der ADB Tagung in Sydney am 5. März 1999 auf Vorschlag Australiens mit dem '**Asia Recovery Information Center**' (ARIC) eine Informationsagentur geschaffen, deren besondere Aufgabe es war, **Informationen zur Analyse und Bekämpfung dieser Finanzkrise** zusammenzustellen und aufzuarbeiten. Die ADB finanzierte maßgeblich diese Informationsagentur im Rahmen eines für diesen Zweck gegründeten Projektes technischer Hilfe bei zusätzlicher finanzieller Förderung durch die 'Australian Agency for International Development' (AusAID). Gründungsmitglieder des ARIC waren die fünf von der südost-asiatischen Finanzkrise 1997/98 am stärksten betroffenen Staaten Indonesien, Korea, Malaysia, Philippinen und Thailand.

Die Finanzkrise war jedoch im Jahr 2001 nahezu vollständig überwunden und das ARIC hatte sich als wichtige Einrichtung für die Beschaffung von Informationen über Wirtschaftstrends in Asien, als Frühwarnstelle für Gefahren im Finanzsektor und Berater für Strukturreformen sowie politische Fragen etabliert.

Der Bedarf an diesen Informationen im öffentlichen und privaten Sektor war so hoch, dass das Angebot erweitert wurde und zum 5. Mai 2004 die Einrichtung in das '**Asia Regional Information Center**' (ebenfalls ARIC) umbenannt wurde. Die Informationen, die das ARIC bereithält, werden auch über eine umfassende Internetpräsenz zu Verfügung gestellt.

5.3 Asiatische Entwicklungsbank (ADB)

Aktuell (2007) gehören dem ARIC neben den fünf o. g. Gründungsmitgliedern noch 11 weitere Staaten an: Bangladesch, Brunei, China, Kambodscha, Laos, Myanmar, Indien, Pakistan, Singapur, Sri Lanka, Vietnam (vgl. [www ARIC 05/2007].

Die ADB sieht ihre primäre Aufgabenstellung in der Förderung der wirtschaftlichen Entwicklung ihrer Mitgliedstaaten unter der Beachtung sozialer Aspekte. Eine zentrale Aufgabe neben der originären Entwicklungsfinanzierung der Bank ist auch ihre Aufgabe einer breitgefächerten Informationsbeschaffung und -verarbeitung. Die ADB bietet hierzu insbesondere auch im Rahmen ihrer technischen Hilfe eine Reihe statistischer Veröffentlichungen an, wie z. B. Übersichten über die Leistungsbilanzen der Nehmerstaaten, Umweltanalysen u. a. m.

Seit langem ist die traditionelle, rein industriell ausgerichtete Entwicklungsförderung bei den meisten asiatischen Mitgliedstaaten entwicklungsbedingt in den Hintergrund gerückt:

So hat die **ADB folgende neue Ziele definiert:**

- Aktive Arbeitsmarktpolitik im Sinne einer Beschäftigungsexpansion durch **Qualifikationsförderung,**
- **Dezentralisierung sozialer Sicherung**, um die Ausgabenlast des Staates zu reduzieren,
- **Förderung des privaten Sektors**, um Arbeitsplätze zu schaffen, die Staatsquote zu senken und Armut zurückzudrängen,
- **Kampf gegen städtische Armut,**
- Herausbildung **neuer sogenannter proaktiver Sozialer Netze,** die aufbauend auf staatlicher und nichtstaatlicher sozialer Verantwortlichkeit eine aktiv Armut und Verelendung bzw. Slumbildung verhindern sollen: Hierzu wurde bereits 1999 eine Agenda zur 'Neuen Sozialpolitik und Armutsbekämpfung' verabschiedet,
- Die Förderung eines 'nachhaltigen Wirtschaftswachstums' als Notwendigkeit, die wirtschaftlichen Ressourcen zukunftsbewusst zu nutzen; im Vordergrund der Förderpolitik der ADB stehen hier insbesondere der Kampf gegen Luft-, Wasser- und Bodenverschmutzung, sowie das Engagement für das Kyoto-Protokoll zur Verminderung der CO_2 Emission.

Diese Ziele werden vor allem durch die sog. Rahmenbedingungen für eine Langzeitstrategie unterstützt, welche die ADB 2001 festlegte. Die oben genannten Ziele sollen zu einer 'Region ohne Armut bis 2015' verhelfen.

Da es nahezu unmöglich ist, Wege zu solch einem Ziel über einen Zeitraum von 14 Jahren zu planen, wurden Zwischenstrategien als Meilensteine festgelegt. Aktuell relevant ist die mittelfristige Strategie II für die Jahre 2006 – 2008.

Hier wird der Fokus vor allem gelegt auf die Kernbereiche

- Transport,
- Energie,
- städtische und ländliche Infrastruktur,
- sowie Bildung und Finanzen.

Der besondere Stellenwert, der der **umweltpolitischen Verantwortung** der ADB zukommt, wird insbesondere auch daran deutlich, dass für Förderprojekte der ADB von deren 'Committee on Environmental and Social Impact' (CESI) eine Umweltverträglichkeitsprüfung ('Environmental Impact Assessment' – EIA) von den Projektträgern gefordert wird, um die **ökologischen und sozialen Folgen bzw. Konsequenzen der jeweiligen Förderprogramme abschätzen** zu können.

Hierauf aufbauend erstellt die ADB jeweils einen 'Environmental and Social Impact Report' (ESIR): Diese Studien werden vom 'Public Information Center' (PIC) der ADB auch der **Öffentlichkeit per Internet** und über Publikationen der gegenwärtig (2007) 26 bestehenden Länderbüros zur Verfügung gestellt; insofern pflegt die ADB eine offene und nachvollziehbare Vergabepolitik.

Ein **zentraler Schwerpunkt** der Arbeit der ADB sind die **Programme zur Armutsbekämpfung**, die vor allem aus den o. g. Fonds zur Armutsbekämpfung finanziert werden. Auch unterstützt die ADB im Rahmen ihrer technischen Hilfe den Aufbau diverser statistischer Übersichten, um eine bessere Erfassung und vor allem auch eine Harmonisierung statistischer Daten zu allgemeinen demographischen Entwicklungen zu erreichen, wie insbesondere Angaben über

- Bevölkerungswachstum,
- Altersverteilung,
- Verstädterung,
- Erwerbsquoten nach Geschlechtern und Branchen,
- Gesundheits- und Ernährungsindikatoren,
- Einkommens- und Vermögensverteilungen.

5.3.2 Überblick über die Entwicklungsfinanzierung der Asiatischen Entwicklungsbank und ihrer Spezialfonds

Die ADB teilt ihre Empfängerländer in aktuell 4 Gruppen von Leistungsempfängern ein, wobei die Zuordnung der einzelnen Länder abhängig von deren erreichtem Entwicklungsstand ist.

In **Gruppe A** sind die **ärmsten Länder** zusammengefasst, die **ausschließlich die hochsubventionierten Förderungen des ADF erhalten**; mit Stand Ende 2006 sind dies Afghanistan, Bhutan, Laos, Kambodscha, Kirgisien, Kiribati, die Malediven, Mongolei, Myanmar, Nepal, Samoa, Solomon Inseln, Tadschikistan, Ost-Timor, Tuvalu und Vanuatu.

Gruppe B1 wird überwiegend mit ADF-Mitteln und zu einem geringen Teil mit den regulären sog. OCR-Geldern der ADB gefördert: Ende 2006 fallen hierunter die Staaten Armenien, Aserbaidschan, Bangladesch, Cook-Inseln, Marshall-Inseln, Mikronesien, Pakistan, Sri Lanka, Tonga und Vietnam.

Gruppe B2 erhält überwiegend nur OCR-Mittel sowie bei bestimmten Projekten auch Fonds-Gelder: Ende 2006 zählen hierzu China, Indien, Indonesien, Nauru, Palau, Papua-Neuguinea und Usbekistan.

Alle anderen Mitgliedstaaten fallen unter die **Gruppe C**, die nahezu ausschließlich OCR-Gelder und Mittel aus spezifischen Fonds erhalten, und nur in seltenen, klar definierten Ausnahmeprojekten auch hochsubventionierte ADF-Mittel bekommen; aktuell sind dies die Fidschi Inseln, Kasachstan, Malaysia, Philippinen, Thailand und Turkmenistan.

Der neueste Mitgliedstaat Georgien (Beitritt 2007) wird voraussichtlich in Gruppe B2 einzustufen sein.

5.3.2.1 Zur Entwicklungsfinanzierung der Asian Development Bank

Die Asiatische Entwicklungsbank selber vergibt Kredite aus ihren Ordinary Capital Resources, den OCR-Mitteln zur wirtschaftlichen Förderung ihrer Mitgliedstaaten.

Zum 31.12.**2005** betrug die **kumulierte ausstehende Kreditvergabe rund 24,45 Mrd. US-$,** bei maximalen durch autorisiertes Kapital zugesagten **Eigenmitteln von 50,2 Mrd. US-$** (vgl. [www ADB 10/2006e]). Die bis zum 31. Dezember 2005 insgesamt ausgezahlten Kredite der ADB ohne Fonds belaufen sich auf 65 Mrd. US-$ (vgl. [www ADB 10/2006c]).

Teil B 5 Regionale Entwicklungsbanken

Abbildung 5.7 zeigt die Kreditvergaben der ADB nach Ländern für die Jahre 2004 und 2005.

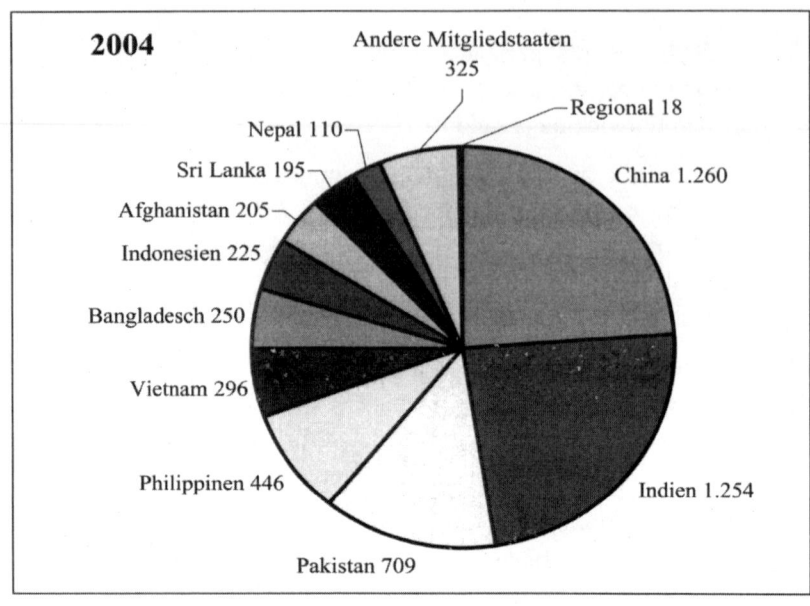

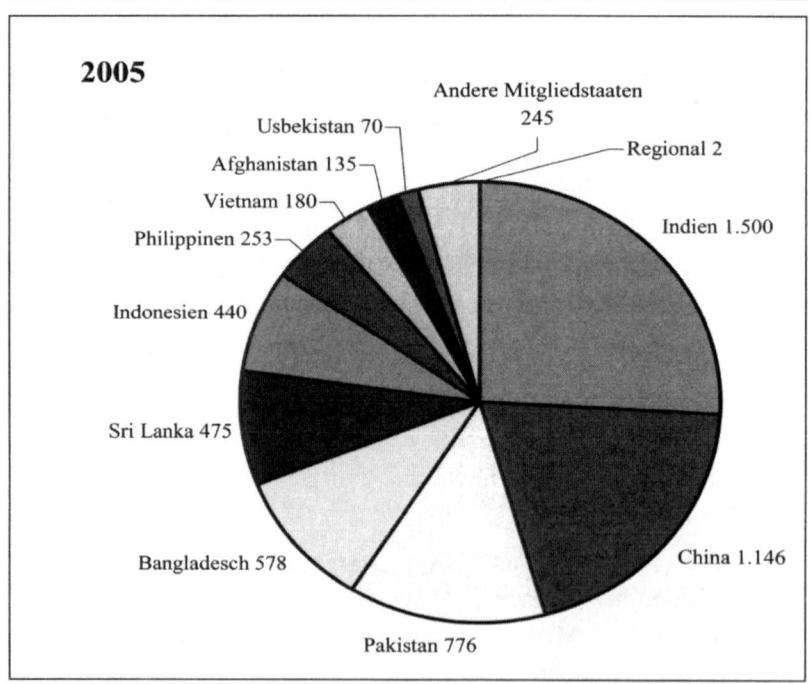

2004

- Andere Mitgliedstaaten 325
- Regional 18
- Nepal 110
- Sri Lanka 195
- Afghanistan 205
- Indonesien 225
- Bangladesch 250
- Vietnam 296
- Philippinen 446
- Pakistan 709
- Indien 1.254
- China 1.260

2005

- Andere Mitgliedstaaten 245
- Usbekistan 70
- Regional 2
- Afghanistan 135
- Vietnam 180
- Philippinen 253
- Indonesien 440
- Sri Lanka 475
- Bangladesch 578
- Pakistan 776
- China 1.146
- Indien 1.500

Abbildung 5.7: Verteilung der Kreditvergaben der ADB nach Ländern 2004/2005 in Mio. US-$ (Daten aus [www ADB 10/2006a])

5.3 Asiatische Entwicklungsbank (ADB)

Abbildung 5.8 gibt einen Überblick über die Verteilung vergebener Kredite der ADB nach Sektoren in den Jahren 2004 und 2005.

Genehmigte Finanzierungen der ADB nach Sektoren 2004 in %

- Gesundheit, Ernährung, soziale Sicherung 5%
- Themenübergreifende Projekte 12%
- Transport und Kommunikation 38%
- Finanzsektor 6%
- Recht, Wirtschaft, öffentliche Ordnung 11%
- Wasserver- und -entsorgung, Abfallmanagement 0,6%
- Energie 14%
- Industrie und Handel 3%
- Landwirtschaft und natürliche Ressourcen 4%
- Bildung 5%

Genehmigte Finanzierungen der ADB nach Sektoren 2005 in %

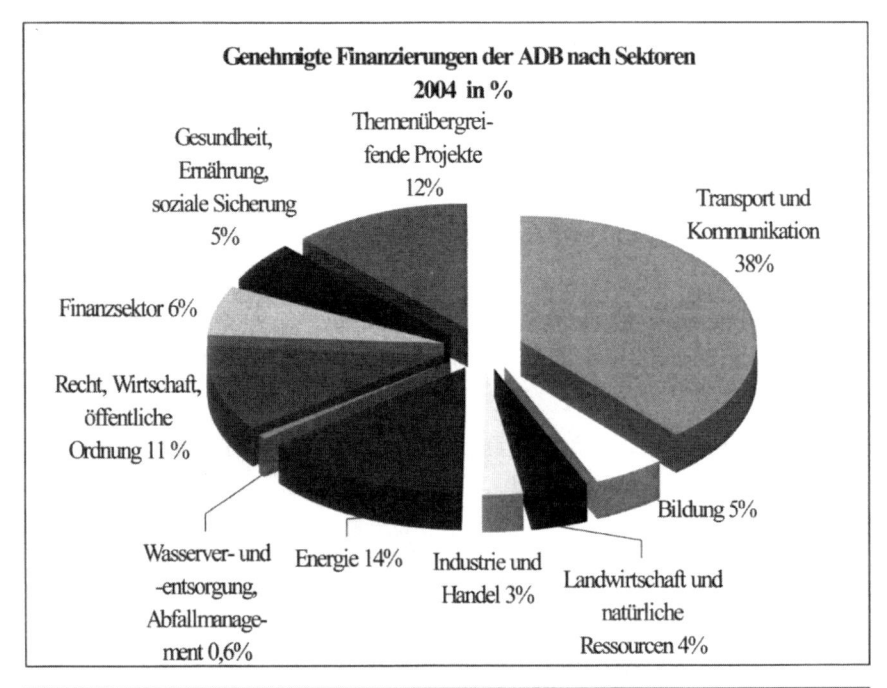

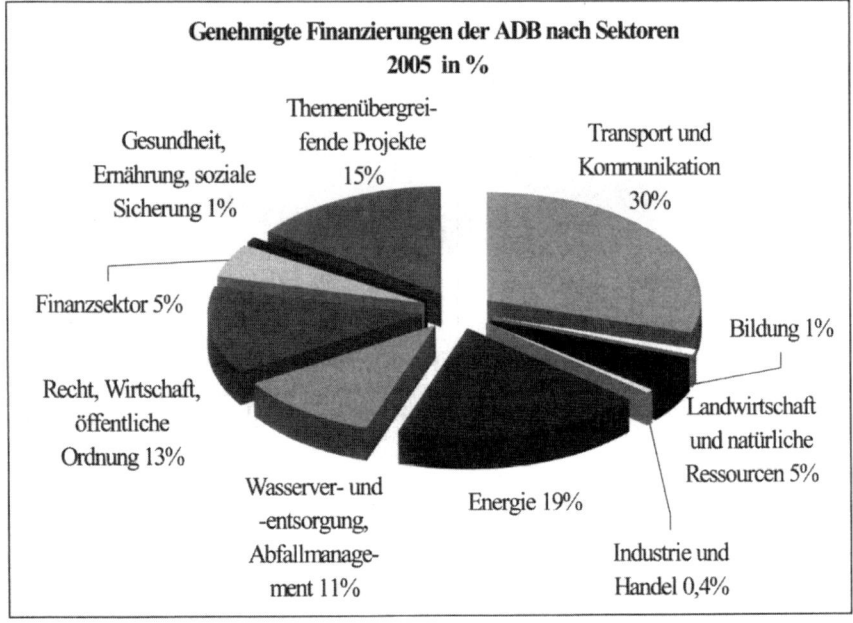

- Gesundheit, Ernährung, soziale Sicherung 1%
- Themenübergreifende Projekte 15%
- Transport und Kommunikation 30%
- Finanzsektor 5%
- Recht, Wirtschaft, öffentliche Ordnung 13%
- Wasserver- und -entsorgung, Abfallmanagement 11%
- Energie 19%
- Industrie und Handel 0,4%
- Landwirtschaft und natürliche Ressourcen 5%
- Bildung 1%

Abbildung 5.8: Verteilung der Kreditvergaben der ADB nach Sektoren 2004 und 2005 (Daten aus [www ADB 10/2006a], S. 26)

Teil B   5 Regionale Entwicklungsbanken

Wie deutlich aus Abbildung 5.8 ersichtlich wird, ist von 2004 auf 2005 im Sektor Wasserver- und -entsorgung ein erheblicher Anstieg der eingesetzten Mittel zu verzeichnen. Die Ursache dafür ist die von der ADB forcierte Kampagne 'Wasser für alle'. Die sonstigen, durch die Finanzhilfen bewirkten Projekte sind vor allem der Aufbau sozialer Infrastruktur und die Förderung von verkehrstechnischer- und IT-Infrastruktur. Von Bedeutung sind auch Projekte zur Effizienzsteigerung in der Landwirtschaft sowie zur Verbesserung industrieller Produktivität bzw. zur Schaffung von Beschäftigungsmöglichkeiten.

Eine weitere wichtige Aktivität der ADB liegt in den Kofinanzierungen mit privaten Investoren. Durch diese Kofinanzierungen wurden von 1970 – 2005 692 Projekte in einem Gesamtvolumen von 49,5 Mrd. US-$ finanziert:

Verteilung der Kofinanzierungen auf Empfängerländer 2001 - 2005

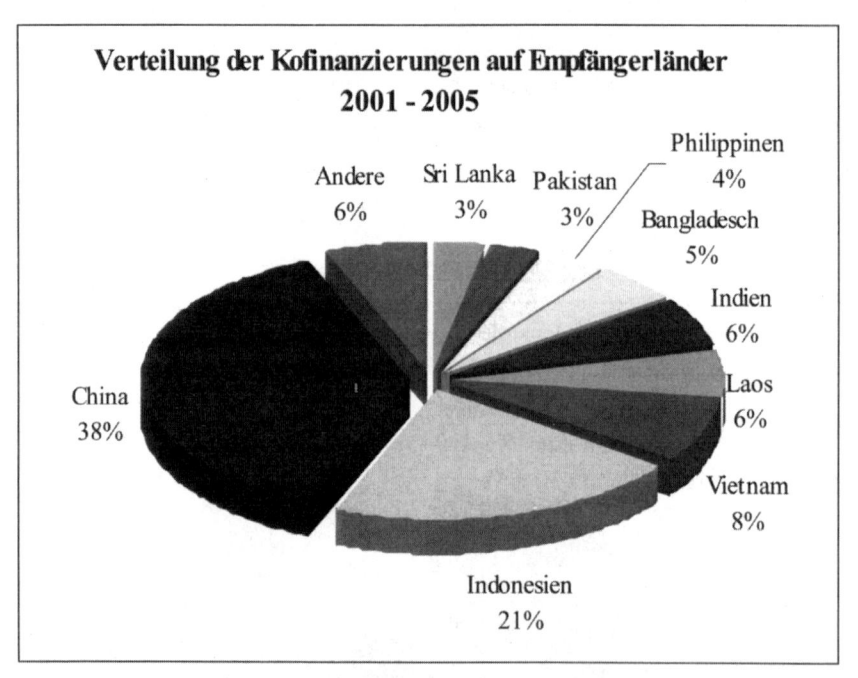

- Andere 6%
- Sri Lanka 3%
- Pakistan 3%
- Philippinen 4%
- Bangladesch 5%
- Indien 6%
- Laos 6%
- Vietnam 8%
- Indonesien 21%
- China 38%

Abbildung 5.9:   *Verteilung der gesamten Kofinanzierungen auf Empfängerländer für die Jahre 2001-2005 in % des Gesamtvolumens von 49,5 Mrd. US-$ (Daten aus [www ADB 10/2006d])*

Seit ihrer Gründung hat die ADB insgesamt über 1.500 Projekte in 34 Mitgliedstaaten mit Krediten von über 65 Mrd. US-$ unterstützt.

Die bisher in kumulierter Betrachtung größten Kreditnehmer der ADB sind (Stand Ende 2005, vgl. ASIAN DEVELOPMENT BANK, 2006, S. 130):

- Indonesien (20,7 Mrd. US-$),

- China (rund 16,4 Mrd. US-$),
- Pakistan (15,4 Mrd. US-$) und
- Indien (knapp 14,9 Mrd. US-$).

Als Ergebnis des nach den **Terrorakten vom 11. November 2001** und des **Krieges gegen die Taliban in Afghanistan** sich deutlich verstärkenden Engagements der USA zur Stabilisierung der Region und insbesondere Afghanistans und Pakistans, ist auch für die weitere Zukunft mit einem **dramatischen Bedeutungsgewinn der Asiatischen Entwicklungsbank** und ihrer – primär von den USA und Japan bereitgestellten – Mittel zu rechnen: Letztlich ist eine **dauerhafte Terrorismusbekämpfung** in der Region Südwestasiens **nur mittels enorm hoher Finanztransfers zur Armutsbekämpfung** und zur Schaffung funktionsfähiger sozialer Netze und dauerhafter Beschäftigungsmöglichkeiten – unvermeidbar zunehmend auch im Industriesektor – möglich und sinnvoll.

Entsprechend wird die ADB ihre bereits führende Rolle innerhalb der Regionalen Entwicklungsbanken wie in den letzten Jahren noch weiter ausbauen.

5.3.2.2 Der Asiatische Entwicklungsfonds (ADF)

Der **Asiatische Entwicklungsfonds** (ADF) dient als treuhänderischer Entwicklungsfonds speziell zur Förderung von Mitgliedsländern der ADB, die über ein vergleichsweise geringes Pro-Kopf-Einkommen verfügen und/ oder hoch verschuldet sind.

Deswegen bietet der **ADF extrem günstige Finanzierungen** an, die i. d. R. über **24 Jahre** mit **8 tilgungsfreien sog. Freijahren** laufen. Die Verzinsung der Entwicklungskredite beträgt 1 % während der Freijahre und 1,5 % während der Tilgungsphase; damit ist die **Kreditverzinsung auf Kredite des ADF eher symbolisch**. Insofern ist die ADB – anders als z. B. die EBWE – eine echte Entwicklungsbank mit Entwicklungshilfecharakter.

Ende 2005 betrug das **bisherige gesamte Finanzierungspotential dieses Entwicklungsfonds rund 24,4 Mrd. US-$**. Bislang wurden neun Finanzierungsprogramme aufgelegt, das IX. ADF Programm läuft von 2005 bis 2008.

Abbildung 5.10 zeigt die Verteilung der ADF-VIII Mittel 2001 – 2004 nach Förderschwerpunkten in % der Gesamtkreditvergaben von 5,6 Mrd. US-$, Abbildung 5.11 bildet die Länderverteilung ab.

Teil B 5 Regionale Entwicklungsbanken

ADF-VIII Kreditvergabe nach Thematik
2001 - 2004

- Entwicklung der Privatwirtschaft 1%
- Good Governance 5%
- Umweltschutz 3%
- Wirtschaftswachstum 27%
- Bildung 13%
- Regionale Zusammenarbeit 1%
- Themenübergreifende Projekte 46%
- Gleichberechtigung und soziale Entwicklung 4%

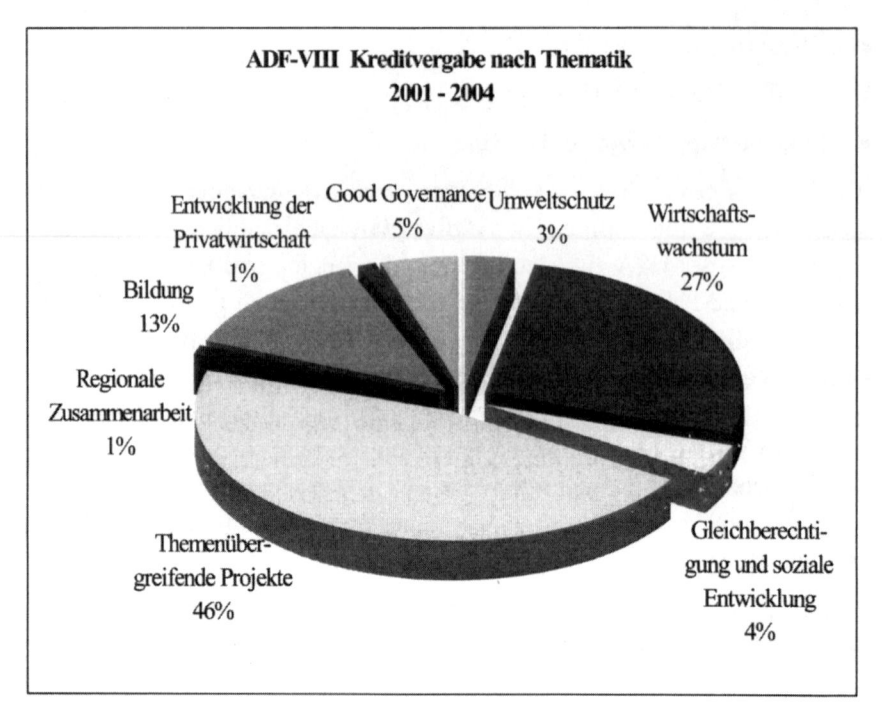

Abbildung 5.10: Kreditvergabe über ADF-VIII nach Zielen, 2001 – 2004 in % (vgl. [www ADF 10/2006], S. 11)

ADF-VIII Kreditvergaben an Mitgliedsländer 2001 – 2004

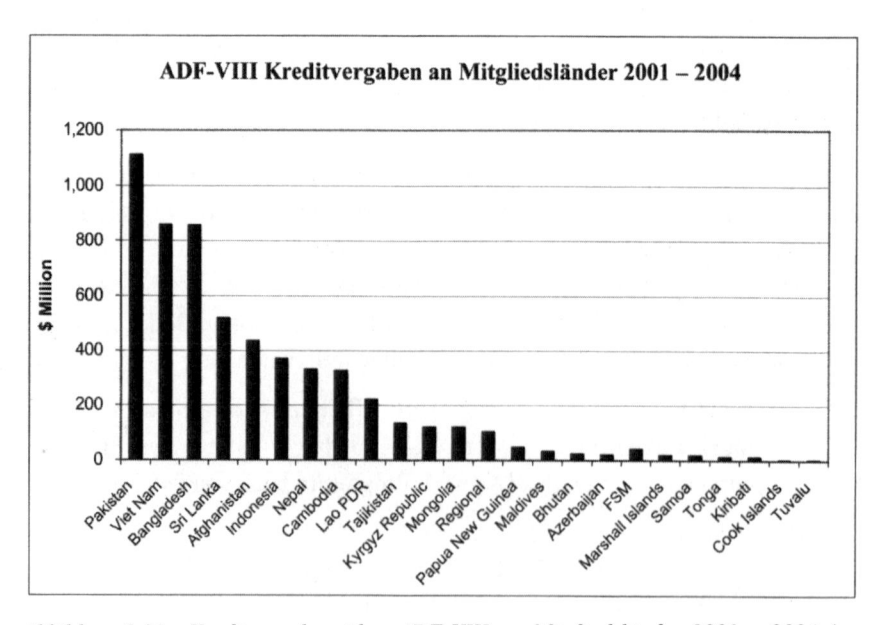

(Balkendiagramm in $ Million, Länder: Pakistan, Viet Nam, Bangladesh, Sri Lanka, Afghanistan, Indonesia, Nepal, Cambodia, Lao PDR, Tajikistan, Kyrgyz Republic, Mongolia, Regional, Papua New Guinea, Maldives, Bhutan, Azerbaijan, FSM, Marshall Islands, Samoa, Tonga, Kiribati, Cook Islands, Tuvalu)

Abbildung 5.11: Kreditvergaben über ADF-VIII an Mitgliedsländer 2001 – 2004 (aus [www ADF 10/2006], S. 38)

5.3 Asiatische Entwicklungsbank (ADB)

Im Rahmen der **IX. Ergänzungsfinanzausstattung des Asiatischen Entwicklungsfonds** konnten bis Ende 2005 für die Jahre 2005 – 2008 durch die seinerzeit **30 Geberländer** des ADF (primär durch die USA, Japan, Kanada, Frankreich und Deutschland) weitere neue Mittel in Höhe von 7 Mrd. US-$ bereitgestellt werden. **27 Länder** werden Ende 2006 durch den ADF gefördert.

Abbildung 5.12 gibt eine Übersicht über die Verteilung dieser ADF-IX Mittel auf die einzelnen Nehmerländer.

ADF-IX Kreditvergabe nach Mitgliedsländern 2005 - 2008

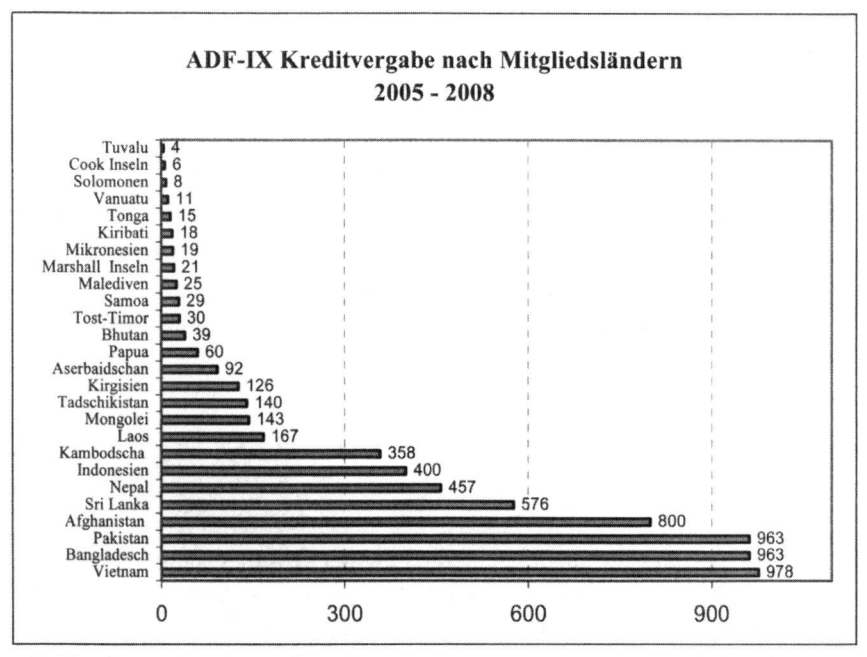

Land	Mio. US-$
Tuvalu	4
Cook Inseln	6
Solomonen	8
Vanuatu	11
Tonga	15
Kiribati	18
Mikronesien	19
Marshall Inseln	21
Malediven	25
Samoa	29
Tost-Timor	30
Bhutan	39
Papua	60
Aserbaidschan	92
Kirgisien	126
Tadschikistan	140
Mongolei	143
Laos	167
Kambodscha	358
Indonesien	400
Nepal	457
Sri Lanka	576
Afghanistan	800
Pakistan	963
Bangladesch	963
Vietnam	978

Abbildung 5.12: Kreditvergaben über ADF-IX an Mitgliedsländer 2005 – 2008 in Mio. US-$ (Daten aus ASIAN DEVELOPMENT BANK, 2004, S. 33; oder [www ADF 05/2007], S. 33)

Der Begriff **'Themenübergreifende Projekte'** in den obigen Abbildungen umfasst mehr als einen Sektor der Finanzierung (z. B. Good Governance und Wirtschaftswachstum). Durch Förderung bestimmter, zusammenhängender Sektoren wird versucht, gegen viele Ursachen der Armut gleichzeitig vorzugehen.

Projekte des Sektors **'Wirtschaftswachstum'** fördern die typischen Investitionen zur **Förderung von Produktionskapazitäten** oder auch Rationalisierung bzw. **Effizienzsteigerung** allgemein.

'Soziale Projekte' stellen ab auf Armutsbekämpfung, Bildung, Geburtenkontrolle und Förderung von Frauen generell.

Im Bereich '**Umweltschutz**' sind Projekte zur Förderung des **Sustainable Developments** angesiedelt, also Projekte zur Förderung nachhaltiger Nutzung natürlicher Ressourcen und der Umwelt.

Abbildung 5.10 zeigt deutlich auf, dass der ADF in der Tat die Strategie der ADB umsetzt, in der eine **Abkehr von einer rein wachstumsorientierten Politik der Kapazitäts- und Effizienzsteigerung** hin zu kombinierten Projekten wirtschaftlicher und **sozialer Entwicklung unter Berücksichtigung auch umweltpolitischer Verträglichkeit** stattfindet. So werden für traditionelle Projekte rein output-orientierter Entwicklungsfinanzierung mittlerweile mit 27 % weniger als ein Drittel der Gesamtfördermittel des ADF verwendet.

Auch wird durch die Förderung von Themen übergreifenden Bereichen, die noch in ADF-VII und ADF-VIII einen sehr geringen Teil einnahm, mehr und mehr versucht, die Armut dort zu bekämpfen, wo sie entsteht.

Das ist eine **Umsetzung** der '**Poverty Reduction Strategie**', von der etwa die Weltbank noch weit entfernt ist (vgl. Abschnitt 0.1). Insofern kann die Förderpolitik des ADF als eine den modernen Anforderungen an eine **zukunftsfähige Entwicklungshilfe** entsprechende Entwicklungsfinanzierung gelten.

5.3.2.3 *Der Fonds zur Technischen Unterstützung der Mitgliedsländer (TASF)*

Der Fonds zur Technischen Unterstützung der Mitgliedsländer durch die ADB verfügte mit Stichtag 31. Dezember 2005 über Vergabemittel in Höhe von knapp 1,257 Mrd. US-$. wovon rund 1,042 Mrd. US-$ vergeben wurden. Zum 30. Juni 2006 wurden insgesamt 88 neue Projekte in Höhe von US-$ 92,4 Mio. gefördert. Davon stammten rund US-$ 35,6 Mio. aus dem TASF (vgl. ADB, 2006, S. 23]).

Gespeist wird der 'Technical Assistance Special Fund' aus Mitteln von ADF-IX sowie freiwilligen Beiträgen der ADB-Mitglieder. Dabei werden diese freiwilligen Zahlungen ausschließlich von Japan, den USA, Kanada, Frankreich, Australien und Deutschland geleistet.

Im Jahr 2005 wurden 198,7 Mio. US-$ für insgesamt 299 Projekte zur technischen Hilfe bereitgestellt. Der TASF stellt dabei mit 78 Mio. US-$ rund 39,2 % der Gesamtfinanzierung der Technischen Unterstützung.

Abbildung 5.13 gibt die prozentuale Verteilung der Technischen Unterstützung auf die Sektoren an und Abbildung 5.14 gibt einen Überblick über die Verteilung der Technischen Hilfe auf einzelne Nehmerländer in 2005.

5.3 Asiatische Entwicklungsbank (ADB)

TASF - Verteilung der technischen Hilfe auf Wirtschaftssektoren 2005

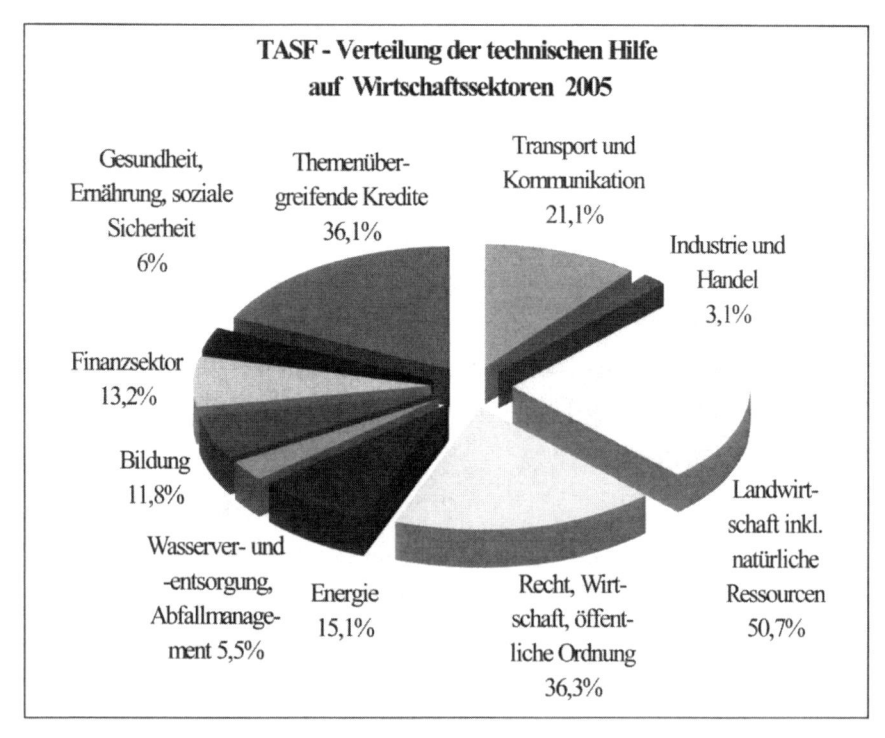

- Gesundheit, Ernährung, soziale Sicherheit 6%
- Themenübergreifende Kredite 36,1%
- Transport und Kommunikation 21,1%
- Industrie und Handel 3,1%
- Finanzsektor 13,2%
- Bildung 11,8%
- Wasserver- und -entsorgung, Abfallmanagement 5,5%
- Energie 15,1%
- Recht, Wirtschaft, öffentliche Ordnung 36,3%
- Landwirtschaft inkl. natürliche Ressourcen 50,7%

Abbildung 5.13: Sektorale Mittelvergabe Technischer Unterstützung, 2005, in Mio. US-$ (Daten aus [www ADB 10/2006g])

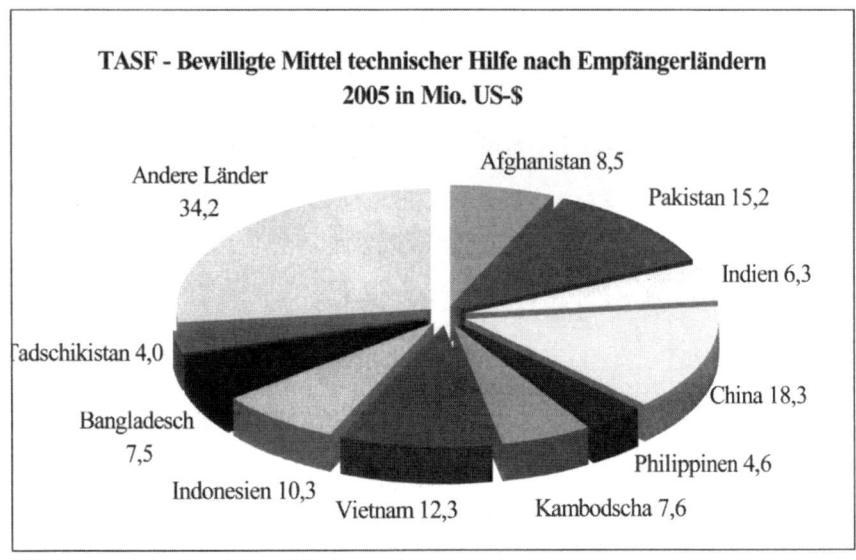

TASF - Bewilligte Mittel technischer Hilfe nach Empfängerländern 2005 in Mio. US-$

- Andere Länder 34,2
- Afghanistan 8,5
- Pakistan 15,2
- Indien 6,3
- China 18,3
- Philippinen 4,6
- Kambodscha 7,6
- Vietnam 12,3
- Indonesien 10,3
- Bangladesch 7,5
- Tadschikistan 4,0

Abbildung 5.14: Bewilligte Mittelvergaben Technischer Unterstützung nach Zuweisungen an Länder, 2005, in Mio. US-$ (Daten aus [www ADB 10/2006g])

5.3.2.4 Japan Spezial Fonds (JSF)

Dieser Spezialfonds zur Finanzierung 'Technischer Hilfe' wurde 1988 von Japan als Sonderfonds der ADB zur Strukturanpassung von Entwicklungsländern der Region initiiert und auch finanziert. Für Beteiligungen, der (Co-) Finanzierung von **technischen Hilfsprojekten** insbes. im **privatwirtschaftlichen Bereich** hatte Japan 1988 über einen gesonderten Vertrag rund 609 Mio. US-$ bereitgestellt.

Der Fonds verfügte Ende 2005 über ein Kapital von 904,2 Mio. US-$, wovon rund 126,4 Mio. US-$ noch nicht in Projekten gebunden waren (vgl. ADB, 2006, S. 23).

JSP - Genehmigte Finanzierungen nach Sektoren 2005 in Mio. US-$

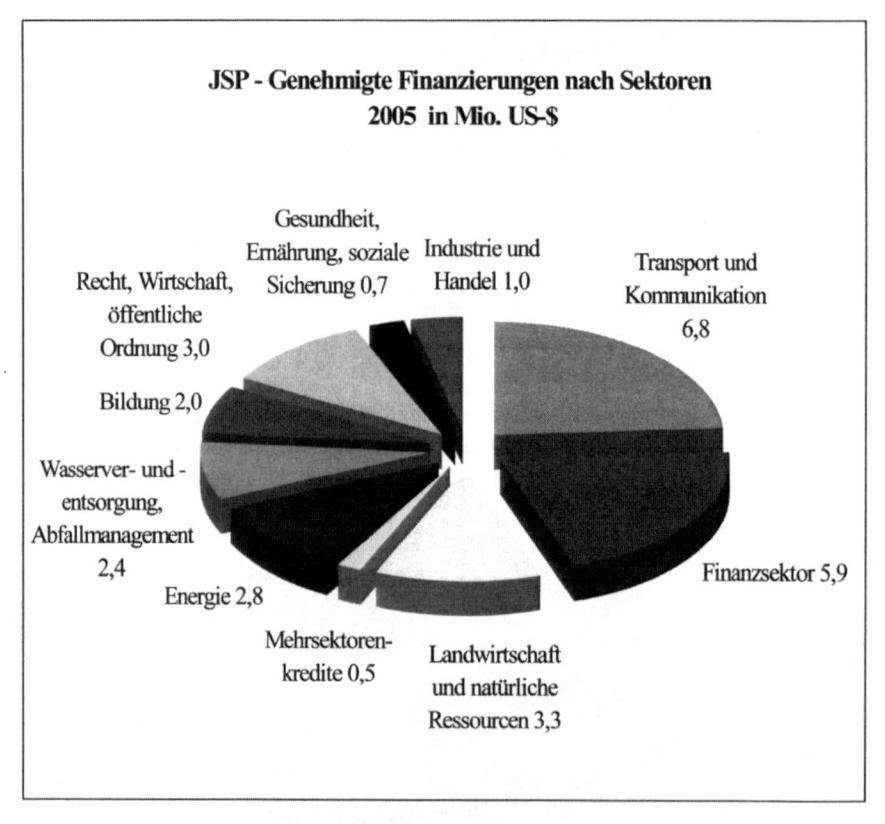

- Recht, Wirtschaft, öffentliche Ordnung 3,0
- Gesundheit, Ernährung, soziale Sicherung 0,7
- Industrie und Handel 1,0
- Transport und Kommunikation 6,8
- Bildung 2,0
- Wasserver- und -entsorgung, Abfallmanagement 2,4
- Energie 2,8
- Mehrsektorenkredite 0,5
- Landwirtschaft und natürliche Ressourcen 3,3
- Finanzsektor 5,9

Abbildung 5.15: Genehmigte Finanzierungen nach Sektoren aus dem Japan Spezial Fonds 2005 in Mio. US-$

5.3 Asiatische Entwicklungsbank (ADB)

5.3.2.5 Japan-Fonds zur Armutsveringerung (JFPR)

Das primäre Ziel dieses im Jahr 2000 ebenfalls von Japan ins Leben gerufenen Spezialfonds ist die Finanzierung von Maßnahmen einer aktiven Armutsbekämpfung in der Region. So werden zum Beispiel Projekte zur Hilfe von finanziellen Krisen oder Projekte für die öffentliche Beschäftigung ärmerer Bevölkerungsgruppen finanziert.

Mit diesen Mitteln wurden im Jahr 2005 19 Projekte mit einem Umfang von 28,41 Mio. US-\$ und bis Ende September 2006 bereits 13 weitere Projekte mit einem Umfang von 45,37 Mio. US-\$ unterstützt. Ende 2005 war der Fonds ausgestattet mit über 360 Mio. US-\$, von denen jedoch 149 Mio. US-\$ noch nicht vergeben waren.

5.3.2.6 Asiatischer Tsunami Fonds (ATF)

Dieser im Februar 2005 eröffnete Fonds hat einzig und allein das Ziel, schnellstmöglich den Betroffenen des Tsunamis vom 26. Dezember 2004 Unterstützung zukommen zu lassen. Dadurch sollte die Finanzierung des mittelfristigen Wiederaufbaus der betroffenen Gebiete unterstützt werden. Empfänger dieser Fondsmittel waren Indonesien, Indien, Malediven, Sri Lanka und Thailand.

Die anfängliche Einzahlung von 312 Mio. US-\$ von der ADB wurde kurz darauf um 288 Mio. US-\$ auf 600 Mio. US-\$ erhöht. Weitere Mittel steuerten Australien (mit 3,7 Mio. US-\$) und Luxemburg (mit 1 Mio. US-\$) bei.

Ursprünglich hatte der Fonds eine Frist für Anträge von 18 Monaten, die aber auf 12 Monate verkürzt wurde. Der Fonds wurde im Dezember 2005 für Auszahlungen geschlossen.

5.3.2.7 Pakistan Erdbeben Fonds (PEF)

Der Pakistan Earthquake Fund wurde aufgrund der verheerenden Schäden, die durch das Erdbeben vom 8. Oktober 2005 im nördlichen Pakistan sowie dem angrenzenden Afghanistan und Indien entstanden sind, ins Leben gerufen. Aufgrund dieser besonderen Bedürfnisse beschloss die ADB zusammen mit einer Reihe ihrer Mitglieder, einen Wiederaufbaufonds zu schaffen. Dieser soll Investitionsprojekte und die technische Unterstützung für einen schnelleren Wiederaufbau gewährleisten.

Teil B 5 Regionale Entwicklungsbanken

Dieser Fonds unterstützt auch das Earthquake Emergency Assistance Project (EEAP) zusammen mit dem ADF.

Die anfängliche Ausstattung lag bei 80 Mio. US-$ und wurde bis Ende September 2006 um weitere 83 Mio. US-$ aufgestockt.

5.3.3 Mikrokredite der ADB

Das Konzept der Mikrokreditvergabe, bekannt u. a. von der Grameen Bank (vgl. Abschnitt 4.4.2), überzeugt seit geraumer Zeit auf dem Gebiet der Entwicklungshilfe und dem damit verbundene Kampf gegen Armut.

So hat auch die **ADB** Mitte 2000 eine **Strategie zur Mikrofinanzierung** verabschiedet, die es den ca. 180 Mio. Haushalten in der Region ermöglichen soll, **besseren Zugang zu Finanzdienstleistungen** zu erhalten.

Abbildung 5.16 gibt einen Überblick über die Mittelvergabe der ADB für Mikrokredite nach Ländern.

Verteilung von ADB - Mikrokreditvergaben nach Ländern in %, Juni 2006

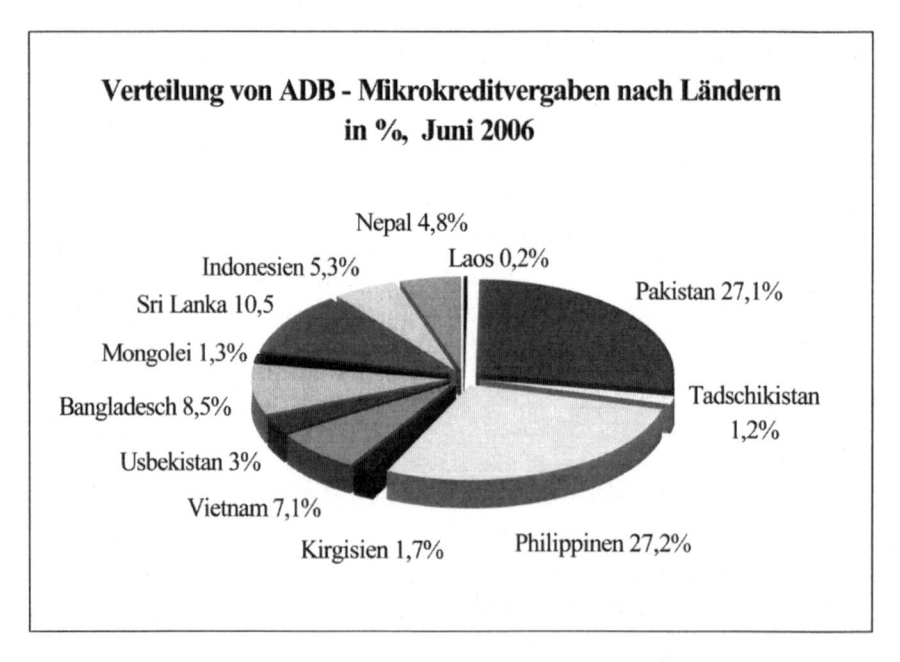

- Nepal 4,8%
- Laos 0,2%
- Indonesien 5,3%
- Sri Lanka 10,5
- Mongolei 1,3%
- Bangladesch 8,5%
- Usbekistan 3%
- Vietnam 7,1%
- Kirgisien 1,7%
- Philippinen 27,2%
- Tadschikistan 1,2%
- Pakistan 27,1%

Abbildung 5.16: Verteilung der Mittel für Mikrokredite auf ADB-Mitgliedsländer

Ende Juni 2006 betrugen die Gesamtausgaben der ADB für die Mikrofinanzierung 670,21 Mio. US-$.

Dabei sind unter diesen Finanzdienstleistungen nicht nur sog. Mikrokredite subsumiert (die i. d. R. Kreditvergaben bis zu maximal bis 200 US-$ umfassen), sondern auch Versicherungsdienstleistungen, Geldtransfers und Leasing-Dienstleistungen.

Die Kreditvergabe erfolgt über sog. Microfinance Institutions (MFI's) wie z. B. die neben der GRAMEEN Bank in Abschnitt 4.4.3 noch genannten ACCION International, FINCA, FONDEP oder auch die Aga Khan Microfinance Agency. Diese gehen direkt zu den potenziellen Kreditnehmern, bieten existenzbegründende Kredite an und holen auch die fälligen Raten- und Zinszahlungen in einem regelmäßigen Turnus ab.

Die Rolle der ADB liegt hier vor allem darin, Rahmenbedingungen für die Mikrofinanzierung, eine Infrastruktur für Finanzdienstleistungen und existenzfähige MFIs zu schaffen.

5.4 Inter-Amerikanische Entwicklungsbank (IADB)

Die Inter-Amerikanische Entwicklungsbank (IADB, auch als IDB bezeichnet) mit Sitz in Washington, DC, ist die älteste und größte multilaterale Regionale Entwicklungsbank. Sie ist zuständig für die regionale Entwicklungsfinanzierung Lateinamerikas.

Zusätzlich noch für den karibischen Raum aktiv ist die **Karibische Entwicklungsbank (CDB)**, die im nachfolgenden allerdings nicht explizit behandelt wird (Vergabevolumen 2005 von knapp 1,4 Milliarden US-$, vgl. [www CDB 05/2007], S. 63). Für den Andenraum relevant ist noch die **Anden-Entwicklungsbank (CAF)**, die jedoch ebenfalls hier nur erwähnt sei.

5.4.1 Institutioneller Rahmen und Aufgaben der IADB

Die Inter-Amerikanische Entwicklungsbank wurde im Dezember 1959 von 19 lateinamerikanischen Staaten und den USA mit dem Ziel gegründet, die wirtschaftliche Entwicklung in Lateinamerika und der Karibik mittels günstiger Finanzierungshilfen zu unterstützen.

Die Karibische Entwicklungsbank (CDB) widmet sich parallel hierzu mit gleicher Zielsetzung der wirtschaftlichen Entwicklung des karibischen Raumes.

Deutschland ist Mitglied beider Entwicklungsbanken: Seit 1976 der IADB und seit 1985 der CDB.

Anfang 2007 gehören der IADB 47 Staaten an:
- 26 lateinamerikanische Länder (alle außer Kuba),
- USA, Kanada
- 16 europäische Staaten (Belgien, Dänemark, Deutschland, Großbritannien, Finnland, Frankreich, Italien, Kroatien, die Niederlande, Norwegen, Österreich, Portugal, Schweden, die Schweiz, Slowenien und Spanien),
- Japan, Korea
- sowie Israel.

Das Eigenkapital der IADB liegt bei knapp über 100 Mrd. US-$ und setzt sich zusammen aus:
- 4,3 % direkt eingezahltem Kapital der Mitgliedstaaten,
- 95,7 % jederzeit abrufbarem Kapital, welches durch die Regierungen der Mitgliedstaaten garantiert wird.

5.4 Inter-Amerikanische Entwicklungsbank (IADB)

Um den regionalen Charakter der IADB dauerhaft zu erhalten, wurde festgelegt, dass die Stimmrechte der einzelnen Mitglieder unabhängig vom gezeichneten Kapital grundsätzlich festgeschrieben sind:

- **Regionale (Empfänger-) Staaten Lateinamerikas: mindestens 50 %**, bei deren Stimmrechten entfallen auf die größten Anteilseigner
  - Brasilien und Argentinien jeweils 10,75 %,
  - Mexiko 6,91 % und auf
  - Venezuela 5,76 %;
- **USA: mind. 30 %;**
- **Kanada: 4 %.**

Die restlichen Stimmrechte von rund 16 % entfallen auf die anderen Industriestaaten, die als Geldgeber Mitglied der IADB sind; dabei halten Japan rund 5 % und Deutschland rund 1,9 % der Stimmrechte (vgl. INTER-AMERICAN DEVELOPMENT BANK, 2007).

Stimmrechte innerhalb der IADB

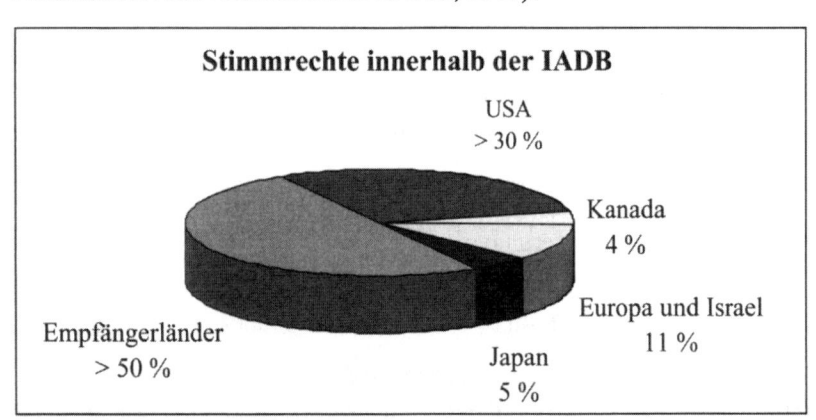

- USA > 30 %
- Kanada 4 %
- Europa und Israel 11 %
- Japan 5 %
- Empfängerländer > 50 %

Abbildung 5.17: Stimmrechtsverteilung der Mitgliedstaaten in der IADB

Die IADB verfügt neben ihrem Zentralhaushalt mit den offiziellen OCR-Geldern noch über einen **Fonds für besondere Aufgaben**, den 'Fund for Special Operations' **(FSO)**, der primär die **armen Mitgliedstaaten** – vorrangig in sozialen Projekten – fördert; die Laufzeiten solcher sehr zinsgünstiger FSO-Kredite liegen bei bis zu 40 Jahren inkl. 10 tilgungsfreien Jahren.

In diesen Fonds haben die Mitgliedstaaten der IADB mittlerweile rund 10 Mrd. US-$ eingezahlt.

Im Jahr 2006 wurden Darlehen in einer Gesamthöhe von rund 215 Mio. US-$ an 8 Länder vergeben, u. a. 70 Mio. US-$ an Nicaragua, 50 Mio. US-$ an Haiti, je über 30 Mio. US-$ an Guayana und Bolivien, sowie 22 Mio. US-$ an Honduras (vgl. [www IADB 03/2007b]).

In der Vergangenheit gab es noch einen weiteren Spezial-Fonds, den '**Venezuelan Trust Fund**', der aus Mittelgaben des Erdölexporteurs Venezuela gespeist wurde. Schon 2001 hatte der Fond aber aufgrund seinerzeit immenser Finanzprobleme Venezuelas kaum noch Bedeutung. Mit zurückkehrender Finanzkraft gründete Venezuela 2007 jedoch die bereits in Abschnitt 3.5 erwähnte alternative Entwicklungsbank, die 'Bank des Südens', als – wie Präsident CHAVEZ sagt – Gegenpart zu US-dominiertem IMF, Weltbankgruppe und IADB.

Neben diesen zwei Fonds sind mit der IADB noch zwei selbstständige Institute verbunden:

- die '**Inter-American Investment Corporation**' (IIC) und
- der '**Multilateral Investment Fund**' (MIF).

5.4.2 Die Inter-amerikanische Investitionskorporation (IIC)

Die Inter-amerikanische Investitionskorporation ('Inter-American Investment Corporation' – IIC) ist eine formal selbstständige Organisation, die die **Ziele der Existenzgründung und Modernisierung von kleinen und mittleren Unternehmen** in Lateinamerika und der Karibik fördert durch

- Kredite,
- Investitionen und Kreditlinien zusammen mit privaten Finanzinstituten für Kreditverlängerungen,
- Investitionen in private Kapitalfonds und
- Garantien für die Gründung von Kapitalmarktfonds.

Die IIC unterstützt die Beteiligung anderer (privater) Investoren durch Kofinanzierungen, Joint Ventures und andere Instrumentarien der Entwicklungsförderung. Zudem bietet sie technische, finanzielle und Managementhilfen.

Mitte 2007 sind 43 Staaten Mitglied der IIC (vgl. [www IIC 05/2007]).

Im Jahr 2006 hatte die IIC insgesamt 46 Projekte in 13 Ländern, sowie ein überregionales Projekt gefördert. Dabei wurde eine Gesamtkreditsumme von 511 Mill. US-$ ausgereicht (vgl. INTER-AMERICAN INVESTMENT CORPORATION, 2007, S. 13).

5.4.3 Der Multilaterale Investitionsfonds

Der Multilaterale Investitionsfonds ('Multilateral Investment Fund' – MIF) wurde 1993 von der IADB gegründet und wird von ihr auch geleitet. Anfang 2007 gehören dem MIF 33 Mitgliedsländer an (vgl. [www MIF 05/2007a]).

5.4 Inter-Amerikanische Entwicklungsbank (IADB)

Er ist die primäre **Quelle für die Förderung der Entwicklung des privaten Sektors** in Lateinamerika und der Karibik und hat Gesamtmittel von bislang (Ende 2005) 1,2 Mrd. US-$ zur Verfügung, die von 26 Staaten eingezahlt wurden.

Bislang (April 2007) förderte der MIF insgesamt 1.140 Projekte, davon im Jahre 2006 103 Projekte in 26 Ländern (vgl. [www MIF 05/2007b]).

Folgende Projektvorhaben sind typisch für die Förderziele des MIF:
- Pilotprojekte für institutionelle, juristische und verwaltungstechnische Reformen,
- Marktwirtschaftliche Reformen,
- die Verbesserung von Rahmenbedingungen für Privatinvestitionen,
- Ausbildungsprogramme für Beschäftigte und
- der Aufbau von Klein-Unternehmen.

5.4.4 Überblick über die Entwicklungsfinanzierung der IADB und ihrer Unterorganisationen

Von ihrer Gründung im Jahr 1959 bis einschließlich 2006 hat die IADB Kapital in Höhe von rund 145 Mrd. US-$ für Projekte bewilligt. Dies führte zu einem zugehörigen Projektvolumen von 336 Mrd. US-$.

Die Operationen der Bank decken das gesamte Spektrum der wirtschaftlichen und sozialen Entwicklung ab, mit der von der IADB betonten Zielrichtung, dass die Programme auch armen Bevölkerungsgruppen dienen sollen.

Hervorzuheben ist zudem, dass Kredite der IADB ebenso wenig wie Kredite der EBWE oder anderer regionaler Entwicklungsbanken Vollfinanzierungen darstellen. Insofern haben Entwicklungsfinanzierungskredite von Entwicklungsbanken immer eine stark multiplikative Wirkung im Hinblick auf die Gesamt-Investitionskraft eines Gebietes; dies auch deshalb, weil ein großer Teil der Finanzhilfen Kofinanzierungen oder auch direkte Exportfinanzierungen darstellen.

Die Kreditzusagen der IADB lagen 2006 bei ca. 6,4 Mrd. US-$ und damit unangefochten an erster Stelle aller Regionalen Entwicklungsbanken (ADB: 6 Mrd. US-$; EBRD: 4,3 Mrd. US-$; AfDB: 3,4 Mrd. US-$).

Abbildung 5.18 gibt einen Überblick über die Kreditvergaben der IADB kumuliert seit Beginn ihrer Kreditvergaben 1961 bis Ende 2006 und für das Jahr 2006.

Den Kreditvergaben der IADB gegenübergestellt werden die Gesamtkosten der Projekte. Dadurch wird ersichtlich, dass die Kreditvergaben der IADB im Schnitt zu Projektrealisierungen in Höhe des 2,3-fachen der eingesetzten Kreditsumme führen: Einer Gesamtkreditvergabesumme der IADB von 145 Mrd. US-$ im Zeitraum 1961 bis 2006 steht – wie in Abbildung 5.18 ersichtlich – ein Gesamt-Projektvolumen von rund 336 Mrd. US-$ gegenüber.

Länder	Zugesagte Kredite und Kreditgarantien		Gesamtkosten der Projekte	
	Gesamtbetrag 2006	Gesamtbetrag 1961 – 2006	2006	1961 – 2006
Argentinien	1.625,7	22.657,4	2.178,2	47.261,1
Bahamas	8,8	380,4	0,8	785,9
Barbados	0,7	420,3	11,5	597,4
Belize	25,0	112,3	25,0	170,2
Bolivien	153,0	3.735,8	162,7	6.172,7
Brasilien	515,7	28.675,4	1.824,0	86.085,9
Chile	213,3	5.426,8	667,2	13.129,0
Kolumbien	620,0	12.809,8	775,0	24.923,5
Costa Rica	70,0	2.488,5	83,4	4.136,2
Dominikan. Rep.	181,0	3.028,0	183,5	4.125,2
Ecuador	326,9	4.573,7	514,0	8.930,6
El Salvador	102,5	3.287,3	102,5	5.075,7
Guatemala	239,0	2.918,2	239,5	4.666,3
Guayana	116,7	1.085,2	122,2	1.272,3
Haiti	100,4	1.280,9	101,2	1.768,5
Honduras	125,9	2.877,8	129,4	4.892,5
Jamaika	5,0	1.774,8	5,0	2.380,3
Mexico	387,0	19.486,9	1.510,0	51.200,1
Nicaragua	132,5	2.478,2	146,0	4.002,0
Panama	304,7	2.434,5	318,1	3.008,7
Paraguay	257,2	2.160,3	780,3	14.161,3
Peru	565,0	7.737,8	358,2	5.538,1
Suriname	-	104,7	-	126,1
Trinidad und Tobago	28,0	1.070,5	35,0	1.642,2
Uruguay	190,9	4.197,9	217,5	5.578,0
Venezuela	26,0	4.848,4	51,0	16.430,9
Regional	60,0	2.968,2	150,0	17.730,2
Gesamt	**6.380,9**	**145.020,0**	**10.691,2**	**335.790,9**

Abbildung 5.18: Kreditvergaben inkl. Garantien der IADB und daraus resultierende Projektsummen für 2006 und kumuliert für die Jahre 1961 – 2006, in Mio. US-$ (vgl. [www IADB 05/2007a]

5.4 Inter-Amerikanische Entwicklungsbank (IADB)

Finanziert werden mit den ausgegebenen Krediten die Sektoren
- Wettbewerbsfähigkeit,
- Soziale Entwicklung sowie
- Reformen und Modernisierung des Landes.

Kreditvergabe inkl. Garantien nach Sektoren in Millionen US-$				
Sektor	2006	%	1961-2006	%
Wettbewerbsfähigkeit	**3.190,1**	**50,0**	**71.846,3**	**49,5**
Energie	1.044,4	16,4	20.077,3	13,8
Transport und Kommunikation	717,3	11,2	15.777,0	10,9
Landwirtschaft und Fischerei	62,1	1,0	13.612,2	9,4
Industrie, Bergbau und Tourismus	5,0	0,1	12.750,3	8,8
Mehrsektorenkredit & Vorratsinvestition	0,0	0,0	3.638,6	2,5
Wissenschaft und Technologie	331,5	5,2	1.936,1	1,3
Handelsfinanzierung	252,9	4,0	2.345,1	1,6
Produktions-Infrastruktur	333,3	5,2	1.175,9	0,8
Kapitalmärkte	443,6	7,0	533,9	0,4
Soziale Entwicklung	**1.727,1**	**27,1**	**48.593,9**	**33,5**
Soziale Investitionen	994,5	15,6	19.867,6	13,7
Wasserver- und -entsorgung	370,0	5,8	9.473,4	6,5
Stadtentwicklung	74,4	1,2	7.446,1	5,1
Bildung	60,5	0,9	5.579,9	3,8
Gesundheit	140,0	2,2	2.981,5	2,1
Umwelt	84,8	1,3	2.753,0	1,9
Kleinunternehmen	2,9	0,0	492,3	0,3
Reformen & Modernisierung des Landes	**1.463,7**	**22,9**	**24.579,8**	**17,0**
Reformen und Unterstützung des öffentlichen Sektors	24,3	0,4	11.383,5	7,8
Reformen des Finanzsektors	801,0	12,6	7.406,3	5,1
Steuerreform	177,0	2,8	4.040,7	2,8
Dezentralisierung	353,0	5,5	1.072,5	0,7
Modernisierung und Ausgestaltung der Justiz	54,0	0,8	368,9	0,3
Planung und Staatsreform	26,4	0,4	143,3	0,1
Parlamentarische Modernisierung	0,0	0,0	71,9	0,1
Zivilgesellschaft	0,0	0,0	22,0	0,0
Unterstützung der Handelspolitik	0,0	0,0	27,4	0,0
Elektronische Verwaltung	28,0	0,4	43,3	0,0
Gesamt	**6.380,9**	**100,0**	**145.020,0**	**100,0**

Abbildung 5.19: Kreditvergabe inkl. Kreditgarantien nach Sektoren, 2006 und kumuliert 1961 – 2006; absolut in Mio. US-$ und relativ in % (Daten aus INTER-AMERICAN DEVELOPMENT BANK, 2007; oder [www IADB 05/2007b])

Die **Kreditvergabe** über die offiziellen sog. **OCR-Mittel** der IADB erfolgt zu **marktbasierten Kreditkonditionen** bei einer Laufzeit von i. d. R. 15 bis 20 Jahren; für Kredite **im öffentlichen Sektor** sind zudem **Staatsgarantien erforderlich**.

Kreditanfragen und sich daraus ergebende Projekte werden im Rahmen einer eingehenden Prüfung durch die IADB zum einen auf Kompatibilität zur Gesamtstrategie der Bank wie auch in Bezug auf die Projektdurchführung ausführlich geprüft und evaluiert.

Projektablauf und Ausschreibungsrichtlinien der IADB sind folgendermaßen strikt geregelt:

- Gemeinsam mit Entwicklungsexperten werden Gesamtstrategien im Rahmen der Projektförderung erarbeitet und daraus prioritäre Projekt extrahiert, eine solche Analyse (sog. 'Programming missions') findet alle 2 Jahre statt,
- alle Projektinformationen zu den geplanten Vorhaben werden monatlich publiziert (erhältlich über das Internet sowie bei den Repräsentationsbüros der IADB),
- strenge Beschaffungsrichtlinien verlangen eine öffentliche Ausschreibung aller Projekte im öffentlichen Sektor (Projekte über 5 Mio. US-$),
- die jeweiligen Projektträger haben die Gesamtverantwortung für die Ausführung des Projektes,
- Lieferungen von Firmen, die wirtschaftlich oder rechtlich mit dem Unternehmen verbunden sind, welches die Vorbereitung des Projektes geleitet hat, sind unzulässig,
- Lieferungen und Leistungen für von der IADB finanzierte Projekte dürfen nur aus Mitgliedsländern der IADB stammen,
- Waren und Dienstleistungen aus dem Land des Projektträgers werden bevorzugt (15 % Bonus in der Projektevaluierung).

Ein **weiteres Standbein der Entwicklungsfinanzierung** der IADB sind eine Vielzahl von '**Trust Fonds**'. Hierbei handelt es sich um Fonds, die von bestimmten Ländern oder Organisationen finanziert werden. Dabei legen die Geldgeber fest, welchen Zweck der jeweilige Fonds hat.

2006 verfügt die IADB über **47 Trust Fonds**, die in Abbildung 5.20 in Zuordnung zu den Geldgebern aufgelistet sind:

5.4 Inter-Amerikanische Entwicklungsbank (IADB)

Land	Fondsname
ÖSTERREICH	Austrian Technical Cooperation Trust Fund
	Austria Hurricane Mitch Disaster Assistance and Reconstruction Trust Fund
BELGIEN	Belgian Trust Fund for Consultants
KANADA	Social Inclusion Trust Fund
	IDB-Canada Trade Fund
	Social Capital, Ethics and Development Fund
	CANTAP-3, Canadian Technical Assistance Program
DÄNEMARK	Danish Trust Fund for Consulting Services
FINNLAND	Finnish Technical Assistance Program
FRANKREICH	French Technical Cooperation Trust Fund for Consulting Services and Training Activities - Caribbean Contribution
	French Technical Cooperation Trust Fund for Consulting Services and Training Activities Human Resources Contribution
	French Technical Cooperation Trust Fund for Consulting Services and Training Activities - Indigenous Contribution
	French Technical Cooperation Trust Fund for Consulting Services and Training activities - Regular Fund
ISRAEL	Israeli Consultant Trust Fund
ITALIEN	Italian Trust for Microenterprise Development
	Italian Consulting Firms and Specialized Institutions Trust Fund
	Italian Individual Consultant Trust Fund
	Italian Trust Fund for MIF Project Preparation
	Italian Trust Fund for Cultural Heritage and Sustainable Development
	Italian Trust Fund for Information and Communication Technology
JAPAN	Japan Special Fund Poverty Reduction Program
	Japanese Trust Fund for Consultancy Services
	Japan Special Fund
NIEDERLANDE	IDB-Netherlands Water Partnership Program
	The Netherlands-IDB Partnership Program in Environment
NORWEGEN	Social Inclusion Trust Fund
	Norwegian Development Fund for Latin America
	Norwegian Consulting Services Trust Fund (NCS)
	Gender Mainstreaming Trust Fund
	Social Capital, Ethics and Development Fund
	Norwegian Fund for Microenterprise Development
PORTUGAL	Portuguese Technical Cooperation Fund
KOREA	Knowledge Partnership Korea Fund for Technology and Innovation
	Korea Poverty Reduction Fund
SPANIEN	Spanish Fund for Consultants, ICEX
	Spanish Framework-General Cooperation Fund
SCHWEDEN	Sida/ IDB Partnership
	Swedish Trust Fund for Consulting Services
	Swedish Trust Fund for the Financing of Small Projects
SCHWEIZ	Swiss Technical Cooperation Trust Fund for Consulting Services and Training Activities
GROßBRITANNIEN	Social Inclusion Trust Fund
	DFID-IDB Enlace Social Inclusion Trust Fund
	Markets and Governance for Poverty Reduction Trust Fund
	Trade and Poverty Trust Fund
USA	USTDA Evergreen Fund

Abbildung 5.20: Entwicklungshilfe-Fonds der Industriestaaten in Zusammenarbeit mit der IADB (aus [www IADB 04/2007])

Als ernst zu nehmende **Kritikpunkte an der Mittelvergabe der IADB** sind allerdings zu nennen, dass – trotz anderslautender eigener Bekundung der Bank – primär nur Großprojekte gefördert werden und die Förderpolitik der IADB nicht gezielt auf die Einbindung Armer in den Wirtschaftskreislauf orientiert ist.

Zwar fand Mitte der 90er Jahre eine strukturelle Reform der Kreditvergabepolitik der IADB statt, in der folgende Grundsätze in die bis dahin sehr konservativ auf eine Großprojektförderung ausgerichtete Förderpolitik implementiert wurden:

- Mind. 40 % des Ausleihevolumens und 50 % der Projekte sollen zur Bekämpfung der Armut eingesetzt werden (primär über Mittel der FSO),
- mind. 5 % des Ausleihevolumens soll an private Investoren ohne Regierungsgarantie vergeben werden (Projekte der IIC),
- die Kreditvergabe soll zunehmend konditional mit einer Durchsetzung von
  - fiskalischer Disziplin (Haushaltsgleichgewicht),
  - monetärer Disziplin (Preisniveaustabilität) sowie
  - beschleunigter Privatisierung und Entmonopolisierung
  in allen Institutionen der Empfängerländer verbunden werden.

Trotz dieser positiv zu bewertenden Grundausrichtung der IADB (allerdings unter Beachtung der in Abschnitt 3.5 generell zur Konditionalität geäußerten Kritik) kommen bis heute jedoch überwiegend immer noch eher Großprojekte in den Genuss der Aufbaukredite.

Eine konkrete Projektförderung zugunsten Armer ist – anders als etwa bei der ADB (vgl. Abschnitt 5.3.3) – nicht erkennbar.

Zwar bietet die IADB auch Kreditvergaben zur Unterstützung von 'Mikro-, Klein- und mittelgroßen Unternehmen' an, wie etwa mit einer Kredittranche zu eben dieser Zielförderung in Brasilien vom April 2007, allerdings ist der Begriff 'Mikrounternehmen' von der IADB als ein Unternehmen definiert, das bis zu 19 Mitarbeiter hat und einen Umsatz von bis zu 400.000 US-$ aufweist.

Mit einer solchen Strategie scheint die Armut des Großteils der lateinamerikanischen Bevölkerung nicht nachhaltig verringerbar, wie ja auch die Realität in Lateinamerika nur zu deutlich aufzeigt – im Gegensatz zur Situation in Asien, in der die Förderpolitik wie in Abschnitt 5.3 ausgeführt, etwas stärker auf die Situation der Armen eingeht.

5.5 Afrikanische Entwicklungsbank (AfDB)

Die Afrikanische Entwicklungsbank (AfDB: African Development Bank, in Eigenbezeichnung auch 'ADB', oder 'BAD': Banque Africaine de Développement) wurde 1964 von 30 unabhängigen afrikanischen Ländern gegründet und nahm ihre Arbeit 1966 auf.

5.5.1 Institutioneller Rahmen und Aufgaben der AfDB

Sitz der AfDB war in Abidjan, der Hauptstadt von Côte d' Ivoire (Elfenbeinküste); seit Februar 2003 residiert die AfDB bürgerkriegsbedingt in Tunis. Deutschland ist seit 1983 Mitglied der AfDB.

Das Stammkapital der AfDB liegt 2007 bei 21,87 Mrd. UA (der Verrechnungseinheit der AfDB), entsprechend rund 33 Mrd. US-$.

Mitte 2007 gehören der AfDB mit 53 afrikanischen und 24 nicht-regionalen Mitgliedern insgesamt 78 Mitgliedstaaten an. Nicht-regionale Mitglieder (die erst seit 1983 überhaupt als Mitglieder in der AfDB zugelassen sind) sind mit Belgien, Dänemark, Deutschland, Frankreich, Finnland, Großbritannien, Italien, der Niederlande, Norwegen, Österreich, Portugal, Schweden, Spanien und der Schweiz 14 Staaten Westeuropas, sowie die USA, Kanada, Argentinien, Brasilien, China, Indien, Japan, Korea, Kuwait, Saudi-Arabien und die Vereinigten Arabischen Emirate (vgl. AfDB, 2006, S. 258; oder [www AfDB 05/2007a]).

Der **Gouverneursrat** ist das oberste Organ, in dem alle Mitglieder vertreten sind. Er legt die allgemeinen Richtlinien für die Kreditvergabepolitik der Bank fest und kann seine Vollmachten auf das Direktorium übertragen.

Das **Direktorium** ist als Exekutivgremium zur Durchführung der allgemeinen Geschäftstätigkeit zuständig und setzt sich aus **je 6 regionalen und nicht-regionalen Direktoren** zusammen. Aktuell, 2007, stellt Deutschland einen Direktor der nicht- regionalen Stimmrechtsgruppe, und vertritt in dieser Eigenschaft neben Deutschland auch die Niederlande, Portugal und das Großbritannien (vgl. AfDB, 2006, S. 256).

Die laufenden Geschäfte führt der **Präsident** der AfDB, Donald Kaberuka, zuvor Finanz - und Planungsminister Ruandas, auf Basis der Weisungen des Direktoriums.

Das **Stimmrecht** verteilt sich mit knapp über 60,1 % auf die regionalen Mitgliedstaaten und in Höhe von 39,9 % auf die nicht-regionalen Mitgliedstaaten, womit zugleich die Mitgliedsländer der AfDB in Empfänger- und Geberstaaten unterteilt sind.

Die **größten Anteilseigner** der regionalen Mitgliedsländer sind Nigeria (9 %), Ägypten (5,1 %), Südafrika (4 %) sowie Algerien, Libyen, Côte d' Ivoire und Marokko (zwischen 3,8 und 3,3 %); die wichtigsten nicht-regionalen Mitglieder sind die USA mit knapp über 6,5 %, Japan mit 5,4 %, Deutschland mit 4.1 %, Frankreich und Kanada mit jeweils 3,7 % (Stand Ende 2005: vgl. AfDB, 2006, table A1.1).

Im Vergleich zu den anderen Entwicklungsbanken war eine Fremd-Kreditaufnahme für die AfDB bis 1983 sehr schwierig, da bis 1983 keine finanzkräftigen externen Staaten Mitglied waren (sein durften). Deshalb gilt bei der AfDB bis heute die Besonderheit, dass Kreditaufnahmen durch sog. vorrangige (Senior Debt) und nachrangige (Subordinated Debt) Schuldtitel gesichert werden. Nachrangige Schuldtitel werden bei Liquiditätsproblemen der AfDB erst bedient, wenn die sog. Senior Debt Kreditaufnahmen getilgt worden sind. Entsprechend erhielt die AfDB an den Kapitalmärkten Refinanzierungskredite zu bedeutend ungünstigeren Konditionen, als andere Entwicklungsbanken, wobei dieser Refinanzierungsnachteil mittlerweile geringer geworden ist.

Auch die AfDB verfügt neben ihren zentralen Ordinary Resources über Spezialfonds:

- Der wichtigste Fonds der AfDB ist der 1972 gegründete und seit 1974 aktive **Afrikanische Entwicklungsfonds** (African Development Fund, **AfDF**). Er ist verantwortlich für die Vergabe langfristiger Entwicklungskredite an die ärmsten Staaten Afrikas, vgl. noch Abschnitt 5.5.4.

- Eine weitere wichtige Förderquelle ist der von Nigeria ausgestattete **Nigeria Treuhandfonds** (Nigeria Trust Fund, **NTF**), vgl. noch Abschnitt 5.5.5.

- Der **Krisenhilfsfonds** (Special Relief Fund, **SRF**) ist ein Sonderfonds in Höhe von rund 8 Mio. US-$ zur Unterstützung der ärmsten Staaten der AfDB bei Kriegsfolgelasten und Naturkatastrophen.

- **Der Spezielle Notstandsfonds gegen Dürre und Hungersnot in Afrika** (Special Emergency Assistance Fund for Drought and Famine in Africa, **SEAF**) wurde während des 20sten Jahrestreffens der Organisation für Afrikanische Einheit (OAU) in Addis Abeba, Äthiopien, 1984 gegründet.

- Desweiteren existiert noch der **Mamoun Beheiry Fonds**, der am 31. Oktober 1970 durch den vormaligen Präsidenten der Bank, dem Sudanesen Mamoun Beheiry ins Leben gerufen wurde.

5.5 Afrikanische Entwicklungsbank (AfDB)

- Der Arabische Ölfonds (Arab Oil Fund) ist ein von Algerien 1974 mit 20 Millionen US-$ ausgestatteter Fonds mit der Zielsetzung einer Unterstützung der Energieversorgung ärmerer AfDB Staaten.

  Dieser Fond ist mangels verfügbarer Finanzmittel von keiner Bedeutung mehr, da schon 1975 19 Millionen US-$ an die Regierung Algeriens zurückgezahlt wurden.

Neben der Bereitstellung von Entwicklungskrediten ist die **Beteiligung an den von den G-7 1998 initiierten Schuldenerlassprogrammen** für die am stärksten verschuldeten Entwicklungsländer (HIPC) von immer größerer Bedeutung für die AfDB – vgl. hierzu die Ausführungen zur Organisation der Schuldenerlassprogramme durch den IWF über den 1998 gegründeten 'Supplementary Financing Mechanism' (vgl. Abschnitt 3.4) und die Initiative der G-7 (vgl. Abschnitt 6.1.3).

Die AfDB stellt hierfür insgesamt 370 Mio. US-$ zur Verfügung; von anderen Quellen (westliche Industriestaaten) werden die Mittel im Debt-Relief Trust Fonds auf 1,77 Mrd. US-$ aufgestockt.

Die AfDB hat im Rahmen der **HIPC-Initiative** bisher inkl. der hierfür aufgebrachten Mittel auch des AfDF im Jahr 1998 15,62 Mio. US-$, 1999 36,96 Mio. US-$ und im Jahr 2000 200 Mio. US-$ für 17 Aktionen in 11 überschuldeten Ländern eingesetzt; diese Schuldenerlass-Aktionen werden eher beschleunigt weiterlaufen.

5.5.2 Überblick über die Entwicklungsfinanzierung der Afrikanischen Entwicklungsbank-Gruppe

Die AfDB-Gruppe hat zwischen 1967 und 2005 insgesamt rund 24,3 Mrd. UA, bzw 35,7 Mrd. US-$ in rund 3.000 Entwicklungsprojekte investiert. Nachstehende Abbildung 5.21 gibt einen Überblick über die konkreten Kreditvergaben und Zuschüsse der AFDB-Gruppe und ihrer Teilorganisationen AfDB, AfDF und NTF an die einzelnen Empfängerländer. Im Jahr 2005 wurden rund 3,370 Mrd. US-$ für 102 Entwicklungsprojekte inkl. HIPC-Schuldenerlass zugesagt, die in Höhe von 1,9 Mrd. US-$ zu Auszahlungen führten (1,3 Mrd. UA, wie Abbildung 5.21 zeigt).

Abbildung 5.21: Übersicht über die gesamten Kreditvergaben und Zuschüsse aller Institutionen der AfDB-Gruppe: AfDB, AfDF und NTF für diverse Zeiträume (aus AFRICAN DEVELOPMENT BANK, 2006, S. 135 – 136 oder [www AfDB 05/2007a])

Kreditvergaben und Zuschüsse der AfDB-Gruppe in Millionen UA (1 UA = 1.47 US-$)

Country	ADB / BAD				ADF / FAD			
	2003	2004	2005	1967-05	2003	2004	2005	1974-05
Algeria	105.51	22.06	16.56	1 305.43	-	-	-	0.25
Angola	-	-	-	47.12	0.13	0.84	0.76	27.83
Benin	-	-	-	17.30	6.92	23.11	24.06	274.58
Botswana	4.05	1.02	18.14	193.53	0.10	2.02	0.11	79.27
Burkina Faso	-	-	-	25.66	25.78	26.42	39.48	331.66
Burundi	-	-	-	41.31	-	0.05	8.40	179.34
Cameroon	-	-	5.73	342.02	7.68	33.89	14.64	157.07
Cape Verde	-	-	-	12.05	4.32	3.52	5.22	87.58
Cent. Afr. Rep.	-	-	-	13.74	-	0.00	-	108.03
Chad	-	-	-	-	8.90	6.58	16.28	266.62
Comoros	-	-	-	9.67	-	-	-	30.50
Congo	-	-	-	225.77	-	-	6.98	15.67
Congo, D. R.	-	-	-	391.23	1.19	30.28	16.35	250.15
Côte d'Ivoire	1.38	0.67	0.70	802.89	0.61	1.35	0.53	159.90
Djibouti	-	-	-	-	0.24	2.19	0.83	74.30
Egypt	129.12	22.79	5.23	1 041.62	9.30	13.81	3.41	168.51
Equatorial Guinea	-	-	-	6.74	0.79	0.38	1.05	34.24
Eritrea	-	-	-	-	7.25	13.27	8.85	48.67
Ethiopia	-	-	-	217.41	11.45	48.06	89.89	792.23
Gabon	2.52	59.79	0.64	468.60	-	-	-	2.50
Gambia	-	-	-	17.86	12.00	6.38	7.04	138.36
Ghana	3.50	6.05	-	200.20	46.27	35.24	43.35	421.06
Guinea	4.15	-	-	175.39	9.76	4.53	5.59	228.51
Guinea-Bissau	-	-	-	10.03	5.54	3.15	3.46	118.23
Kenya	-	3.34	1.31	199.98	1.22	14.52	15.75	259.35
Lesotho	-	-	-	38.57	2.15	8.10	1.10	156.07
Liberia	-	-	-	70.38	-	-	-	19.28
Libya	-	-	-	-	-	-	-	-
Madagascar	-	-	-	57.92	7.97	33.47	12.49	315.70
Malawi	-	-	-	73.22	18.50	16.83	21.76	337.67
Mali	-	-	-	5.63	31.09	28.93	37.76	418.12
Mauritania	13.38	8.11	0.34	99.86	10.71	6.94	4.57	184.68
Mauritius	-	0.92	1.04	92.45	-	-	-	4.27
Morocco	64.00	133.69	296.21	2 526.67	0.79	2.93	1.04	41.52
Mozambique	-	-	8.58	88.82	21.10	60.06	52.76	549.32
Namibia	14.56	10.35	16.33	55.01	-	-	-	14.86
Niger	-	8.44	-	30.63	25.71	20.49	11.57	190.87
Nigeria	81.81	44.83	34.94	1 395.40	1.24	1.26	9.70	130.71
Rwanda	-	-	-	2.97	6.07	11.91	27.52	251.55
Sao T. & Princ.	-	-	-	-	1.59	3.39	1.55	81.40
Senegal	-	-	-	178.58	8.65	36.98	14.39	258.95
Seychelles	-	-	-	43.73	-	-	-	10.68
Sierra Leone	-	-	-	9.91	5.93	22.26	15.15	176.04
Somalia	-	-	-	7.18	-	-	-	75.69
South Africa	52.05	28.08	52.72	264.05	-	-	-	-
Sudan	-	-	-	80.58	-	-	-	201.26
Swaziland	1.26	11.38	19.96	153.47	0.51	-	-	46.87
Tanzania	-	-	-	56.61	34.14	40.98	85.29	584.08
Togo	-	6.69	-	23.81	0.14	0.41	-	91.82
Tunisia	166.32	186.52	103.92	2 550.27	-	-	-	-
Uganda	5.54	-	-	121.40	12.33	38.61	45.29	422.33
Zambia	0.34	-	-	253.71	8.99	9.01	13.62	249.31
Zimbabwe	0.64	-	-	372.94	-	-	-	41.65
Sub-Total	650.13	554.75	582.34	14 419.34	357.07	612.14	667.58	9 109.10
Multinational	2.19	75.48	13.01	269.40	11.00	68.35	23.48	265.40
Total	652.32	630.23	595.35	14 688.74	368.07	680.50	691.06	9 374.50

5.5 Afrikanische Entwicklungsbank (AfDB)

Kreditvergaben und Zuschüsse der AfDB-Gruppe in Millionen UA (1 UA = 1,47 US-$)

NTF / FSN				Bank Group / Groupe de la Banque				Pays
2003	2004	2005	1976-05	2003	2004	2005	1967-05	
-	-	-	-	105.51	22.06	16.56	1 305.68	Algérie
-	-	-	-	0.13	0.84	0.76	74.95	Angola
0.04	0.29	0.16	13.80	6.96	23.40	24.22	305.69	Bénin
-	-	-	7.63	4.16	3.05	18.25	280.43	Botswana
-	-	-	0.22	25.78	26.42	39.48	357.55	Burkina Faso
-	-	-	2.25	-	0.05	8.40	222.90	Burundi
-	-	-	-	7.68	33.89	20.37	499.09	Cameroun
-	-	0.01	6.57	4.32	3.52	5.23	106.20	Cap-Vert
-	-	-	-	-	-	-	121.77	Rép. centraf.
-	-	-	-	8.90	6.58	16.28	266.62	Tchad
-	-	-	-	-	-	-	40.17	Comores
-	-	-	-	-	-	6.98	241.44	Congo
-	-	-	-	1.19	30.28	16.35	641.38	Congo, R. D.
-	-	-	2.87	1.98	2.02	1.23	965.67	Côte d'Ivoire
-	0.82	0.66	3.89	0.24	3.00	1.49	78.19	Djibouti
-	-	-	-	138.42	36.60	8.64	1 210.12	Egypte
-	-	-	-	0.79	0.38	1.05	40.97	Guinée équat.
-	-	-	-	7.25	13.27	8.85	48.67	Erythrée
-	-	-	5.00	11.45	48.06	89.89	1 014.64	Ethiopie
-	-	-	-	2.52	59.79	0.64	471.10	Gabon
0.03	0.20	0.10	6.03	12.03	6.58	7.13	162.25	Gambie
-	-	-	2.27	49.77	41.30	43.35	623.53	Ghana
0.80	0.63	0.84	9.03	14.72	5.16	6.43	412.94	Guinée
-	-	-	2.58	5.54	3.15	3.46	130.83	Guinée-Bissau
-	-	-	-	1.22	17.87	17.07	459.31	Kenya
1.15	0.47	-	7.51	3.30	8.57	1.10	202.14	Lesotho
-	-	-	26.92	-	-	-	116.59	Libéria
-	-	-	-	-	-	-	0.00	Libye
-	1.75	0.72	8.48	7.97	35.23	13.21	382.09	Madagascar
-	-	-	-	18.50	16.83	21.76	410.89	Malawi
-	-	-	4.48	31.09	28.93	37.76	428.22	Mali
-	0.36	0.88	1.24	24.09	15.42	5.79	285.78	Mauritanie
-	-	-	2.88	-	0.92	1.04	99.60	Maurice
-	-	-	-	64.79	136.62	297.25	2 568.19	Maroc
-	-	-	6.78	21.10	60.06	61.34	644.93	Mozambique
0.11	-	-	3.05	14.68	10.35	16.33	72.92	Namibie
-	-	-	5.22	25.71	28.93	11.57	226.72	Niger
-	-	-	-	83.05	46.10	44.64	1 526.11	Nigéria
-	-	-	5.78	6.07	11.91	27.52	260.30	Rwanda
-	-	-	1.00	1.59	3.39	1.55	82.40	Sao T. & Princ.
-	-	-	10.92	8.65	36.98	14.39	448.45	Sénégal
-	-	-	10.75	-	-	-	65.17	Seychelles
-	-	-	-	5.93	22.26	15.15	185.95	Sierra Leone
-	-	-	0.90	-	-	-	83.78	Somalie
-	-	-	-	52.05	28.08	52.72	264.05	Afrique du Sud
-	-	-	-	-	-	-	281.84	Soudan
-	-	-	1.73	1.77	11.38	19.96	202.07	Swaziland
0.30	0.28	0.02	12.10	34.44	41.26	85.31	652.79	Tanzanie
-	-	-	4.45	0.14	7.09	-	120.09	Togo
-	-	-	-	166.32	186.52	103.92	2 550.27	Tunisie
-	-	-	4.83	17.87	38.61	45.29	548.56	Ouganda
-	-	-	-	9.33	9.01	13.62	503.02	Zambie
-	-	-	-	0.64	-	-	414.59	Zimbabwe
2.44	4.81	3.39	181.17	1 009.64	1 171.71	1 253.32	23 709.61	Sous-total
-	-	-	16.18	13.19	143.83	36.49	550.98	Multinational
2.44	4.81	3.39	197.36	1 022.83	1 315.54	1 289.81	24 260.59	Total

Teil B   5 Regionale Entwicklungsbanken

5.5.3 Kreditvergaben der Afrikanischen Entwicklungsbank (AfDB)

Die AfDB unterstützt nur die ökonomisch etwas stärkeren Mitgliedstaaten Afrikas, die in Abbildung 5.22 aufgelistet sind:

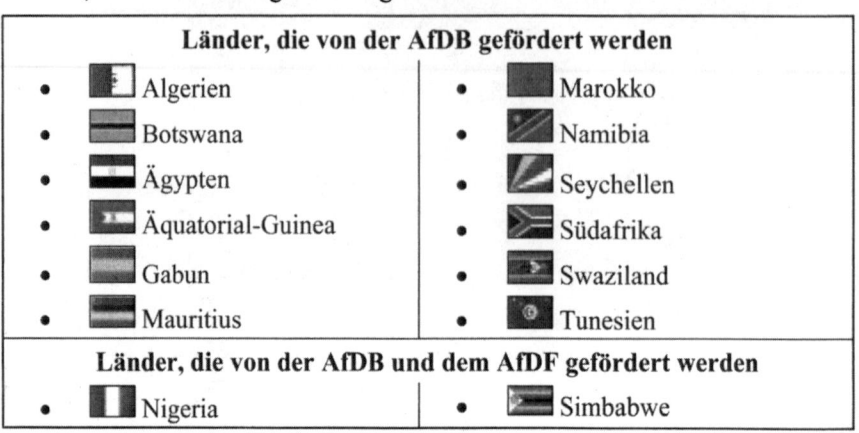

Länder, die von der AfDB gefördert werden	
• Algerien	• Marokko
• Botswana	• Namibia
• Ägypten	• Seychellen
• Äquatorial-Guinea	• Südafrika
• Gabun	• Swaziland
• Mauritius	• Tunesien
Länder, die von der AfDB und dem AfDF gefördert werden	
• Nigeria	• Simbabwe

Abbildung 5.22: Empfängerstaaten von Finanzhilfen der AfDB, Stand 2007

Ende 2005 betragen die gesamten bislang vergebenen Kredite und Schenkungen der AfDB – wie Abbildung 5.21 zu entnehmen ist – kumuliert rund 14,7 Mrd. UA, bzw. 21,6 Mrd. US-$, mit denen rund 150 Projekte gefördert wurden. Abbildung 5.23 bildet die sektorale Verteilung der AfDB-Gelder von 1976 bis 2005 ab; Abbildung 5.24 zeigt deren regionale Verteilung.

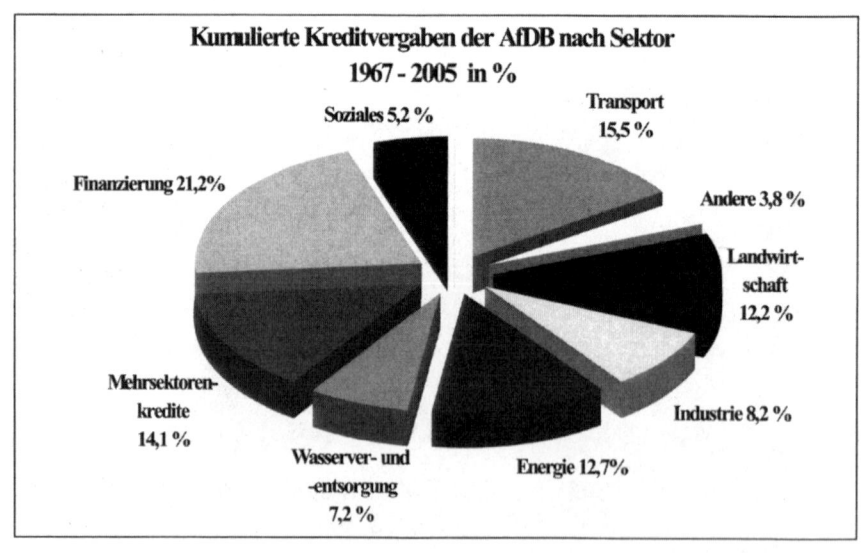

Abbildung 5.23: Sektorale Verteilung der AfDB Kredite von 1967 bis 2005 in % von 21,6 Mrd. US-$ (vgl. AFRICAN DEVELOPMENT BANK, 2006, S. 95)

5.5 Afrikanische Entwicklungsbank (AfDB)

Regionale Verteilung kumulierter Kreditvergaben der AfDB 1967 - 2005 in %

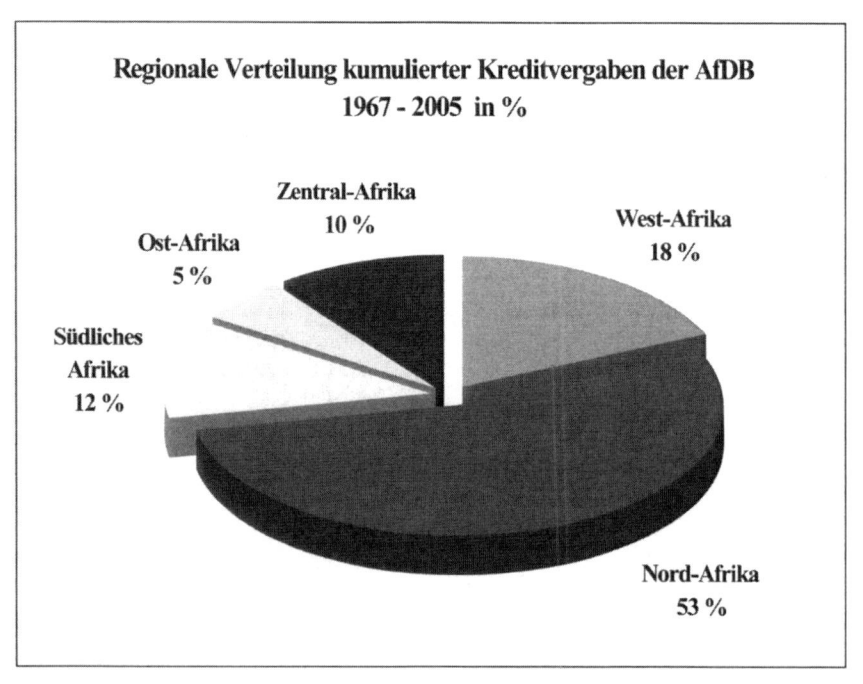

- Zentral-Afrika 10 %
- Ost-Afrika 5 %
- Südliches Afrika 12 %
- West-Afrika 18 %
- Nord-Afrika 53 %

Abbildung 5.24: Regionale Verteilung der AfDB Kredite zwischen 1967 und 2005 in % von 21,6 Mrd. US-$ (vgl. AFRICAN DEVELOPMENT BANK, 2006, S. 95)

Einen Überblick über die konkrete Projektarbeit der AfDB gibt Abbildung 5.25:

Land	Projekt
Finanzen/ Banken	
Ägypten	Zweite Kreditlinie zur Finanzierung des SME-Unterstützungsprojektes
Nigeria	Kreditlinie für die Zenith-Bank PLC
Nigeria	Kreditlinie für die Guarantee Trust Bank PLC
Multinational	Equity Investment in EMP Africa Fund II LLC
Landwirtschaft/ Umwelt/ Industrie/	
Gabun	Fischerei- und Aquakultur Unterstützungsprojekt
Marokko	Luftverbesserung durch neue Produktionsverfahren in der Mineralölindustrie
Tunesien	CPG Vermögensaufbau im Umweltschutz und Phosphatabbau
Sektorübergreifend	
Tunesien	Wettbewerbsfähigkeits-Unterstützungsprogramm III
Energie	
Ägypten	El Kureimat – Kombiniertes Kreislauf Kraftwerks Projekt
Marokko	Ain Beni Mathar – Thermokraftwerk Projekt

Teil B 5 Regionale Entwicklungsbanken

Senegal	Kounoune- Thermische Energiegewinnung
Gesundheit	
Ägypten	Nothilfe zur Kontrolle der Heuschrecken-Invasion 2004
Angola	Humanitäre Nothilfe zum Kampf gegen die Marburg-Fieberepidemie
Burkina Faso	Humanitäre Nothilfe für Polimyelitis Bekämpfung
Burundi	Humanitäre Nothilfe für die Dürreopfer in den Provinzen Kirundo und Muyinga
Djibuti	Humanitäre Nothilfe für die Opfer von Dürre
Malawi	Humanitäre Nothilfe für von Dürre betroffene Gebiete
Mauretanien	Dringlichkeitsnahrungsmittelhilfe für die Opfer von natürlichen Notständen (Überschwemmungen, Dürren, Heuschrecken-Invasionen)
Mosambik	Humanitäre Nothilfe für von Dürre betroffene Gebiete
Niger	Humanitäre Nothilfe für die Bekämpfung von Kinderlähmung
Niger	Dringlichkeitsnahrungsmittelhilfe für die Opfer von Dürre und Heuschrecken
Nigeria	Humanitäre Nothilfe für Bekämpfung von Kinderlähmung
Sambia	Humanitäre Nothilfe für die Dürregebiete 2005
Simbabwe	Humanitäre Nothilfe für die Dürregebiete 2005
Seychellen	Nothilfe zur Beseitigung von Tsunami-Schäden vom Dezember 2004
Somalia	Humanitäre Nothilfe für die Tsunami-Opfer vom Dezember 2004 und für die Katastrophen im nordöstlichen Somalia
Swasiland	Dringlichkeitsnahrungsmittelhilfe für die von der Dürre betroffene Bevölkerung
Tschad	Humanitäre Nothilfe zur Bekämpfung von Kinderlähmung
Tunesien	Zweites Ausbildungsunterstützungsprojekt, Phase II
Soziales	
Mauritius	Nordebenen Bewässerungsprojekt
Kenia	Wachstumsorientiertes Frauen-, Unternehmer-, und Entwicklungsprojekt
HIPC – Schuldenerlass: Madagaskar, Ruanda, Sambia	

Abbildung 5.25: Von der ADB genehmigte/ unterstützte Projekte und Programme im Jahr 2005 (vgl. AFRICAN DEVELOPMENT BANK, 2006, S. 96)

5.5.4 Kreditvergaben des Afrikanischen Entwicklungsfonds (AfDF)

Mit den Geldern dieses Fonds von rund 14 Mrd. US-$ (Ende 2006) versucht die AfDF Entwicklungsvorhaben insbesondere ärmerer Staaten zu sehr günstigen Konditionen zu fördern: So kann die Laufzeit eines AfDF-Kredites bis zu 50 Jahre bei 10 Freijahren betragen, die Bearbeitungsgebühr liegt bei 0,5 %, der Zins bei symbolischen 0,75 %. Getragen wird der Fonds von der AfDB und 24 Ländern nicht-regionalen Mitgliedern, die identisch sind mit den externen AfDB-Mitgliedern; Hauptanteilseigner sind Japan (14,5 %), die USA (13,3 %), Kanada und Deutschland mit je knapp 10 %.

5.5 Afrikanische Entwicklungsbank (AfDB)

Der AfDF unterstützt nur die bereits genannten Mitgliedsländer

- Nigeria und Simbabwe,

die auch von der AfDB unterstützt werden, sowie die in Abbildung 5.26 aufgelisteten ärmeren Mitgliedstaaten.

Länder, die von dem AfDF gefördert werden	
• Angola	• Kenia
• Benin	• Lesotho
• Burkina Faso	• Liberia
• Burundi	• Madagaskar
• Kamerun	• Malawi
• Kapverdische Inseln	• Mali
• Zentralafrikanische Rep.	• Mauretanien
• Tschad	• Mosambik
• Komoren	• Niger
• Demokr. Rep. Kongo	• Ruanda
• Republik Kongo	• São Tomé and Príncipe
• Côte d'Ivoire	• Senegal
• Djibouti	• Sierra Leone
• Eritrea	• Somalia
• Äthiopien	• Sudan
• Gambia	• Tansania
• Ghana	• Togo
• Guinea	• Uganda
• Guinea-Bissau	• Sambia

Abbildung 5.26: Empfängerstaaten von Finanzhilfen der AfDF, Stand 2007

Der AfDF hat – wie Abbildung 5.21 zeigt – zwischen 1974 und 2005 rund 9,4 Mrd. UA, bzw. 13,8 Mrd. US-$ ausgereicht und damit 1.986 Projekte gefördert. Abbildung 5.27 gibt einen Überblick über die sektorale Verteilung der AfDF-Gelder von 1974 bis 2005; Abbildung 5.28 zeigt deren regionale Verteilung.

Teil B 5 Regionale Entwicklungsbanken

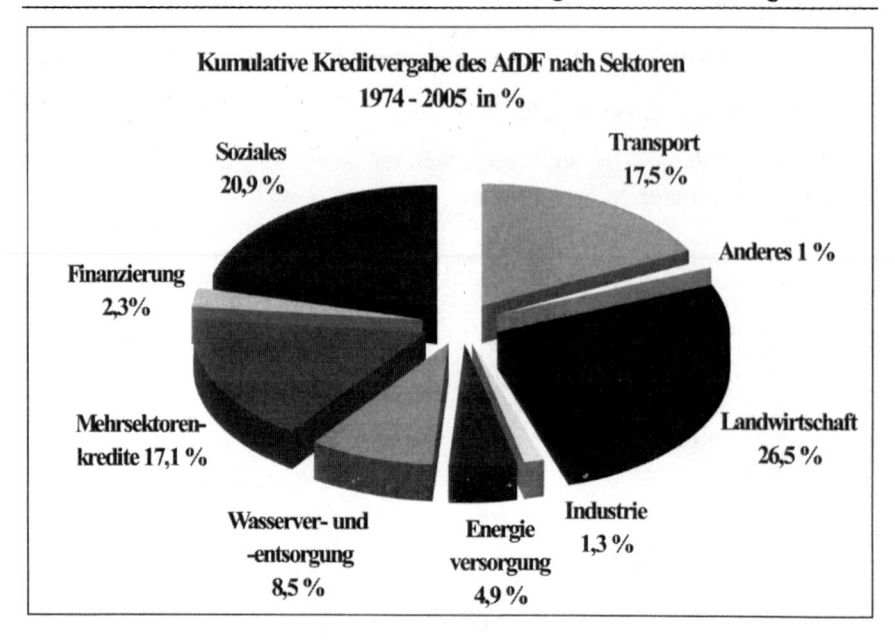

Abbildung 5.27: Sektorale Verteilung der AfDF Kredite zwischen 1974 und 2005 in % von 13,8 Mrd. US-$ (vgl. AFRICAN DEVELOPMENT BANK, 2006, S. 108)

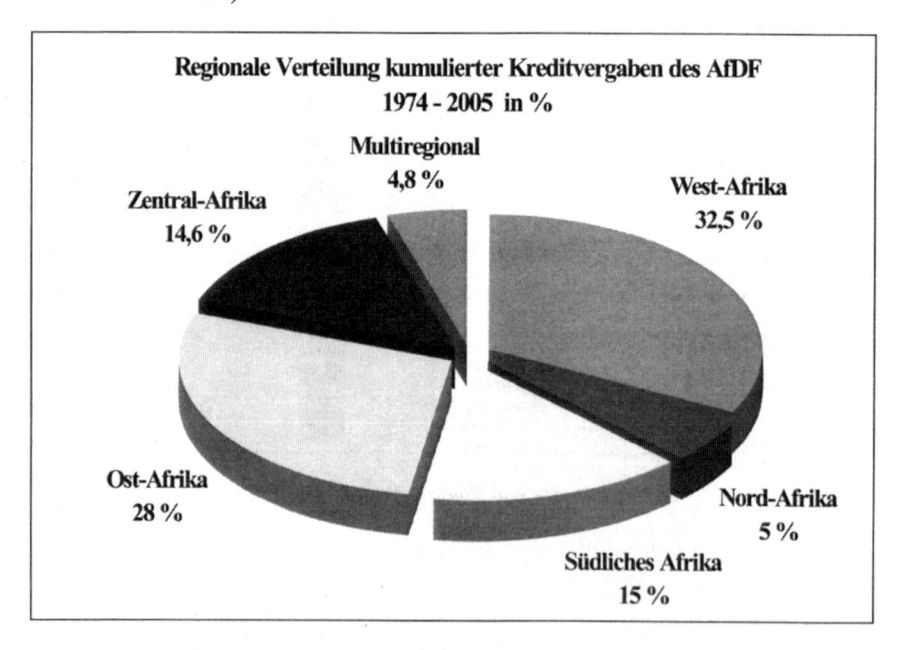

Abbildung 5.28: Regionale Verteilung der AfDF Kredite zwischen 1974 und 2005 in % von 13,8 Mrd. US-$ (vgl. AFRICAN DEVELOPMENT BANK, 2006, S. 108)

5.5.5 Der Nigeria Treuhandfonds (NTF)

Der **Nigeria Treuhandfonds** wurde 1976 gegründet. Er verfügt über die Möglichkeit **Entwicklungskredite zu bedeutend besseren Konditionen** als auf dem Kapitalmarkt (zu 4 % Zinsen über 25 Jahre bei 5 Freijahren) zu vergeben, um die Entwicklungsbemühungen der regionalen Mitgliedsländer zu unterstützen, besonders in Ländern mit niedrigem Einkommen.

Artikel XIII der Vereinbarungen des NTF, die am 26. Februar 1976 zwischen der ADB und Nigeria unterzeichnet wurden, besagt, dass der NTF für 30 Jahre in Kraft tritt. Diese Laufzeit kann im gegenseitigen Einverständnis von AfDB und der Regierung von Nigeria verlängert werden.

Entsprechend Artikel XIII, 1 der Vereinbarungen des NTF, hätte der NTF seine Tätigkeiten beenden müssen, wenn er nicht durch gegenseitiges Einverständnis über den 26. April 2006 (Enddatum) verlängert worden wäre.

Um dies zu vermeiden, hielt die AfDB im Jahr 2005 zwei Sitzungen mit den nigerianischen Behörden in Abuja und in Tunis ab, um die Verlängerung der Vereinbarungen des NTF für weitere 30 Jahre zu besprechen.

Die nigerianische Regierung war prinzipiell mit der Verlängerung der Vereinbarungen des NTF einverstanden. In diesem Zusammenhang forderte die Regierung aber eine komplette Bewertungsstudie des NTF. Die Bedingungen der Einsichtnahme für die Studie wurden 2005 vorbereitet und im Frühjahr 2006 wurde die Studie von unabhängigen Gutachtern durchgeführt.

Diese Evaluierung wurde zur Ermittlung des Erfolgs der NTF-Projekte und der bestehenden Managementverfahren wie der Regierungsstrukturen für NTF-Projekte durchgeführt. Sie lieferte auch Empfehlungen für die zukünftige strategische Ausrichtung und konzentriert sich auf die Entwicklung des NTF über den 25. April 2006 hinaus.

Die Studie dient als Schlüssel zur erfolgreichen Beendigung der Verhandlungen zur Verlängerung der Laufzeit des NTF.

2005 wurden durch den NTF weder Kredite noch andere Bewilligungen genehmigt. Einzig und allein drei Projekte in einer Höhe von 3,6 Mio. US-$ wurden im Rahmen der HIPC Initiative durchgeführt.

In den Jahren 1976 bis 2005 hat der NTF 71 Projekte mit Kreditzusagen in kumulierter Höhe von 350,3 Millionen US-$ an 30 regionale Mitgliedsländer gefördert, wovon 16,2 Mio. US-$ für multiregionale Projekte eingesetzt wurden. Wie Abbildung 5.21 zeigt, wurden von diesen bewilligten Mitteln nur 197,4 Millionen UA, bzw. 290 Mio. US-$ ausgezahlt.

Abbildung 5.29 gibt eine Übersicht über die Zuordnung dieser Mittel auf Sektoren; Abbildung 5.30 zeigt die regionale Verteilung dieser Mittel.

Teil B 5 Regionale Entwicklungsbanken

Kumulierte Kreditvergaben des NTF nach Sektoren, 1976 - 2005

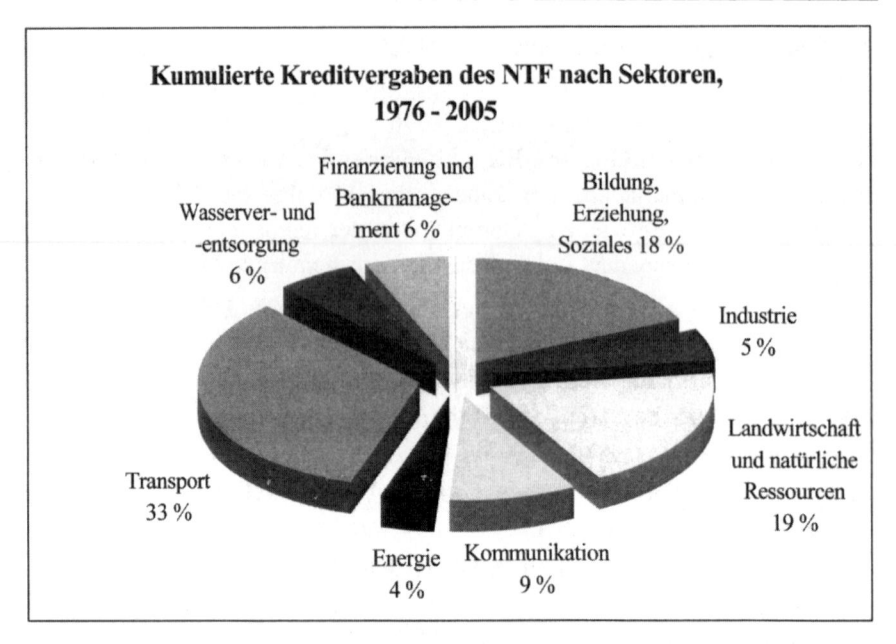

- Wasserver- und -entsorgung 6 %
- Finanzierung und Bankmanagement 6 %
- Bildung, Erziehung, Soziales 18 %
- Industrie 5 %
- Landwirtschaft und natürliche Ressourcen 19 %
- Kommunikation 9 %
- Energie 4 %
- Transport 33 %

Abbildung 5.29: Verteilung der Kreditvergaben des NTF nach Sektoren, 1976 – 2005 in % von 350 Mio. US-$ (vgl. AFRICAN DEVELOPMENT BANK, 2006, S. 127)

Kumulierte Kreditvergaben des NTF nach Regionen, 1976 - 2005

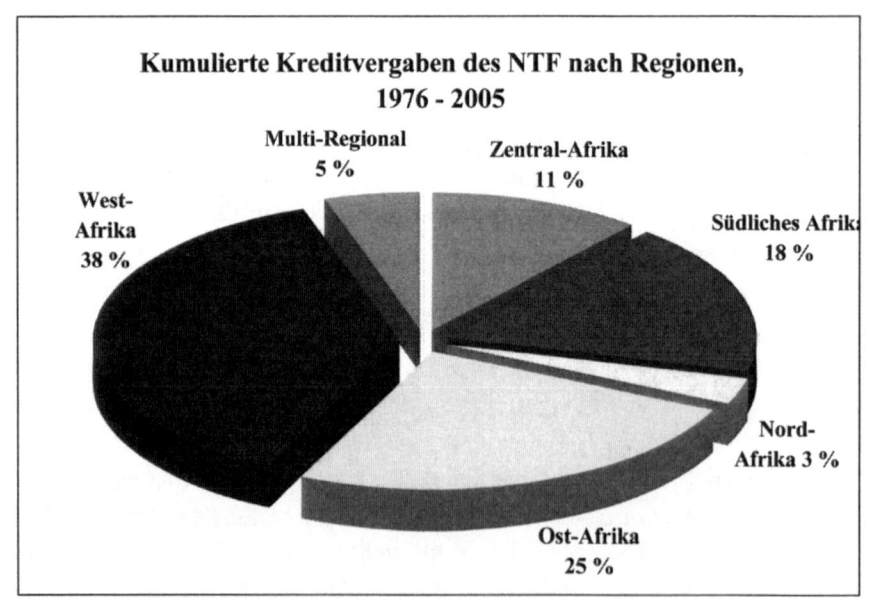

- Multi-Regional 5 %
- Zentral-Afrika 11 %
- West-Afrika 38 %
- Südliches Afrika 18 %
- Nord-Afrika 3 %
- Ost-Afrika 25 %

Abbildung 5.30: Kumulierte Kreditvergaben der NTF nach Regionen, 1976 – 2005 in % von 350 Mio. US-$ (vgl. AFRICAN DEVELOPMENT BANK, 2006, S. 27)

5.6 Kritik an einer politisch und moralisch nicht ausreichend reflektierten Entwicklungsfinanzierung

Regionale Entwicklungsbanken sind – anders als IWF oder Weltbank – Banken der jeweiligen Region: Das bietet diesen Banken die Möglichkeit, glaubwürdig für eine **bessere Kontrolle der Mittelverwendung von Entwicklungskrediten** einzutreten und ermöglicht ihnen auch eine **bessere Kontrolle des politischen und ethischen Verhaltens der Staaten, die Unterstützung durch das Ausland erhalten.**

Als **abschließende Anmerkungen zu Teil B** und **insbesondere im Kontext der Diskussion von Entwicklungshilfen der Regionalen Entwicklungsbanken** sei an dieser Stelle angemerkt, dass es – nicht nur in Bezug auf die in Teil B, Kapitel 3, 4 und 5 bislang diskutierte Förderpolitik des IWF, der Weltbank und der Regionalen Entwicklungsbanken, sondern generell – dringend erforderlich erscheint, **Länder von finanziellen Förderungen** der letztlich von den Steuerzahlern westlicher Industriestaaten als auch der Regionalen Entwicklungsbanken finanzierten Entwicklungshilfezahlungen **auszuschließen, die sich außerhalb des westlichen Zivilisationskanons, insbesondere in Bezug auf Menschen- und Bürgerrechte, stellen.**

Es gibt eine Vielzahl von Staaten, die von der finanziellen Unterstützung internationaler Kredite oder Schenkungen leben und gleichzeitig zivilisatorische Werte mit Füßen treten:

Dies gilt insbesondere z. B. für

- das **Taliban-Regime** Afghanistans vor der US-Militärintervention,
- die **Militärregierungen Myanmars** (vgl. die diversen Quellen unter [www MYANMAR]) und **Nordkoreas**,
- das **Terrorregime** von Robert Mugabe in **Simbabwe** (vgl. LESSING, 2003 oder [www LE MONDE 08/2003]; [www AMNESTY INTERNATIONAL 09/2006]; HUMAN RIGHTS WATCH, 2006, 2007), das sogar offiziell die Vergewaltigung von Oppositionellen nicht nur sanktioniert sondern sogar organisiert (vgl. BÖSEL, 2002, S. 92; [www BBC 02/2004]),
- den **Genozid** der Regierung des **Sudan** in der Provinz **Darfur** und teilweise auch im Tschad (vgl. GESELLSCHAFT für BEDROHTE VÖLKER, 2007, wie auch diverse Quellen unter [www DARFUR] sowie [www AMNESTY INTERNATIONAL 04/2007]),

- oder auch – abgestuft – für **Indonesien**, das ebenfalls einen zumindest fragwürdigen Umgang mit ethnischen Minderheiten oder globalen Naturressourcen führt (vgl. hierzu z. B. [www GESELLSCHAFT für BEDROHTE VÖLKER 08/2006]).

Analoge Kritik gilt für viele Staaten des 'verlorenen Kontinents' **Afrika**:
- Ein besonders **krasses Beispiel** ist die sog. 'Demokratische Republik' des **Kongo**.

Exemplarisch lässt sich an diesem Beispiel zeigen, wie „international subventionierte Gewalt- und Raubdiktaturen" ([www BUNDESTAG 09/2004], S. 1) das Land gnadenlos plündern und die Bevölkerung überwiegend schlicht als kurzfristig nutzbare Arbeitssklaven ausbeuten und direkt oder indirekt umbringen.

Dies gilt typischerweise, wenn auch abgeschwächt, für viele afrikanische Staaten: Die amerikanische Nichtregierungsorganisation 'Freedom House' stufte 2003 elf afrikanische Staaten als 'frei', 20 als 'teilweise frei' und 16 als 'unfrei' ein. Insofern muss Entwicklungshilfe ganz elementar gebunden werden auch an die **Schaffung von demokratischen Staatswesen**: „... *als Barriere gegen Massenmord, Folter und andere Formen staatlichen Machtmissbrauchs*": SACHS, 2005a, S. 382; eine Forderung zugegebenermaßen, die mit Hinblick auf gewisse Ausprägungen der US-Demokratie unter der Präsidentschaft George W. Bushs mit Guantanamo und geheimen Foltergefängnissen viele Entwicklungsländer nicht mehr zwingend überzeugt; dies ist letztlich eine Katastrophe unübersehbaren Ausmaßes für die weitere zivilisatorische und demokratische Entwicklung der Welt.

Im **Kongo** hatte der Gewaltherrscher Mobutu Sese Seko 33 Jahre lang eines der reichsten Länder Afrikas gnadenlos ausgebeutet und allein im Jahr 1992 95 % des Staatseinkommens für sich verwendet. Diese Politik privater Bereicherung durch Elitenetzwerke zu Lasten der Bevölkerung, hat sich auch seit der Einsetzung der Übergangsregierung 2003 und der Wahl Joseph Kabilas zum neuen Präsidenten nicht grundlegend geändert:

Der Kongo ist aktuell Spielfeld afrikanischer Gewaltherrscher nahezu aller Nachbarstaaten und von Milizionären, die zusammen mit internationalen Konzernen völlig losgelöst von staatlichen Regelungen den Einschlag von Holz (vgl. GREENPEACE, 2007, insbes. S. 9 ff.), den Abbau von Erzen, Coltran, Diamanten u. a. Rohstoffen zu eigenen Gunsten forcieren, während parallel dazu die letzten Staatsstrukturen zerfallen und die Bevölkerung zu Millionen an Ausbeutung, Versklavung, Hunger und Vertreibung stirbt oder

5.6 Kritische Reflexion zur Entwicklungsfinanzierung

von marodierenden Milizionären inkl. zwangsrekrutierten und unter Drogen gesetzten Kindersoldaten misshandelt, vergewaltigt und gemordet wird (vgl. hierzu ausführlicher: ÖKUMENISCHES NETZWERK Zentralafrika, 2004, oder [www BUNDESTAG 09/2004]).

Andere Staaten, wie Indien und Pakistan, erwarten von der Weltgemeinschaft, ihre Wirtschaftsentwicklung zu fördern, wobei sie gleichzeitig ihre ökonomischen Ressourcen für militärische Prestigeprojekte plündern – und im Falle Indiens und Pakistans gar zur Atombombenproduktion verwenden – während gleichzeitig weite Teile der Bevölkerung verelenden oder gar den Hungertod sterben.

> Entwicklungspolitische Hilfen jeglicher Art, die nicht konkret und direkt an die von Hunger und Armut Betroffen gezahlt werden können, dürfen ausschließlich nur gewährt werden, wenn die Empfängerstaaten bestimmte minimale Menschen- und Bürgerrechte ihrer Bevölkerung verbindlich garantieren und sicherstellen, dass alle Hilfsgelder bestimmungsgemäß verwendet werden.

Jeden Tag sterben nach Angaben der UNO über 20.000 Menschen an Armut – gestern, heute, morgen. Pro Jahr sind dies rund 8 Millionen Menschen. Der renommierte US-Ökonom Jeffrey D. SACHS zeigt in seinem Buch „Das Ende der Armut. Ein ökonomisches Programm für eine gerechtere Welt" (SACHS, 2005a) ebenso eindringlich wie nachvollziehbar auf, dass es durchaus Wege gäbe, das Elend der Welt innerhalb von 20 Jahren weitgehend zu beseitigen. Dem an Entwicklungspolitik interessierten Leser sei dieses Buch nachdrücklich zur Lektüre empfohlen:

Hart geht SACHS mit den **USA** ins Gericht, die dem Irrglauben erlegen seien, Sicherheit sei in einer instabilen Weltordnung primär mit Waffengewalt zu gewährleisten: *„Die 450 Milliarden Dollar, die die US-Regierung 2005 für das Militär ausgeben will, werden niemals den Frieden erkaufen können, wenn sie auch weiterhin nur etwa ein Dreißigstel dieser Summe, nicht mehr als 15 Milliarden, dafür aufwendet, das Elend der Ärmsten der Armen auf der Welt zu lindern, deren Gesellschaften durch extreme Armut destabilisiert und dadurch zu Brutstätten von Unruhe, Gewalt und sogar weltweit agierender Terroristen geworden sind."*: SACHS, 2005a, S. 13f..

Sein Hinweis, dass die USA das Schlusslicht unter den industrialisierten Ländern bilden, wenn es um staatliche Entwicklungshilfe geht, ist zwar richtig, wie noch Abbildung 7.2 in Abschnitt 7.3.3 zeigen wird:

Allein die Einhaltung der alten UNCTAD-Vorgabe, 0,7 % des BNE als Entwicklungshilfe zu leisten (vgl. die Ausführungen in Abschnitt 2.2.2), wird das Problem jedoch nicht lösen.

Addiert man die diversen **Entwicklungsleistungen** der direkten öffentlichen Hilfen, der privaten Spenden, der Entwicklungsfinanzierungen von Weltbank-Gruppe und Regionalen Entwicklungsbanken auf, so erhält man – ohne die diversen 'entwicklungspolitischen' Militärhilfen – leicht einen Betrag der **weit über 50 Mrd. US-Dollar pro Jahr** liegt. Dies ist zweifelsohne ein Betrag, der, wenn er denn wirklich produktiv zur Armutsbekämpfung eingesetzt würde, das Elend der Armen der Welt deutlich mehr lindern müsste, als dies in realitas der Fall ist.

Angemerkt sei zudem noch, dass die **jährlichen Militärausgaben weltweit** (im Jahr 2005) bei **900 Milliarden Euro** bzw. 1,2 Billionen US-$ liegen (zugrundegelegt ist der Wechselkurs von 2007). Dies entspricht einer Summe von **136 Euro** bzw. 184 US-$ **pro Kopf der Weltbevölkerung** (vgl. GAMILLSCHEG, 2007, S. 1): Ein Betrag, der dem jährlichen pro Kopf Einkommen (BIP) vieler Menschen der ganz armen Staaten – wie etwa Äthiopien oder Kongo – nicht nur entspricht, sondern dieses sogar noch übersteigt: Vgl. hierzu noch Abbildung 7.3 in Abschnitt 7.3.4.

Und hier schließt sich der **Kreis der Entwicklungsproblematik**: Auch wenn die bereits industrialisierte Welt sich in der Tat weniger Militärprogrammen, sondern eher aktiver Entwicklungspolitik verschreiben würde, so würde doch jeder weitere zusätzliche Geldeinsatz solange in bodenlosen Fässern von sinnlosen Großprojekten, Verschwendung, Korruption oder gar im persönlichen Besitz von Raubdiktatoren abenden, solange eines nicht gelingt: Die Mittel nicht anonymen Staaten, bzw. deren räuberischen Oligarchien zu gewähren, sondern in Projekte zu investieren, die direkt und unmittelbar denen zu Gute kommen, die sie dringendst benötigen: Den Armen in dieser Welt (z. B. auch in dringend erforderliche Programme zu Verhinderung städtischer Slumbildung, vgl. hierzu das apokalyptische Werk von Mike DAVIS, 2006).

Dies aber wird von einem Großteil der Empfängerstaaten – und hierunter fallen nicht nur die aktuell dramatischsten Outlaws der zivilisierten Welt (2007): Myanmar, Nordkorea, Simbabwe, Sudan, sondern ein Großteil der Entwicklungsländer der Dritten Welt insbesondere Afrikas und auch Lateinamerikas – als Einmischung in die nationale Souveränität betrachtet.

Problematisch an der (hier nicht zu diskutierenden) weltpolitischen Lage ist allerdings, dass es immer wieder zu sogenannten '**Package deals**' kommt:

5.6 Kritische Reflexion zur Entwicklungsfinanzierung

So erhält z. B. Pakistan aufgrund seiner Unterstützung der USA im Krieg gegen das afghanische Taliban-Regime seit 2001 enorme bi- und multilaterale Finanzhilfen, die u. a. auch wieder in die atomare Rüstung fließen werden – sicher nicht in die Unterstützung Armer. Insofern schafft sich die westliche Staatengemeinschaft sehenden Auges neue, möglicherweise existentielle Konfliktpotentiale der Zukunft, nur um gegenwärtiger kurzfristiger Vorteile der Terrorismusbekämpfung in Afghanistan willen.

Logisch erscheint es, dass **Staaten, die sich außerhalb der grundlegenden Werte der Menschenrechte und des Bürgerrechts der westlichen Zivilisationen** (insbesondere der freiheitlichen, sozialverantwortlichen Werte Europas) **stellen, dann auch ihre Entwicklung ohne die Finanzkraft dieser Staaten bewältigen müssen.**

Dies gilt besonders dann, wenn **westliche Finanzhilfe** im Endeffekt sogar dazu führt, dass hierdurch eine **nur aufgrund ausländischer Finanztransfers mögliche Umlenkung heimischer Wirtschaftskraft in Bereiche nationalen Terrors** (wie oben erwähnt insbesondere in den Entwicklungshilfe beziehenden Ländern Myanmar, Sudan und Simbabwe) oder in **militärische Aufrüstung** bis hin zur Atommacht stattfindet (vgl. Pakistan, Indien, Nordkorea und Iran).

Dies ist eine **fundamentale Kritik an einer globalen Entwicklungspolitik**, die letztlich zu sehr **pseudo-ethisch** ausgerichtet ist, und bei näherem Hinsehen auch nicht der Bevölkerung mehr Wohlstand bringt, sondern primär den **Eliten dieser Länder zur Zementierung oder gar Ausweitung ihrer Korruption**, Gewaltherrschaft oder zumindest nicht am Wohl der Bevölkerung ihrer Länder orientierten Politik verhilft.

Allzu leicht wird auch vergessen – abgesehen von grundlegenden ethischen Anforderungen –, dass jeder Finanztransfer von der ersten in die dritte Welt zum einen vom einfachen Steuerzahler der ersten Welt erarbeitet werden muss, und zum anderen sicher nicht zu einer Gefährdung eigener politischer oder gar zivilisatorischer Ziele bzw. Errungenschaften führen darf.

Insofern ist auch eine **stärkere demokratische Kontrolle** der diversen entwicklungsfinanzierenden **internationalen Organisationen** wie IWF, Weltbank oder eben auch der Regionalen Entwicklungsbanken **dringend erforderlich**, die – wie z. B. schon die Politologin Susan STRANGE 1996 formulierte – 'über eine zunehmende Multilateralisierung originärer Staatsaufgaben bei gleichzeitiger Zentralisierung dieser Macht in der Hand weniger 'Econocraten' die Entwicklung der (Welt-) Wirtschaft zunehmend steuern' (vgl. STRANGE, 1996/2000, S. 161 ff.; EIBNER, 2006b, S. 508 – 509).

Teil B   5 Regionale Entwicklungsbanken

Wenn dies gelingt, dann ist ein großer Schritt getan, auch den Armen Afrikas – wie z. B. in den Bildern den Frauen des Stammes der Himba aus der Grenzregion Angolas zu Namibia – und anderer Regionen der Welt in freier Selbstbestimmung eine sichere Existenz und eine Teilhabe an zunehmendem Wohlstand ermöglichen zu können:

Ein Leben, das nicht länger von Bildungslosigkeit, Korruption (vgl. iwd, 2007, S. 4 f.), Hunger und permanenter Lebensbedrohung gekennzeichnet ist.

Abbildung 5.31: Himba im Grenzgebiet Angola – Namibia (Eigene Photos)

5.7 Kontrollfragen

5.1 Welche grundsätzliche Zielstellung hat die Arbeit Regionaler Entwicklungsbanken?

5.2 Was ist der Unterschied zwischen 'Ordinary Resources' und 'Special Funds' Regionaler Entwicklungsbanken?

5.2 Ordinary Resources resultieren aus den Subskriptionszahlungen der

5.3 Welche Argumente führten zur Gründung der EBWE neben anderen bereits bestehenden internationalen Finanzinstitutionen?

5.3 Politische und wirtschaftliche Argumente: Das Zusammenwachsen Europas in wirtschaftlicher und politischer Hinsicht sollte gefördert werden, Märkte in Osteuropa sollten erschlossen werden. Vgl. Abschnitt 5.2.1.

5.4 Wann wurde die EBWE gegründet und welche Länder sind Mitglied?

5.5 Welche Arten von Projekten finanziert die EBWE?

5.6 Wer bestimmt die Geschäftspolitik der EBWE?

5.7 Was kann als ein zentraler Kritikpunkt der Geschäftspolitik der EBWE gelten?

5.8 Wie ist die praktische Bedeutung der EBWE für die ökonomische Entwicklung der osteuropäischen Staaten zu beurteilen?

5.9 Nennen Sie die vier bedeutendsten Regionalen Entwicklungsbanken in der Rangfolge ihrer finanziellen Stärke.

5.10 Welche Staaten sind Mitglied der Asiatischen Entwicklungsbank?

5.11 Über welche Spezialfonds verfügt die Asiatische Entwicklungsbank?

5.12 Welche Staaten sind Mitglied der Interamerikanischen Entwicklungsbank?

5.13 Nennen Sie die selbstständigen Institute, die mit der IADB verbunden sind.

5.14 Was ist die IIC?

5.15 Was ist der MIF, was seine Aufgabe?

5.16 Welche Staaten gehören der Afrikanischen Entwicklungsbank an?

5.17 Mit welchen Spezialfonds kann die Afrikanische Entwicklungsbank mit welcher Zielsetzung operieren?

5.18 Worin liegt das zentrale Effizienzproblem der Entwicklungshilfepolitik generell?

Teil C: Ausgewählte Gremien und Organisationen aus dem Bereich der wirtschaftspolitischen Zusammenarbeit und Integration

6 Gremien internationaler Zusammenarbeit

Eine internationale Zusammenarbeit in wirtschafts- und währungspolitischen Fragen findet nicht nur im Rahmen internationaler Organisationen statt, sondern auch in einer Vielzahl informeller bzw. nicht-vertragsgebundener Gremien.

Insbesondere unter Berücksichtigung der weltpolitischen Entwicklungen seit dem 11. September 2001 gewinnt die informelle internationale Zusammenarbeit zunehmend an Bedeutung auch im Rahmen der Definition und Absprache sinnvoller bzw. zielorientierterer internationaler Wirtschaftshilfe und -koordination.

Nachfolgend werden (basierend auf Ausführungen in EIBNER, 2002, S. 9 ff.) wirtschaftspolitisch relevante Gremien sowohl

- der Industriestaaten (vgl. Abschnitte 6.1 und 0) als auch
- der Entwicklungsländer (Abschnitt 6.3) dargestellt sowie
- finanzpolitisch orientierte Verhandlungs- und Entscheidungsgremien vorgestellt, die sich primär mit Verschuldungsproblemen zwischen Gläubiger- und Schuldnerstaaten befassen (Abschnitt 6.4).

Es wird aufgezeigt,

- mit welchen Problembereichen sich diese Gremien befassen,
- welche Entscheidungen konkret getroffen werden und
- wie relevant diese Entscheidungen für die Entwicklung der Weltwirtschaft sind.

6.1 Die Gruppe der 7 bzw. 8 größten Industriestaaten der Welt: G-7 und G-8

Grundsätzlich ist eine **informelle Zusammenarbeit** deshalb sinnvoll, weil

1. es für Länder vergleichbarer Entwicklung, ähnlicher ökonomischer Interessen und evtl. auch entsprechender Probleme sinnvoll sein kann, sich untereinander abzustimmen, bevor bestimmte Sachverhalte oder Probleme in formellen zwischenstaatlichen Gremien oder Organisationen behandelt werden und

2. weil es hilfreich erscheint, gemeinsame Interessen oder Probleme zunächst mit denjenigen Staatengruppen zu diskutieren, die entweder direkt betroffen sind oder Lösungsbeiträge leisten können.

Die bekannteste informelle Zusammenarbeit findet in der sog. G-7 oder G-8 statt. Diese vor allem durch die **jährlichen Weltwirtschaftsgipfel** bekannte Siebener- oder Achtergruppe der größten Industriestaaten der Welt, tritt i. d. R. einmal jährlich zusammen, um über aktuelle Fragen der Weltwirtschaft und der Weltkonjunktur zu diskutieren und um ggf. **gemeinsame Maßnahmen zur globalen Konjunkturbelebung** oder auch zur **Wechselkursentwicklung** (der drei großen Währungen US-$, Euro und Yen) zu vereinbaren.

6.1.1 Der Weg von der G-5 über die G-4 zur G-7 und G-8

Die heute weltwirtschaftlich relevante G-8 hat ihre **Ursprünge** in der sog. Fünfergruppe der **G-5**. Diese trat erstmals im Jahr 1967 zusammen, als sich die Finanzminister der **USA, Deutschlands, Frankreichs, Großbritanniens und Italiens** im britischen Ort Chequers trafen, um aktuelle zinspolitische Probleme zu erörtern.

Nach dem **Zusammenbruch des Währungssystems von Bretton Woods** 1973 (vgl. hierzu ausführlicher: EIBNER, 2006c, Understanding International Trade: Theory & Policy – Anwendungsorientierte Außenwirtschaft: Theorie & Politik, Teil C, Abschnitt 14.2), wurde diese Form der Kooperation von der Vierergruppe **USA, Großbritannien, Frankreich und Deutschland als G-4** wieder aufgenommen, um die zukünftige Entwicklung des Weltwährungssystems und der Devisenmärkte zu diskutieren. Erweitert wurde diese Vierergruppe noch im Jahre 1973 durch Hinzuziehung **Japans** als fünftem Land und der Zentralbankpräsidenten der teilnehmenden Länder als neuer **G-5**. Erneut erweitert wurde diese Gruppe 1975 zur **G-6**, als der französische Staatspräsident Valéry GISCARD d'ESTAING und der deutsche Bundeskanzler Helmut SCHMIDT zum ersten sog. Weltwirtschaftsgipfel der Staats- und Regierungschefs im französischen Rambouillet einluden und zusätzlich noch **Italien** als sechstgrößte Industrienation eingebunden wurde.

Zur **G-7** wurde diese Gruppe, als 1976 **Kanada** hinzukam; seit 1978 wird zusätzlich die Europäische Gemeinschaft bzw. die **Europäische Union** in personam des Kommissionspräsidenten eingeladen, um die verstärkte europäische Integration zu dokumentieren.

6.1 G-7 und G-8

In den letzten Jahren hat sich die G-7 – zunächst eher im Sinne von Goodwill Einladungen an den damaligen russischen Ministerpräsidenten, Boris JELZIN, danach offiziell – unter **Einbindung Russlands zur G-8** weiterentwickelt.

Noch ist Russland allerdings nur bei den jährlichen Weltwirtschaftsgipfeln der G-8 vertreten und noch nicht voll in das Gremium der Finanzminister und Notenbankpräsidenten der G-7 integriert.

Problematisch an der Einbindung Russlands in die G-8 ist, dass Russlands Präsident lediglich aus **primär politischen Überlegungen** – und keineswegs aus Gründen ökonomischer Sinnhaftigkeit – eingeladen wird, womit die Entscheidungs- und Diskussionskraft des Weltwirtschaftsgipfels immer mehr zu einer öffentlichkeitswirksamen Veranstaltung ohne größere ökonomische Relevanz verkümmert. Konkrete Abstimmungen finden weiterhin im Rahmen der alten G-7 (der Finanzminister und Notenbankpräsidenten) statt.

Aktuell (seit 2005) wird jedoch auch zusätzlich zur hohen politischen Bedeutung die ökonomische Relevanz Russlands für die G-7 immer stärker, da im Zuge der weltweiten Energie-Rohstoffverknappung und der daraus resultierenden hohen Rohöl- und Gaspreise die **energiepolitische Abhängigkeit des Westens von Russland** deutlich zunimmt.

6.1.2 Wirtschaftspolitische Zusammenarbeit der G-7/ G-8

Die bisher von den G-5 bzw. G-7 unternommenen Schritte zu einer **Koordinierung der Wirtschaftspolitik der Industrieländer** sind von Licht und Schatten durchsetzt. Keine ökonomischen Erfolge brachte das auf dem Bonner Wirtschaftsgipfel von 1978 ausgehandelte Übereinkommen, Länder mit niedrigen Inflationsraten bei gleichzeitigen Zahlungsbilanzüberschüssen gemäß der sogenannten 'Lokomotivtheorie' zu verstärkten Staatsausgaben und einer erhöhten Importnachfrage zur Stimulierung der Weltkonjunktur zu animieren.

Im Ergebnis brachte der Versuch, Deutschland und Japan als 'Lokomotiven' der Weltkonjunktur einzusetzen, weltweit mehr Inflation, ohne ein dauerhaftes Wirtschaftswachstum induzieren zu können (dies auch als ein empirischer Beleg für die Gültigkeit der monetaristischen Interpretation der Phillipskurve: Vgl. EIBNER, 2008a: Understanding Economic Policy – Anwendungsorientierte Wirtschaftspolitik, Teil C).

Nach diesem **Scheitern einer nach keynesianischem Vorbild nachfrageorientierten Weltwirtschaftspolitik** kam es seit Beginn der 80er Jahre zunehmend zu Versuchen, über eine **weltweit koordinierte Angebotspolitik** wachstumswirksame Impulse zu setzen: Im Vordergrund standen nun **Inflationsbekämpfung** und **Deregulierung der Wirtschaft**.

Internationale Kooperation bedeutet seitdem primär, dass sich die Partnerländer gegenseitig in ihrem Bemühen bestärken, den Weg nationaler Haushaltskonsolidierung und Deregulierung der Wirtschaft weiter zu verfolgen.

Ein weiterer wichtiger Diskussionspunkt der G-8 ist der **Klimaschutz**, jedoch (Stand des G-8 Gipfeltreffens im deutschen Heiligendamm, 2007) ohne Einigung auf ein Abkommen (vgl. iwd, 2007, S. 2).

6.1.3 Währungspolitische Zusammenarbeit der G-7/ G-8

Auf dem Gebiet der währungspolitischen Zusammenarbeit markiert das Jahr 1985 den Beginn **wirksamer und erfolgreicher internationaler Koordination und Zusammenarbeit** (vgl. Deutsche Bundesbank, 1997b, S. 199 f.).

1985 war unter der Präsidentschaft Ronald REAGANS der **US-$ auf ein historisches Hoch** gegenüber allen Währungen der westlichen Welt gestiegen. Dies führte zu einem **dramatischen Einbruch der US-amerikanischen Leistungsbilanz** mit der Folge, dass in den USA Stimmen insbes. im Kongress laut wurden, die für einen stärkeren Protektionismus eintraten.

Um dieser von der währungspolitischen Seite ausgehenden Gefahr für die weltwirtschaftliche Entwicklung zu begegnen, trafen sich die Staats- und Regierungschefs der G-5 **1985** im New Yorker PLAZA-Hotel und verabschiedeten den sog. **Plaza-Akkord**. Die dort geschlossene Vereinbarung sah vor, durch wirtschaftspolitische Maßnahmen in Verbindung mit koordinierten Interventionen an den Devisenmärkten den stark überbewerteten US-$ durch eine **Abwertung des US-$** näher an die Kaufkraftparität (KKP, zur Erläuterung der KKP siehe Abschnitt 7.3.4) als handelsadäquater Bewertung zu führen. Dieser Plaza-Akkord war **eine der bisher erfolgreichsten internationalen Währungsinterventionen**.

Eine zentrale Maßnahme des Plaza-Akkords war die Verpflichtung der USA, das zinstreibende US-Haushaltsdefizit der REAGAN-Jahre deutlich zu verringern; ohne die Umsetzung dieser Forderung der Europäer und Japaner wären Devisenmarktoperationen weiter erfolglos geblieben.

In der Folge des Plaza-Akkords ist der US-$ lang anhaltend gefallen und drohte bereits 1987 in umgekehrter Richtung die Kaufkraftparität weit zu verfehlen. Ein Gipfel der G-6 (G-7 ohne Italien) vereinbarte daraufhin im Februar **1987** in Paris im sog. **Louvre-Akkord**, wirtschaftspolitische Korrekturen vorzunehmen und an den Devisenmärkten eng zu kooperieren, um **eine erneute Aufwertung des US-Dollars herbeizuführen** – mit Erfolg.

Eine weitere wichtige Aktion der G-7 war der 1996 von den G-7-Finanzministern vorgelegte Bericht über Voraussetzungen internationaler monetärer Stabilität (vgl. Deutsche Bundesbank, 1996, S. 9 f.) und der existierenden **Möglichkeiten und Grenzen von Devisenmarktoperationen.**

Dieser Bericht war 1996 die Grundlage, auf der die Staats- und Regierungschefs vereinbarten, auch in Zukunft Fehlentwicklungen der Wechselkurse mittels gezielter wirtschaftspolitischer Kooperation und abgestimmter Devisenmarktinterventionen bekämpfen zu wollen.

6.1.4 Entwicklungpolitische Zusammenarbeit der G-7/ G-8

Seit 1991 setzt sich die G-7 zur Förderung der Weltwirtschaft für einen **umfassenden Schuldenerlass für die ärmsten** der höchstverschuldeten **Länder** (LDCs) ein. In diesem Kontext sei hingewiesen auch auf Abschnitt 3.4 zum durch die G-8 initiierten Schuldenerlass durch IWF, IDA und AfDB.

Geplant wurde 2001 ein grundsätzlicher Gläubigerverzicht über 34 Mrd. US-$, wodurch sich die Schuldenlast – und damit die in Devisen zu erbringende Zinslast – der ärmsten Staaten um rund zwei Drittel verringern wird. Die G-7 verpflichteten sich darüber hinaus, im Rahmen dieser Schuldenerlassinitiative vollständig auf eine Rückzahlung aller bislang vergebenen staatlichen Entwicklungskredite gegenüber diesen Staaten zu verzichten, so dass die G-7 hier einem 100 %igen Schuldenerlass zustimmten. Als Gegenleistung erhielten die G-7 die Zustimmung der Entwicklungsländer zu einer neuen großen Handelsrunde im Rahmen der WTO – der nachfolgenden Doha-Runde –, die sich insbesondere mit dem Problem der weiteren Öffnung der Märkte sowie mit Grundsätzen international gültiger Sozial- und Umweltstandards befassen sollte (vgl. G-7, 2001, S. 13), wie dies bereits in Abschnitt 1.8 als zentrales zukünftiges Politikfeld der WTO ausgeführt wurde.

Mit Stand 2006 muss jedoch gesagt werden, dass die Doha-Runde im Rahmen der WTO die von den G-7 erhoffte vermehrte Berücksichtigung von Sozial- und Umweltnormen in den Entwicklungs- und Schwellenländern nicht umsetzen konnte: Die Doha-Runde scheiterte im Juli 2006.

Der **G-8 Gipfel** vom Juni 2007 **in Heiligendamm/ Deutschland** hatte als einen zentralen Punkt der Tagesordnung **die ökonomische Entwicklung Afrikas**, die durch die Vergabe von Mikrokrediten an Arme deutlich beschleunigt werden könnte. Die G-8 luden sogar Muhammad YUNUS, den Gründer der GRAMEEN BANK (vgl. Abschnitt 4.4.2) ein, seine Ideen vorzustellen, wie Arme über Mikrokredite zur Finanzierung kleiner Gewerbe, die in die Selbständigkeit führen, der Armut entkommen können.

6.2 Interessenvertretungen der Industriestaaten zur Stärkung internationaler Finanzmärkte und des Welthandels

6.2.1 Die Gruppe der kreditstärksten Industriestaaten der Welt: G-10

Die Gruppe der G-10 fand ihren Ursprung in den 1962 zwischen dem IWF und den Ländern der heutigen G-7 sowie der Niederlande, Belgien und Schweden geschlossenen 'Allgemeinen Kreditvereinbarungen'. Die Schweiz traf 1964 eine vergleichbare IWF-Vereinbarung und ist seitdem 'assoziiertes Mitglied' der 'Zehnergruppe' (ohne dass sich der Begriff der G-11 eingebürgert hätte).

Die G-10 versteht sich als Gruppe der **nach Kreditzusagen 11 stärksten Volkswirtschaften** der Welt. Sie tagt zweimal im Jahr (jeweils kurz vor den Tagungen des Interimsausschusses des IWF) in Form einer Zusammenkunft der Finanzminister bzw. der Zentralbankpräsidenten; zusätzlich nehmen an den Sitzungen der G-10 Vertreter des IWF, der BIZ und der OECD teil, wobei Mitarbeiter dieser Organisationen zugleich alle anfallenden Sekretariatsarbeiten übernehmen, die informelle Gremien nur schwer abdecken können. Vorbereitet werden diese Sitzungen von sog. Stellvertretersitzungen (i. d. R. der Staatssekretäre), die meist identisch sind mit dem OECD-Gremium der Arbeitsgruppe 3 des Wirtschaftspolitischen Ausschusses der OECD (vgl. hierzu noch Abschnitt 7.3.1).

Die G-10 befasst sich primär mit **Problemen des Weltfinanzsystems**; so sind die Übersichten der G-10 zu den Weltwährungsreserven genauer und aussagekräftiger als die vergleichbaren Daten des IWF. Die G-10 war 1971 das maßgebliche Verhandlungsforum für das sog. 'Smithonian Agreement', welches eine Stabilisierung des Weltfinanzsystems nach der Suspendierung der Goldkonvertibilität des US-Dollars durch Richard NIXON erreichen konnte und die Lebensdauer des Systems von Bretton-Woods nochmals bis etwa 1973 hinauszögern konnte (vgl. hierzu EIBNER, 2008a, Understanding Economic Policy – Anwendungsorientierte Wirtschaftspolitik, Teil C).

1985 erstellte die G-10 einen **Bericht gegen die Rückkehr zu festen Wechselkursen**, den der US-Präsident Ronald REAGAN erwogen hatte. 1989 veröffentlichte die G-10 eine von den internationalen Finanzmärkten stark beachtete Studie über die Rolle von **IWF und Weltbank** in der **Schuldenstrategie der Gläubigerstaaten gegenüber** den **Schuldnerstaaten** der Schwellen- und Entwicklungsländer.

1995 wurde seitens der G-10 eine Studie publiziert, in der eine **Senkung der weltweit hohen Haushaltsdefizite** als zentrale Voraussetzung für eine dauerhafte Senkung des Realzinsniveaus gefordert wurde.

Aktuell beschäftigt sich die G-10 vermehrt mit den zunehmenden **internationalen Kapitalbewegungen**, die sich immer stärker auch auf spekulative Engagements in den Rohstoffmärkten ausdehnen und nicht unwesentlich zu den gegenwärtig (2005/2007) nachhaltig hohen Rohstoffpreisen insbesondere am Rohölmarkt beitragen.

6.2.2 Die Gruppe der wirtschaftsstärksten Industriestaaten der Welt: G-20

Die G-20 wurde **1999** von der G-7 als Reaktion auf die Finanzkrise von 1997/98 als **neuestes Gremium internationaler Kooperation** und Interessenvertretung geschaffen.

Sie setzt sich zusammen aus den Finanzministern und Zentralbankchefs der Länder Argentinien, Australien, Brasilien, China, Deutschland, Frankreich, Großbritannien, Indien, Indonesien, Italien, Japan, Kanada, Korea, Mexiko, Russland, Saudi-Arabien, Südafrika, Türkei, USA sowie der EU als Institution und Vertreterin der nicht mit eigenem Sitz in den G-20 vertretenen EU-Staaten.

Die G-20 stellt damit die 19, bzw. unter Einbezug der Europäischen Union 20, wichtigsten Volkswirtschaften der Welt dar, die

- **87 % der Weltwirtschaftsleistung,**
- **80 % des Welthandelsvolumens,**
- **65 % der Weltbevölkerung,**
- aber auch **65 % der Armen der Welt**

abbilden. Außerdem sind in der G-20 noch Weltbank und IWF vertreten.

Das Gremium tagt im Regelfall einmal im Jahr und verfolgt die beiden übergeordneten Ziele:
1. **Stabilisierung des Weltfinanzsystems** und
2. **Liberalisierung des Welthandels.**

Als weitere, nachgeordnete, Ziele werden genannt:
- Inflationsbekämpfung,

- niedrige, wachstumsförderliche Rohstoffpreise,
- einheitliche Finanzmarktstandards mit den Unterzielen
  - Veröffentlichung von Finanzdaten,
  - Bankenaufsicht,
  - Liberalisierung nationaler Finanzmärkte,
- sowie auch Verringerung der Armut.

Aktuell (Stand 2005/07) befasst sich die G-20 schwerpunktmäßig zum einen mit der **Sicherung der Rohölversorgung** und forderte bereits im Oktober 2005 bei ihrem Jahrestreffen in Xianghe nahe Peking mehr Investitionen zum Ausbau der Ölförderung und der Raffinerien, da 'anhaltend hohe und unbeständige Ölpreise den Inflationsdruck verstärken, das Wachstum verlangsamen und Instabilität in der Weltwirtschaft auslösen'. Gegen diese Ungleichgewichte will die G-20 'entschlossen vorgehen und die notwendigen Maßnahmen im Rahmen der Finanz-, Geld- und Wechselkurspolitik ergreifen, um diese Ungleichgewichte aufzulösen und diese Risiken zu überwinden.' (Vgl. das Abschlusskommuniqué der G-20, 2005a, S. 7 f.)

Der zweite Schwerpunkt in der Arbeit der G-20 Ende 2005 war der Versuch, die sogenannte DOHA-Verhandlungsrunde der WTO in Hongkong vom Dezember 2005 zu einem weiteren (allerdings fehlgeschlagenen) Deregulierungserfolg zu führen: Zielstellung war eine '**Abschaffung aller Formen von Exportsubventionen für landwirtschaftliche Produkte**' und die '**bedeutende Verbesserung des Handelszugangs zu den Märkten der G-20**'. (Vgl. das Abschlusskommuniqué der G-20, 2005b, S. 19.)

Dieser Versuch scheiterte jedoch im Juli 2006 und die Doha-Runde endete erfolglos.

6.3 Interessensvertretungen der Entwicklungsländer: Die Gruppe der 77 und die Gruppe der 24

6.3.1 Die Gruppe der Entwicklungsländer: G-77

Das **zentrale informelle Gremium der Entwicklungsländer** ist die Gruppe der 77, die zurückgeht auf den sog. 'Ausschuss der 75', der sich 1964 auf Ministerebene zur Vorbereitung der Gründung der UNCTAD bildete. Nach Abschluss der ersten UNCTAD Runde nahmen 77 Entwicklungsländer zu den handelspolitischen Ergebnissen dieser Runde Stellung.

1967 vereinbarte die G-77 in der 'Erklärung von Algier' eine **ständige Zusammenarbeit in weltwirtschaftlichen Fragen**, um gemeinsame Positionen für die mit den Industriestaaten im Rahmen der UNCTAD geführten Verhandlungen zu finden.

Aktuell sind in der Gruppe der 77 mit 131 Ländern fast alle Entwicklungsländer der Welt vertreten (ohne dass sich die Bezeichnung der informellen Gruppe als G-77 geändert hätte). Der wirtschaftliche und politische Einfluss der G-77 ist – wohl nicht zuletzt infolge ihrer extremen Heterogenität – äußerst gering. Diese **Bedeutungslosigkeit** wird noch dadurch verstärkt, dass nach Ende des kalten Krieges aktuell weder die USA noch Russland oder gar Europa aus politischen Gründen zu größeren ökonomischen Zugeständnissen an die Dritte Welt motiviert sind.

6.3.2 Die Gruppe der 24: G-24

Die Gruppe der 24 wurde 1972 von der G-77 als **währungspolitisches Sondergremium der Schwellen- und Entwicklungsländer** gegründet. Die G-24 besteht in wechselnder Zusammensetzung aus **jeweils acht Mitgliedstaaten Afrikas, Asiens und Lateinamerikas**; an den Beratungen beteiligt sind Vertreter des IWF und der Weltbank. Andere internationale Organisationen können als Beobachter teilnehmen.

Die G-24 war als ein Gegenpart der Dritten Welt zur G-10 gedacht. Wie die G-10 erstellt auch die G-24 programmatische Empfehlungen zur internationalen Währungspolitik, so u. a. 1979 das 'Aktionsprogramm zur Reform des internationalen Währungssystems' und 1985 eine Stellungnahme zur 'Funktionsweise und Verbesserung des internationalen Währungssystems' sowie 1990 den Bericht zur 'Rolle von IWF und Weltbank im Zusammenhang mit der Schuldenstrategie' als Gegenthese zum in Abschnitt 6.2.1 genannten Bericht der G-10 von 1989 zum gleichen Thema.

6.4 Interessensvertretungen der Finanzwelt: Pariser Club, Londoner Club und Institute of International Finance

6.4.1 Der Pariser Club

Der Pariser Club ist seit 1956 die **Plattform für Umschuldungen von Krediten öffentlicher** – also staatlicher – **Gläubiger**. Seine Besonderheit besteht darin, dass ein Schuldnerstaat Gelegenheit hat, bei evtl. bestehenden Überschuldungs- oder Umschuldungsproblemen mit sämtlichen Gläubigern gleichzeitig zu verhandeln.

Die Institution des Pariser Clubs geht auf das Jahr 1956 zurück, als Frankreich auf Bitten der Regierung Argentiniens eine **multilaterale Gläubigersitzung** in Paris organisiert hatte, um die Zahlungsprobleme Argentiniens mit allen Gläubigerstaaten gleichzeitig beraten bzw. regeln zu können. Der Vorsitz im Pariser Club liegt – seit 1956 – traditionell bei der französischen Regierung.

Der Sinn dieser Art von offiziellen Schuldenverhandlungen wurde am Beispiel Argentiniens schnell deutlich: Der Vorteil für den Schuldner liegt in der Möglichkeit, seine Schuldenprobleme mit allen Gläubigern zeitgleich verhandeln zu können und der Vorteil einer solchen Problembewältigung für die Gläubigerseite liegt darin, dass die Gläubiger sicher sein können, dass bei allen Ansätzen zur Bewältigung des Schuldenproblems der **Grundsatz der Gleichbehandlung** gewahrt ist.

Der Pariser Club ist damit ein sehr **effizientes Gremium zur Bewältigung von Schuldenkrisen** in breitem Konsens aller Beteiligten. Der Zugang zum Pariser Club steht grundsätzlich jedem Gläubigerland offen, das von Zahlungsproblemen eines Schuldners betroffen ist.

Die Bereitschaft der Gläubiger zu Zugeständnissen an die Schuldner wird vor allem auch dadurch erhöht, dass Umschuldungsprogramme vom Pariser Club grundsätzlich nur dann akzeptiert bzw. mitgetragen werden, wenn der IWF die Umschuldungsverhandlungen positiv begleitet und die Schuldner mit dem IWF ein konditionales Anpassungsprogramm vereinbaren.

Der IWF nimmt insofern auch an den Verhandlungen nicht nur als Beobachter teil, sondern hat mittels seiner Kenntnis der finanziellen und wirtschaftlichen Situation des Schuldnerlandes ganz wesentlichen Einfluss auf das Umschuldungsvolumen und die Umschuldungsfristen.

Es liegt natürlich nahe, dass diese bedeutsame Rolle des IWF gleichzeitig auch die große Gefahr einer weltumspannenden Einflussnahme des IWF auf die Wirtschafts- und Finanzpolitik von Schuldnern und Gläubigern in sich birgt: Vgl. hierzu u. a. die Kritik von Susan STRANGE an multilateralen Organisationen von 'Econokraten' wie denen des IWF (STRANGE, 1996/2000, S. 161 ff., vgl. hierzu auch EIBNER, 2006b, S. 508 f. oder auch erneut Susan GEORGE, 1988).

1986 bis 1988 kam es zur ersten großen Schuldenkrise Mexikos. Im Rahmen der Bewältigung dieser Krise durch Umschuldung mussten auch bei anderen lateinamerikanischen Staaten Bankkredite in einer Gesamthöhe von 157 Mrd. US-$ umgeschuldet werden, wovon 16 Mrd. Euro durch den Pariser Club koordiniert wurden.

Eine der bislang bedeutendsten Aktionen des Pariser Clubs war die Zusammenarbeit mit IWF und Weltbank im Rahmen des sog. **BRADY-Plans zur Entschärfung der Verschuldungskrise Lateinamerikas**: Die 1989 akut werdende Überschuldung insbesondere Brasiliens, Mexikos und Argentiniens (vgl. EIBNER, W., 1991a, S. 240 ff. und 1991b) führte zu einem Engagement der Bretton-Woods-Institute in Höhe von 25 Mrd. US-$ für Schuldenrückkauf und Zinssicherung. Darüber hinaus gab der Pariser Clubs die Zusage, im Zuge dieses BRADY-Plans Auslandsschulden der betroffenen Regierungsgläubiger langfristig zu strecken und die Transferlast aus Zinszahlungen auf Basis von bis zu 90 prozentiger Zinskapitalisierung über 10 Jahre weitgehendst zu vermindern (ausführlicher hierzu: EIBNER, 1991a, S. 420 ff.).

Zwischen 1989 und 1995 haben insgesamt 13 Schuldnerländer mit ihren Gläubigern Vereinbarungen zu einem Gesamtschuldenbetrag von 191 Mrd. US-$ getroffen: Vereinbart wurden Schuldenreduktionen und vor allem der Tausch von Buchkrediten in langlaufende Anleihen, die durch vom IWF bereitgestellte Kredite abgesichert wurden.

1998/99 hochbrisant waren die **Umschuldungsverhandlungen des Pariser Clubs in Ergänzung der Stützungsaktionen des IWF** mit vielen Staaten Südostasiens im Rahmen der dramatischen Bankenzusammenbrüche Malaysias, Thailands, Indonesiens, Südkoreas u. a. Staaten **Südostasiens** und der dadurch hervorgerufenen Finanzkrise Südostasiens 1997/98.

Im Jahr 2001 waren die **Zahlungsmoratorien Russlands** die drängendsten Probleme, die vom Pariser Club wieder in enger Kooperation mit dem IWF mit der Russischen Regierung verhandelt wurden. Es ging allein in 2001 um ausstehende Tilgungen in Höhe von 1,25 Mrd. US-$ und um Zinszahlungen in Höhe von 2,6 Mrd. US-$, die bis zum Jahr 2003 auf über 17 Mrd. US-$ angestiegen wären. Diese Verpflichtung hätte von Russland keinesfalls gezahlt werden können, da allein durch diese mehr als ein Drittel des gesamten Staatsbudgets zu dieser Zeit beansprucht worden wäre. Die Gesamtschuld Russlands gegenüber dem Pariser Club lag im Jahr 2001 noch bei über 50 Mrd. US-$, davon entfielen allein rund 17 Mrd. US-$ auf Deutschland.

Mittlerweile (2007) hat sich die russische Finanzsituation jedoch drastisch gebessert: Neben dem großen Schuldenmoratorium von 2001 ist hierfür vor allem der starke Anstieg der Preise für Rohöl und Erdgas verantwortlich.

Aktuell ist der Pariser Club – zusammen mit dem IWF, der Weltbank, der AfDB und der OECD – stark eingebunden in die **Schuldenerlassprogramme zugunsten der ärmsten Länder der Welt**, vornehmlich in Afrika.

6.4.2 Der Londoner Club und das IIF

Parallel zum Pariser Club existiert in London seit 1976 – als die Auslandsschuld des damaligen Zaires umgeschuldet werden musste – ein **informelles Gremium ausgewählter international tätiger Gläubigerbanken**, welches sich ebenfalls mit der Bewältigung von Schuldenkrisen befasst.

Im Gegensatz zum Pariser Club befasst sich dieses Gremium nicht mit Umschuldungen gegenüber öffentlichen Gläubigern, sondern allein mit **Krediten** zwischen **öffentlichen Schuldnern** und **privaten Gläubigern**.

Ein weiterer Unterschied zur Umschuldungspolitik des Pariser Clubs liegt darin, dass **grundsätzlich keine Zinsfälligkeiten umgeschuldet** werden (die entsprechend vieler nationaler Bilanzvorschriften zu einer zwangsweisen Wertberichtigung des Gesamtforderungsbestandes führen würden, was keinesfalls im Interesse der Gläubigerbanken sein kann).

Seit 1982, als es um die Bewältigung der 1982 ausgebrochenen großen Schuldenkrise Lateinamerikas ging, ist der Londoner Club zusammen mit den staatlichen Gläubigern des Pariser Clubs und der Bretton-Woods-Institute, IWF und Weltbank, eine entscheidende Größe bei der Bewältigung von Schuldenkrisen oder Krisen des globalen Finanzsystems mittels Forderungsverzichts.

Eine wesentliche – primär bilanztechnisch motivierte – **Strategie des Londoner Clubs** zur Lösung von Überschuldungen ist die **Gewährung relativ großzügiger Schuldenerlasse**, um als Gegenleistung dann wieder regelmäßige Zinszahlungen auf die Restschuld verbuchen zu können, so dass es zu einer Minimierung von notwendigen Wertberichtigungen in Form von Abschreibungen auf Forderungen kommt.

Im Jahr 2000 hatte der Londoner Club **Russland** einen großzügigen milliardenschweren Schuldenerlass bewilligt; eine Maßnahme, die auf wenig Verständnis des Pariser Clubs gestoßen war, der sich kurz darauf um die Einhaltung aller finanziellen Verpflichtungen seitens Russlands bemühte (letztlich aber wohl nur Dank des vorangegangenen Schuldenerlasses des Londoner Clubs dann auch erfolgreich).

6.4 Interessensvertretungen der Finanzwelt

In engem Kontakt mit dem Londoner Club der Geschäftsbanken steht das 1983 ebenfalls von international tätigen Banken gegründete **Institute of International Finance** (IIF) mit Sitz in Washington. Ziel des IIF ist die **Verbesserung** der **Information über Schuldnerländer** und der **Kommunikation zwischen Gläubigern**. Es werden gemeinsame Positionen der Banken erarbeitet und gegenüber den Schuldnerländern und internationalen Organisationen (insbesondere den Bretton-Woods Instituten) vertreten.

6.5 Kontrollfragen

6.1 Warum ist es sinnvoll, informelle Gremien internationaler Kooperation zu schaffen?

6.2 Was versteht man unter G-7 und G-8?

6.3 Welche bisherigen wirtschafts- und währungspolitischen Aktionen der G-7 sind besonders hervorzuheben?

6.4 Worin liegt die Bedeutung der G-10?

6.5 Was sind die zentralen Zielstellungen der G-20?

6.6 Welche zentralen Zielsetzungen verfolgen die G-77?

6.7 Wie setzen sich die G-24 zusammen und welche Zielsetzung verfolgen sie?

6.8 Was ist und welche Aufgaben hat der Pariser Club?

6.9 Erläutern Sie kurz Aufgaben des Londoner Club und des IIF.

7 Die Organisation für wirtschaftliche Zusammenarbeit und Entwicklung (OECD)

Im Folgenden wird ein Überblick über die OECD gegeben, der untergliedert ist in die Themenbereiche

- historisch-ökonomischer Hintergrund der OECD (Abschnitt 7.1),
- Ziele, Aufgaben, Mitglieder der OECD als eine der bekanntesten europäischen Wirtschaftsorganisationen (Abschnitt 7.2),
- wichtigste ökonomische Aktivitäten der OECD (Abschnitt 0.1), inkl. eines Überblickes über die Wirtschaftsleistung ausgewählter Länder (Abschnitt 7.3.4), sowie
- besondere Relevanz der OECD auch für den Praktiker (Abschnitt 7.4).

7.1 Gründung der OECD aus der OEEC

Die OECD wurde am 14.12.1960 in Nachfolge der Organisation für europäische wirtschaftliche Zusammenarbeit (OEEC) von 20 westeuropäischen Staaten und den USA gegründet (vgl. hierzu HARBRECHT, 1993a, 1993b).

Die **OEEC war bereits 1948 mit Sitz in Paris gegründet** worden. Primäre **Zielsetzung** der OEEC war es, durch eine **Verbesserung der wirtschaftlichen Rahmenbedingungen** in den westeuropäischen Ländern die **amerikanische Wirtschafts- und Finanzhilfe insbesondere im Rahmen des MARSHALL-Planes zu unterstützen** bzw. möglichst effizient zu gestalten.

Die damaligen Gründungs-Mitgliedstaaten der OEEC (Organisation for European Economic Co-operation) waren Frankreich, Großbritannien, Bundesrepublik Deutschland (ab 31.10.1949, als Rechtsnachfolger der drei westalliierten Besatzungszonen, die Gründungsmitglieder waren) und die BeNe-Lux-Staaten, Dänemark, Griechenland, Irland, Island, Italien, Norwegen, Österreich, Portugal, Schweden, Schweiz sowie die Türkei. Spanien trat 1959 bei und die USA sowie Kanada waren als 'Geberländer' des wirtschaftlichen Wiederaufbaus seit 1950 assoziierte Mitglieder. Den Sonderstatus einer vollen Mitarbeit ohne Mitgliedschaft hatten (aus politischen Gründen) seit 1959 Jugoslawien und Finnland.

Zentrale Errungenschaften der OEEC – die ab 1961 in der OECD weitergeführt wurden – waren:

- 1950 die Gründung der bis 1958 bestehenden 'Europäischen Zahlungsunion' (EZU), durch die ein multilaterales Clearing-System für den Zahlungsverkehr zwischen den OEEC-Ländern geschaffen wurde,
- 1955 der Abschluss des 'Europäischen Währungsabkommens', um die dann 1958 eingeführte Konvertibilität der angeschlossenen europäischen Währungen vorzubereiten und zu sichern.

Nicht gelungen war das Vorhaben der OEEC, eine große europäische Freihandelszone zu schaffen. Stattdessen kam es zur **Parallelentwicklung zweier unterschiedlicher ökonomischer Integrationskonzepte**: Der Europäischen Wirtschaftsgemeinschaft (**EWG**) unter Führung Frankreichs und Deutschlands sowie der Europäischen Freihandelszone (**EFTA**) unter Führung Großbritanniens (vgl. hierzu Abschnitt 8.1.1).

Nach Errichtung der EWG und **Spaltung der OECD Staaten in zwei Staatengruppen unterschiedlicher ökonomischer Integrationswünsche** (EWG als Form einer Zollunion mit weitergehender politischer Integrationsabsicht und der EFTA als Form einer reinen Freihandelsunion ohne weitere Integrationsziele) hatte die OEEC als primäres Forum der ökonomischen Integration in Europa ausgedient.

1961 wurde die OEEC durch die am 14.12.**1960 gegründete OECD** als angedachtes **weltweites Kooperationsgremium** abgelöst, die sich im Laufe der Jahre zu einem Gremium nicht mehr nur europäischer Staaten, sondern **industrialisierter Staaten** wandeln sollte.

7.2 Mitgliedschaft, Ziele und Aufgaben

Mitte 2007 gehörten der OECD – wie Abbildung 7.1 zeigt – 30 Staaten an. Diese Staaten verfolgen im Rahmen der OECD folgende **Ziele**:

- Einen stetig steigenden Lebensstandard in den Mitgliedsländern unter Wahrung der **finanziellen Stabilität** durch **optimale Wirtschaftsentwicklung und Beschäftigung**,
- **Förderung des wirtschaftlichen Wachstums** der Mitgliedsländer und der Entwicklungsländer, eine
- **Ausweitung des Welthandels** sowie
- **Bekämpfung von Wettbewerbsbeschränkungen** z. B. in Form von Kartellen.

7.2 Mitgliedschaft, Ziele und Aufgaben der OECD

Organisation für wirtschaftliche Zusammenarbeit und Entwicklung: OECD			
Land (Beitrittsjahr[1]) (EU-Staaten fett)	Bevölkerung 2006 in Millionen	Bruttoinlands- produkt 2005 KKP in Mrd. Euro	BIP pro Kopf im Jahr 2005 KKP in Euro [2]
Luxemburg	0,5	27	47.521
Norwegen	5	166	36.154
USA	298	10.600	35.726
Irland	4	141	35.043
Island	0,3	9	30.427
Dänemark	6	161	29.573
Kanada	33	952	29.060
Österreich	8	229	27.949
Schweiz	8	207	27.607
Australien (1971)	20	547	27.265
Japan (1964)	127	3.434	26.923
Belgien	10	277	26.838
Finnland (1969)	5	138	26.410
Niederlande	16	427	26.068
Deutschland	82	2.140	26.000
Großbritannien	61	1.564	25.897
Frankreich	61	1.552	25.556
Schweden	9	229	25.470
Italien	58	1.451	24.957
Spanien	40	879	21.795
Neuseeland (1973)	4	87	21.538
Griechenland	11	203	18.974
Süd-Korea (1996)	49	825	17.436
Tschechische Republik (1995)	10	170	16.667
Portugal	11	174	16.496
Ungarn (1996)	10	139	13.932
Slowakei (2001)	5	74	13.761
Polen (1996)	39	439	11.368
Mexiko (1994)	108	912	8.547
Türkei	70	489	7.009

1) Soweit (in Klammern) nicht anders angegeben, gehören die Länder der OECD seit deren Gründung im Jahr 1961 an.
2) Berechnung auf Basis Kaufkraftparitäten (KKP).

Abbildung 7.1: Mitgliedstaaten der OECD, 2006 (Daten aus [www OECD 09/2006 - BIP] und [www OECD 09/2006 - Bevölkerung]; *eigene Berechnungen in Euro* auf Basis Kaufkraftparität 1,17 US-$ = 1 Euro, vgl. DEKA Bank, 2004, S. 5 oder [www DEKA BANK 03/2004], S. 5)

Um diese Ziele zu erreichen, nimmt die OECD vor allem folgende Aufgaben durch **Koordination nationaler Wirtschaftspolitiken** wahr (vgl. hierzu auch die regelmäßig aktualisierten ausführlichen Berichte der OECD im Internet (vgl. http://www.oecd.org)):

- Zusammenarbeit in Fragen der **Koordinierung der allgemeinen Wirtschafts- und Währungspolitik**, auch in Bezug zu Nicht-Mitgliedern, vor allem der Staaten Osteuropas;
- Bereitstellung **aussagefähiger Statistiken** zu den verschiedensten ökonomischen Gebieten zur Beschreibung des Ist-Zustandes, der wirtschaftlichen Entwicklung im Zeitvergleich, aber auch zur Prognose;
- Erstellung von **Berichten zur allgemeinen Wettbewerbssituation** (Industrial Competitiveness Policies), inkl. der Ausarbeitung von **Vorschlägen zur härteren Verfolgung von Kartellverstößen** in den Mitgliedsländern, wie z. B. Mitte 2002 von der OECD vorgeschlagen wurde: So forderte die OECD zur Eindämmung wettbewerbsschädigenden Kartellverhaltens u. a. merkliche Freiheitsstrafen für das beteiligte Management, da die abschreckende Wirkung der bisher in der OECD üblichen reinen Geldstrafen kaum relevant in Relation zu den mittels Marktbeschränkung möglichen erzielbaren Gewinnen ist.
- Erarbeitung von Strategien gegen **Korruption** und **organisiertes Wirtschaftsverbrechen**;
- Entwicklung internationaler **Zukunftsszenarien** möglicher weiterer wirtschaftlicher Entwicklung;
- **Bestandsaufnahmen** bestimmter für die OECD-Staaten **problematischer Branchen** wie Schiffbau, Stahl, Montanindustrie, u. a.;
- 'SMEs: **Small and Medium-sized Enterprises**', eine von der OECD ins Leben gerufene Institution auf der Basis eines 'Bündnisses für Arbeit' für kleine und mittelständische Unternehmen (KMU) in globalerer Dimension;
- Lösung **politischer und technischer Probleme im Energie-, Verkehrs- und Agrarbereich**;
- **internationale Koordination** und Lösung von Problemen am **Arbeitsmarkt** insbesondere in den Bereichen **Bildung, Erziehung** und sozialer Rahmenbedingungen wie vor allem der zunehmenden **Überalterung** der europäischen Gesellschaften;
- Beschäftigung mit **Trends** und **Alternativen im Transportbereich**;
- **Liberalisierung** des internationalen **Dienstleistungs-** und **Kapitalverkehrs**, wie auch

- Regelungen des nationalen und internationalen **Kapitalmarktes**;
- Erörterung handelspolitischer Fragen in **Abstimmung mit der WTO**;
- **Koordination der Entwicklungshilfe** sowie der **wirtschaftlichen Hilfe für ökonomisch schwächere OECD-Länder**, aber auch für Entwicklungsländer (hervorzuheben ist in diesem Zusammenhang vor allem der Club du Sahel).

Von neuerer und zugleich zunehmender Bedeutung sind außerdem

- **Aktivitäten im Umweltbereich**, insbesondere auch unter dem Stichwort des 'Sustainable Development'.

Dabei handelt es sich um Programme einer Wirtschaftsentwicklung auf Basis dauerhafter Ressourcenschonung.

Im Rahmen des 'Sustainable Development' wird eine **Nachhaltigkeit des Wirtschaftens** gefordert: Sowohl im Rahmen der Umweltökonomie als gesellschaftlichem Versuch generell ökonomische Entscheidungen umweltorientiert zu steuern, als insbesondere auch im Rahmen eines Umweltmanagements vor Ort in der konkreten Umsetzung einer umweltorientierten Betriebswirtschaft in den Betrieben und Unternehmen.

Sustainable Development steht damit für eine wirtschaftliche Entwicklung, die den Bedürfnissen der Gegenwart entspricht, ohne die Möglichkeiten zukünftiger Generationen, ihre eigenen Bedürfnisse befriedigen zu können, zu beschneiden. Zentral an diesem Konzept ist die Forderung, dass der Wohlstand der lebenden, bzw. ökonomisch agierenden Generationen nicht auf Kosten zukünftiger Generationen erwirtschaftet werden darf. Konkret bedeutet dies, dass die Welt in einem Zustand zu erhalten ist, der **zukünftigen Generationen ein Leben ermöglicht, das qualitativ mindestens dem gegenwärtigen Niveau** entspricht (vgl. The WORLD COMMISSION on ENVIRONMENT and DEVELOPMENT, 1990, der sog. 'Brundtland Report').

Weitere **neuere Tätigkeitsfelder** der OECD sind:

- Analysen und Berichte zur **Forschungs- und Technologiepolitik**, insbesondere der Bereiche Innovationen, Wissensmanagement, Biotechnologie und Grundlagenwissenschaften/ Megascience,
- **Telekommunikations-** und **Informationsdienste** sowie
- **elektronischer Handel**, insbesondere unter dem Aspekt einer zunehmenden internationalen Relevanz des Worldwide Web (Internet).

7.3 Organe und wichtigste Aktivitäten der OECD

Die OECD ist primär ein **multilaterales Diskussionsforum**, das eng mit allen in diesem Teil vorgestellten Organisationen zusammenarbeitet und primär auf eine Förderung von **Informationsaustausch** und **wirtschaftlicher Kooperation** abzielt. Damit liegt die **Bedeutung** der OECD weniger in verbindlichen Beschlussfassungen zur Lösung konkreter Probleme, sondern vielmehr in der Diskussion aktueller und struktureller Probleme der Weltwirtschaft bzw. der weltweiten wirtschaftlichen Integration.

Aufgrund ihrer besonderen Bedeutung sollen im Folgenden die nachstehenden Ausschüsse und Arbeitsgruppen kurz skizziert werden:

- Der Wirtschaftspolitische Ausschuss (EPC),
- der Ausschuss für Kapitalverkehr und unsichtbare Transaktionen (CMIT),
- der Ausschuss für internationale Investitionen und multinationale Unternehmen (CIME),
- der Ausschuss für Finanzmärkte (CFM),
- der Ausschuss für Entwicklungshilfe (DAC).
- Ein weiterer zentraler inhaltlicher Punkt der OECD ist die **enge Zusammenarbeit mit der Internationalen Energieagentur** (IEA). Die OECD arbeitet seit 1974 eng mit der IEA in den Zielsetzungen einer Förderung der Diversifizierung der Energieträger und der Öl-Bezugsquellen zusammen. Außerdem können zur Vorsorge vor Versorgungskrisen Bevorratungsverpflichtungen und in Krisen auch Nachfragebeschränkungen sowie ggf. Ölverteilungsmechanismen unter den Mitgliedstaaten organisiert und koordiniert werden.

7.3.1 Der Wirtschaftspolitische Ausschuss

Der **Wirtschaftspolitische Ausschuss** (EPC) analysiert auf der Ebene leitender Beamter der Wirtschaftsministerien und der Notenbanken jährlich zweimal die Wirtschaftslage im OECD-Raum und diskutiert die nationalen wie internationalen Auswirkungen nationaler wirtschaftspolitischer Maßnahmen mit der Absicht, diese zu harmonisieren.

Ergebnisse des EPC (Economic Policy Committee) werden in der halbjährlich erscheinenden Publikation des 'Economic Outlook' der OECD veröffentlicht.

7.3 Organe und wichtigste Aktivitäten der OECD

Einzelaspekte der Wirtschaftspolitik werden in zwei Arbeitsgruppen diskutiert. Einmal in der **Arbeitsgruppe 1 Fragen der Strukturpolitik** und in der anderen, traditionell als **Arbeitsgruppe 3** bezeichneten Gruppe, **Fragen der Währungspolitik**, wobei sich diese Arbeitsgruppe als '**Währungsausschuss der OECD**' versteht, in dem – abweichend von allen anderen OECD-Gremien – nur Vertreter der 11 größten Kreditgeberländer teilnahmeberechtigt sind:

Die sog. G-10, die sich traditionell als 'Große 10' bezeichnen, obwohl diese Gruppe mit der Schweiz mittlerweile 11 Mitglieder zählt: Belgien, Deutschland, Frankreich, Großbritannien, Italien, Japan, Kanada, Niederlande, Schweden und die USA (vgl. hierzu auch Abschnitt 6.2.1) sowie Vertreter maßgeblicher internationaler und europäischer Institutionen (IWF, BIZ, EU-Kommission und EZB).

Gegenstand der Beratungen des Währungsausschusses der OECD sind vor allem für OECD-Staaten relevante Zahlungsbilanzungleichgewichte und Probleme auf den Devisenmärkten.

Ein weiterer wichtiger Arbeitsaspekt des Wirtschaftspolitischen Ausschusses sind **Analysen der Wirtschaftslage und -politik der einzelnen Mitgliedstaaten**, die im angeschlossenen sog. '**Ständigen Prüfungsausschuss für Wirtschafts- und Entwicklungsfragen**' (EDRC: Economic and Development Review Committee) erarbeitet werden. Dabei werden die größeren OECD Staaten etwa alle 1½ Jahre überprüft; kleinere Ökonomien seltener. Die hieraus resultierenden Länderberichte entstehen auf Basis intensiver Gespräche nicht nur mit den maßgeblichen Regierungsstellen und Zentralbanken, sondern auch mit nationalen Wirtschaftsforschungseinrichtungen.

Länder, die der OECD beitreten wollen, werden von der Arbeitsgruppe 3 und der EDRC einer vergleichenden Prüfung unterzogen, die den Charakter einer Aufnahmeprüfung hat, die nur Ländern den Beitritt zur OECD erlaubt, die einen OECD-konformen 'Reifegrad' der ökonomischen Entwicklung erreicht haben (vgl. DEUTSCHE BUNDESBANK, 1997b, S. 173 f.).

7.3.2 Der Ausschuss für Kapitalverkehr und unsichtbare Transaktionen und der Ausschuss für Finanzmärkte

Der Ausschuss für Kapitalverkehr und unsichtbare Transaktionen (CMIT: Committee on Capital Movements and Invisible Transactions) überwacht die von den Mitgliedstaaten eingegangenen Verpflichtungen zum Abbau von Beschränkungen des internationalen Dienstleistungs- und Kapitalverkehrs.

Die Verpflichtungen der OECD-Staaten sind in zwei vom OECD-Rat beschlossenen Liberalisierungskodizes festgelegt, die letztlich bereits auf einen Kodex der OEEC von 1951 zurückgehen:

1951 hatte die OEEC bereits eine Liberalisierung des Handels und der unsichtbaren Transaktionen beschlossen, die 1959 kodifiziert wurden. Mit Übergang zur OECD wurden diese Kodizes 1961 allerdings ohne Bezug zu einer Liberalisierung des Außenhandels übernommen, da Aspekte des Außenhandels mittlerweile vom GATT (seit 1995 von der WTO – vgl. Kapitel 1) wahrgenommen wurden, und Überschneidungen mit der Welthandelsorganisation vermieden werden sollten und sollen.

Zentraler Inhalt der Liberalisierungskodizes ist es, dass Transaktionen zwischen OECD-Staaten genau so ungehindert möglich sein sollen wie im innerstaatlichen Bereich der jeweiligen OECD-Staaten; **Schutzklauseln** sind jedoch Bestandteil der Kodizes, auf deren Basis **vorübergehende Beschränkungen bereits liberalisierter Transaktionen erlaubt** sind, sofern binnen- und außenwirtschaftliche Situationen dies erfordern.

Ein relativ neues Arbeitsgebiet des Ausschusses für Kapitalverkehr und unsichtbare Transaktionen liegt im **Abbau von Hindernissen für Direktinvestitionen**. Der CMIT arbeitet hier eng mit dem OECD-Ausschuss für internationale Investitionen und multinationale Unternehmen (CIME: Committee on International Investment and Multinational Enterprises) zusammen. Ziel ist es, Investitionsvorhaben von OECD-Investoren inländischen Investoren gleichzustellen und zugleich Investitionsschutz- und Streitschlichtungsregeln zu schaffen. Von besonderer Bedeutung ist hier die Multilaterale Vereinbarung über Investitionen (MAI: Multilateral Agreement on Investments).

Der Ausschuss für Finanzmärkte (CFM: Committee on Financial Markets), der die **Struktur** und vor allem **Entwicklung der nationalen und internationalen Geld- und Finanzmärkte** beobachtet und **analysiert**, ist ebenfalls ein wichtiges Gremium innerhalb der OECD.

Der Ausschuss berichtet über sein Arbeitsgebiet inkl. aktueller Entwicklungen der Deregulierungsprozesse im internationalen Finanzsektor und bestehender Hemmnisse bei Portfoliotransaktionen ausführlich in seiner dreimal jährlich erscheinenden Veröffentlichung 'Financial Market Trends'.

7.3.3 Der Ausschuss für Entwicklungshilfe (DAC)

Ein weiteres wichtiges Tätigkeitsfeld der OECD ist die **entwicklungspolitische Zusammenarbeit der OECD**: Im **Ausschuss für Entwicklungshilfe (DAC)** sind alle Geberländer der OECD und die EU-Kommission als gleichberechtigte Mitglieder vertreten. Zudem arbeiten Beobachter des IWF, der Weltbank und der UNIDO mit. Gegenstand der Beratungen sind vor allem Fragen der finanziellen Konditionen von Hilfeleistungen, der Auslandsverschuldung und auch Möglichkeiten einer Koppelbarkeit von Entwicklungshilfe mit Aspekten des Umweltschutzes, z. B. im Rahmen der Forderung bzw. Förderung eines **'Sustainable Developments'**, also nachhaltigen Wirtschaftens i. S. eines Schutzes der für zukünftige Generationen notwendigen Ressourcen jedweder Art.

Auch die konkrete Ausgestaltung der Vergabekonditionen von öffentlicher Entwicklungshilfe (Official Development Assistence: ODA) wird vom DAC für die Mitgliedsländer koordiniert und auf Basis von Forderungen und Zielgrößen der UNCTAD überprüft, wobei die Ergebnisse dieser Prüfung vom OECD-Sekretariat veröffentlicht werden.

Die UNCTAD fordert – wie aus Abschnitt 2.2.2 bekannt – regelmäßig bestimmte internationale Standards in der Entwicklungshilfe ein.

Eine Betrachtung der tatsächlich transferierten Entwicklungshilfe-Gelder zeigt jedoch aus Sicht der UNCTAD sehr ernüchternd auf, dass die aktuell gültige Quote von 0,7 % des BNE als zu vergebende öffentliche Entwicklungshilfe – mit Ausnahme der in Kapitel 2 bereits genannten Staaten **Dänemark, Luxemburg, der Niederlande, Norwegen sowie Schweden** – von nahezu allen Geberstaaten verfehlt wurde.

Abbildung 7.2 gibt einen Überblick der öffentlichen Entwicklungshilfeleistungen der OECD-Staaten, die im DAC mitarbeiten:
Anhand dieser Zahlen wird offensichtlich, dass die entwicklungspolitischen Forderungen der UNCTAD nicht umgesetzt werden konnten.

Das Ziel der UNCTAD, die Industriestaaten zu Entwicklungshilfeleistungen von zumindest 0,7 des jeweiligen BNE zu bewegen, wurde im Durchschnitt der Jahre nicht einmal zu 50 % erreicht: Der OECD-Durchschnitt lag im Jahr 2005 bei rund 0,40 %. Dies ist ein optisch erfreulicher Anstieg, nachdem dieser Wert 15 Jahre rückläufig war und bis 2003 auf 0,25 % sank. Allerdings ist dies im Wesentlichen auch Folge gestiegener Entwicklungshilfen insbesondere der USA (von 0,15 % 2003 auf 0,22 % 2005) und Großbritanniens (von 0,34 % 2003 auf 0,48 % 2005), die u. a. als Militärhilfe im Kampf gegen den Terrorismus gezahlt oder für Afghanistan und den Irak verwendet werden – ohne also der breiten Zahl armer Länder zu Gute zu kommen.

Öffentliche Entwicklungshilfe (ODA)					
DAC-Land 1993 – 1995	US-$ (in Mrd.)	in % des BNE	DAC-Land 2005	US-$ (in Mrd.)	in % des BNE
UNCTAD-Vorgabe von 0,7 % ODA/ BNE (über-) erfüllt:			**UNCTAD-Vorgabe von 0,7 % ODA/ BNE (über-) erfüllt:**		
Dänemark	1,5	1,00	Norwegen	2,8	0,93
Norwegen	1,9	0,98	Schweden	3,3	0,92
Schweden	1,1	0,94	Luxemburg	0,3	0,87
Niederlande	2,8	0,79	Niederlande	5,1	0,82
			Dänemark	2,1	0,81
Unterhalb UNCTAD-Vorgabe, aber DAC Durchschnitt und besser:			**Unterhalb UNCTAD-Vorgabe, aber DAC Durchschnitt und besser:**		
Frankreich	8,3	0,60	Belgien	2,0	0,53
Kanada	2,2	0,42	Österreich	1,6	0,52
Luxemburg	0,1	0,38	Großbritannien	10,8	0,48
Belgien	0,8	0,36	Frankreich	10,1	0,47
Schweiz	1,0	0,35	Finnland	0,9	0,47
Australien	1,0	0,35	Schweiz	1,8	0,44
Finnland	0,3	0,35	Irland	0,7	0,41
Deutschland	7,1	0,34			
Österreich	0,7	0,32			
Großbritannien	3,1	0,30			
Portugal	0,3	0,30			
Unterhalb DAC-Durchschnitt:			**Unterhalb DAC-Durchschnitt:**		
Japan	13,0	0,28	Deutschland	9,9	0,35
Spanien	1,3	0,26	Kanada	3,7	0,34
Irland	0,1	0,24	Italien	5,1	0,29
Italien	2,4	0,24	Spanien	3,1	0,29
Neuseeland	0,1	0,24	Japan	13,1	0,28
USA	9,1	0,13	Neuseeland	0,3	0,27
			Australien	1,7	0,25
			Griechenland	0,5	0,24
			USA	27,5	0,22
			Portugal	0,4	0,21
Σ	**58,2**	**0,29**	Σ	**106,8**	**0,40**

Abbildung 7.2: Öffentliche Entwicklungshilfe (ODA) der DAC-Länder im Durchschnitt der Jahre 1993 bis 1995 und im Jahr 2005 (Daten aus DEUTSCHE BUNDESBANK, 1997b, S. 179 und [www BMZ 10/2006])

Diese schwache Entwicklung der öffentlichen Entwicklungshilfe ist auch unter dem Aspekt, dass die UNCTAD ihren Referenzwert der zu erbringenden Entwicklungshilfeleistungen von mindestens 0,7 % des BNE auf mittlerweile 1 % des BNE angehoben hat, zu kritisieren: Letztlich blieb diese Anhebung des Referenzwertes ohne Beachtung durch die Geberländer.

Erfolgreicher war der Entwicklungshilfeausschuss bei der Forderung, Finanzhilfen zu möglichst günstigen Konditionen zu gewähren. So empfahl das DAC, dass bei der ODA das Zuschusselement in Form von unentgeltlichen Leistungen und kapitalisierten Konditionsvergünstigungen mindestens 86 % der Gesamthilfe betragen soll: Die aktuelle Quote liegt bei durchschnittlich 92 %.

Eine besondere Bedeutung kommt in diesem Zusammenhang auch dem 1962 gegründeten '**Entwicklungszentrum**' zu, einer von **23 OECD-Staaten und Argentinien mit Brasilien getragenen Forschungseinrichtung**, die in enger Zusammenarbeit mit den Entwicklungsländern praktische Probleme einer dauerhaften Entwicklungsförderung lösen helfen soll:

Konkret engagiert sich das Entwicklungszentrum

- in der Begrenzung des Bevölkerungswachstums,
- beim Ausbau des privaten Sektors in Entwicklungsländern,
- deren Zugang zu internationalen Finanzmärkten,
- dem Schuldenmanagement und
- konkreter Förderung einer Ersparnisbildung;
- von immer höherer Bedeutung wird auch die Notwendigkeit, die Entwicklungsländer stärker an der zunehmenden Globalisierung teilhaben zu lassen, bzw. stärker in die Weltwirtschaft zu integrieren.

7.3.4 Exkurs: Die Wirtschaftsleistung der Welt – in BIP – im Überblick

Abbildung 7.1 gab bereits im Rahmen der Vorstellung der Mitgliedstaaten der OECD inkl. deren Bevölkerung und ihrer Wirtschaftskraft einen Überblick über die unterschiedliche Entwicklung der OECD-Staaten, die allesamt zu den reicheren Nationen der Welt gehören.

Im Rahmen von Abschnitt 7.3.3 wurde die Notwendigkeit koordinierter Entwicklungspolitik bereits am Beispiel der Arbeit des Ausschusses für Entwicklungshilfe (DAC) beschrieben.

Um diese Notwendigkeit zu konkretisieren gibt Abbildung 7.3 einen Überblick über den sehr unterschiedlichen Stand von Entwicklung im weltweiten Vergleich.

Dargestellt wird für ausgewählte Länder aller relevanten geographischen Ländergruppen:

- Die **Veränderung der Bevölkerung** zwischen 2001 und 2006; dabei wird deutlich, dass gerade die eher armen Staaten ein z. T. sehr hohes Bevölkerungswachstum aufweisen, was einem Anstieg zumindest des Pro-Kopf-Einkommens nicht förderlich ist;
- die **Höhe des BIP** im Jahr 2005, gemessen zum einen in Kaufkraftparität (KKP) und zum anderen in aktuellen Wechselkursen des Jahres 2005 (WK);
- ein **Vergleich der Pro-Kopf-Einkommen in KKP** für die Jahre **2000 und 2005**;
- die **Bewertung des Pro-Kopf-Einkommens** im Jahr 2005 **alternativ in KKP und WK-Berechnung**.

*(Memo: In den bilingualen Abbildungen 7.3 wurden die **Kaufkraftparitäten** von US-$ zu Euro auf Basis von **1 Euro = 1,17 US-$** umgerechnet – auf Basis der Berechnungen von DEKA BANK, 2004, und [www DEKA BANK 03/2004]. Die den Wechselkursberechnungen zugrunde gelegten **offiziellen Wechselkurse** zwischen Euro und US-$ lagen für das Jahr 2000 bei 1 Euro = 0,9236 US-$ und für **2005** bei **1 Euro = 1,2441 US-$**: vgl. DEUTSCHE BUNDESBANK, Monatsbericht August 2006, Tabelle X, S. 74*.)*

Grundaussage einer Bewertung zu Kaufkraftparitäten ist es, dass sich 'richtige' **Wechselkurse in Abhängigkeit der nationalen Kaufkraft,** also der jeweiligen Preisniveaus, ergeben: Damit gibt eine Bewertung z. B. des BIP in Kaufkraftparitäten an, welchen Wert diese in einem beliebigen Land erbrachte Wertschöpfung (konkret also in Form von Waren und Dienstleistungen) in der Währung eines Referenzlandes dort hätte (üblicherweise ist dies der US-$). Herangezogen wird also der reine Güterwert im Sinne einer Warenkorb-Betrachtung.

(Vgl. zu Definition und auch Kritik an der Kaufkraftparitätentheorie ausführlich das ebenfalls bilinguale Lehrbuch: EIBNER, 2006c, Understanding International Trade: Theory & Policy – Anwendungsorientierte Außenwirtschaft: Theorie & Politik, Teil C, Abschnitt 13.1, S. 232 ff.)

7 Exkurs: Überblick über die Wirtschaftsleistung der Welt

Länder (-gruppen) ausgewählte Länder, sortiert nach BIP/ Kopf 2005 in KKP	Einwohner 2001 in Mio.	Einwohner 2006 in Mio.	BIP 2005 KKP in Mrd. Euro	BIP 2005 in WK in Mrd. Euro	BIP/ Kopf 2000 KKP in Euro	BIP/ Kopf 2005 KKP in Euro	BIP/ Kopf 2005 in WK in Euro
Die reichsten Länder (zum Vergleich):							
Bermuda	0,06	0,07	3,8	3,6	42.100	**59.000**	56.200
Luxemburg	0,4	0,5	26,2	25,6	42.000	**47.500**	51.100
Norwegen	4,5	4,6	165,9	198,5	31.000	**36.200**	43.200
USA	278,1	298,4	10.564	10.039	29.600	**35.700**	33.600
Schweiz	7,2	7,5	206,7	295,0	26.000	**27.600**	39.400
Deutschland	*82,1*	*82,4*	*1.763*	*2.194*	*22.500*	***26.000***	*29.700*
Ost-Europa:							
Slowenien	2,0	2,0	37,1	28,3	10.300	**18.500**	14.100
Tschechien	10,3	10,2	170,4	87,9	11.000	**16.700**	8.600
Estland	1,4	1,3	19,1	9,8	8.500	**14.300**	7.600
Ungarn	10,1	10,0	139,0	85,5	9.600	**13.900**	8.500
Slowakei	5,4	5,5	74,6	34,6	8.700	**13.800**	6.300
Litauen	3,6	3,6	42,1	18,9	6.200	**11.700**	5.200
Polen	33,6	38,5	439,3	197,9	7.300	**11.400**	5.100
Lettland	2,4	2,3	25,9	11,6	6.200	**11.300**	5.100
Kroatien	4,3	4,5	47,7	28,1	5.000	**9.900**	6.300
Russland	145,5	142,9	1.358	595,4	6.600	**9.500**	4.200
Bulgarien	7,7	7,4	61,1	20,7	5.300	**8.200**	2.800
Türkei	66,5	70,4	488,9	267,3	5.800	**7.000**	3.800
Rumänien	22,4	22,3	156,9	58,4	5.000	**7.000**	2.600
Mazedonien	2,0	2,1	13,7	4,3	5.000	**6.700**	2.000
Ukraine	48,8	46,7	290,9	60,4	3.200	**6.200**	1.300
Weißrussland	10,4	10,3	60,4	21,5	3.200	**5.900**	2.100
Albanien	3,5	3,6	16,2	7,0	2.600	**4.200**	1.900
Serbien	10,7	9,4	35,2	15,4	2.000	**3.800**	1.600
Lateinamerika:							
Argentinien	37,4	39,9	442,7	146,3	11.000	**11.200**	3.700
Chile	15,3	16,1	159,9	92,9	8.600	**9.700**	5.800
Costa Rica	3,8	4,1	38,2	15,6	5.700	**9.500**	3.800
Mexiko	101,9	107,5	912,0	557,0	7.800	**8.500**	5.200
Uruguay	3,4	3,4	28,2	10,6	8.000	**8.200**	3.100
Brasilien	174,5	188,1	1.330	498,1	5.600	**7.200**	2.600
Kolumbien	40,3	43,6	288,5	78,5	5.300	**6.800**	1.800
Panama	3,0	3,2	19,5	12,0	5.000	**6.200**	3.800
Venezuela	23,9	25,7	131,9	85,3	5.300	**5.200**	3.300
Peru	27,5	28,3	140,6	56,1	3.800	**5.000**	2.000
Paraguay	5,7	6,5	24,9	5,9	4.000	**4.200**	900
Ecuador	12,7	13,5	48,6	24,7	2.100	**3.700**	1.800
Kuba	11,1	11,4	33,5	15,8	2.900	**3.000**	1.400
Bolivien	8,3	9,0	22,2	7,8	2.500	**2.500**	900
Nicaragua	4,9	5,6	13,8	4,0	2.300	**2.500**	700
Haiti	7,9	8,3	12,1	3,1	1.600	**1.500**	300

Länder (-gruppen) ausgewählte Länder, sortiert nach BIP/ Kopf 2005 in KKP	Einwohner 2001 in Mio.	Einwohner 2006 in Mio.	BIP 2005 KKP in Mrd. Euro	BIP 2005 in WK in Mrd. Euro	BIP/ Kopf 2000 KKP in Euro	BIP/ Kopf 2005 KKP in Euro	BIP/ Kopf 2005 in WK in Euro
Naher Osten:							
Ver.Arab.Emirate	2,4	2,6	95,1	78,9	19.500	**37.100**	30.300
Israel	5,9	6,4	132,1	91,9	16.200	**21.000**	14.400
Bahrain	6,0	0,7	13,5	8,8	13.600	**19.700**	12.600
Kuwait	2,0	2,4	38,3	42,4	12.800	**16.400**	21.200
Saudi Arabien	22,8	27,0	288,9	212,2	9.000	**10.900**	7.900
Iran	66,1	68,7	480,0	145,6	5.400	**7.100**	2.100
Syrien	16,7	18,9	61,8	20,7	2.600	**3.300**	1.100
Ägypten	69,5	78,9	259,4	74,4	3.100	**3.300**	1.000
Irak	23,3	26,8	80,4	37,4	2.100	**2.900**	1.400
Gaza/ Westjordan	3,2	3,8	2,2	3,1	500	**600**	800
Afrika:							
Süd-Afrika	43,6	44,2	455,7	150,6	7.300	**10.300**	3.400
Botswana	1,6	1,6	14,7	7,2	5.000	**9.000**	4.500
Tunesien	9,7	10,2	71,4	24,8	5.600	**7.100**	2.400
Namibia	1,9	2,0	12,8	4,6	4.450	**6.300**	2.106
Algerien	30,5	32,9	199,3	68,6	3.500	**6.200**	2.100
Marokko	30,8	33,2	118,2	41,7	2.600	**3.600**	1.300
Angola	13,8	15,9	39,3	22,5	900	**2.700**	1.500
Kamerun	15,9	17,3	34,9	12,4	1.600	**2.100**	700
Nigeria	126,6	131,9	148,8	62,1	800	**1.200**	500
Äthiopien	66,3	74,8	53,7	7,1	600	**800**	<100
Kongo (Zaire)	53,6	62,7	34,8	5,9	500	**600**	<100
Asien:							
Singapur	4,3	4,5	106,2	88,9	22.600	**24.100**	19.800
Taiwan	22,4	23,0	539,5	260,0	14.900	**23.600**	11.300
Südkorea	47,9	48,9	865,0	644,0	13.800	**17.400**	13.200
Malaysia	23,0	24,4	248,0	101,1	7.200	**10.300**	4.000
Thailand	61,8	64,6	479,2	147,8	5.800	**7.100**	2.300
China	1.300	1.314	7.572	1.788	3.100	**5.800**	1.400
Philippinen	82,8	89,5	385,7	73,5	3.300	**4.400**	800
Indonesien	228,4	245,5	739,8	217,0	2.500	**3.100**	900
Indien	967,5	1.095,4	3.086	578,6	1.900	**2.800**	600
Vietnam	78,5	84,4	198,5	35,2	1.500	**2.400**	400
Pakistan	144,6	165,8	336,2	72,0	1.700	**2.100**	400
Bangladesch	134,7	147,4	260,0	51,1	1.500	**1.800**	300
Nord-Korea	22,0	23,1	34,2	n. a.	900	**1.500**	n. a.
Afghanistan	26,8	31,1	18,4	5,6	700	**700**	100
Ozeanien:							
Australien	19,4	20,3	547,1	491.9	22.600	**27.300**	24.300
Neuseeland	3,9	4,1	87,0	76,0	17.500	**21.600**	18.600
Fidschi Inseln	0,9	0,9	4,6	1,5	5.200	**5.100**	1.700
WELT gesamt	*6.062*	*6.525*	*51.889*	*34.619*	*6.100*	***8.100***	*5.600*

7.4 Bedeutung der OECD für Unternehmen

Abbildung 7.3:   Überblick über Bevölkerungshöhe 2001/ 2006, Höhe des BIP 2005 – berechnet alternativ in Kaufkraftparitäten (KKP) und aktuellen Wechselkursen 2005 – sowie Höhe des Pro-Kopf-Einkommens (BIP) 2000/ 2005 berechnet in KKP (2000/ 2005) und zu aktuellen Wechselkursen (WK) 2005 (Daten aus CIA, 2001; CIA, 2006; [www CIA Factbook 11/2001]; [www CIA Factbook 09/2006]; eigene Berechnungen; sowie [www Welt in Zahlen 09/2006] für Kuba und Gaza/ Westjordanland). **Alle Angaben zum BIP in Euro.**

Die hohen **Unterschiede in der BIP-Berechnung nach Kaufkraftparität und Wechselkurs** ergeben sich primär aus der internationalen Bedeutung bzw. konkret grenzüberschreitenden 'Brauchbarkeit' der jeweiligen nationalen Währung:

Je höher die Wertschätzung einer Währung (wie etwa des Schweizer Franken) und damit die Nachfrage nach dieser Währung in Relation zur Referenzwährung des US-$, desto stärker weicht das BIP in der Wechselkurs-Berechnung nach oben von dessen Berechnung in Kaufkraftparitäten ab; in Abbildung 7.3 ist dies im Jahr 2005 außer bei der Schweiz nur der Fall bei Norwegen, Deutschland und Luxemburg.

Umgekehrt wird das Bruttoinlandsprodukt in Wechselkurs-Berechnung umso stärker nach unten von der Kaufkraftparität abweichen, je unsolider und für internationale Transaktionen unbrauchbarer die jeweilige Währung ist: Drastische Beispiele hierfür sind nahezu alle **Entwicklungsländer**: Deren Währungen sind meist zerrüttet durch hohe Inflationsraten, es besteht (oft auch (bürger-) kriegsbedingt) kein Vertrauen in die längerfristige Wertaufbewahrungsfunktion dieser 'Währungen'. Ökonomisch betrachtet ist dies für die hiervon betroffenen Staaten dramatisch, da sie Importe nahezu ausschließlich gegen Devisen erwerben können; diese Devisen aber sind – bewertet in inländischem Gegenwert der einheimischen Währung – nur um ein Vielfaches teurer zu erwerben, als es der in einheimischer Währung bewerteten nationalen Wirtschaftsleistung entspricht.

7.4   Zur konkreten Bedeutung der OECD für Unternehmen

Die OECD veröffentlicht regelmäßig **Publikationen zur aktuellen Wirtschaftsentwicklung**, die zu den angesehensten Datenträgern der Welt gehören und die ausführlich die internationale Wirtschaftslage und -entwicklung beschreiben und insofern gerade auch für Unternehmen im Zuge der weltweiten Globalisierung eine immer wichtigere Lektüre darstellen.

Erwähnenswert sind in diesem Zusammenhang vor allem die halbjährlich erscheinenden Publikationen des 'Economic Outlook' der OECD, der ausführlich die internationale Wirtschaftslage beschreibt und vor allem auch kurz- und mittelfristige Prognosen der wirtschaftlichen Entwicklung erstellt:

- OECD: Economic Outlook.

Darüber hinaus wird in regelmäßigem Turnus die Wirtschaftsentwicklung aller Mitgliedstaaten jeweils in einer Art 'Länderreport' analysiert, der für alle exportorientierten Unternehmen wertvolle Informationen bereitstellen kann:

- OECD: Economic Survey.

Wertvoll können aus der ungeheuren Vielfalt der Publikationen der OECD vor allem auch noch die Analysen der Finanzmärkte der OECD Staaten sein:

- OECD: Financial Market Trends.

Die Übersichten über kurzfristige Indikatoren der ökonomischen Entwicklung der osteuropäischen Länder sind ähnlich gut:

- OECD: Short-term Economic Indicators – Transition Economies.

Wichtig für unternehmerische Entscheidungen ist die Arbeit der OECD insofern, als hier ordnungs- und wirtschaftspolitische Rahmenbedingungen beschrieben und Entwicklungen aufgezeigt werden, die für Unternehmen von hoher Bedeutung sein können.

Aus diesen Publikationen lassen sich Aussagen und Prognosen über die weitere nationale und internationale Wirtschaftsentwicklung treffen, die für strategische Geschäftsfelderweiterungen etc. von großem Nutzen sein und insbesondere exportorientierten Unternehmen wichtige Informationen über die wirtschaftliche Entwicklung relevanter Exportmärkte geben können. Von Bedeutung sind in diesem Zusammenhang speziell die diversen genannten Kodizes der OECD zur Regelung des freien Kapitalverkehrs und zur 'Liberalisierung des Handels und der unsichtbaren Transaktionen' (monetäre Ströme), die sowohl für Direktinvestitionen im Ausland, für Dividendentransaktionen aus dem Ausland bzw. für Exportgeschäfte allgemein relevant sind.

Von zentraler Bedeutung sind vor allem auch die **Multilaterale Vereinbarung über Investitionen** (MAI) zur Gleichstellung ausländischer Investitionen bzw. Direktinvestitionen mit nationalen Investitionen sowie die Vereinbarungen zu Investitionsschutz und Streitschlichtungsregeln.

7.5 Kontrollfragen

7.1 Aus welcher Organisation ist die OECD mit welcher Intention wann hervorgegangen?

7.2 Welche Ziele und Aufgaben verfolgt die OECD?

7.3 Trifft die OECD verbindliche Entscheidungen für die Mitgliedstaaten?

7.4 Nennen Sie die wichtigsten Ausschüsse der OECD.

7.5 Welchen neueren Aufgaben sieht sich die OECD bzw. konkret der CMIT gegenüber?

7.6 Welche primären Aufgaben hat das DAC?

7.7 Wie lässt es sich erklären, dass das in aktuellen Wechselkursen berechnete Bruttoinlandsprodukt von Entwicklungsländern meist sehr viel niedriger ist, als deren in Kaufkraftparitäten bewertetes BIP?

7.8 Worin liegt der konkrete Nutzen der OECD für den Praktiker bzw. Unternehmer?

8 Die wirtschaftliche und politische Integration Europas durch die Europäische Union (EU)

Die nachfolgenden Ausführungen geben einen Überblick über zentrale Bereiche der bisherigen ökonomischen Integrationsleistung der Europäischen Union.

Die im folgenden zitierten Verträge zur Europäischen Integration finden sich in Buchform z. B. in:

- **LÄUFER, 1997** (Maastrichter EGV und EUV),
- **LÄUFER, 1998** (Amsterdamer EGV und EUV),
- **DTV-Beck, 2005** (EGV und EUV in der aktuell – 2007 – gültigen Fassung des Vertragswerkes von Nizza inklusive seiner Ergänzungen bis 2005).

Im Internet finden sich alle relevanten Verträge unter den im Literaturverzeichnis näher definierten Internetquellen:

- **EWG-Vertrag** [www EWGV],
- **Einheitliche Europäische Akte** [www EEA],
- **Maastrichter EGV** [www Maastrichter EGV],
- **Maastrichter EUV** [www Maastrichter EUV],
- **Amsterdamer EGV** [www Amsterdamer EGV],
- **Amsterdamer EUV** [www Amsterdamer EUV],
- **Nizza-EGV** [www Nizza EGV],
- **Nizza-EUV** [www Nizza EUV],
- **Erweiterungsvertrag zur 1. Osterweiterung 2004** [www Beitrittsakte 1. EU-Osterweiterung],
- **Erweiterungsvertrag zur 2. Osterweiterung 2007** [www Beitrittsakte 2. EU-Osterweiterung].

Sofern die Angaben zum EGV oder EUV nicht näher spezifiziert sind, beziehen sie sich immer auf die bei Drucklegung dieses Buches gültigen Verträge in der aktualisierten **Version von Nizza** ([www Nizza EGV] und [www Nizza EUT]; vgl. auch DTV-Beck, 2005).

Quellen und Analysen zu europapolitischen Fragen im weitesten Sinne finden sich in der seit Jahrzehnten hochangesehenen Monatsschrift: **INTERNATIONALE POLITIK, EUROPA ARCHIV**, verfügbar in deutsch und englisch, auch im Internet: http://www.internationalepolitik.de/.

Inhaltlich erwarten den Leser im Folgenden nachstehende Themenbereiche zur Europäischen Integration:

- In **Abschnitt 8.1** werden die **wichtigsten Stationen der wirtschaftlichen Integration** in Westeuropa skizziert.
- Beginnend mit **Abschnitt 8.2** werden der institutionelle Rahmen der Europäischen Union und die **vertraglichen Grundlagen** wie die **zentralen Integrationsschritte** der **Europäischen Integration** erläutert,
- in **Abschnitt 8.3** werden die **Entscheidungsgremien** der Europäischen Union benannt und ausgeführt, welche Gremien mit welchen Kompetenzen die wirtschaftliche, politische und soziale Integration Europas lenken und bestimmen.
- **Abschnitt 8.4** skizziert hierauf aufbauend kurz das **Gesetzgebungsverfahren** der Europäischen Union.
- Die Frage, welche **finanziellen Mittel** die Union hat und wie diese verwendet werden, beantwortet **Abschnitt 8.5**.
- Das immer noch finanziell bedeutsamste Politikfeld europäischer Aktivität – die **Agrarpolitik** – wird in **Abschnitt 8.6** in Form einer Bestandsaufnahme wie auch einer Diskussion von Perspektiven erläutert.
- Die integrationspolitisch bedeutsamste Errungenschaft der Europäischen Union – den **Binnenmarkt** – erläutert **Abschnitt 8.7**.
- **Abschnitt 8.8** beschreibt die Aktivitäten der Europäische Union im Rahmen der **Regional- und Strukturpolitik**.
- Die **Forschungs- und Technologiepolitik** der Europäischen Union wird in **Abschnitt 8.9** behandelt.
- **Abschnitt 8.10** widmet sich überblicksartig der aktuellen Diskussion, die Europäische Union um eine **Sozialunion** zu ergänzen.
- In **Abschnitt 8.11** wird abschließend Stellung zu zentralen Auswirkungen der Einführung des Euro in der **Europäischen Wirtschafts- und Währungsunion** genommen.

Weiterführend sei der an den Themenkomplexen 'Europäische Währungsunion' und 'Europäische Geldpolitik' tiefer interessierte Leser hingewiesen auf die ebenfalls bilingualen Lehrbücher von

- EIBNER, 2006c: Understanding International Trade: Theory & Policy – Anwendungsorientierte Außenwirtschaft: Theorie & Politik, Teil C, Kapitel 15: Die Europäische Währungsunion, und
- EIBNER, 2008a: Understanding Economic Policy – Anwendungsorientierte Wirtschaftspolitik, Teil C: Geld- und Währungspolitik der Europäischen Zentralbank.

8.1 Integrationsschritte zur Europäischen Union: Von der EGKS zum Vertrag von Nizza

8.1.1 Stationen wirtschaftlicher und politischer Integration in West-Europa

Nach dem Ende des Zweiten Weltkrieges war es klar, dass die **Zukunft Europas** nur in einer **engeren politischen und ökonomischen Integration** liegen konnte: Zum Einen, um zukünftige Konflikte oder gar Kriege innerhalb Westeuropas von vornherein unmöglich zu machen, zum Anderen aber auch als Gegengewicht zur damals stark anwachsenden politischen und ökonomischen Macht der Sowjetunion im sich bereits Ende der 40er Jahre abzeichnenden 'Kalten Krieg' der beiden Supermächte USA und UdSSR.

Eine sinnvolle politische oder ökonomische Integration ist jedoch mit mehr oder minder konkreten Souveränitätseinbußen der integrationswilligen Staaten verbunden. Diese Einsicht war zunächst in Europa noch nicht gegeben.

So standen den ersten grundsätzlichen (und seinerzeit massiv von den USA geförderten) **Möglichkeiten einer engeren Integration Westeuropas**, wie sie etwa im Rahmen der **1948 gegründeten OEEC** (vgl. Abschnitt 7.1) oder im Rahmen des **1949 gegründeten** und bis heute existierenden **Europarates** denkbar gewesen wären, die meisten Staaten – allen voran Großbritannien – noch sehr ablehnend gegenüber: Akzeptiert wurden lediglich lose, rein zwischenstaatliche (intergouvernementale) Organisationsformen, so dass auch die in Abschnitt 7.1 genannte **OEEC** und der **Europarat**, der ohnehin eher das Ziel hatte, mittels lockerer Integration bestimmte europäische Grundwerte zu definieren und dessen Integrationskraft aufgrund der hohen Mitgliederzahl schon sehr kurz nach Gründung vom Ost-West-Konflikt überlagert wurde, keine supranationalen Entscheidungsbefugnisse erhielten.

Eine **erste echte Integrationsstruktur mit supranationalem Charakter** wurde mit der Ratifizierung der '**Europäischen Gemeinschaft für Kohle und Stahl' (EGKS)** im Jahr 1951 verwirklicht. Mit Gründung der EGKS begann die Europäische Integration, die ihren vorläufigen bzw. aktuellen Höhepunkt mit der Gründung der Europäischen Wirtschafts- und Währungsunion (EWWU) 1999 erreicht hat.

Die EGKS und damit die heutige Europäische Union geht zurück auf den 1950 verkündeten Plan des damaligen französischen Außenministers, Robert SCHUMAN, zur stärkeren wirtschaftlichen Integration Westeuropas.

Primäres Ziel des **SCHUMAN-Planes** bzw. der Gründung der EGKS war die Unterstellung der deutschen Montanindustrie (Kohle und Stahl) unter eine europäische Kontrolle.

Da im Zuge des Kalten Krieges ein einiges Europa unter Einbindung Deutschlands in den Westblock oberste Priorität hatte, wurde – um einen einseitigen dauerhaften Souveränitätsverlust Deutschlands zu vermeiden, der zwangsläufig zu zukünftigen Ablöseprozessen hätte führen müssen – im Rahmen der EGKS die gesamte Montanindustrie der Benelux-Staaten, Frankreichs, Deutschlands und Italiens unter europäische Kontrolle gestellt. Zentrales Ziel des frühen Europäischen Einigungsgedankens war insbesondere auch die Aussöhnung zwischen den 'Erbfeinden' Deutschland und Frankreich, die sich seit den Napoleonischen Kriegen, vor allem aber seit dem Krieg von 1870/71, feindselig gegenüberstanden.

Dem SCHUMAN-Plan folgten ehrgeizige Versuche, Europas politische Integration zu festigen:

1950 wurde mit dem **'PLEVEN-Plan'** (benannt nach dem damaligen französischen Kriegsminister und späteren Ministerpräsidenten René PLEVEN) der Versuch unternommen, Europa auch verteidigungspolitisch zu integrieren: Diese Idee führte am 27.5.1952 zur Gründung der **Europäischen Verteidigungsgemeinschaft, EVG**. Damit war der **erste Versuch** unternommen, neben der wirtschaftlichen Integration **auch eine politische bzw. verteidigungspolitische Zusammenarbeit zu institutionalisieren**.

Mit dem sog. **'BEYEN-Plan'** von **1953** (benannt nach dem damaligen niederländischen Außenminister Johan W. BEYEN) wurde bereits eine **gesamtwirtschaftliche Integration** konzipiert, die erst Jahrzehnte später mit dem Binnenmarktkonzept und der vollendeten Zollunion realisiert wurde.

Noch weitergehender war der Vorschlag der **Gründung einer Europäischen Politischen Gemeinschaft**, der EPG, die schon Aspekte der erst 1993 errichteten Europäischen Union vorzeichnete. Ein **herber Rückschlag** für diese weitgediehenen Integrationsschritte war dann jedoch das Jahr **1954**, in dem der **Vertrag zur Gründung der Europäischen Verteidigungsgemeinschaft**, EVG, von der französischen Nationalversammlung **nicht ratifiziert** wurde: Damit war die 1952 gegründete EVG politisch tot und **zunächst eine politische Integration Europas** im Sinne der geplanten EPG **ebenso gescheitert wie deren ökonomische Gesamtintegration**.

Zur **Kompensation** dieses damals dramatischen **integrationspolitischen Rückschlages** wurde in den folgenden Jahren dafür konsequent die **ökonomische (Teil-) Integration vorangetrieben**.

Teil C   8 Die Europäische Union

Über die Konferenz von Messina 1955 und den berühmten **'SPAAK-Bericht'** (benannt nach dem damaligen belgischen Außenminister und mehrfachen belgischen Ministerpräsidenten Paul-Henri SPAAK) mündete der Integrationswille 1957 mit der Unterzeichnung der sog. 'Römischen Verträge' am 25. März 1957 in die **Gründung der EWG** als **europäischer Zollunion** mit dem **Ziel einer zukünftig zunehmend engeren wirtschaftlichen Verflechtung** und der **Gründung der Europäischen Atomgemeinschaft** (EURATOM, bzw. EAG).

Mit der Gründung dieser beiden Europäischen Gemeinschaften war zugleich auch die **gleichberechtigte Einbindung Deutschlands** dauerhaft **besiegelt**. Die 6 Gründungsstaaten der EGKS, der EWG und der EAG: Frankreich, die drei BeNeLux-Staaten (Belgien, Niederlande sowie Luxemburg), Deutschland und Italien sind bis zum heutigen Tag die Hauptinitiatoren europäischen Integrationswillens.

Abbildung 8.1:   Unterzeichnung der Römischen Verträge zur Gründung der EWG und der EAG in Rom am 25.3.1957. (Erste Reihe 5. und 6. Position von links: Die Vertreter Deutschlands, Bundeskanzler Dr. Konrad Adenauer und Prof. Dr. Walter Hallstein, Staatssekretär des Auswärtigen Amtes.) (Quelle: Bundesarchiv.)

Obwohl sich die Signatarstaaten der EWG bei der gewählten Integrationsform im Kern zunächst 'nur' für eine Zollunion mit gemeinsamem Außenzoll gegenüber Drittstaaten entschieden hatten, so waren doch weitere Integrationsziele bereits vorformuliert.

8.1 Integrationsschritte der EU

Intention der Gründungsväter, insbesondere des ersten deutschen Bundeskanzlers Konrad ADENAUER, des belgischen Außenministers SPAAK, der Franzosen Robert SCHUMAN und Jean MONNET, sowie vor allem des Italieners Alcide de GASPERI, war es, langfristig einen **gemeinsamen europäischen Markt (Binnenmarkt)** zu errichten und zu einer schrittweisen Annäherung der nationalen Wirtschaftspolitiken im Sinne einer zunehmend europäisch ausgerichteten Wirtschafts- und Finanzpolitik zu kommen.

Die europäischen Nichtmitgliedstaaten – insbesondere Großbritannien – waren von der ökonomisch überaus erfolgreichen Integration der EWG sehr überrascht, da sie zunächst glaubten, dass eine zu enge Verbindung der nationalen Wirtschaftsentwicklung nur schaden könne. So wollte Großbritannien – aus unterschiedlichsten politischen Motiven – die Gründung der EWG als Zollunion mit supranationalem Charakter mit allen Mitteln verhindern und versuchte u. a. im Rahmen der OEEC eine 'Große Europäische Freihandelszone' zu gründen. Dieser Versuch scheiterte jedoch 1958 vor allem am Widerstand des französischen Präsidenten de Gaulle und der anderen EWG-Mitglieder, die die Zollunion nur als Beginn einer weitaus engeren ökonomischen Integration ansahen.

Nachdem sich nun Großbritannien plötzlich von der Kerneuropäischen Integration ausgeschlossen sah, wurde auf seine Initiative hin am 21.6.**1959** im schwedischen Saltsjöbaden die **Europäische Freihandelszone (EFTA)** von Dänemark, Großbritannien, Norwegen, Österreich, Portugal, Schweden und der Schweiz gegründet. Im Gegensatz zur EWG erhielt die EFTA keinen supranationalen Status: Vielmehr blieb sie bis heute bei einer intergouvernementalen Organisationsstruktur einer reinen Freihandelszone der Mitglieder untereinander ohne jegliches Regelwerk für den Drittländerhandel.

Sehr schnell erkannten die Länder der EFTA die ökonomische Überlegenheit des Integrationskonzeptes der EWG: Entsprechend versuchte Großbritannien bereits 1963 und nochmals 1967 der EWG beizutreten; beide Male scheiterte der Beitritt am Veto des französischen Staatspräsidenten de Gaulle, der die damalige politische Vormachtstellung Frankreichs in der EWG nicht durch einen britischen Beitritt verlieren wollte.

In Abschnitt 8.2 sind die Übertritte der EFTA-Staaten in die EWG bzw. in die EG während der 70er bzw. 80er Jahre und die Zusammensetzung der EU im Einzelnen dargestellt.

Die **Integrationskraft der EWG** war und ist eine **einzigartige Erfolgsgeschichte** intergouvernementalen Integrationswillens und damit einhergehender nationaler Souveränitätsverzichte zur Schaffung supranationaler Integration und sich daraus ergebender Wohlfahrtsgewinne im gesamten ökonomischen und auch weltpolitischen Bereich. Auf Basis des Art. 14 EWGV sowie dreier Beschleunigungsbeschlüsse wurde die vollständige Abschaffung der bilateralen Zölle bei einheitlichen Außenzöllen bis zum 1. Juli 1968 erreicht.

Neben die **ursprünglichen primären Ziele der EWG**,
- der gemeinsamen Agrarpolitik (vgl. Abschnitt 8.6),
- der gemeinsamen Handelspolitik (vgl. Abschnitt 8.7),
- der gemeinsamen Wettbewerbspolitik und
- der gemeinsamen Verkehrspolitik,

traten daraufhin zunehmend **neue Aufgaben** wie insbesondere
- die Struktur- und Regionalpolitik (vgl. Abschnitt 8.8),
- die Forschungs- und Technologiepolitik (vgl. Abschnitt 8.9),
- eine beginnende Sozialpolitik (vgl. Abschnitt 8.10), sowie
- die Umweltpolitik.

Diese neuen Aufgaben erhielten zusammen mit anderen inhaltlichen und institutionellen Regelungen – wie insbesondere auch einer Stärkung der Mitwirkungsrechte des Europäischen Parlaments – ihre rechtliche Grundlage durch
- die **Einheitliche Europäische Akte** (EEA) von **1986** (vgl. [www EEA]), die die erste Vertragsänderung der EWG darstellte,

und die den EWG-Vertrag (in Titel II) mit Wirkung vom 1.7.1987 änderte. Titel III änderte den EGKS-Vertrag. Außerdem schaffte die EEA in Titel V erstmals eine institutionelle Grundlage für die
- **Europäische Politische Zusammenarbeit** (EPZ),

womit auch die Außenpolitik der Gemeinschaft mittelfristig in das Integrationsziel einer Europäischen Union eingebunden werden sollte.

Nach der Verwirklichung des Binnenmarktes zum 1.1.1993 (vgl. Abschnitt 8.7) trat zunehmend wieder der **Gedanke der politischen Einigung** in den **Vordergrund** der **weiteren Integrationsbemühungen**. Entsprechend wurde durch den sog. 'Vertrag über die Europäische Union' (EUV, in Kraft getreten am 1. November 1993) – bekannter unter der Bezeichnung **'MAASTRICHT-Vertrag'** – der EWG-Vertrag erneut in wesentlichen Punkten abgeändert bzw. ergänzt, wobei die **Einführung der gemeinsamen Währung** – des Euros – (vgl. Abschnitt 8.11) den Schwerpunkt setzte.

Abbildung 8.2 gibt auf Basis der Mitglieder der Europäischen Union des Jahres 2007 einen Überblick über die wichtigsten ökonomischen Grunddaten dieser Länder, sowie – in Spalte 2 – über deren Beitrittsjahr in die EWG der 6, der EG der 9 bzw. 12, und der EU der 15 und 25 bzw. 27.

8.1 Integrationsschritte der EU

Land	Beitritts-jahr	Bevölke-rung 2005 (in Mio.)	Fläche (km²)	BIP 2006 (in Mrd. Euro)	BIP pro Kopf 2006 (in Euro)	BIP pro Kopf in KKP* 2006 (EU 15 = 100)
Belgien	1952	10,4	30.510	313,041	29,800	108
Deutschland	1952/90	82,5	357.021	2.307,967	28,000	101
Frankreich	1952	60,6	547.030	1.781,121	28,300	102
Italien	1952	58,5	301.320	1.473,117	25,100	91
Luxemburg	1952	0,5	2.586	32,300	70,200	254
Niederlande	1952	16,3	41.526	529,245	32,400	117
Dänemark	1973	5,4	43.094	221,362	40,800	148
Großbritannien	1973	60,0	244.820	1.889,211	31,200	113
Irland	1973	4,1	70.280	173,848	40,900	148
Griechenland	1981	11,1	131.940	194,777	17,500	63
Portugal	1986	10,5	92.931	152,450	14,400	52
Spanien	1986	43,0	504.782	976,503	22,200	81
Finnland	1995	5,2	337.030	167,371	31,900	115
Österreich	1995	8,2	83.858	256,464	31,000	112
Schweden	1995	9,0	449.964	299,242	33,000	120
Gesamt (EU-15)		385,4	3.238.692	10.768,019	24,500	100
Estland	2004	1,3	45.226	12,818	9,500	35
Lettland	2004	2,3	64.589	15,336	6,700	24
Litauen	2004	3,4	65.200	23,341	6,900	25
Malta	2004	0,4	316	4,769	11,700	42
Polen	2004	38,2	312.685	269,802	7,100	26
Slowakei	2004	5,4	48.845	42,870	7,900	29
Slowenien	2004	2,0	20.253	29,415	14,700	53
Tschechien	2004	10,2	78.866	109,696	10,700	39
Ungarn	2004	10,1	93.030	92,768	9,200	33
Zypern	2004	0,7	9.250	14,307	18,500	67
Bulgarien	2007	7,8	110.900	24,260	3,100	11
Rumänien	2007	21,7	238.400	90,085	4,200	15
Gesamt (EU-27)		489,0	4.326.252	11.497,486	20,800	84,5

* Angaben zum BIP zu Marktpreisen in Wechselkursen: Die rechte Spalte bewertet das BIP abweichend in Kaufkraftparitäten (KKP) relativ zum Durchschnitt der vormaligen EU 15, der zu 100 gesetzt ist, um die schon erreichte relative Kaufkraft der Beitrittsstaaten aufzuzeigen.

Abbildung 8.2: *Grunddaten zu den 27 Mitgliedstaaten der Europäischen Union (Daten aus EUROSTAT, 2007a, S. 51; [www EUROSTAT 11/2006]; eigene Berechnungen)*

8.1.2 Die zentralen vertraglichen Grundlagen der Europäischen Integration nach den Unionsverträgen von Maastricht, Amsterdam und Nizza

Der EU-Vertrag von 1992, der auch als **Maastricht-Vertrag** bezeichnet wird, hatte als Gründungsvertrag der Europäischen Union einen **Zielkatalog für die Entwicklung der EU bis zum Jahr 2000** inkl. der Europäischen Währungsunion aufgestellt (vgl. hierzu noch Abschnitt 8.11 sowie ggf. die Ausführungen zur Europäischen Zentralbank in EIBNER, 2008a: Understanding Economic Policy – Anwendungsorientierte Wirtschaftspolitik, Teil C).

Der **Vertrag von Amsterdam** dagegen – als Ergebnis der Regierungskonferenz zur Reform der europäischen Verträge von 1996/97 – unternimmt wichtige **konkrete Schritte**, um **die Europäische Union bürgernäher zu gestalten und ihre politische Identität stärker zu prononcieren**. Um dies juristisch zu unterlegen, wurden der EU-Vertrag (EUV) wie auch der EG-Vertrag (EGV) 1997 erneut grundlegend inhaltlich überarbeitet sowie in weiten Teilen umstrukturiert und ersetzten als Verträge von Amsterdam das Vertragswerk von Maastricht.

Der **Amsterdamer EU-Vertrag** entwickelte die Europäische Union vor allem in folgenden vier zentralen Bereichen weiter:

1. **Stärkung der Gemeinsamen Außen- und Sicherheitspolitik (GASP) zur Gewährleistung von Frieden und äußerer Sicherheit:** Neuer Titel V der Art. 11 – 28 Amsterdamer EUV (vormals Artikel J1 – J18 Maastrichter EUV) sowie auch die Ergänzung des alten Artikels C in Form des neuen Artikels 3 Amsterdamer EUV.

2. **Verbesserung der Zusammenarbeit in den Bereichen Justiz und Inneres,** insbesondere unter den Zielsetzungen einer verbesserten Bekämpfung von (organisierter) Kriminalität und Terrorismus inkl. einer Stärkung von Europol und einem gemeinsamen Asyl- und Einwanderungsrecht: Titel 6 der Art. 29 – 42 Amsterdamer EUV (vormals Artikel K1 – K14 Maastrichter EUV) sowie auch Titel 4 der Artikel 61 – 69 Amsterdamer EGV (vormals Kapitel IIIa Maastrichter EGV). Einbezogen in Titel 4 wurde zudem der bisherige sog. 'Schengen-Besitzstand', also die Abschaffung der Binnen-Grenzkontrollen in den EU-Staaten mit direkten gemeinsamen Grenzen.

3. **Verbesserung der Effizienz und Handlungsfähigkeit der Europäischen Union** durch Überprüfung ihrer Entscheidungsprozesse. Vor allem eine Erweiterung der Anwendung von Mehrheitsent-

scheidungen soll den Reformstau beheben helfen wie auch die Entscheidungsfindung beschleunigen.

4. **Stärkung der demokratischen Grundlagen und der Bürgernähe der Europäischen Union** durch Stärkung des Grundrechtsschutzes der Unionsbürger (vgl. Artikel 17 bis 22 Amsterdamer EUV) und einer **stärkeren sozialen Komponente inkl. einer europäischen Beschäftigungspolitik** (Neuer Art. 3 (1i) und neuer Titel XI Amsterdamer EGV, vgl. hierzu noch Abschnitt 8.10 zur Sozialpolitik der Europäischen Union). Auch wird das Gemeinschaftshandeln stärker an Prinzipien des Umweltschutzes ausgerichtet und ein 'Sustainable Development' zu einem ausdrücklichen Ziel der Europäischen Union (vgl. den neuen Art. 174 (2) Amsterdamer EGV).

Die Vertragsverhandlungen der **Regierungskonferenz von Nizza** im Februar **2000** waren mit dem Anspruch und dem Ziel gestartet, alle institutionellen und organisatorischen Voraussetzungen für die Erweiterung zu schaffen. Der am 11.12.2000 verabschiedete **Vertrag von Nizza** ist diesen **Erwartungen jedoch nicht gerecht** geworden.

So wurde die Agrarpolitik ebenso wenig reformiert, wie nicht dargelegt wurde, wie eine zukunftsfähige Regional- und Strukturpolitik der EU unter Einschluss der Beitrittsländer aussehen könnte.

Auch die **institutionelle Reform** verdient diesen Namen letztlich nicht, weil die neuen Stimmengewichtungen in Rat, Kommission und Parlament (vgl. Abbildung 8.4) quasi einen Konsens auf kleinstem Nenner darstellen: Es ist nicht gelungen, die institutionelle Struktur der Europäischen Union so zu straffen, dass ihre Handlungsfähigkeit auch bei 25 und mehr Mitgliedstaaten gestärkt wäre.

Die **Unfähigkeit der damaligen 15 EU-Staaten, eine grundlegende zukunftsfähige Reform der Institutionen der Europäischen Union zu vereinbaren,** ist eine **schwere Hypothek für die Zukunft** dieser in der Vergangenheit extrem erfolgreichen europäischen Integration. Mit seit dem 1. Mai 2004 insgesamt 25 Mitgliedern, die zum 1.1.2007 mit Bulgarien und Rumänien auf 27 Staaten anwuchsen, ist eine Reform der schwerfälligen institutionellen Rahmenbedingungen – bei in wesentlichen Reformpunkten einstimmig zu treffenden Entscheidungen – zumindest nicht einfacher geworden, so dass eine zukünftig hohe Integrationsfähigkeit und Integrationsdynamik der EU nur noch sehr schwer möglich sein wird.

Die große Gefahr ist – und dies scheint auch das **Scheitern der Europäischen Verfassung** im Ratifizierungsprozess der Mitgliedstaaten im Jahr 2005 durch die ablehnenden Volksentscheide in Frankreich und den Niederlanden zu bestätigen – dass der politische Integrationsprozess der Union zum Stillstand kommt. Insbesondere die osteuropäischen Staaten stehen mental (noch) nicht uneingeschränkt zur politischen Identität des 'acquis communautaire' (des erreichten Besitzstandes) der europäischen politischen Integration. Was die osteuropäischen Staaten in erster Linie im Rahmen der Mitgliedschaft in der Europäischen Union interessiert, sind die diversen Finanztransfers zur Modernisierung des Staatswesens und der (Agrar-) Wirtschaft im weitesten Sinne.

Während die **westeuropäischen Mitgliedstaaten** der EU (mit Ausnahme Großbritanniens und eingeschränkt auch Dänemarks wie Schwedens) die **EU langfristig unter weiterem nationalem Souveränitätsverzicht zu einer politischen Union ausbauen** wollen, sind die **osteuropäischen Mitglieder eher noch in einer Phase der nationalen Selbstfindung**, für die eine umfangreichere Verlagerung nationaler Souveränitätsbereiche an eine supranationale Institution wie die EU zumindest gegenwärtig noch zu früh ist.

Von zentraler Bedeutung ist auch die gegen die historisch bedingt befürchtete Hegemonie Russlands als Schutzfunktion empfundene Mitgliedschaft der osteuropäischen Staaten in der EU. Letzteres ist ein zusätzlicher, zukünftig wohl noch die weitere politische Integration der EU stark belastender Faktor: Die hieraus resultierende auch **enge Anlehnung vieler osteuropäischer Staaten an die USA** birgt einen weiteren **politischen Sprengsatz** für zukünftige institutionelle und politische Integrationsschritte der EU.

Wenn es der EU nicht gelingt, mit einheitlicher Stimme zu Fragen der Außen- und Sicherheitspolitik Stellung zu nehmen, die immerhin mit der GASP integraler Bestandteil des EU-Vertrages ist, oder wenn einzelne Staaten der EU z. B. menschenrechts- und völkerrechtswidrige Gefangenentransporte der US-Geheimdienste dulden oder völkerrechtswidrige geheime Gefängnisse oder gar Foltereinrichtungen beherbergen, die – nebenbei erwähnt – auch einen massiven und schwerwiegenden Verstoß gegen die für alle EU-Staaten geltende Charta der Grundrechte der UN ebenso wie gegen den Menschenrechtskatalog des Europarates darstellen, so lässt dies für den weiteren politischen und gesellschaftlichen Integrationsprozess einer EU von 27 oder gar über 30 Mitgliedern (inkl. Kroatiens, Mazedoniens, Montenegros, Serbiens, der Ukraine, Türkei, etc.) eher auf Desintegration als auf eine Beschleunigung der Prozesse hin zu einem einheitlichen (sozio-) politischen Kulturraum beschleunigter europäischer Integration bzw. Selbstfindung schließen.

Insbesondere mit Hinblick auf die sich weiter **beschleunigende Globalisierung** und hier ganz besonders mit Blick auf den **Aufstieg Chinas** zur ökonomischen und damit verbunden zukünftig auch politischen neuen Supermacht, kann dies nicht im Interesse der Zukunftssicherung Europas sein.

8.2 Zusammenfassung zentraler Integrationsschritte Europas

Abbildung 8.3 gibt einen Überblick über die wichtigsten Stationen der europäischen Integration, wie sie bereits in Abschnitt 8.1 beschrieben wurden, bzw. wie sie im folgenden noch erläutert werden, insbesondere noch in den Abschnitten 8.3.7 (EU-Verfassung) und 8.11 (EWWU).

Zeittafel Europäischer Integration	
16. April 1948	Gründung der **Organisation für Europäische wirtschaftliche Zusammenarbeit** (OEEC).
5. Mai 1949	Gründung des **Europarates**.
9. Mai 1950	**SCHUMAN-Plan** zur Gründung einer Europäischen Gemeinschaft für Kohle und Stahl.
18. April 1951	Gründung der **Europäischen Gemeinschaft für Kohle und Stahl (EGKS). Signatarstaaten: Belgien, Deutschland, Frankreich, Italien, Luxemburg, Niederlande.**
1953	**Scheitern des BEYEN-Planes** zum Aufbau einer umfassenden europäischen politischen Gesamtintegration.
1954	**Scheitern der Europäischen Verteidigungsgemeinschaft** (EVG) an der Nicht-Ratifizierung durch die französische Nationalversammlung.
23. Oktober 1954	**Gründung der Westeuropäischen Union** durch Aufnahme Deutschlands und Italiens in die 'Westunion' des sog. 'Brüsseler Paktes' (B, F, GB, L, NL) von 1948, mit dem Ziel der Schaffung einer Westeuropäischen Verteidigungsgemeinschaft innerhalb der NATO; diese WEU wird gegenwärtig als militärische Kooperationsebene innerhalb der EU wiederbelebt, bzw. ausgebaut.
25. März 1957	Unterzeichnung der **Römischen Verträge**: Gründung der **Europäischen Wirtschaftsgemeinschaft** (EWG) und der **Europäischen Atomgemeinschaft** (EAG). Signatarstaaten: Staaten der EGKS.
21. Juni 1959	Gründung der **Europäischen Freihandelszone (EFTA), in Kraft seit 3. Mai 1960. Signatarstaaten: Dänemark, Großbritannien, Norwegen, Österreich, Portugal, Schweden, Schweiz;** nachträglich traten bei: Finnland (27.3.1961), Island (1.3.1970), Liechtenstein (1995).

1. Juli 1968	**Vollendung der Zollunion** der EWG.
1. Januar 1973	**Norderweiterung der EG:** Beitritt von **Dänemark, Großbritannien** und **Irland** (bei gleichzeitigem Austritt aus der EFTA von Dänemark und Großbritannien).
1. Januar 1979	Inkrafttreten des **Europäischen Währungssystems** (EWS).
Juni 1979	**Erste Direktwahl** des **Europäischen Parlaments**.
1. Januar 1981	**1. Süderweiterung** der EG: Beitritt von **Griechenland**.
1. Januar 1986	**2. Süderweiterung** der EG: Beitritt von **Portugal** und **Spanien** (bei gleichzeitigem Austritt aus der EFTA von Portugal).
1. Juli 1987	**Einheitliche Europäische Akte** (EEA). Wichtige Ergänzungen des EWG-Vertrages: - Festlegung des Ziels „Binnenmarkt '92", - Entscheidungen mit qualifizierter Mehrheit in den meisten Bereichen und - vertragliche Grundlage der 'Gemeinsamen Außen- und Sicherheitspolitik'.
3. Oktober 1990	Beitritt der **DDR** zur Bundesrepublik Deutschland und **Eingliederung in die EG.**
1. Januar 1993	Start des **Europäischen Binnenmarktes**.
1. November 1993	Inkrafttreten des **Vertrages von Maastricht**. Überführung der EWG und EG-Vertragswerke in die Unionsverträge: - Stufenplan zur **Errichtung der Wirtschafts- und Währungsunion** (EWWU), - **Gründung der Europäischen Union** (EU).
1. Januar 1994	**Schaffung des Europäischen Wirtschaftsraumes** (EWR) der EU und der verbliebenen EFTA-Länder.
1. Januar 1995	**4. Erweiterung** der Union: Beitritt von **Finnland, Österreich** und **Schweden** (bei gleichzeitigem Austritt aus der EFTA).
16. Juli 1997	**Agenda 2000** der Europäischen Kommission zur Erweiterung der Europäischen Union.
2. Oktober 1997	Unterzeichnung des **Vertrages von Amsterdam**.
30. März 1998	Beginn der **Beitrittsverhandlungen mit 8 Staaten Osteuropas** und mit **Malta** sowie **Zypern**.

1. Januar 1999	**Beginn der Europäischen Wirtschafts- und Währungsunion** durch Übergang der geldpolitischen Souveränität der nationalen Zentralbanken auf die **Europäische Zentralbank** und **Einführung des Euro als gemeinsame Verrechnungswährung.** Signatarstaaten: Belgien, Deutschland, Finnland, Frankreich, Irland, Italien, Luxemburg, Niederlande, Österreich, Portugal und Spanien.
11. Dezember 2000	**Vertrag von Nizza.**
1. Januar 2001	**Beitritt Griechenlands** als 12. Land in die **Europäische Währungsunion.**
1. Januar 2002	**Einführung des EURO** als allein verbindliche einheitliche europäische Währung auch im Bar-Zahlungsverkehr; **Abschaffung der nationalen Währungen.**
28. Februar 2002 bis Juni 2003	Einsetzung des **Konvents** zur Ausarbeitung einer europäischen Verfassung und institutioneller Reformen.
1. Mai 2004	**3. Süderweiterung:** Malta, Zypern; **1. Osterweiterung:** Estland, Lettland, Litauen, Polen, Slowakei, Slowenien, Tschechien, Ungarn.
Mai 2005	Scheitern des Ratifizierungsprozesses der EU-Verfassung.
1. Januar 2007	**Aufnahme Sloweniens** als ersten Staat der Osterweiterung **in die Europäische Währungsunion** (Einführung des Euro).
1. Januar 2007	**2. Osterweiterung:** Bulgarien, Rumänien.
1. Januar 2008	Aufnahme **Maltas** und **Zyperns** in die **Europäische Währungsunion** (Einführung des Euro).
Prognosen möglicher weiterer Integrationsschritte:	
Voraussichtliche weitere Beitritte zur EWWU	**Einführung des Euro** in Lettland 2008, in Estland und evtl. auch der Slowakei 2009, Litauen und möglicherweise auch Bulgarien in 2010, Polen nicht vor 2011, deutlich später (2013?) Tschechien, Ungarn, Rumänien.
Zukünftige Beitrittsstaaten	**Beitrittsverhandlungen haben schon begonnen** mit Kroatien (Beitritt 2010?) und der Türkei (Beitritt voraussichtlich nicht vor 2020). **Mögliche weitere Beitrittsstaaten** sind Mazedonien (2012?), Montenegro und möglicherweise viel später auch Albanien, Bosnien-Herzegowina, Serbien und die Ukraine sowie evtl. Georgien.

Abbildung 8.3: Zeittafel zentraler europäischer Integrationsschritte

8.3 Die Organisationsstruktur der Europäischen Union

Bevor in den folgenden Abschnitten ausgewählte Politikbereiche der europäischen Integration vorgestellt werden, wird zunächst – auf Basis der 2007 geltenden EU-Verträge in der Fassung des Vertragswerkes von Nizza inkl. der daran anschließenden Erweiterungsprotokolle – ein Überblick über die zentralen Entscheidungsträger der Europäischen Union, wie nachstehend aufgelistet, gegeben. Im Einzelnen sind dies:

- **Rat** und **Europäischer Rat** (Abschnitte 8.3.1 und 8.3.2),
- die **Kommission** (Abschnitt 8.3.3),
- das **Parlament** (Abschnitt 8.3.4) und
- die wichtigsten **beratenden Ausschüsse** (WSA und Regionen) innerhalb der Organisationsstrukturen der Europäischen Union (Abschnitt 8.3.5) sowie
- der **Europäische Gerichtshof** (Abschnitt 8.3.6).
- Der **ECOFIN-Rat** als vor allem zur Überwachung der Kriterien des Stabilitätspaktes wichtiges Gremium der EU wird in Abschnitt 8.11.3 im Rahmen der Ausführungen zur Europäischen Währungsunion vorgestellt.

Alle Vertragsverweise (Artikel) beziehen sich im Folgenden – sofern nicht explizit anders angegeben – auf das **Vertragswerk von Nizza**.

Eine **offizielle Übereinstimmungstabelle**, die den Vergleich der neuen (Nizza) Artikelnummerierungen im **Vertrag über die Europäische Union** (EUV) von Amsterdam und auch Nizza mit der Nummerierung des Unionsvertrages von Maastricht ermöglicht, findet sich u. a. in Kapitel I 1a der Sammlung von dtv-Beck, 2005: EUR, Europa-Recht, S. 27 – 28 oder im „Vertrag von Amsterdam zur Änderung des Vertrages über die Europäische Union, der Verträge zur Gründung der Europäischen Gemeinschaften sowie einiger damit zusammenhängender Rechtsakte" – Amtsblatt Nr. C 340, vom 10. November 1997 – im Anhang zu Artikel 12: [www Amsterdam EUV].

Der Vergleich neuer Artikelzuordnungen des EG-Vertrages von Nizza im Vergleich zum ursprünglichen **Vertrag über die Europäische Gemeinschaft** (EGV), wie z. B. im Vertragswerk von Maastricht zu finden, ist derselben Quelle zu entnehmen (dtv-Beck, 2005) in Kap. I 2a, S. 153 – 161 oder im Internet ebenfalls dem o. g. Anhang [www Amsterdam EUV].

Abbildung 8.4 gibt einen Überblick (Stand Anfang 2007) über die jeweilige Vertretung der einzelnen Länder in den im Rahmen der nachstehenden Abschnitte erläuterten Institutionen der Europäischen Union.

8.3 Organisationsstruktur

EU-Mitgliedstaat	Stimmen im Ministerrat	Mitglieder in der Kommission	Mitglieder im Europa-Parlament	Mitglieder im WSA und im Ausschuss der Regionen
Belgien	12	1	24	12
Bulgarien	10	1	18	12
Dänemark	7	1	14	9
Deutschland	**29**	**1**	**99**	**24**
Estland	4	1	6	7
Finnland	7	1	14	9
Frankreich	29	1	78	24
Griechenland	12	1	24	12
Großbritannien	29	1	78	24
Irland	7	1	13	9
Italien	29	1	78	24
Lettland	4	1	9	7
Litauen	7	1	13	9
Luxemburg	4	1	6	6
Malta	3	1	5	5
Niederlande	13	1	27	12
Österreich	10	1	18	12
Polen	27	1	54	21
Portugal	12	1	24	12
Rumänien	14	1	35	15
Schweden	10	1	19	12
Slowakei	7	1	14	9
Slowenien	4	1	7	7
Spanien	27	1	54	21
Tschechien	12	1	24	12
Ungarn	12	1	24	12
Zypern	4	1	6	6
EU-Gesamt:	**345**	**27**	**785**	**344**

Abbildung 8.4: Matrix der Präsenz der Mitgliedstaaten in den wichtigsten Institutionen/ Gremien der Europäischen Union im Jahr 2007 – entsprechend der Festlegungen des Vertrages von Nizza [www Nizza EGV] und des Erweiterungsvertrages vom 21.6.2005 (vgl. AMTSBLATT der EU, 2005: L 157, oder [www Beitrittsakte 2. EU-Osterweiterung])

Abbildung 8.5 gibt einen Überblick über die institutionelle Verknüpfung der Organe der Europäischen Union am Beispiel des **Organigrammes der 'EU-27'**, mit Stand 2007.

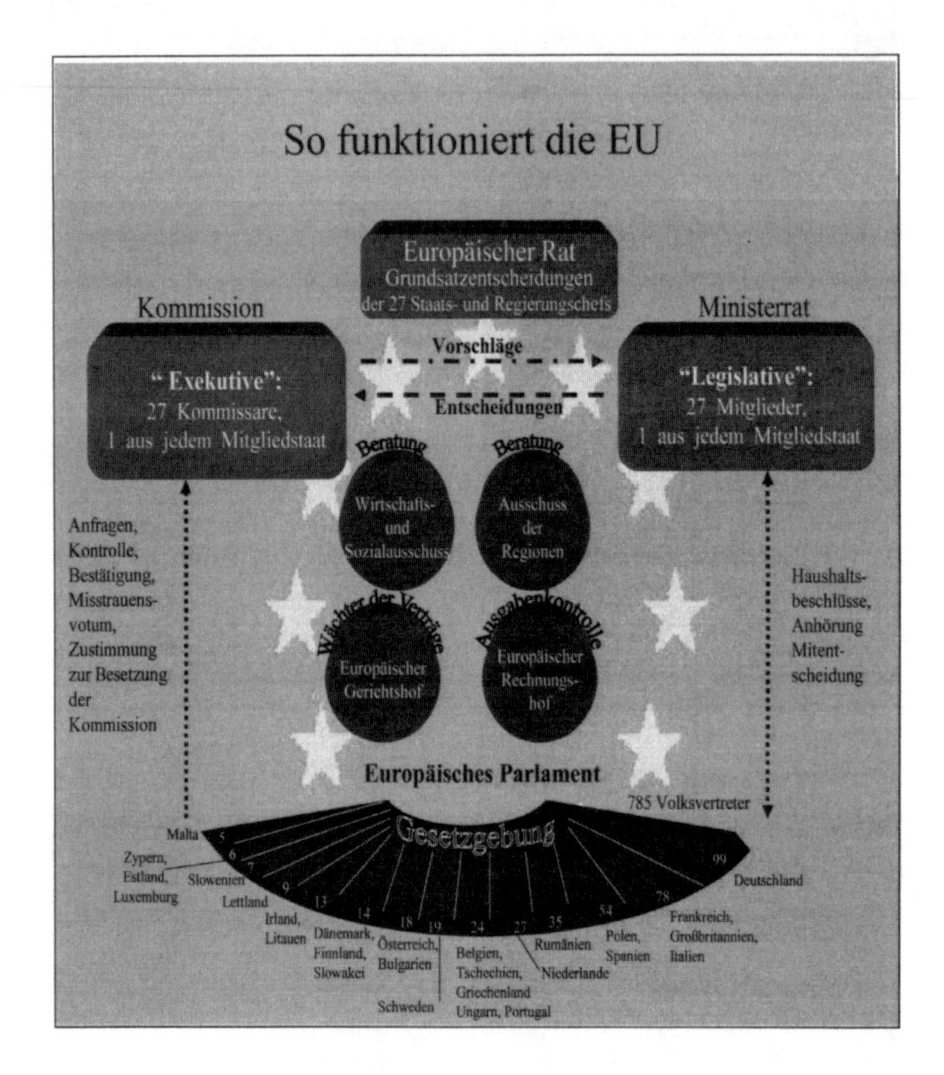

Abbildung 8.5: Entscheidungsfindung in der EU, Stand 2007 (eigene Aktualisierung der GLOBUS Infographik, Bild 5599)

8.3.1 Der Ministerrat

Der Rat (vgl. Artikel 202 bis 210 EGV) ist das **zentrale Entscheidungsgremium** der Europäischen Union. Er besteht aus je einem Vertreter eines jeden Mitgliedslandes. Der Vorsitz im Rat, bzw. dem Ministerrat, wechselt halbjährlich zwischen den Mitgliedstaaten ab. Die letzten Ratsvorsitze Deutschlands lagen im ersten Halbjahr 1999 und in der ersten Hälfte 2007. Ein Schwerpunkt der deutschen Ratspräsidentschaft 1999 war die Ausarbeitung der Agenda 2000 zur Vorbereitung der Osterweiterung der Europäischen Union. 2007 lag der Schwerpunkt der deutschen Präsidentschaft in der Wiederbelebung der Europäischen Verfassungsdiskussion (zur Verfassung vgl. noch: Abschnitt 8.3.7), aber die feierliche Berliner Deklaration vom März 2007 zur Erneuerung der Europäischen Union [www EU 03/2007b] erwähnte das Wort Verfassung aufgrund des starken Widerstandes einiger Mitgliedstaaten wie insbesondere Großbritanniens und Polens gegen eine formale Verfassung nicht einmal.

Der Rat entscheidet über alle gemeinsamen Aufgaben der EU gemäß Artikel 3(1) Amsterdamer EGV:

a) Zollpolitik und protektionistische Maßnahmen,

b) Handelspolitik,

c) Binnenmarkt i. S. der vier Grundfreiheiten von Güter-, Personen-, Dienstleistungs- und Kapitalverkehrsfreiheit,

d) Asyl- und Einreisepolitik,

e) Landwirtschaft und Fischerei,

f) Verkehrspolitik,

g) Wettbewerbspolitik,

h) Angleichung der Rechtsvorschriften, sofern für den Gemeinsamen Markt erforderlich,

i) Koordinierung der Beschäftigungspolitik,

j) Sozialpolitik und Sozialfonds,

k) wirtschaftlicher und sozialer Zusammenhalt,

l) Umweltpolitik,

m) Stärkung der industriellen Wettbewerbsfähigkeit,

n) Forschungs- und Technologiepolitik,

o) Auf-/ Ausbau transeuropäischer Transport- und Kommunikationsnetze,

p) Gesundheitspolitik,

q) berufliche Bildung und Kulturförderung,
r) Entwicklungspolitik,
s) Förderung der Assoziierung verbundener überseeischer Länder und Hoheitsgebiete,
t) Verbraucherschutz,
u) Energiepolitik, Katastrophenschutz und Fremdenverkehrsförderung,
v) Gleichstellung von Männern und Frauen (Art. 3(2) EGV).

Außerdem trifft der Rat auf Basis der Leitlinien des Europäischen Rates (vgl. Abschnitt 8.3.2) die Entscheidungen in der Gemeinsamen Außen- und Sicherheitspolitik (GASP) entsprechend Titel V EU-Vertrag sowie der über Artikel 3(1)h EGV hinausgehenden justiziellen und polizeilichen Zusammenarbeit in Strafsachen gemäß Titel VI EUV.

Der Rat beschließt seit dem Vertrag von Nizza entweder

- einstimmig,
- mit qualifizierter Mehrheit oder
- mit einfacher Mehrheit seiner Mitglieder (also de facto der Mitgliedstaaten).

Bei **qualifizierter Mehrheit** werden die Stimmen der Mitgliedsländer im Rat, wie im Vertrag von Nizza in Art. 205 (2) EGV und im Erweiterungsvertrag (AMTSBLATT der EUROPÄISCHEN UNION, 2005, Art. 22, S. 35) vereinbart, folgendermaßen gewichtet:

- Deutschland, Frankreich, Großbritannien und Italien je 29 Stimmen,
- Polen und Spanien je 27,
- Rumänien 14,
- Niederlande 13,
- Belgien, Griechenland, Portugal, Tschechien und Ungarn je 12,
- Österreich, Schweden und Bulgarien je 10 Stimmen,
- Dänemark, Finnland, Irland, Litauen und die Slowakei je 7,
- Estland, Lettland, Luxemburg, Slowenien und Zypern je 4 Stimmen,
- Malta 3 Stimmen.

Die **qualifizierte Mehrheit** beträgt 255 von insgesamt möglichen 345 Stimmen. Die Sperrminorität liegt damit bei 90 Stimmen. Rein rechnerisch ist eine qualifizierte Mehrheit nur bei Zustimmung von mindestens 12 (großen) der 27 Staaten denkbar, bzw. mit einer Sperrminorität können bereits vier (große) Staaten alle Entscheidungen blockieren, die eine qualifizierte Mehrheit erfordern.

8.3 Organisationsstruktur

Ist ein Beschluss mit qualifizierter Mehrheit zu treffen, so kann nach Art. 205 (4) EGV ein Mitglied des Rates beantragen, dass das '**Demographische Sicherheitsnetz**' einer **Mehrheit von 62 % der Gesamtbevölkerung** der EU als Bestandteil der Gültigkeit einer qualifizierten Beschlussfassung überprüft wird: Erweist sich, dass diese Bedingung nicht erfüllt ist, gilt der Beschluss als nicht gefasst.

Diese Kann-Bestimmung erlaubt jedoch, dass sich große Staaten von einer Mehrheit kleinerer Staaten ggf. überstimmen lassen, wenn niemand auf der demographischen Mehrheit besteht. Dies erleichtert die Entscheidungsfindung in der Europäischen Union nachhaltig; zudem kann ein solcher Verzicht auf die 62 %-Regel im Rahmen sog. '**Package-Deals**' in anderen Abstimmungen zur Einforderung entsprechender Gegenleistungen führen, was auch dort wieder Konsens bildend sein kann.

Die Entscheidungsfindung mit qualifizierter Mehrheit entwickelt sich immer stärker zur beherrschenden Entscheidungsfindung im Rat; **Einstimmigkeit** – der Enthaltungen gemäß Art 205 (3) EGV nicht entgegen stehen – ist nur noch nötig bei

- Vertragsergänzungen,
- Einführung bzw. Definition neuer Gemeinschaftsaufgaben und
- Grundsatzentscheidungen von großer Tragweite (wobei dies natürlich ein dehnbarer Begriff im Sinne nationaler Interessen ist),

sowie in den Bereichen

- Kultur (Art. 151 EGV) und
- soziale Sicherheit inkl. sozialer Schutz von Arbeitnehmern (Art. 137(1), Buchstabe c). (Vgl. hierzu noch Abschnitt 8.10.)

Der Rat setzt sich personell unterschiedlich in Abhängigkeit der Tagesordnung zusammen; entsprechend tagt der **Rat** seit 1960 i. d. R. **als Rat der jeweiligen Fachminister**. Bereits 1958 wurde zur besseren inhaltlichen Vorbereitung und Entlastung der Entscheidungsträger beschlossen, einen 'Ausschuss der Ständigen Vertreter' (COREPER) einzusetzen, dessen Mitglieder im Botschafterrang stehen. Dieser Ausschuss der Ständigen Vertreter ist in zwei Ebenen unterteilt:

- In die **fachlich-administrative Ebene** mit Arbeitsgruppen und Ausschüssen des Ausschusses der Ständigen Vertreter und
- in die **fachlich-politische Ebene** mit dem eigentlichen Ausschuss der Ständigen Vertreter bzw. deren Vertreter.

8.3.2 Der Europäische Rat

Vom (Minister-) Rat der Europäischen Union zu **unterscheiden** ist der **Europäische Rat:** Am 10. Dezember 1974 beschlossen die Staats- und Regierungschefs der damaligen EG-Staaten auf ihrem Pariser Gipfeltreffen, künftig mindestens zweimal jährlich als Europäischer Rat zusammenzutreten. **Der Europäische Rat ist kein Organ der Europäischen Union** im engeren Sinne: Er ist nicht als Rat beschlussfähig.

Vielmehr liegt seine Aufgabe entsprechend Artikel 4 EUV darin, *"... der Union die für ihre Entwicklung erforderlichen Impulse ..."* zu geben und er *"legt die allgemeinen politischen Zielvorstellungen für diese Entwicklung fest."* Der Europäische Rat besteht aus den Staats- und Regierungschefs der Mitgliedstaaten sowie dem Präsidenten der Europäischen Kommission. Unterstützt wird der Europäische Rat von den Ministern für auswärtige Angelegenheiten der einzelnen Mitgliedstaaten sowie einem weiteren Kommissionsmitglied.

Der Europäische Rat erstattet dem Europäischen Parlament nach jeder Tagung Bericht und legt ihm jährlich einen schriftlichen Bericht über die Fortschritte der Union vor.

Der Europäische Rat hat **Initiativrecht** wie die Europäische Kommission, was das Initiativrecht der Kommission jedoch z. T. eingrenzt, da die Kommission zum einen keine den Wünschen oder Absichten des Europäischen Rates gegenläufigen Initiativen ergreifen kann und weil die Kommission zunehmend stärker mit Initiativen des Europäischen Rates beschäftigt ist.

Neben diesem **allgemeinen Initiativrecht** legt der Europäische Rat

- die **Leitlinien und Grundsätze der Gemeinsamen Außen- und Sicherheitspolitik** fest (Artikel 13 (1) EUV),
- beschließt **gemeinsame Strategien** in Bereichen, in denen wichtige gemeinsame Interessen der Mitgliedstaaten bestehen (Artikel 13 (2) EUV) und
- trifft die für die Festlegung und Durchführung der **Gemeinsamen Außen- und Sicherheitspolitik** erforderlichen Entscheidungen auf der Grundlage der vom Europäischen Rat festgelegten allgemeinen Leitlinien.
- Des Weiteren nimmt der Europäische Rat einmal im Jahr von den Mitgliedstaaten einen Entwurf des Rates über die **Grundzüge der Wirtschaftspolitik der Mitgliedstaaten und der Gemeinschaft** auf der Grundlage eines Kommissionsberichtes entgegen und verab-

schiedet mit qualifizierter Mehrheit eine Schlussfolgerung zu diesen Grundzügen der Wirtschaftspolitik, die der Rat dann umzusetzen hat und der an das Europäische Parlament weiterzuleiten ist (Artikel 99 (2) EGV).

Relevant ist dieses Prozedere insbesondere im Zuge der Überwachung der Wirtschaftspolitik der Mitgliedstaaten im Rahmen des Stabilitätspaktes: Hier kann der Rat den Mitgliedsländern, die gegen den Stabilitätspakt verstoßen, konkrete Auflagen machen und diese mit qualifizierter Mehrheit auf Vorschlag der Kommission auch veröffentlichen, um den Druck zu wirtschaftspolitischen Reformen zu erhöhen. Abschnitt 8.11.3 wird hierauf nochmals zurück kommen.

8.3.3 Die Kommission

Die Europäische Kommission vertritt die Gemeinschaftsinteressen der Europäischen Union und stellt damit die **Exekutive** dar. Die Zusammensetzung der Kommission mit Vertretern der Mitgliedstaaten ist Abbildung 8.4 zu entnehmen.

Die **Kommission** der EU besteht aktuell (2007) aus je einem Vertreter (Staatsangehöriger) eines jeden Mitgliedslandes (Art. 213 EGV), die jeweils für 5 Jahre vom Rat mit Zustimmung des Europäischen Parlaments ernannt werden. Der Kommissionspräsident wird in qualifizierter Mehrheit vom Rat in der Zusammensetzung der Staats- und Regierungschefs benannt, wobei das Europäische Parlament zustimmen muss (Art. 214 (2) EGV).

Das Protokoll über die Erweiterung der EU vom 26.02.2001, zuletzt geändert am 16.01.2003, legt hiervon abweichend fest, dass nach dem Beitritt des 27. EU-Mitgliedslandes Art. 213 EGV so geändert wird, dass die Zahl der Kommissare unter der Zahl der Mitgliedstaaten liegt. Angedacht, jedoch noch nicht verbindlich festgelegt, ist die Zahl von 20 Kommissaren, wie sie vor der ersten Osterweiterung gegeben war. Die Kommissare werden dann auf der Grundlage eines gleichberechtigten – noch festzulegenden – Rotationsprinzips vom Rat in einstimmiger Entscheidungsfindung ausgewählt.

Die Kommission arbeitet **unabhängig von den Regierungen** der Mitgliedsländer; sie ist nur dem Europäischen Parlament verantwortlich, das die Kommission durch ein Misstrauensvotum zum Rücktritt zwingen kann.

Die Kommission ist für das **ordnungsgemäße Funktionieren** und die **Entwicklung des Gemeinsamen Marktes** verantwortlich und hat in diesem Rahmen

- die **Anwendung des Vertrages** und die von den Organen auf Basis des EGV getroffenen Bestimmungen zu **kontrollieren**,
- **Empfehlungen und Stellungnahmen** in den im EGV genannten Bereichen abzugeben (Initiativrecht),
- in eigener Zuständigkeit **Entscheidungen zu treffen** und an **Beschlüssen des Rates und des Europäischen Parlaments mitzuwirken**,
- die Befugnisse auszuüben, die ihr der Rat zur Durchführung der von ihm erlassenen Vorschriften überträgt (vgl. Artikel 211 EGV), sowie
- die Gemeinschaftsmittel – also den **EU-Haushalt** – zu verwalten (Art. 274 EGV).

Unterstützt wird die Kommission von rund 20.000 Mitarbeitern (wobei bei der Würdigung dieser Zahl zu berücksichtigen ist, dass jede Großstadt wie z. B. Hamburg oder Köln mehr Beschäftigte hat). Die Kommission berichtet zudem jährlich in einem Gesamtbericht über die Aktivitäten der Union (EUROPÄISCHE UNION: Gesamtbericht über die Tätigkeit der Europäischen Union).

Um den Entscheidungsmechanismus zu beschleunigen, wird ein Großteil der Entscheidungen im Umlaufverfahren abgehandelt: Die Zustimmung zu einer Vorlage gilt als erteilt, wenn innerhalb einer bestimmten Frist kein Einspruch erfolgt. Wichtige Entscheidungen werden in der Runde der sog. Kabinettchefs mittels des **Verfahrens der A- und B-Punkte** vorbereitet: Erzielen die Kabinettchefs Einigkeit, beschließt die Kommission ohne weitere Aussprache (Verfahren der A-Punkte); bei unterschiedlichen Auffassungen der Kabinettchefs entscheidet die Kommission nach Diskussion (Verfahren der B-Punkte).

Grundsätzlich erlässt die Kommission

- **Verordnungen**,
- **Richtlinien** und
- **Empfehlungen** bzw. Stellungnahmen.

Verordnungen sind in allen Teilen und in jedem Mitgliedstaat **unmittelbar verbindlich und gültig**, d. h. sie **stehen über dem nationalen Recht**. Pro Jahr werden ca. 4.000 – 5.000 Verordnungen erlassen.

Richtlinien stehen in Bezug auf die Zielsetzung **über nationalem Recht**, die Mitgliedstaaten sind somit verpflichtet, Ziele und Inhalte der Richtlinien

8.3 Organisationsstruktur

in nationales Recht zu überführen; **die genaue Wahl der Mittel zur Umsetzung bzw. Durchführung bleibt den Mitgliedstaaten jedoch frei.** **Stellungnahmen** bzw. Empfehlungen sind dagegen **unverbindlich**.

8.3.4 Das Europäische Parlament

Das Europäische Parlament als **Vertreter der Völker der EU** sieht sich heute wesentlich weitreichenderen Aufgaben gegenüber, als dies bei dessen Erstwahl 1979 noch der Fall war. Hervorgegangen ist das heutige Europäische Parlament aus der 1952 gegründeten 'Parlamentarischen Versammlung' der EGKS. 1958 beschloss die 'Gemeinsame Versammlung der drei Europäischen Gemeinschaften' (EGKS, EWG und EAG) in ihrer konstituierenden Versammlung, sich 'Europäisches Parlament' zu nennen.

Bis 1979 bestand das 'Europäische Parlament' aus 142 (Europa der sechs) bzw. 198 Parlamentariern (Europa der 9), die von den jeweilgen Mitgliedstaaten ohne Beteiligung der Wähler entsandt wurden.

Nach der Süderweiterung der EG (Europa der 12) fand dann **1979 die erste Direktwahl** von 518 Abgeordneten zum Europäischen Parlament statt. Die gewählten Abgeordneten verstehen sich ganz überwiegend als Träger des Europäischen Integrationsgedankens und schließen sich deshalb (abgesehen von der französischen Rechten und den schottischen Separatisten) in länderübergreifenden Fraktionen ähnlicher politischer Grundüberzeugungen zusammen. Nach der Norderweiterung, der deutschen Wiedervereinigung und den beiden Osterweiterungen umfasst das jeweils **auf 5 Jahre gewählte Europäische Parlament** aktuell (2007) **785 Abgeordnete**.

Die Abgeordneten werden gemäß Artikel 190 EGV wie folgt von den einzelnen Mitgliedstaaten der EU in das Europäische Parlament gewählt:

- 99 Abgeordnete aus Deutschland,
- je 78 aus Frankreich, Großbritannien und Italien,
- 35 aus Rumänien,
- 54 aus Polen und Spanien,
- 27 aus den Niederlanden,
- je 24 aus Belgien, Griechenland, Portugal, Tschechien und Ungarn,
- 19 aus Schweden,
- 18 aus Bulgarien und Österreich,

- je 14 aus Dänemark, Finnland und der Slowakei,
- 13 aus Irland und Litauen,
- 9 aus Lettland,
- 7 aus Slowenien,
- 6 aus Estland, Luxemburg und Zypern,
- 5 aus Malta.

Nachdem die Rechte des Parlaments zunächst rein beratend waren, wurde die Institution 'Europäisches Parlament' im Zuge der Reformanstrengungen seit der Einheitlichen Europäischen Akte von 1987 immer weiter gestärkt, ohne allerdings bis heute eine echte Legislative werden zu können. Erneut gestärkt wurden die **Befugnisse des Europäischen Parlaments** im Amsterdamer EUV, der drei Arten der Mitbestimmung des Parlaments definiert:

1. **Zustimmung:** Zur Aufnahme neuer Mitglieder ist ebenso wie bei Sanktionen gegen Mitgliedstaaten und der Aufgabendefinition der Strukturfonds die Zustimmung des Europäischen Parlaments notwendig;
2. **Mitentscheidung** (Art. 251 EGV): Bei Gesetzgebungsverfahren gemäß der Darstellung in Abbildung 8.7 in Abschnitt 8.4, linke Spalte;
3. **Zusammenarbeit** (Art. 252 EGV): Bei Gesetzgebungsverfahren gemäß der Darstellung in Abbildung 8.7 in Abschnitt 8.4, rechte Spalte;
4. **Anhörung** bei allen anderen Rechtsakten und Entscheidungen.

Ein großer **Kritikpunkt** ist bis heute, dass das **Europäische Parlament kein aktives verbindliches Initiativrecht** hat, das bislang ausschließlich beim Europäischen Rat (vgl. Abschnitt 8.3.2) und bei der Kommission (vgl. Abschnitt 8.3.3) liegt.

Im Rahmen von sogenannten Initiativanträgen können die Parlamentarier jedoch über einen Beschluss des Europaparlaments die Kommission auffordern, geeignete Vorschläge zu Fragen zu unterbreiten, die nach Auffassung des Parlamentes die Ausarbeitung eines Gemeinschaftsaktes erfordern.

Auch das vom Parlament geforderte generelle **Mitsprache- bzw. Mitentscheidungsrecht bei Mehrheitsentscheidungen des Rates** wurde bislang **nicht umgesetzt** bzw. vom Rat nicht einmal diskutiert.

Damit hat sich bislang auch im Rahmen der zweiten **Osterweiterung** im Jahre 2007 nichts verändert: Die Zahl der **Sitze im Europäischen Parlament** stieg auf **785**, aber eine nachhaltige Stärkung des Europäischen Parlaments ist damit nicht verbunden. Dies liegt primär daran, dass die nationalen Regierungen sowie deren Parlamente einem weiteren nationalen Souveränitätsverlust zugunsten steigender Mitsprache- oder gar Entscheidungsrechte des Europäischen Parlaments nicht sonderlich zugeneigt sind.

Einzig erfolgreich war das Parlament im Rahmen der Vertragsverhandlungen von Nizza mit der erreichten Gleichstellung mit Rat und Kommission hinsichtlich der Gewährung des **Klagerechtes vor dem Europäischen Gerichtshof** (EuGH).

8.3.5 Wichtige Ausschüsse

Die zwei bedeutendsten Ausschüsse der EU sind

- der Wirtschafts- und Sozialausschuss, WSA (Art. 257 – 262 EGV) sowie
- der Ausschuss der Regionen (Art. 263 – 265 EGV).

Der **Wirtschafts- und Sozialausschuss** (WSA) hat die Aufgabe, Kommission und Rat im Rahmen von geplanten Maßnahmen bzw. Gemeinschaftsvorhaben aller Art über die Meinung betroffener Wirtschafts-, Verbraucher- oder Arbeitnehmerkreise zu informieren und umgekehrt auch eine Information aus erster Hand dieser betroffenen innerstaatlichen Interessengruppen zu gewährleisten. Im WSA sind (nach der 2. Osterweiterung 2007) **344 Vertreter verschiedener Gruppen des wirtschaftlichen und sozialen Lebens aus den 27 Mitgliedstaaten** für jeweils 4 Jahre vertreten; Berücksichtigung finden insbesondere Vertreter der Industrie, der Landwirtschaft, der Verkehrsunternehmen, Arbeitnehmer, Kaufleute, Handwerker, der freien Berufe und der Verbraucher allgemein.

Der **Ausschuss der Regionen** mit ebenfalls 344 Mitgliedern, in der Zuordnung auf die Mitgliedsländer wie im WSA, wurde 1993 durch den Vertrag von Maastricht geschaffen. Er hat die Aufgabe, **den föderalen Gliedern** der EU-Mitgliedstaaten, also den Ländern, Regionen, autonomen Gemeinschaften und lokalen Gebietskörperschaften eine direkte, allerdings ebenfalls nur beratende, **Mitsprache in den Entscheidungsprozessen der EU** zu ermöglichen. Der Ausschuss nimmt vor dem Rat oder der Kommission vor allem Stellung zu Fragen der Bildung und Kultur, des Gesundheitswesens, der transeuropäischen Netze sowie zur Struktur- und Regionalpolitik.

Abbildung 8.4 in Abschnitt 8.3 ist die Zuordnung der Mitglieder der beiden wichtigen Ausschüsse auf die einzelnen Mitgliedstaaten zu entnehmen.

8.3.6 Der Europäische Gerichtshof

Der **Europäische Gerichtshof** (Art. 220 – 245 EGV) mit Sitz in Straßburg hat die Aufgabe, die **Wahrung des Rechts bei der Anwendung und Auslegung der Gemeinschaftsverträge** zu sichern. Diese Aufgabe nehmen gemäß Kapitel 1, Abschnitt 4 EGV (Artikel 220 – 245) 27 Richter des Europäischen Gerichtshofes wahr, die von den Regierungen der Mitgliedstaaten einvernehmlich auf 6 Jahre gewählt werden. Unterstützt werden die Richter durch acht Generalanwälte.

Der Europäische Gerichtshof bietet konkret folgende **Klagemöglichkeiten** (durch die nachstehend genannten Klageberechtigten):

- **Klage auf Vertragsverletzung** (Kommission und Mitgliedstaaten),
- **Klage auf Nichtigkeit** bestimmter Rechtsakte (Rat, Kommission, Parlament und Mitgliedstaaten, aber auch betroffene Individuen),
- **Untätigkeitsklage** (Rat, Kommission und Mitgliedstaaten) sowie
- **Vorlageverfahren**, die im Wege einer Vorabentscheidung nationalen Gerichten Vorgaben zur richtigen Auslegung bestimmter konkreter Vertragsinhalte geben sollen (nationale Gerichte).
- In der – im Ratifizierungsprozess 2005 gescheiterten – Verfassung der EU war weiter eine uneingeschränkte Zuständigkeit des EUGH in allen Angelegenheiten der **Menschenrechte und der Grundrechte** gemäß der Regelungen der **Charta der Grundrechte der Europäischen Union** vorgesehen. Mit dem Scheitern der Verfassung ist der Grundrechtekatalog der EU aber weiterhin nicht Bestandteil des europäischen Vertragsrechts und damit außerhalb der Zuständigkeiten des Europäischen Gerichtshofes.

8.3.7 Der EU-Konvent: Die gescheiterte Verfassung

Mit dem Beschluss des Europäischen Rates im belgischen Laeken vom Dezember 2001 zur Einberufung eines „Konvents zur Zukunft Europas" wurde erstmals ein neuer Weg der Entscheidungsfindung in der Europäischen Union beschritten. Die große Herausforderung der Erarbeitung einer europäischen Verfassung sollte in möglichst breitem Konsens und nicht im kleinen Zirkel der europäischen Staats- und Regierungschefs geschehen, um die spätere Akzeptanz dieses Integrationswerkes zu erhöhen.

8.3 Organisationsstruktur

8.3.7.1 Der verfassungsgebende Konvent

Bislang war es üblich, Reformschritte bzw. überhaupt grundsätzliche Entscheidungen in wenig demokratisch kontrollierbaren Verhandlungen innerhalb des Rates der Europäischen Union zu treffen.

Der KONVENT – Zusammensetzung und Präsidium

1. Zusammensetzung des Konvents:	2. Das Präsidium:	3. Beobachterstatus im Konvent:
1 Präsident	- Präsident ist Valéry Giscard d'Estaing	3 Vertreter des Wirtschafts- und Sozialausschusses
2 Vizepräsidenten	- Vizepräsidenten sind Jean-Luc Dehaene und Giuliano Amato	3 Vertreter der europäischen Sozialpartner
15 Vertreter der Staats- und Regierungschefs	3 Vertreter der kommenden Präsidentschaften: Spanien, Dänemark, Griechenland	6 Vertreter des Ausschusses der Regionen
30 Mitglieder der Nationalen Parlamente	2 Nationale Parlamentarier	- Der Europäische Bürgerbeauftragte
16 Mitglieder des Europäischen Parlaments	2 Europäische Parlamentarier	- Die Präsidenten des Europäischen Gerichtshofes und des Europäischen Rechnungshofes sowie Experten können zusätzlich eingeladen werden.
2 Vertreter der Kommission	2 Kommissare	
13 Vertreter der Regierungen der Kandidatenstaaten	**12 Mitglieder** (Es sind keine Vertreter der Beitrittskandidaten und keine Parlamentarier als Vizepräsidenten vorgesehen.)	
26 Mitglieder der Parlamente der Kandidatenstaaten		
105 Mitglieder (Für jedes Mitglied (102) wird zudem ein Vertreter benannt.)		

Abbildung 8.6: Zusammensetzung des Konvents der Europäischen Union (vgl. Europäische Zeitung, 2002, S. 10)

Mit dem **Konvent,** der seine Arbeit am 28. Februar 2002 unter Vorsitz des ehemaligen Französischen Staatspräsidenten Valéry Giscard d'Estaing in Brüssel aufnahm und am 10.7.2003 mit der Vorlage der Verfassung der Europäischen Union beendete, wurde nun erstmals ein **demokratisch stärker legitimiertes** – und damit ein weitgehend von **nationalstaatlichen Interessen befreites – Entscheidungsgremium** geschaffen.

Diese größere demokratische Legitimation leitet sich aus der breit gefächerten Zusammensetzung der Konvents-Mitglieder ab, wie Abbildung 8.6 aufzeigt.

Anders als in den bisherigen Regierungskonferenzen, in denen hinter verschlossenen Türen kaum nachvollziehbare Reformpakete ausgehandelt wurden, sollten die 117 Vertreter (und 102 Stellvertreter) der Regierungen, der damaligen 15 nationalen Parlamente, des Europaparlaments, der Kommission sowie der damaligen 10 Beitrittskandidaten bis Juni 2003 eine **Vertragsreform** ausarbeiten, **die den Bürgern Europa wieder näher bringt.**

Der **Konvent** sah sich drei **zentralen Aufgaben** gegenüber:

- Erstens sollten die **Verträge** der Europäischen Union **übersichtlicher** und **verständlicher** werden,
- zweitens musste deutlich werden, welche **Aufgaben die EU** übernehmen soll und welche Aufgaben weiterhin gemäß dem **Subsidiaritätsprinzip** in der **Verantwortung der Mitgliedstaaten** liegen sollen,
- drittens war festzulegen, wie in einer erweiterten Union künftig **Entscheidungen getroffen** werden können, die **demokratisch legitimiert** und effizient sind.

Mit dem vorgelegten Verfassungsentwurf hatte der Konvent diese Forderungen sehr weitgehend umgesetzt: Zentrale Ergebnisse der Verfassungsdiskussion des Konventes, die am 10.7.2003 abgeschlossen und der Öffentlichkeit präsentiert wurden, waren:

1. Die **Integration** der von der EU feierlich proklamierten **Charta der Grundrechte** in die Verfassung,
2. **institutionelle Reformen,** wie z. B.

- eine zumindest teilweise **Neuordnung der Zuständigkeiten in der EU** mit den Hauptaspekten eines weiteren Ausbaus der Regel der Mehrheitsentscheidungen auf qualifizierter Basis im Rat, Stärkung und Professionalisierung der Einrichtung des Europäischen Rates und des Ministerrates, die Erweiterung der Mitentscheidungsrechte des Europäischen Parlaments als Mitgestalter der weiteren Europäischen Integration, sowie vor allem

- die **Wahl des Kommissionspräsidenten durch das Europäische Parlament**, um so die demokratische Legitimation der Kommission zu erhöhen,

- eine stärkere **Betonung des Subsidiaritätsprinzips**, das der Europäischen Union nur Aufgaben zuweist, die von den Nationalstaaten alleine schlechter gelöst werden können,

- Ausbau der Koordination einer **Gemeinsamen Außen- und Sicherheitspolitik** und Einsetzung eines **EU-Außenministers**,

- Stärkung der Zusammenarbeit im Bereich der **Inneren Sicherheit** in der EU inkl. engerer justizieller Zusammenarbeit, sowie

- die **Einbringung weiterer Zuständigkeiten** wie z. B. den Aufbau einer eigenständigen EU-Entwicklungszusammenarbeit (Entwicklungshilfe).

8.3.7.2 Zentrale Inhalte der Verfassung: Schutz der Bürgerrechte und Weiterentwicklung der Europäischen Integration

Die dem Verfassungsentwurf des Konventes folgende Regierungskonferenz verabschiedete nach intensiven Diskussionen auf Basis des Entwurfes des Konvents am 18.6.2004 die neue Europäische Verfassung, die am 29.10.2004 in Rom feierlich von den Staats- und Regierungschefs aller 25 EU-Mitgliedstaaten unterzeichnet wurde.

Die **zentralen Inhalte** der durch die Nichtratifikation der Verfassung im Rahmen von Volksentscheiden in Frankreich und den Niederlanden im Frühjahr **2005 de facto gescheiterten Verfassung**, in denen sie sich vom bestehenden Vertragswerk der Europäischen Union unterscheidet, sind Folgende:

- Ein zentraler Aspekt der Verfassung ist die Einbeziehung der schon im Dezember 2000 feierlich proklamierten – jedoch bislang aufgrund fehlender Einbindung in das Vertragswerk der Europäischen Union absolut unverbindlichen – **Charta der Grundrechte der EU** in die Verfassung als eigenständiger Teil II:

    - Die **Charta** garantiert in **Kapitel I** die **Würde des Menschen**, das Recht auf Leben und Unversehrtheit, das Verbot der Folter und unmenschlicher oder erniedrigender Strafe oder Behandlung, das Verbot von Zwangsarbeit;

    - **Kapitel II schützt** die **Freiheit des Menschen**, das Recht auf Freiheit und Sicherheit, die Achtung des Privat- und Familienlebens, Schutz personenbezogener Daten, das Recht auf Ehe und Familie, die Gedanken-, Gewissens- und Religionsfreiheit, die Freiheit der Meinungsäußerung und die Informationsfreiheit, das Recht auf Bildung, Berufsfreiheit, unternehmerische Freiheit, Eigentumsrecht, Asylrecht;

    - **Kapitel III** garantiert die **Gleichberechtigung** und **Nichtdiskriminierung** wie z. B. Gleichheit vor dem Gesetz, die Vielfalt der Kulturen, Religionen und Sprachen, die Nichtdiskriminierung von Frauen und Männern, Schutz der Rechte des Kindes, Rechte älterer Menschen und die Integration von Menschen mit Behinderung;

    - **Kapitel IV** verankert **Solidarität** im Familien- und Arbeitsleben, **Umwelt-** und **Verbraucherschutz**;

    - **Kapitel V** garantiert **Bürgerrechte** wie aktives und passives Wahlrecht, Recht auf eine gute Verwaltung, Recht auf Zugang zu Dokumenten, Petitionsrecht und Bürgerbeauftragte, Freizügigkeit und Aufenthaltsfreiheit sowie diplomatischen und konsularischen Schutz.

    - **Kapitel VI** verbürgt die **justiziellen Rechte** wie das Recht auf einen wirksamen Rechtsbehelf und ein unparteiisches Gericht, die Unschuldsvermutung und Verteidigungsrechte, Grundsätze der Verhältnismäßigkeit von Strafen zur Straftat etc.

    - Das abschließende **Kapitel VII** beinhaltet neben Ausführungsbestimmungen insbesondere das **Verbot des Missbrauchs der Rechte**:

8.3 Organisationsstruktur

Jede Handlung, die darauf abzielt, die in der Charta verbürgten Rechte und Freiheiten abzuschaffen oder einzuengen, ist unzulässig.

Der **Europäische Gerichtshof** trägt Sorge für die Einhaltung der Charta in allen Bereichen der EU sowie der Mitgliedstaaten.

Die **Charta ist umfassender** als die am 4. November 1950 in Rom unterzeichnete **Europäische Konvention zum Schutze der Menschenrechte und Grundfreiheiten** (EMRK) des Europarates, die von allen Mitgliedstaaten der EU ratifiziert ist: Während die EMRK sich auf Bürgerrechte und politische Rechte beschränkt, deckt die Charta der Grundrechte das gesamte Spektrum der o. g. Grundrechte ab.

Zudem sieht die Verfassung den **Beitritt der EU als eigene Rechtspersönlichkeit zur Menschenrechtskonvention** vor, damit ist ein Austritt von Mitgliedstaaten aus der Konvention oder deren Missachtung nicht mehr möglich. Dies ist auch unter dem Aspekt einer Mitgliedschaft weiterer Staaten Südosteuropas mit teilweise noch nicht gefestigter Grundrechtskultur nicht hoch genug zu bewerten.

Die Verfassung nimmt damit erstmals einen **Wertekatalog** in das Unionsvertragswerk auf: Die Europäische Union steht dann nur Staaten offen, die diesen Wertekatalog achten und umsetzen; die EU hat das Recht, bei Missachtung dieser Werte durch einen Mitgliedstaat entsprechende Maßnahmen zu ergreifen.

- Die Verfassung bietet auch eine ganze Reihe **institutioneller Reformen**:
  - So wird für den in Abschnitt 8.3.2 genannten **Europäischen Rat** die Rotation im Vorsitz aufgehoben und der Europäische Rat stattdessen mit einem jeweils für 2½ Jahre vom Rat mit qualifizierter Mehrheit gewählten Vorsitzenden institutionalisiert.
  - Der in Abschnitt 8.3.1 erläuterte **Ministerrat** wird **zweigeteilt** in einen '**Rat für Allgemeine Angelegenheiten**', der dem alten Ministerrat entspricht und weiterhin im Rotationsprinzip geführt wird, sowie in einen neuen '**Rat für Auswärtige Angelegenheiten**', dessen Vorsitzender ein neu zu schaffender '**Außenminister der Europäischen Union**' ist, der vom Europäischen Rat mit qualifizierter Mehrheit und Zustimmung des vom Europäischen Parlament gewählten Kommissions-Präsidenten gewählt wird.

- Das **Verfahren der 'qualifizierten Mehrheit'** wird derart verändert, dass die in Abschnitt 8.3.1 schon erläuterte 'demographische Klausel' von 62 % auf 65 % der vertretenen Bevölkerung erhöht wird und die Sperrminorität von 35 % nur greift, wenn diese von mindestens 4 Staaten repräsentiert wird. Für Beschlussvorlagen, die nicht von der Kommission oder dem EU-Außenminister kommen, müssen zusätzlich 75 % der Staaten zustimmen.

- Die Legislativ- und Haushaltsbefugnisse des **Europäischen Parlaments** werden gestärkt. Von herausragender Bedeutung ist das **Recht zur Wahl des Kommissions-Präsidenten**. Die Sitze im EP werden im Vorgriff auf weitere Beitritte auf maximal 750 begrenzt, wobei die einzelnen Staaten von mindestens 6 und maximal 96 Parlamentariern vertreten werden.

- Im Bereich der **'Gemeinsamen Außen- und Sicherheitspolitik'** (GASP) werden neben der schon genannten Einsetzung eines **'Europäischen Außenministers'** inhaltlich eine Reihe neuer Rechtsgrundlagen geschaffen, bzw. konkretisiert:

    - Einführung einer **Solidaritätsklausel** zwischen den Mitgliedstaaten im Fall terroristischer Angriffe oder Naturkatastrophen,

    - Aktualisierung der sogenannten **'Petersberg-Missionen'** (benannt nach der ersten EU-Afghanistan-Konferenz unter Vorsitz des damaligen deutschen Bundesaußenministers Joschka Fischer am Petersberg in Bonn), in denen Operationen der EU zur Stabilisierung der Lage nach Konflikten und Maßnahmen zur Bekämpfung des Terrors auch auf dem Hoheitsgebiet von Drittstaaten stärker verbunden werden mit Aufgaben der militärischen Beratung und mit Abrüstungsmaßnahmen,

    - **Verpflichtung zur Unterstützung** eines jeden EU-Staates, der **Opfer eines bewaffneten Angriffs** auf sein Hoheitsgebiet wird sowie

    - diverse Regelungen zur verstärkten **militärischen Zusammenarbeit** inkl. der Einrichtung eines Anschubfonds für die militärische Verteidigung der Europäischen Union.

- Im Bereich der **Entwicklungsfinanzierung** (Entwicklungshilfe) werden zwei zentrale Neuerungen eingeführt:

- Es wird die Voraussetzung für einen **Europäischen Entwicklungsfonds** im Haushalt der EU geschaffen, wodurch eine gemeinsame Europäische Entwicklungshilfe möglich ist, zudem wird

- ein **Europäisches Freiwilligen-Korps für humanitäre Hilfseinsätze** eingerichtet.

- Ergänzungen gibt es auch im Bereich der **justiziellen Zusammenarbeit**:

  - Die Verfassung verankert in diesem Bereich erstmals einen weitgehenden Übergang zu Beschlussfassungen im Rahmen der **qualifizierten Mehrheit**,

  - vereinbart ist zudem eine **Annäherung der grundlegenden strafrechtlichen Normen**; ein Aspekt, der insbesondere im Lichte eines möglichen Beitritts der Türkei zur EU von herausragender Bedeutung ist,

  - auch wird eine **Europäische Staatsanwaltschaft** eingerichtet, womit vor allem die staatsübergreifend agierende organisierte Kriminalität leichter bekämpft werden soll.

- Eine **Vielzahl weiterer Ergänzungen** der bisherigen Vertragswerke finden sich in den Bereichen der

  - Gesundheitspolitik (EU-weite Meldepflichten bei bestimmten Krankheiten),

  - Energiepolitik, Sport, Zivilschutz (Katastrophenschutz) sowie

  - in der Einführung einer gemeinsamen Europäischen Raumfahrtpolitik im Bereich der Gemeinschaftsaufgabe 'Forschung und technologische Entwicklung'.

8.3.7.3 Abschließende Wertung der Verfassung und Konsequenzen des Scheiterns der EU-Verfassung im Ratifizierungsprozess

Insgesamt hätte die am 29.5.2005 durch den ablehnenden Volksentscheid in Frankreich de facto in der Ratifizierung gescheiterte EU-Verfassung einen großen Fortschritt gegenüber den derzeitigen Verträgen der Europäischen Union dargestellt.

Die Verfassung **bündelt** in übersichtlicher Weise die Errungenschaften der Europäischen Integration seit nunmehr rund 50 Jahren. Die Vereinfachung der Beschlussfassung ermöglicht der EU außerdem ein effizienteres Arbeiten.

Durch die Verfassung wird die EU in vielen Bereichen demokratischer:

Die Rolle des Europäischen Parlaments (EP) wird gestärkt, insbesondere durch das Recht, den Präsidenten der Kommission zu wählen. Die Legislativ- und Haushaltsbefugnisse des EP werden ebenso erweitert.

Auch die nationalen Parlamente werden gestärkt: Insbesondere über die Einführung eines 'Frühwarnmechanismus' zur Kontrolle der Einhaltung des **Subsidiaritätsprinzips** wird der 'besondere Beitrag' der nationalen Parlamente zum demokratischen Leben der Union ausdrücklich anerkannt.

Die Verfassung bringt konkret auch den **Bürgern** der Mitgliedstaaten der EU **wesentliche Vorteile**: Zum einen die Verbindlichkeit der Charta der Grundrechte, zum anderen das zumindest ansatzweise eingeführte Klagerecht von Privatpersonen vor dem Europäischen Gerichtshof; die Bürger der EU verfügen dank der **Ausweitung der Zuständigkeiten des Gerichtshofes** über bessere gerichtliche Garantien.

Nicht zu vergessen auch die stärkere – einklagbare – Bedeutung des schon mehrfach genannten Subsidiaritätsprinzips, wodurch der EU-Bürger eine Art Schutz vor dem Leviathan einer oftmals doch 'harmonisierungssüchtigen' EU-Kommission erfährt.

Zudem erhalten EU-Bürger das Recht, bei der EU neue Initiativen zu beantragen.

Nicht zuletzt wird die Einrichtung eines Konvents für zukünftige Vertragsrevisionen institutionalisiert.

Für den integrationsinformierten Bürger ist das **Scheitern der EU-Verfassung** – letztlich an der Nicht-Informiertheit der Bürger und deren diffusen Angst vor einem nicht ausreichend kommunizierten 'Einheitlichen' Europa – **eine integrationspolitische Katastrophe**, die das Leben eines jeden Europäers direkt betrifft, da jede weitere Lähmung der europäischen politischen Integration inkl. ihrer institutionellen Verschlankung, die Wettbewerbsfähigkeit Europas – und damit konkret die Beschäftigungsmöglichkeiten in den Staaten der EU – negativ beeinflussen wird.

Allein schon die **Einbeziehung** der **Grundrechtecharta** in das Vertragswerk der Europäischen Union **in einer Zeit zunehmend erodierender sozialer Grundrechte** (Stichwort Globalisierung) und **erodierender Menschenrechte** (Stichwort: „Ist Folter gerechtfertigt, um z. B. Terroranschläge abzuwehren?") hätte die Ratifikation der Verfassung gerechtfertigt.

Die **Erfolgsaussichten** für einen erneuten Versuch, eine europäische Verfassung zu ratifizieren, scheinen zumindest in mittelfristiger Perspektive nicht gut zu sein: Durch den Beitritt der 10 Staaten Süd- und Osteuropas im Jahr 2004 sowie dem 2007 erfolgten Beitritt Rumäniens und Bulgariens, wie auch der mittel- und langfristig geplanten weiteren Beitritte südosteuropäischer Staaten bis hin zur Türkei wird der **Reformdruck** innerhalb der EU noch **deutlich ansteigen.**

Damit besteht die große Gefahr, dass die gegenwärtige Entscheidungsschwäche bzw. Lähmung der Entscheidungskraft der EU möglicherweise noch offensichtlicher wird, und – was sehr schwer wiegt – die von der Verfassung ermöglichten demokratischeren Strukturen nicht greifen können.

8.4 Die institutionellen Entscheidungsverfahren der Europäischen Union

In Abschnitt 8.3.3 wurden bereits Verordnungen und Richtlinien der EU als über dem nationalen Recht stehendes EU-Recht genannt. Für das Zustandekommen von EU-Gesetzen (Verordnungen und Richtlinien) gibt es noch kein einheitliches Verfahren.

Vielmehr ist die Entscheidungsfindung abhängig vom jeweiligen Politikbereich, über den entschieden werden soll. Seit dem Vertrag von Maastricht ist jedoch die Rolle des Europäischen Parlaments deutlich gestärkt worden. Ein Rechtsakt passiert das Gesetzgebungsverfahren problemlos, wenn Kommission, Rat und Europäisches Parlament zustimmen. Treten divergierende Meinungen auf, sind – unterschiedlich, ob es sich um

- **Mitentscheidungs-** oder
- **Zusammenarbeitsverfahren**

handelt – diverse Koordinations- bzw. Vermittlungsschritte notwendig.

Diese Entscheidungsfindungsprozesse sind in Abbildung 8.7 kurz skizziert:

Zwei Gesetzgebungsverfahren in der EU
"Mitentscheidung" (Art. 251 EGV), "Zusammenarbeit" (Art. 252 EGV)

Die **Europäische Kommission** formuliert einen "Vorschlag".

↓

Der Vorschlag geht an das **Europäische Parlament (EP)** und an den **Rat**

↓

Das **EP** nimmt in erster Lesung zu dem Vorschlag Stellung.

↓

Die **Kommission** kann diesen Vorschlag nun überarbeiten.

↓

Der Vorschlag wird im **Rat der Europäischen Union** in der ersten Lesung behandelt; der Rat beschließt einen **"Gemeinsamen Standpunkt"** (GP).

Bis hierhin sind die Verfahren nach Art. 251 und 252 EGV gleich; von nun an unterscheiden sie sich:

"Mitentscheidung" nach Art. 251 EGV	"Zusammenarbeit" nach Art. 252 EGV
Das **EP** kann in zweiter Lesung den "GP" **Fall a)**: billigen; **Fall b)**: ändern; **Fall c)**: seine Ablehnung ankündigen.	Das EP kann in zweiter Lesung den "GP" **Fall a)**: billigen; **Fall b)**: ändern; **Fall c)**: ablehnen.
Der **Rat** verfährt nun in zweiter Lesung so: **Fall a)**: Rat **beschließt** endgültig; **Fall b)**: Rat **billigt Änderung** des EP und **beschließt endgültig**; **Fall c)**: Der Rat billigt die Änderungen nicht: **Vermittlungsausschuss**.	Der "GP" geht zurück an die **Kommission**; sie kann Änderung des EP **übernehmen** *oder* **mit Begründung ablehnen**.
Vermittlungsausschuss (paritätisch aus Rat und EP) findet a) einen gemeinsamen Entwurf, b) keinen gemeinsamen Entwurf: der Rechtsakt ist gescheitert.	Der **Rat** beschließt in zweiter Lesung endgültig: **Fall a)**: mit **qualifizierter Mehrheit**, **Fall b)**: **einstimmig**, soweit **überprüfter Vorschlag** der Kommission geändert, **Fall c)**: **einstimmig**.

↓

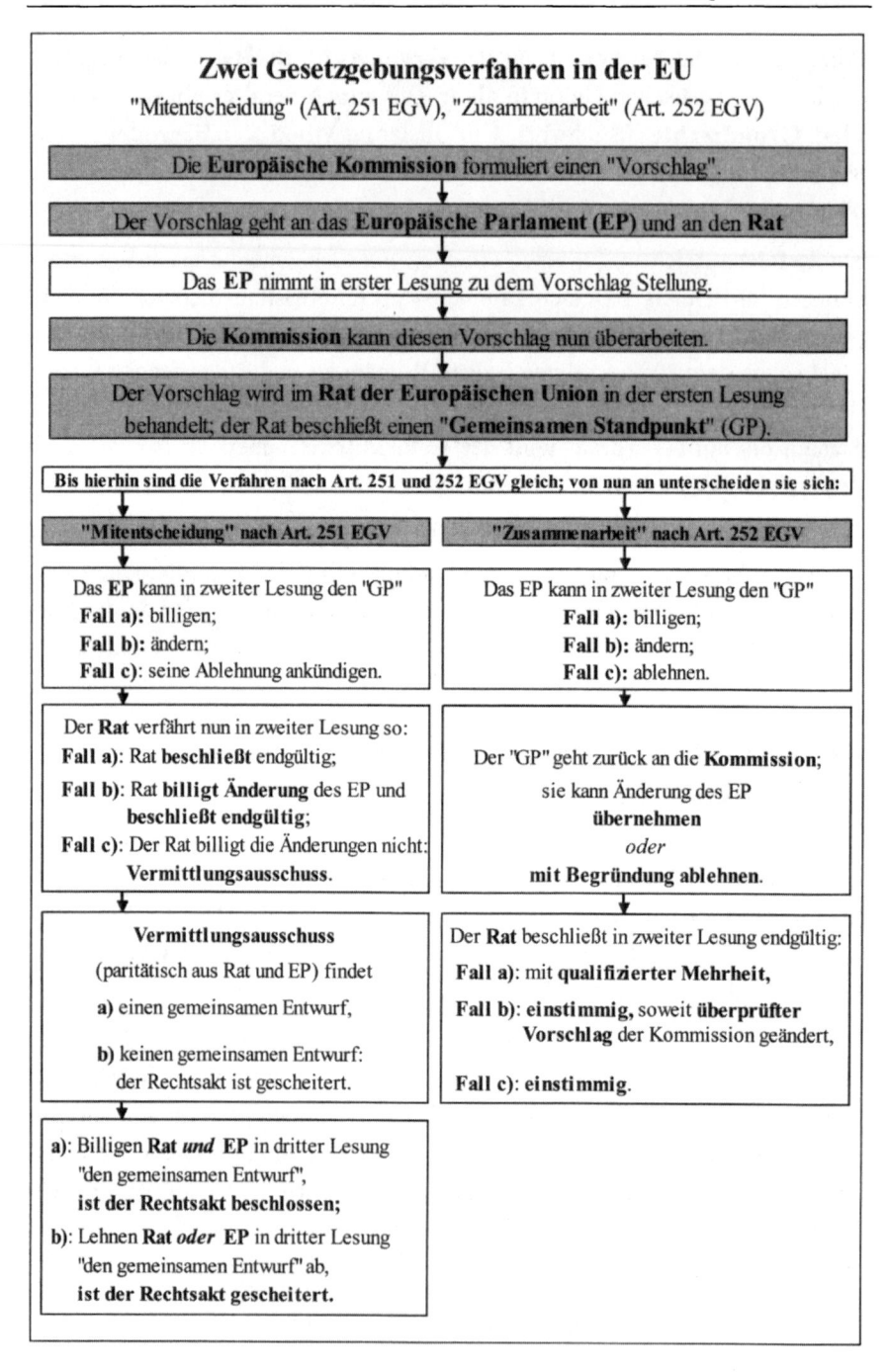

a): Billigen **Rat *und* EP** in dritter Lesung "den gemeinsamen Entwurf", **ist der Rechtsakt beschlossen;**

b): Lehnen **Rat *oder* EP** in dritter Lesung "den gemeinsamen Entwurf" ab, **ist der Rechtsakt gescheitert.**

Abbildung 8.7: Gesetzgebungsverfahren der EU entsprechend Art. 251 und Art. 252 EGV

8.5 Der Haushalt der Europäischen Union

Als supranationale Organisation verfügt die Europäische Union über einen eigenen Haushalt, der – wie in Abschnitt 8.3.3 erwähnt – von der Kommission auf Basis der Vorgaben von Rat und Europäischem Parlament verausgabt wird.

Im Jahr 2005 betrug das **Gesamtbudget** der Europäischen Union **rund 101 Mrd. Euro** (vgl. Abbildung 8.9). Dies entspricht einer Summe von rund **220 EUR pro Einwohner** und Jahr (bei rund 460 Mio. Einwohnern der EU, vgl. noch detaillierter Abbildung 8.10).

8.5.1 Die Einnahmen der Europäischen Union

Die Europäische Union finanziert sich seit 1970 ausschließlich aus Eigenmitteln. Diese werden ihr hauptsächlich von den Mitgliedstaaten zur Verfügung gestellt und fließen ihr automatisch zu. Das bedeutet, dass die EU nicht über autonom kontrollierbare Einnahmequellen verfügt, sie besitzt bisher **keine Steuerkompetenz**. Diese wurde jedoch in der Diskussion zur institutionellen Reform der EU im Rahmen der Vertragsverhandlungen zu Nizza u. a. vom damaligen Präsidenten der Kommission, Romano PRODI, gefordert.

Die **Höhe der Zahlungen durch die Mitgliedstaaten** wird durch einstimmigen Beschluss des Rates festgelegt, der von den nationalen Parlamenten ratifiziert werden muss. Für den Zeitraum 2000 – 2006 wurde beschlossen, dass der Wert von 1,27 % des BNE der EU als Obergrenze dabei nicht überschritten werden darf. Seit 2007 gilt eine **Obergrenze von 1,24 % des BNE**.

Während ursprünglich die Mittel der Europäischen Gemeinschaften durch Beiträge der Mitgliedstaaten aufgebracht wurden, haben die Europäischen Gemeinschaften seit 1970 eigene Einnahmen:

- **Agrarabschöpfungen** (erhoben bei der Einfuhr von Agrarerzeugnissen aus Nicht-EU-Ländern) in Höhe von ca. **3 % der Gesamteinnahmen**;
- **(Agrar-) Zölle** und **Zuckerabgaben** auf Basis des gemeinsamen Zolltarifs im Handelsverkehr mit Drittländern in Höhe von ca. **12 % der Gesamteinnahmen**;
- sog. **Mehrwertsteuer-Eigenmittel** (in Höhe von 1 % des Aufkommens der Mitgliedstaaten, im Jahre 2002 auf 0,75 % und 2004 auf 0,5 % reduziert) in Höhe von nur noch ca. **15 % der Gesamteinnahmen**.

Teil C   8 Die Europäische Union

Mit der Finanzreform von 1988 wurde beschlossen, die Mitgliedstaaten über das **Leistungskriterium des Bruttonationaleinkommens** an der Finanzierung der Gemeinschaft zu beteiligen: So finanzieren die Staaten der Europäischen Union den Ausgabenbedarf, der über die Einnahmen der Punkte 1 bis 3 hinausgeht, bis zu einem festgelegten Prozentsatz (**seit 2007**: **maximal 1,24 %**) ihres BNE als sog. 'Vierte, ergänzende Abgabe'. Im **Durchschnitt der Jahre** finanzierte diese 'Auffanggröße' rund **42 % der Gesamteinnahmen, aktuell** (2007) fast **70 %**.

Abbildung 8.8 gibt einen Überblick über die **veränderte Gewichtung der verschiedenen Säulen der Eigenmittelfinanzierung** des EU-Haushaltes zu Lasten der MwSt-Eigenmittel hin zu den BNE-fundierten Eigenmitteln.

Unter 'traditionellen Eigenmitteln' sind die o. g. Agrarabschöpfungen sowie die (Agrar-) Zölle und Zuckerabgaben subsumiert.

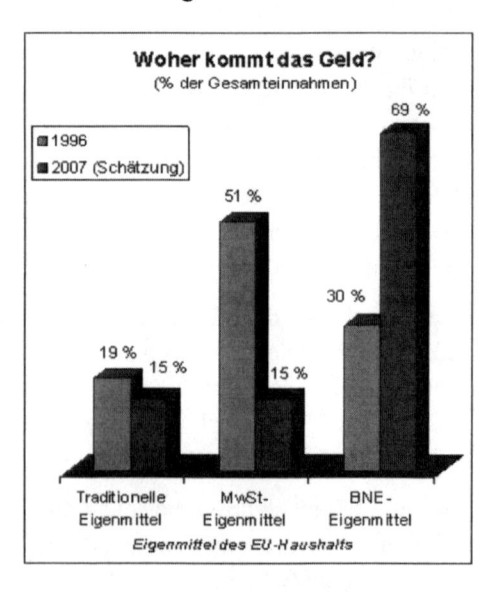

Abbildung 8.8: Prozentualer Anteil der verschiedenen EU-Eigenmittel im Vergleich der Jahre 1996 und 2007 (aus [www EU 05/2007a])

Hinzu kommen noch Steuern der EU-Bediensteten, Geldstrafen oder der Haushaltsüberschuss der EU vom Vorjahr.

Die Gesamteinnahmen des Haushaltsplans werden unter strenger Beachtung des Grundsatzes des Ausgleichs festgelegt, d. h. die Einnahmen entsprechen genau den Ausgaben (Art. 268 EGV); eine **Verschuldung ist insofern nicht erlaubt**.

8.5 Haushalt der EU

8.5.2 Die Verteilung der Beitragslast auf die einzelnen EU-Staaten

Beitragszahlungen der EU-Mitgliedstaaten	1995		2005	
	absolut in Mio. €	in % der EU-Gesamteinnahmen	absolut in Mio. €	in % der EU-Gesamteinnahmen
Deutschland	21.324,1	31,4 %	20.136,3	20,0 %
Frankreich	11.876,8	17,5 %	16.854,1	16,7 %
Italien	6.413,7	9,5 %	13.546,7	13,4 %
Großbritannien	9.251,6	13,6 %	12.157,1	12,1 %
Spanien	3.645,2	5,4 %	9.474,9	9,4 %
Niederlande	4.349,6	6,4 %	5.947,1	5,9 %
Belgien	2.680,1	4,0 %	4.023,8	4,0 %
Schweden	1.658,3	2,4 %	2.654,3	2,6 %
Österreich	1.762,9	2,6 %	2.144,0	2,1 %
Dänemark	1.295,4	1,9 %	1.989,0	2,0 %
Irland	985,2	1,5 %	1.801,6	1,8 %
Portugal	864,9	1,3 %	1.527,0	1,5 %
Finnland	887,4	1,3 %	1.464,9	1,5 %
Griechenland	664,8	1,0 %	1.442,5	1,4 %
Luxemburg	167,6	0,2 %	227,0	0,2 %
Gesamt (EU-15)	**67.827,6**	**100 %**	**95.390,3**	**94,6 %**
Polen	-	-	2.327,2	2,3 %
Tschechien	-	-	990,2	1,0 %
Ungarn	-	-	833,2	0,8 %
Slowakei	-	-	359,0	0,4 %
Slowenien	-	-	274,7	0,3 %
Lettland	-	-	207,0	0,2 %
Zypern	-	-	150,0	0,15 %
Litauen	-	-	129,8	0,1 %
Estland	-	-	99,7	0,1 %
Malta	-	-	50,1	0,05 %
Gesamt (EU-25)	**-**	**-**	**100.811,2**	**100 %**

Abbildung 8.9: Gesamtbetrag der Eigenmittelzahlungen der einzelnen Mitgliedstaaten in den EU-Haushalt 1995 und 2005 absolut und relativ (Daten aus EUROPÄISCHE KOMMISSION 2006, Tabelle 4f, S. 133)

Teil C   8 Die Europäische Union

Obige Abbildung 8.9 beantwortet die Frage, in welcher Höhe die einzelnen Mitgliedstaaten der EU auf Basis der in Abschnitt 8.5.1 erläuterten Eigenmittelaufbringung an der Haushaltsfinanzierung der Europäischen Union beteiligt sind; dargestellt sind die nationalen Brutto-Gesamtbeitragszahlungen am Beispiel der Jahre 1995 (EU der 15) und 2005 (EU der 25) in absoluter und relativer Betrachtung.

Abbildung 8.10 stellt den **prozentualen Anteil** der einzelnen EU-Mitgliedstaaten an der **Finanzierung des EU-Haushalts** wie in Abbildung 8.9 angegeben nochmals graphisch dar und zeigt zudem die Verteilung der EU-Finanzbeiträge auf die einzelnen Mitgliedstaaten **in Pro-Kopf-Betrachtung**:

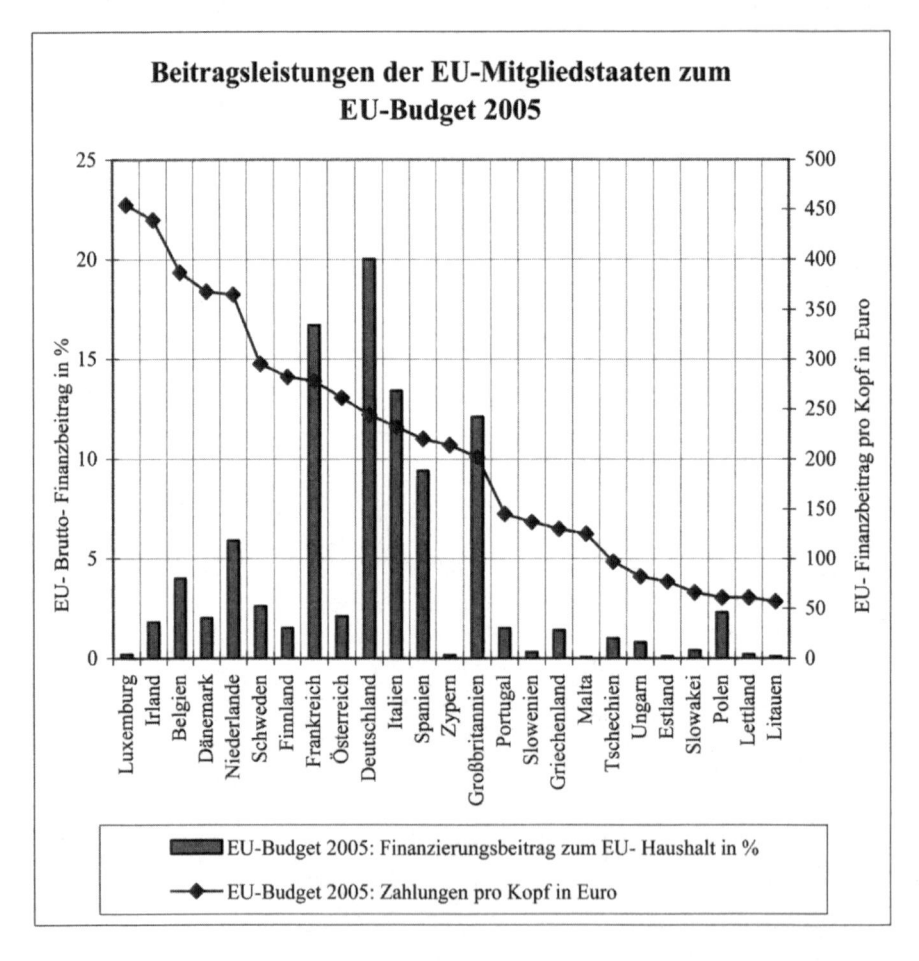

Abbildung 8.10: Das EU-Budget 2005 (eigene Berechnungen auf Basis Abbildungen 8.2 [Bevölkerung] und 8.9 [absolute und relative nationale Bruttobeiträge zum EU-Haushalt])

8.5 Haushalt der EU

Abbildung 8.11 gibt einen Überblick über den aktuellen **Bruttobeitrag Deutschlands** (2004) sowie dessen weitere prognostizierte Entwicklung bis zum Jahr 2013:

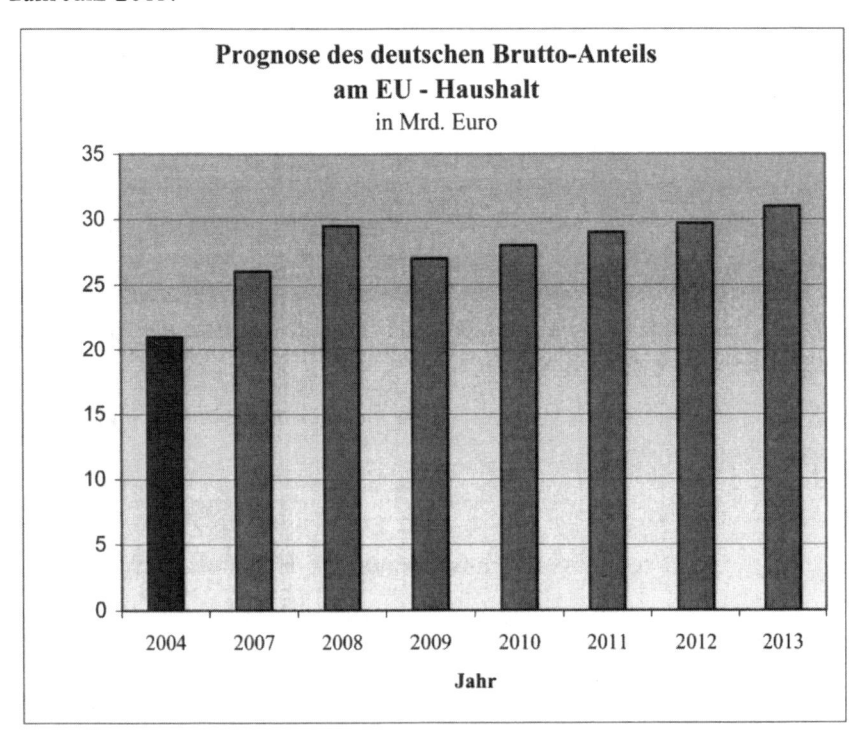

Prognose des deutschen Brutto-Anteils am EU - Haushalt
in Mrd. Euro

Abbildung 8.11: Überblick über die Entwicklung des Bruttobeitrags Deutschlands zum EU-Haushalt 2004 bis 2013 (aus HANDELSBLATT, 2005a, S. 8)

Der **Bruttobeitrag** zur EU, der von Deutschland jährlich geleistet wird, **schrumpft unter Gegenrechnung der zugewiesenen EU-Zahlungen** um rund 50 – 60 % auf den dann netto verbleibenden Beitrag – primär in Folge der Agrarbeihilfen (vgl. hierzu noch Abschnitt 8.6) und der Zahlungen zugunsten der wirtschaftlichen Entwicklung der Neuen Bundesländer (vgl. zu den Regional- und Strukturfonds noch Abschnitt 8.8). 2004 betrug der **Nettobeitrag** rund **8,5 Mrd. Euro**, zu vergleichen mit dem in Abbildung 8.11 ersichtlichen **Bruttobeitrag** von rund **22 Mrd. Euro**.

Immer wieder wird auch die **Nettozahlerposition** der einzelnen Mitgliedstaaten problematisiert. Natürlich ist **Deutschland** aufgrund seiner überragenden Wirtschaftskraft in der EU der **größte Nettobeitragszahler**.

Die Verteilung der Ausgabelasten in der Europäischen Union basiert letztlich auf dem Gedanken des **horizontalen Finanzausgleichs**, wie er Bestandteil der Finanzverfassung eines jeden modernen Staates ist (vgl. hierzu das ebenfalls bilinguale Buch von EIBNER, 2009: Understanding Fiscal Policy: Taxes, Environmental Policy, Social Security – Anwendungsorientierte Finanzwissenschaft: Steuern, Umwelt, Soziale Sicherung): Das Budget soll auch zur **Angleichung der Lebensverhältnisse in allen Regionen der Staatengemeinschaft** dienen.

Entsprechend beteiligen sich die wirtschaftlich stärkeren Staaten der EU in höherem Maße an den Ausgaben der EU, als die ökonomisch schwächeren Staaten, wie in Abbildung 8.10 schon verdeutlicht wurde. Der **speziellen Förderung wirtschaftsschwacher Mitgliedstaaten** bzw. EU-Regionen dienen neben der Bemessung der EU-Einnahmen an der Wirtschaftskraft der einzelnen Länder zusätzlich vor allem die diversen **Strukturfonds**, auf die Abschnitt 8.8 noch näher eingehen wird.

Abbildung 8.12 gibt einen Überblick über die nationalen Nettozahlerpositionen am Beispiel des Jahres 2000.

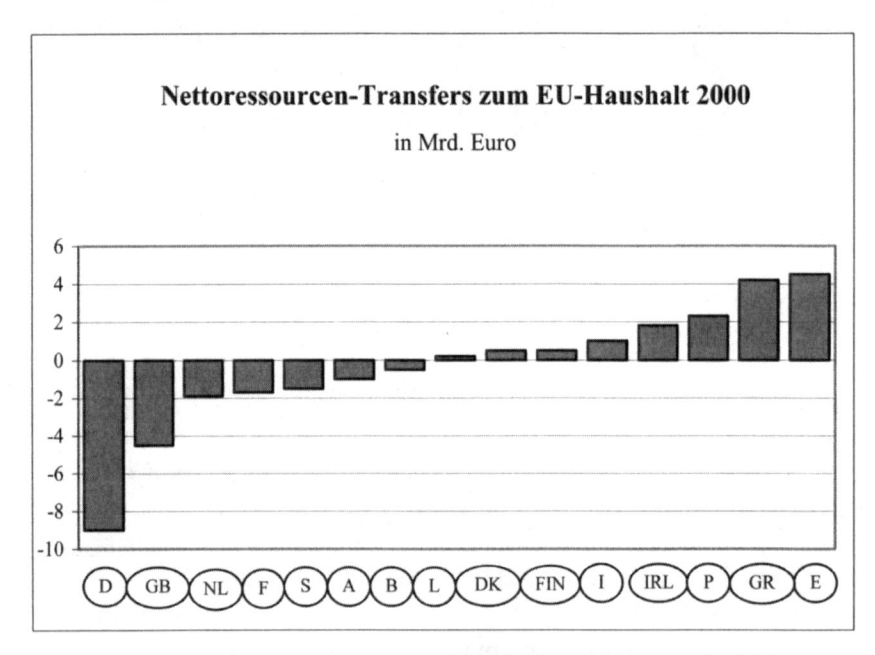

Abbildung 8.12: Nettobeitragsposition der EU-Mitgliedstaaten im Jahr 2000 in Mrd. Euro (in Anlehnung an: Handelsblatt, 2002, S. 6)

Die traditionell sehr hohe Nettozahlerposition Deutschlands mit dem Höhepunkt von 11 Mrd. Euro im Jahr 1995 konnte Bundeskanzler Schröder von 8,3 Mrd. Euro im Jahr 2000 jedoch bis zum Jahr 2005 deutlich absenken auf nur noch 6 Mrd. Euro.

8.5 Haushalt der EU

Abbildung 8.13 gibt einen Überblick über die Nettozahlerpositionen der EU-Mitgliedstaaten alternativ in den Jahren 1995 und 2000 (EU-15) sowie des Jahres 2005 (EU-25).

EU-Mitgliedstaaten	1995 Saldo in Mio. €	2000 Saldo in Mio. €	2005 Saldo in Mio. €
Spanien	+ 7.676,4	+ 5.343,3	+ 6.017,8
Irland	+ 3.588,9	+ 3.813,6	+ 3.900,5
Portugal	+ 2.571,3	+ 2.167,7	+ 2.378,0
Griechenland	+ 2.088,9	+ 1.719,9	+ 1.136,6
Finnland	− 70,8	+ 273,3	− 84,8
Luxemburg	− 54,9	− 57,0	− 86,7
Dänemark	+ 502,1	+ 239,7	− 265,3
Österreich	− 788,1	− 448,9	− 277,9
Belgien	+ 463,0	− 223,6	− 606,8
Schweden	− 673,6	− 1.060,6	− 866,9
Großbritannien	− 2.657,0	− 2.984,0	− 1.529,0
Italien	− 62,0	+ 1.191,7	− 2.199,8
Niederlande	− 554,2	− 1.552,8	− 2.636,7
Frankreich	− 937,9	− 749,7	− 2.883,5
Deutschland	− 11.092,3	− 8.290,1	− 6.064,3
Saldo (EU-15)	**0**	**0**	**− 4.068,8**
Polen	-	-	+ 1.853,2
Ungarn	-	-	+ 590,1
Litauen	-	-	+ 476,4
Slowakei	-	-	+ 270,9
Lettland	-	-	+ 263,9
Tschechien	-	-	+ 178,1
Estland	-	-	+ 154,3
Slowenien	-	-	+ 101,5
Zypern	-	-	+ 90,3
Malta	-	-	+ 90,1
Saldo (EU-25)	**-**	**-**	**0**

Abbildung 8.13: Operative Beitragssalden der jeweiligen EU-Mitgliedstaaten in der Nettozahlerbetrachtung (Daten aus EUROPÄISCHE KOMMISSION, 2007, Tabelle 6, S. 138)

Wie im Rahmen von Abbildung 8.11 bereits ersichtlich, wird der Nettobeitrag Deutschlands im Zuge der Beschlüsse des Europäischen Rates vom Dezember 2005 aber wieder auf rund 10 bis 12,5 Mrd. Euro in den nachfolgenden Jahren ansteigen.

Positiv an der starken Nettozahlerposition Deutschlands ist der hieraus resultierende große **politische Einfluss** in der EU.

Auch relativiert sich diese Ausgabenposition unter Beachtung der **hohen Handelsvorteile**, die sich für Deutschland aus dem **ungehinderten Waren- und Dienstleistungsverkehr mit der EU** ergeben: So entfielen z. B. im Jahr 2006 mit **558 Mrd. Euro über 62 % der gesamten Exportleistungen Deutschlands** (in Höhe von insgesamt 894 Mrd. €) **auf die Staaten der EU**; dabei ist der **hieraus resultierende positive Außenbeitrag** (Exporte minus Importe) mit knapp **137 Mrd. Euro** bei einem Gesamthandelsbilanzüberschuss von 162 Mrd. Euro **im internationalen Vergleich unerreicht hoch** (Daten aus Deutsche Bundesbank, Monatsbericht März 2007, S. 70*).

Betrachtet man zusätzlich die hinter den hohen deutschen Exporten in die EU stehenden Arbeitsplätze, so ist der Wohlfahrts-Nettoeffekt der Nettozahlerposition Deutschlands in der EU mehr als positiv: Der **volkswirtschaftliche Wohlstand Deutschlands** wäre **ohne die Mitgliedschaft in der EU** und damit auch **ohne die hohen Transferzahlungen** in die ökonomisch schwächeren Staaten der EU – die u. a. mit diesem Geld auch wieder in die Lage versetzt werden, deutsche Lieferungen und Leistungen nachzufragen – **dramatisch niedriger**.

8.5.3 Die Ausgaben der Europäischen Union

Abbildung 8.14 gibt einen Überblick über die **Struktur der Ausgaben des EU-Haushaltes im Zeitraum 2001 – 2006** unter Berücksichtigung der Zahlungen für die Beitrittsstaaten.

Auf der **Ausgabenseite dominieren** traditionell die **Agrarausgaben** mit rund 43 %, wobei dieser Ausgabenblock mit der Agenda 2000 von zuvor rund 50 % deutlich verringert wurde. Stark steigen seit Jahren die Ausgaben für Struktur- und Regionalpolitik (1997: 32 %, 2004: knapp 35 %). Durch den Vollzug der Osterweiterung werden sich diese Ausgaben zu dem wichtigsten Kostenblock der EU entwickeln (und auch entwickeln müssen, will die EU am Ziel einer zumindest relativ gleichgerichteten wirtschaftlichen Entwicklung – sprich einer integrationsnotwendigen Harmonisierung – aller Länder bzw. Regionen in der Europäischen Union festhalten).

8.5 Haushalt der EU

FINANZRAHMEN FÜR DIE EU-25 der Jahre 2001 – 2006 in Mio. Euro						
Mittel für Verpflichtungen	2001	2002	2003	2004	2005	2006
1. Landwirtschaft	**42.800**	**43.900**	**43.770**	**42.760**	**41.930**	**41.660**
GAP-Ausgaben	38.480	39.570	39.430	38.410	37.570	37.290
Entwicklung des ländlichen Raums	4.320	4.320	4.320	4.320	4.320	4.320
2. Strukturpol. Maßnahmen	**31.455**	**30.865**	**30.285**	**29.595**	**29.595**	**29.170**
Strukturfonds	28.840	28.250	27.670	27.080	27.080	26.660
Kohäsionsfonds	2.615	2.615	2.615	2.515	2.515	2.510
3. Interne Politikbereiche	**5.950**	**6.000**	**6.050**	**6.100**	**6.150**	**6.200**
4. Externe Politikbereiche	**4.560**	**4.570**	**4.580**	**4.590**	**4.600**	**4.610**
5. Verwaltung	**4.600**	**4.700**	**4.800**	**4.900**	**5.000**	**5.100**
6. Reserven	**900**	**650**	**400**	**400**	**400**	**400**
Währungsreserve	500	250	0	0	0	0
Reserve für Soforthilfen	200	200	200	200	200	200
Reserve für Garantien	200	200	200	200	200	200
7. Hilfe zur Vorbereitung auf den Beitritt	**3.120**	**3.120**	**3.120**	**3.120**	**3.120**	**3.120**
Landwirtschaft	520	520	520	520	520	520
Strukturpol. Instrument zur Vorbereitung auf den Beitritt	1.040	1.040	1.040	1.040	1.040	1.040
PHARE (Bewerberländer)	1.560	1.560	1.560	1.560	1.560	1.560
8. Erweiterung	**-**	**6.450**	**9.030**	**11.610**	**14.200**	**16.780**
Landwirtschaft	-	1.600	2.030	2.450	2.930	3.400
Strukturpolit. Maßnahmen		3.750	5.830	7.920	10.000	12.080
Interne Politikbereiche		730	760	790	820	850
Verwaltung		370	410	450	450	450
GESAMTBETRAG der VERPFLICHTUNGEN	**93.385**	**100.255**	**102.035**	**103.075**	**104.995**	**107.040**
GESAMTBETRAG der ZAHLUNGEN	**91.070**	**98.270**	**101.450**	**100.610**	**101.350**	**103.530**
davon: Erweiterung		4.140	6.710	8.890	11.440	14.210
Zahlungen in % des BNE	1,12 %	1,14 %	1,15 %	1,11 %	1,09 %	1,09 %
Spielraum für unvorhergesehene Ausgaben	0,15 %	0,13 %	0,12 %	0,16 %	0,18 %	0,18 %
Eigenmittelobergrenze in % des BNE	1,27 %	1,27 %	1,27 %	1,27 %	1,27 %	1,27 %

Abbildung 8.14: Ausgaben der Europäischen Union 2001 – 2006

Abbildung 8.15 skizziert die Verteilung der EU-Ausgaben auf die zentralen Verwendungsbereiche:

EU - Ausgaben 2004 nach Bereichen in %
Gesamt: 100,1 Mrd. Euro

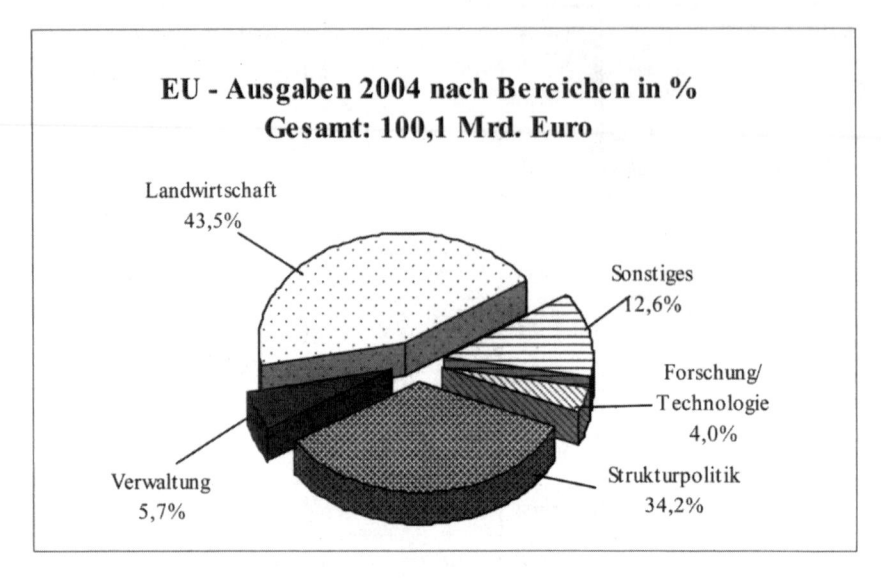

- Landwirtschaft 43,5%
- Sonstiges 12,6%
- Forschung/Technologie 4,0%
- Strukturpolitik 34,2%
- Verwaltung 5,7%

Abbildung 8.15: EU Ausgaben 2004 (HANDELSBLATT, 2005b, S. 1)

Für die Haushaltsplanung der Jahre 2007 bis 2013 gruppiert die EU ihre Ausgabenbereiche neu; Abbildung 8.16 gibt einen Überblick über die geplante Verteilung der EU-Haushaltsmittel in den Jahren 2007 bis 2013:

EU - Haushaltsentwurf: 2007 bis 2013

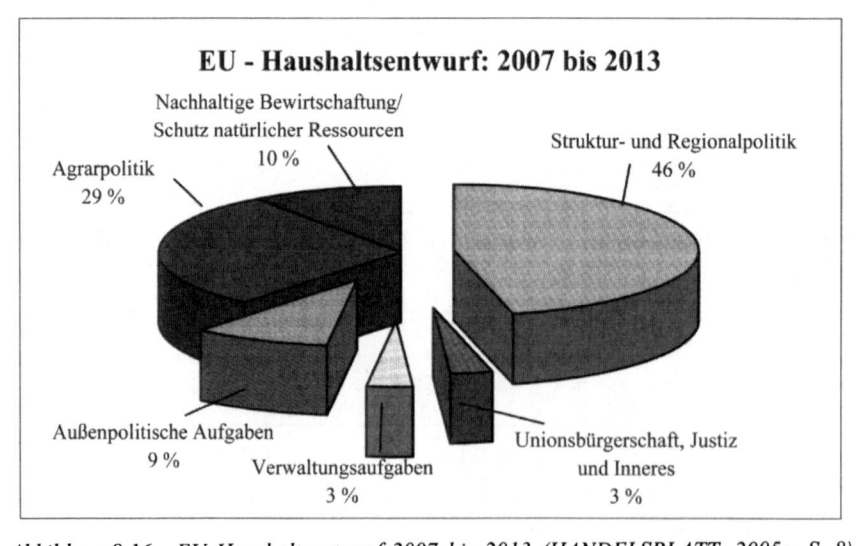

- Agrarpolitik 29 %
- Nachhaltige Bewirtschaftung/ Schutz natürlicher Ressourcen 10 %
- Struktur- und Regionalpolitik 46 %
- Außenpolitische Aufgaben 9 %
- Verwaltungsaufgaben 3 %
- Unionsbürgerschaft, Justiz und Inneres 3 %

Abbildung 8.16: EU Haushaltsentwurf 2007 bis 2013 (HANDELSBLATT, 2005a, S. 8)

Relativ **gering** sind die Ausgaben von nur 3 % für die **Innen- und Rechtspolitik** und 9 % für die gemeinsame **europäische Außen- und Sicherheitspolitik**. Damit ist die EU noch weit davon entfernt, eine zukunftsfähige wirkliche nationalstaatsübergreifende Hoheitsfunktion gegenüber den modernen Herausforderungen äußerer und innerer Bedrohungen der Sicherheit und des Rechtsfriedens durch organisiertes Verbrechen und nicht ausreichend kontrollierte und geregelte Zuwanderung über die gemeinsamen Außengrenzen sicherstellen zu können.

Insbesondere in Folge unzureichender Reformen vor allem in den Bereichen der Agrarpolitik (vgl. Abschnitt 8.6) und der Strukturpolitik (vgl. Abschnitt 8.8) ist die EU noch primär eine Subventionsvergabestelle.

8.6 Die Europäische Agrarordnung

8.6.1 Vertragsgrundlage und Ziele der europäischen Agrarpolitik

Grundlage europäischer Agrarpolitik sind die Artikel 32 – 38 EGV.
Laut Art. 32 EGV umfasst der **Gemeinsame Markt** auch die **Landwirtschaft** und den **Handel mit landwirtschaftlichen Erzeugnissen**; es geht der EU, bzw. deren Vorgängerinstitutionen EWG und EG also nicht nur um ein industriell oder handelspolitisch kooperierendes bzw. zusammenarbeitendes Europa:

Vielmehr stand seit Beginn der europäischen Einigungsidee fest, dass auch eine gemeinsame Agrarpolitik untrennbarer Bestandteil der Europäischen Integration sein müsste.

Als **Ziele** dieser Gemeinsamen Agrarpolitik nennt Artikel 33 (1) EGV die

- Erhöhung der Produktivität der Landwirtschaft,
- Sicherstellung eines angemessenen Einkommens und damit Wohlstandes der im landwirtschaftlichen Sektor tätigen Bevölkerung,
- Vermeidung von Preisschwankungen im Agrarsektor,
- Sicherung der Versorgung und Belieferung der Verbraucher zu angemessenen Preisen.

In den **Vordergrund** der gemeinsamen europäischen Agrarpolitik gerückt ist mittlerweile vor allem das Ziel der **Einkommenssicherung**, die Ziele Produktivitätserhöhung und Versorgungssicherheit zu angemessenen Preisen sind in Folge jahrzehntelanger Überkapazitäten im Agrarsektor eher in den Hintergrund getreten.

Auf der Grundlage dieser Ziele und der weiteren Vorgaben des Vertrages ist die gemeinsame Agrarpolitik durch Verordnungen des Rates ausgestaltet worden. Die Agrarpolitik – zumindest in Bezug auf die Marktpolitik – liegt damit voll in der Gemeinschaftspräferenz. Sie ist neben der nach außen gerichteten Handelspolitik bis heute die einzige echte Gemeinschaftspolitik. Als weitere Bereiche gemeinsamer europäischer Politik im Agrarsektor sind in den siebziger Jahren die Agrarstrukturpolitik und schließlich die Fischereipolitik hinzugekommen.

Die **Gründung einer Europäischen Gemeinschaft**, bzw. zunächst der EWG, wäre ohne die **parallele Entwicklung** einer **gemeinsamen Handelspolitik und einer gemeinsamen Agrarpolitik** nicht denkbar gewesen. Frankreich und Deutschland als die beiden politisch und ökonomisch gewichtigsten Länder Westeuropas hatten sehr unterschiedliche Vorstellungen vom Sinn einer Europäischen Gemeinschaft.

Frankreich verfügt über günstige landwirtschaftliche Produktionsbedingungen und war deshalb vor allem an der Verwirklichung einer gemeinsamen Agrarmarktordnung interessiert. Deutschland dagegen hatte im Zuge des 2. Weltkrieges seine landwirtschaftlich geprägten und landwirtschaftlich ergiebigen Gebiete im Osten verloren und war damit in seiner weiteren ökonomischen Entwicklung primär auf industrielles Wachstum angewiesen. Deshalb gab Deutschland einer gemeinsamen europäischen Handelspolitik und dem Abbau von Handelsschranken im Rahmen der EWG die höchste Priorität. Der Preis einer gemeinsamen Handelspolitik für Deutschland war die Zustimmung zur gemeinsamen Agrarpolitik und der Preis einer gemeinsamen Agrarpolitik für Frankreich war die Zustimmung zur gemeinsamen Handelspolitik. Letztendlich ist damit die EWG und damit die Entwicklung der Europäischen Union das Ergebnis eines sog. Package-deals. (Vertiefend zur Geschichte europäischer Integration vgl. HARBRECHT, 1984, S. 1 ff., 5 ff.)

8.6.2 Instrumente der Gemeinsamen Agrarpolitik (GAP)

In der **Konferenz von Stresa 1958** wurden die **Grundlagen der gemeinsamen Agrarpolitik** erarbeitet. Die gemeinsame Preispolitik im Agrarmarkt wird seit 1965 angewandt (vgl. hierzu EIBNER, 1996a und 1997, S. 20 ff.).

8.6 Agrarpolitik

Die im Mittelpunkt der Markt- und Preispolitik stehenden Agrarmarktordnungen führen zu einer **Abgrenzung des Europäischen Agrarmarktes gegenüber dem Weltmarkt** und zu einer Stabilisierung der Preise innerhalb der EU. Grundsätzlich lassen sich die insgesamt bestehenden 21 Marktordnungen nach 3 Organisationsprinzipien unterteilen:

- Marktordnungen mit Preisstützung,
- Marktordnungen mit gemeinsamem Außenschutz,
- Marktordnungen mit direkten Einkommens-Beihilfen.

Im Rahmen der **Marktordnungen mit Preisstützung** wird **etwa 70 % der landwirtschaftlichen Produkte** eine **Absatz- und Preisgarantie** gewährt. Darunter fallen die wichtigsten Getreidearten, Zucker, Milcherzeugnisse, Fleisch, bestimmte Obst- und Gemüsearten sowie Tafelwein. Kann ein Teil der Ware zu einem bestimmten Preis, dem Interventionspreis, nicht abgesetzt werden, so wird sie zu diesem Preis durch staatliche Interventionsstellen aufgekauft und eingelagert. Die so vom Markt genommene Ware wird entweder wieder in den EU-Agrarmarkt zurückgegeben, wenn die Marktlage dies gestattet, oder diese Waren werden exportiert (mit z. T. verheerenden Folgen für die Agrarproduktion in Drittländern, wenn die Europäische Union ihre Agrarexporte so stark subventioniert, dass die Exporte billiger als eine Eigenproduktion in den Drittländern werden). Notfalls werden die Erzeugnisse aber auch vernichtet, d. h. verbrannt oder kompostiert. Diese Marktintervention stellte ursprünglich für die Erzeuger eine unbeschränkte Preisgarantie dar.

Inzwischen ist dieser Interventionsmechanismus bei vielen Produkten jedoch geändert und flexibler gestaltet worden. Es kommt mittlerweile nur noch dann zu Interventionen, wenn der Marktpreis bestimmte deutlich unter dem Interventionspreis liegende Preisniveaus unterschreitet.

Die Marktordnungen für Milch und Zucker enthalten mittlerweile außerdem noch Quotenregelungen, d. h. die Preisstützung wird nur für eine bestimmte Produktionsmenge der einzelnen Hersteller bzw. Höfe gewährt. Für darüber hinausgehende Mengen sind Abgaben zu entrichten, die bewirken, dass dafür bei Zucker nur noch ein verminderter, bei Milch überhaupt kein Erlös mehr erzielt wird.

Im Rahmen der **Marktordnungen mit gemeinsamem Außenschutz** wird etwa **ein Viertel der Agrarprodukte** nur durch Abschöpfungen und Zölle **vor der Konkurrenz aus Drittländern geschützt**, ohne dass für den Binnenmarkt eine Preisgarantie gewährt wird. Darunter fallen Eier, Geflügel, einige Obst- und Gemüsearten, Zierpflanzen und Qualitätsweine.

Im Rahmen der **Marktordnungen mit direkten Beihilfen** werden für einige Agrarprodukte Ergänzungs- oder Pauschalbeihilfen gewährt:
Ergänzungsbeihilfen dienen zur Sicherung eines ausreichenden Einkommens für die Hersteller bzw. Landwirte, ohne dass die Verbraucherpreise erhöht werden müssen. Bei Oliven, Tabak und Hartweizen erhalten die Hersteller eine Beihilfe zusätzlich zu den durch den Außenschutz und die Interventionsmaßnahmen gestützten Marktpreisen.
Pauschalbeihilfen werden für Erzeugnisse gewährt, die in der EU nur in geringer Menge hergestellt werden. Hierzu gehören: Flachs und Hanf, Baumwolle, Seidenraupen, Hopfen, Saatgut und Trockenfutter.

8.6.3 Agrarstrukturpolitik

Die Konferenz von Stresa 1958 definierte als ein weiteres Ziel neben der Preis- bzw. Einkommenssicherung im landwirtschaftlichen Sektor auch die Agrarstrukturpolitik. Ein erstes Konzept hierzu bot der „MANSHOLD-Plan" im Dezember 1968. Zentrales Ziel war die Verringerung der in der Landwirtschaft Beschäftigten um 50 %. Hierzu wurden zwei Wege vorgeschlagen:
Zum einen sollten jüngere Beschäftigte durch mobilitätsfördernde Maßnahmen in industrielle Arbeitsplätze wechseln und zum anderen ältere Beschäftigte durch Vorruhestandsregelungen ausscheiden. Weitere Ziele waren die Reduzierung der landwirtschaftlich genutzten Fläche um 8 % und die Förderung großer Produktionseinheiten.

Diese **Strukturpolitik** führte zu einer **enormen Produktivitätssteigerung**, die den Selbstversorgungsgrad in nahezu allen landwirtschaftlichen Produkten der damaligen EWG auf weit über 100 % anhob. Zugleich wurden aber wenige landwirtschaftliche Betriebe immer größer und es kam zu einem starken **Rückgang der Zahl kleinerer Betriebe**. In manchen strukturschwachen Regionen kam es zu einer Abwanderung der ländlichen Bevölkerung, da in vielen Gebieten die landwirtschaftlichen Arbeitsplätze wegfielen, ohne dass entsprechende industrielle Arbeitsplätze nachwuchsen.

Deshalb kam es bereits 1975 zu einer ersten Kehrtwendung in der europäischen Strukturpolitik. So gibt es seit 1975 mit der Richtlinie über die Förderung von Landwirtschaft in Bergregionen und sonstigen ungünstigen Standorten, den Versuch, die Abwanderung der ländlichen Bevölkerung zu bremsen, um eine weitere Verschlechterung der Wirtschaftskraft von ländlichen Randregionen aufzuhalten. Seit 1985 kommen Investitionsfördermittel und andere Subventionen auch wieder kleineren Betrieben zugute.

8.6.4 Kosten und Finanzierung der Europäischen Agrarmarktordnungen und Förderung ländlicher Entwicklung seit 2007

Die Europäische Agrarmarktordnung nahm lange Zeit weit über 50 % der EU-Finanzmittel in Anspruch.

Aus den Abbildungen 8.14 bis 8.16 in Abschnitt 8.5.3 ist jedoch zu erkennen, dass die Ausgaben für die Agrarpolitik relativ zurückgehen und aktuell (2007 – 2013) bei rund 40 % liegen.

Diese Fördermittel der Gemeinsamen Agrarpolitik wurden bis Ende 2006 ganz überwiegend über den EAGFL verausgabt, also über den Ausrichtungs- und Garantiefonds zur Preisstützung, und damit zur Finanzierung der Mindestpreise verwendet.

Mit Wirkung zum 1.1.2007 wurde der EAGFL umstrukturiert in einen reinen Garantiefonds als

- **Europäischer Garantiefonds für die Landwirtschaft** (EGFL)

und es wurde als neues Instrument zur Förderung und Finanzierung der Politik der ländlichen Entwicklung der

- **Europäische Landwirtschaftsfonds für die Entwicklung des ländlichen Raumes** (ELER)

eingeführt, sowie zur Stützung speziell der Fischerei der

- **Europäische Fischereifonds** (EFF).

Ergänzend zu diesen vielfältigen Förderbereichen des EGFL und des ELER werden im Rahmen des Schwerpunktes '**LEADER**' folgende Bereiche gesondert gefördert:

- gebietsbezogene lokale Entwicklungsstrategien, bei denen die besten Entwicklungspläne lokaler Aktionsgruppen, die öffentlich-private Partnerschaften bilden, gefördert werden,
- überregionale Kooperationsprojekte,
- Vernetzung lokaler Partnerschaften.

Der **EFF** stellt für den Zeitraum 2007 bis 2013 finanzielle Mittel in Höhe von 3,8 Mrd. Euro zur Verfügung, um die **Fischwirtschaft** anpassungsfähiger zu machen und insbesondere eine **nachhaltige Fischerei- und Aquakultur in Europa** zu fördern. Dieser neue Fonds ersetzt das bis 2006 relevante Instrument des FIAF.

Der **EGFL** umfasst für die Jahre 2007 – 2013 ein Finanzierungsvolumen von

293 Mrd. Euro und finanziert im Rahmen einer zwischen den Mitgliedstaaten und der Kommission geteilten Mittelverwaltung folgende Aufgaben (aus [www EGFL 04/2007]):

- die Erstattungen bei der Ausfuhr landwirtschaftlicher Erzeugnisse in Drittländer,
- die Interventionen zur Regulierung der Agrarmärkte,
- die im Rahmen der Gemeinsamen Agrarpolitik vorgesehenen Direktzahlungen an die Landwirte,
- bestimmte Informations- und Absatzförderungsmaßnahmen für landwirtschaftliche Erzeugnisse auf dem Binnenmarkt der Gemeinschaft und in Drittländern, die von den Mitgliedstaaten durchgeführt werden.

Im Rahmen der zentralen Mittelverwaltung durch die Kommission finanziert der Fonds

- die finanzielle Beteiligung der Gemeinschaft an spezifischen Veterinärmaßnahmen, an Kontrollmaßnahmen im Veterinär-, Lebensmittel- und Futtermittelbereich, an Programmen zur Tilgung und Überwachung von Tierseuchen sowie Pflanzenschutzmaßnahmen,
- Absatzförderung für landwirtschaftliche Erzeugnisse, die entweder direkt von der Kommission oder von internationalen Organisationen durchgeführt werden,
- nach dem Gemeinschaftsrecht angenommene Maßnahmen zur Erhaltung, Charakterisierung, Sammlung und Nutzung genetischer Ressourcen in der Landwirtschaft,
- Aufbau und Pflege des Informationsnetzes landwirtschaftlicher Buchführungen,
- die Systeme für landwirtschaftliche Erhebungen.

Der **ELER** stellt im Zeitraum von 2007 bis 2013 Finanztransfers im Gesamtumfang von 69,75 Mrd. Euro zur Verfügung.

Zentrale Ziele dieses Landwirtschaftsfonds sind:

1. **Steigerung der Wettbewerbsfähigkeit** von Land- und Forstwirtschaft durch Förderung der Umstrukturierung.

    Hierbei werden erstmals auch Landwirte unterstützt, die sich an Lebensmittelqualitätsregelungen beteiligen, die den Verbrauchern eine besondere Qualität des Erzeugnisses oder des Produktionsprozesses garantieren. Allerdings ist diese Förderung weiterhin ein Randgebiet europäischer Agrarpolitik und weit von ökolgischer Orientierung entfernt.

8.6 Agrarpolitik

2. **Verbesserung der Umwelt und des ländlichen Raumes** durch Unterstützung der Landbewirtschaftung.

   Dabei steht eine nachhaltige Entwicklung im Vordergrund der Förderung: Gefördert werden mit nachhaltiger Nutzung vereinbare Anbaumethoden. Dabei stehen u. a. Artenreichtum, Wasser- und Bodenschutz, Maßnahmen zur Abschwächung des Klimawandels und die Bewirtschaftung von **NATURA-2000-Gebieten** im Vordergrund.

   Natura 2000 bezeichnet ein Netz von Gebieten in den Mitgliedstaaten, in denen die Tier- und Pflanzenarten und ihre Lebensräume geschützt werden müssen. Dieser Schutz wird durch die sogenannten Vogelschutz- und Habitat-Richtlinien (1979 bzw. 1992) geregelt.

   In den gemeinschaftlichen Rechtsvorschriften sind die Tier- und Pflanzenarten und die Lebensräume aufgelistet, die aufgrund ihrer Seltenheit und Empfindlichkeit besonders schützenswert sind; dies gilt vor allem für die vom Verschwinden bedrohten Arten und Lebensräume. Auf Vorschlag der Mitgliedstaaten bestimmt die Kommission Gebiete für den Schutz dieser Arten und Lebensräume. Die Gebiete sind in 7 biogeographische Regionen in der EU unterteilt (alpine, atlantische, boreale, kontinentale, makaronesische, mediterrane und pannonische Region).

   Das Netz umfasst Schutzgebiete, die der Erhaltung von mehr als 180 Arten und Unterarten von Vögeln dienen sollen, und besondere Schutzgebiete, mit denen die Erhaltung von über 250 Lebensraumarten, mehr als 200 Tierarten und über 430 Pflanzenarten gesichert werden soll. Natura 2000 schließt heute mehr als 20 % des terrestrischen Gebiets der Europäischen Union ein.

   Die Mitgliedstaaten sind für die Schutzgebiete zuständig und müssen den Erhalt der durch die gemeinschaftlichen Rechtsvorschriften bezeichneten Arten und Lebensräume gewährleisten. Innerhalb der Schutzgebiete sind zwar Wirtschaftstätigkeiten wie z. B. die Landwirtschaft weiterhin zulässig, müssen jedoch mit dem Ziel der Erhaltung von Arten und Lebensräumen vereinbar sein. Aus [www Natura 2000a].

3. **Steigerung der Lebensqualität in ländlichen Gebieten** und **Förderung der wirtschaftlichen Diversifizierung**.

   Hierbei werden so unterschiedliche Dinge gefördert wie Fremdenverkehr, Dorferneuerung, ländliches Kulturerbe oder auch Berufsbildungsmaßnahmen auf dem Lande.

Auf **Deutschland** entfallen von den ELER-Mitteln **8,11 Mrd. Euro**, die wie in Abbildung 8.17 dargestellt auf die einzelnen Bundesländer verteilt werden:

Land	Transfers in €	Land	Transfers in €
Baden-Württemberg	610.734.085	Mecklenburg-Vorpommern	882.073.131
Bayern	1.253.937.691	Nordrhein-Westfalen	292.473.418
Berlin und Brandenburg	1.062.502.693	Rheinland-Pfalz	245.251.123
		Saarland	28.274.565
Hamburg	25.346.315	Sachsen	926.806.992
Hessen	218.371.489	Sachsen-Anhalt	817.480.48
Niedersachsen und Bremen	815.380.162	Schleswig-Holstein	237.703.054
		Thüringen	692.748.985

Abbildung 8.17: Verteilung der Mittel des Europäischen Landwirtschaftsfonds in Höhe von 8,1 Mrd. Euro auf die deutschen Bundesländer 2007 – 2013 (Zahlen aus [www LEADER 04/2007]; eigene Darstellung)

Im Gegensatz zu den Förderprogrammen von vor 2007 sind nunmehr engere Kontrollmechanismen integriert, wie die EU ausführt:

„Die Politik und die Programme zur Förderung der Entwicklung des ländlichen Raums werden in drei Phasen einer Bewertung unterzogen, um Qualität, Effizienz und Wirksamkeit der Umsetzung zu verbessern. In einer Ex-ante-Bewertung, die unter der Verantwortung des Mitgliedstaats durchgeführt wird, werden der mittel- und langfristige Bedarf, die zu verwirklichenden Ziele und die Qualität der Vorkehrungen für die Umsetzung geprüft. Die zweite Bewertung erfolgt bei der Umsetzung des Programms. Dabei werden insbesondere die Fortschritte geprüft. 2010 soll diese laufende Bewertung die Form einer Halbzeitbewertung haben, über die ein getrennter Bericht mit Vorschlägen für Maßnahmen zur Verbesserung der Qualität der Programme und ihrer Durchführung erstellt wird. 2015 erfolgt die Bewertung in Form eines getrennten Ex-post-Berichts. Die Halbzeitbewertung und die Ex-post-Bewertung sollen Erkenntnisse für die Politik zur Entwicklung des

ländlichen Raums liefern. Dabei werden die Faktoren ermittelt, die zum Erfolg bzw. zum Scheitern der Programmumsetzung beigetragen haben, und es werden die sozioökonomischen Auswirkungen sowie die Auswirkungen auf die Prioritäten der Gemeinschaft untersucht. Schließlich ist bis spätestens 31. Dezember 2016 unter der Verantwortung der Kommission eine Zusammenfassung der Ex-post-Bewertungen zu erstellen." (Aus [www ELER 04/2007a].)

Das große Problem dieser wohlklingenden Ausführungen aber ist das Fehlen relevanter Konsequenzen bei ineffizienter oder gar zielferner Nutzung von Fördermitteln.

8.6.5 Zur Notwendigkeit einer grundlegenden Umgestaltung europäischer Agrarpolitik

Die Kommission der EU legte 1991 ein Grundsatzpapier zur künftigen Entwicklung der Gemeinsamen Agrarpolitik vor. Es enthielt eine bis heute relevante kritische Beurteilung der bisherigen Agrarpolitik der Gemeinschaft, deren entscheidender Fehler darin gesehen wird, dass die Europäische Agrarmarktpolitik in einer Situation konzipiert wurde, in der die EWG noch Nettoimporteur landwirtschaftlicher Produkte war.

Mittlerweile hat sich die **EU** aber neben den USA zum **größten Agrarexporteur der Welt** entwickelt.

Ein zweiter harter Kritikpunkt war und ist die Tatsache, dass es trotz jährlicher Ausgaben von über 40 % des EU-Haushalts für Zwecke der Einkommens- und Preisstabilisierung der Europäischen Agrarmarktordnungen **nicht gelungen** ist, die **Einkommen der Landwirte** entsprechend der Lohnentwicklung im Industrie- und Dienstleistungssektor **zu erhöhen**.

Ein dritter Kritikpunkt ist die **Verteilungsproblematik**: 80 % der Mittel des EAGFL kommen nur rund 20 % der Betriebe zugute.

Im **Mai 1992** einigten sich die EG-Agrarminister auf die **bisher umfangreichste Reform der Agrarpolitik**: Primäres Ziel war eine deutliche Reduzierung der Produktionsmengen; ein erstmals genanntes Nebenziel ist eine gleichzeitige deutliche Verbesserung der angebotenen Qualität der landwirtschaftlichen Produkte z. B. durch eine umweltverträglichere Produktion.

Im Einzelnen wurden folgende **Reformen** verabschiedet:

- deutliche Preissenkungen (z. B. um 35 % bei Getreide und um 10 % bei Milch),

- Einführung bzw. Absenkung von Produktionsquoten (z. B. durch Flächenstilllegungsquoten für Getreide und niedrigere Milchquoten),
- Kompensation der Mindereinnahmen der Landwirte infolge von Flächenstilllegung und geringeren Quoten durch direkte Einkommensbeihilfen,
- Programme zur Förderung umweltgerechter Produktion,
- Programme zur Aufforstung,
- Programme zur Förderung des Vorruhestands älterer Landwirte (analog der Vorschläge des oben erwähnten MANSHOLD-Planes).

Diese Programme haben jedoch noch nicht in erhofftem Maße zu der angestrebten Reduzierung der Kosten der Europäischen Agrarpolitik geführt, und auch eine Abkehr von der Tonnenideologie hin zu einer stärker qualitätsbewussten oder auch an ökologischem Landbau orientierten Förderpolitik hat nicht stattgefunden.

Damit besteht weiterhin ein dringender Reformbedarf der europäischen Agrarpolitik, der im Folgenden skizziert wird.

8.6.5.1 Externe Herausforderungen

Eine grundlegende Reform der europäischen Agrarpolitik ist nicht nur aus Gründen zu hoher Agrarausgaben unumgänglich, sondern auch vor dem Hintergrund wichtiger internationaler Herausforderungen und Verpflichtungen, wie:

- der **Erweiterung der EU** um weitere – primär landwirtschaftlich geprägte – südosteuropäische Staaten bis hin zur Türkei,
- der Umsetzung der **internationalen Übereinkunft zur Erhaltung der biologischen Vielfalt** und
- der Umsetzung der Vereinbarungen im **Rahmen der Agenda 21**, dem Aktionsprogramm für das 21. Jahrhundert im Sinne eines 'Sustainable Developments', also einer nachhaltigen Entwicklung auch im Agrarbereich,
- den Verhandlungen über die **Liberalisierung des internationalen Agrarhandels** und des **Abbaus nationaler Agrarsubventionen** im Rahmen der WTO.

Seit 1995 regelt die **WTO** (vgl. Kapitel 1) zunehmend auch den internationalen Agrarhandel; ihr **Ziel ist eine vollständige Liberalisierung auch der Agrarmärkte**.

Damit wird langfristig der Marktzugang von außereuropäischen Agrarprodukten ebenso der nationalen europäischen Gesetzgebung entzogen wie die Höhe der nationalen Exportsubventionen und vor allem auch die Höhe der nationalen Agrarsubventionen im Rahmen der Marktordnungen. Insbesondere letztere gelten als Handelshemmnis und wettbewerbsverzerrend zu Lasten von Drittlandanbietern. Diesem Druck kann sich die EU langfristig nur über eine grundlegende Agrarreform hin zu direkten Einkommensbeihilfen oder hin zu einer Förderung von Qualität anstelle von Quantität entziehen.

Im Zuge internationaler Abkommen z. B. über die WTO ist zudem darauf zu drängen, **Umweltstandards für die Landwirtschaft** zu etablieren. Daneben sollten die Staaten bzw. Staatengemeinschaften ein hohes Maß an Souveränität erhalten, **eigenständig Qualitätsstandards für Erzeugnisse der Land- und Ernährungswirtschaft zu entwickeln und anzuwenden**. Gleichzeitig ist ihnen das Recht einzuräumen, Importe zu reglementieren, die zu nicht akzeptablen Standards erzeugt wurden, um somit eine Überschwemmung des eigenen Marktes mit minderwertigen Produkten zu verhindern. Ein derart qualifizierter Außenschutz ist für Erzeuger und Verbraucher lebenswichtig und wäre dringend in den WTO-Abkommen zu verankern.

Als **abschreckendes Beispiel** sei in diesem Zusammenhang das – gegen den Widerstand z. B. auch des zuständigen deutschen Ministers Horst Seehofer abgeschlossene – **Wein-Handelsabkommen der Europäischen Union mit den USA** erwähnt, wonach ab dem Jahr 2006 Wein aus den USA importiert werden darf, der mit Verfahren hergestellt wird, die in einigen EU-Staaten verboten sind.

Auf den **internationalen Agrarmärkten** hat sich die Europäische Union **von der Strategie abzuwenden**, über **Preisdumping** am Weltmarkt Wettbewerbsvorteile zu erzielen und dabei mit Hilfe von Exportsubventionen marktliche Preisrelationen auf dem Weltmarkt zu verzerren. Stattdessen ist der **Wettbewerb über die Qualität** zu suchen.

8.6.5.2 Interne Ineffizienzen

Unübersehbar ist zudem, dass eine grundlegende Reform der europäischen Agrarmarktordnung in Abkehr von reinem Volumendenken der 50er und 60er Jahre hin zu einer qualitätsorientierten Agrarstützung moderner, gesundheitsorientierter Agrarpolitik nicht nur notwendig, sondern sogar auch finanziell günstiger ist, als das gegenwärtige Laborieren an den Ineffizienzen und Verschwendungen der Agrarmarktordnungen.

Bemühungen der (Agrar-) Politik, die negativen Folgen einer nicht mehr zeitgemäßen, weil auf den Erfordernissen der 50er Jahre basierenden, Agrarpolitik zu beheben, zeigen auf, wie teuer ein nur symptomorientiertes Reformdenken ist, welches nicht bereit ist, die europäische Agrarordnung von Grund auf zu reformieren.

Letztlich ist auch die **BSE-Krise** mit dem darauf folgenden Ankauf bzw. der Vernichtung von EU-weit Millionen von Rindern, der Verbrennung von Tierkadavermehl inkl. der Entschädigungen an betroffene Landwirte, ein fast zwangsläufiges Resultat **fehlgeleiteter europäischer Agrarpolitik**:

Fehlgeleitet auch hier nicht nur im Sinne ethischer oder ökologischer Kriterien, sondern fehlgeleitet ebenso in ökonomischer Betrachtungsweise: Die finanzielle Bewältigung der BSE-Krise kostete (und kostet) Milliarden Euro, die die gesamte Langfristplanung der Agrarmarktordnungen umwarf und noch umwirft.

Dass die Ausbreitung von BSE auf verseuchte Futtermittel zurückzuführen ist und nicht direkt auf Betriebsstrukturen, ist klar. Gleichzeitig ist jedoch unübersehbar, dass die europäische Agrarpolitik rein quantitativ und eben nicht qualitativ ausgerichtet ist, d. h. die Landwirte oder die **Agrarindustriebetriebe, die die größte Menge produzieren, realisieren die höchsten Fördermittel oder Marktordnungssubventionen**, und eben **nicht diejenigen Anbieter bzw. Produzenten, die die beste Qualität erzeugen**.

Damit steht BSE genauso zwingend für eine **Fehlentwicklung europäischer Agrarpolitik** wie der Einsatz oder die Produktion von gentechnisch veränderten bzw. (ernährungsbezogen) qualitativ minderwertigen Pflanzen oder auch Tieren:

Eine auf maximalen Output ausgerichtete industrialisierte Tier- und Pflanzenproduktion wird bei dauerhaft geringer werdenden Gewinnmargen immer stärker von möglichst kostengünstigen Tierhaltungsverfahren, Nährstoffzufuhren und Pflanzenzucht- sowie -schutzverfahren abhängig. Dabei spielt es dann auch keine Rolle, welche 'Rohstoffe' zur Herstellung von z. B. Futtermitteln verwendet werden. Was den industriell ausgerichteten Tierproduzenten interessiert, ist ausschließlich der Nährwert, also der Protein- und Energiegehalt. Auch die schon aus ethischen Gründen abzulehnende Verfütterung von Tiermehl u. a. auch an Wiederkäuer ist dann vertretbar, weil ökonomisch rational.

Problematisch ist in diesem Zusammenhang vor allem die **enge Verflechtung von Lobbyisten und Politik** (beispielsweise Agrarindustrie, Bauernverbandsfunktionären, Bürokraten in den Landwirtschaftsministerien), die **eine schnelle und durchgreifende Reform der Agrarpolitik auch zukünftig verhindern** dürften:

8.6 Agrarpolitik

Dies ist ein Problem, das in der Wissenschaftstheorie schon von Mancur OLSON 1965 mit dem Werk „Die Logik des kollektiven Handelns" (vgl. OLSON, 2004) bzw. des **Lobbyismus** generell beschrieben wurde, der als zentrale Ursache angesehen wird für den Aufstieg und Niedergang von Nation (vgl. OLSON, 1982: „The Rise and Decline of Nations"). Auch Susan STRANGE (1996/2000: „The Retreat of the State. The Diffusion of Power in the World Economy") problematisiert die Konsequenzen immer weiter schreitender **Entmachtung rationaler nationaler Politik durch nichtstaatliche Gruppeninteressen**. (Vgl. hierzu auch die zugehörigen Buchbesprechungen im „Lexikon ökonomischer Werke": EIBNER, 2006a und 2006b.)

Ein zentrales Problem agrar-marktwirtschaftlicher **Ineffizienz** stellen auch die Instrumente der **Quotenregelungen** und **Direktzahlungen** dar.

Quotenregelungen waren und sind vom Grundsatz her ein sinnvolles Mittel, um die unbegrenzte Preisgarantie auf eine maximale Produktionsmenge zu limitieren. Das Problem dabei ist allerdings, dass es sich hier um ein **klassisches planwirtschaftliches Instrument** handelt, das **nicht in ein marktwirtschaftliches System passt**. Quoten stellen de facto neu geschaffene Vermögenswerte dar – i. d. R. sind z. B. Milchquoten heute mehr wert als die Kühe, die die Milch geben. Der Quotenbestand eines Hofes definiert in vielen Fällen schon dessen eigentlichen Vermögenswert. Junglandwirten wird durch das Quotensystem die Existenzgründung nahezu unmöglich gemacht: Fehlende Quoten stellen **hohe Markteintrittsbarrieren** dar.

Den größten Anteil der Fördergelder in der Europäischen Agrarpolitik nehmen mittlerweile die mit der Reform von 1992 eingeführten **Direktzahlungen** ein, die als Flächenprämie für bestimmte Kulturen (insbesondere Getreide, Mais, Ölsaaten) und als Tierprämie für bestimmte Nutztiere (Bullen, Ochsen, Mutterkühe, Schafe) gezahlt werden.

Diese Direktzahlungen sind für Betriebe über 90 Tonnen Jahresproduktion an die Stilllegung von 15 % der Anbaufläche gebunden.

Das **Problem** hierbei ist, dass eine Flächenreduktion um 15 % nahezu nie zu einem proportionalen Produktionsrückgang führen wird: Stillgelegt werden die unproduktivsten, unfruchtbarsten Felder. Realistische Schätzungen gehen von einer Produktionskürzung von 5 – 10 % aus, die bereits nach 7 Jahren durch Produktivitätsgewinne u. a. durch verbessertes Saatgut oder produktivere Anbaumethoden wieder kompensiert sind. Zudem droht die **Überwachung** der 15 % Regel zu einem **bürokratischen Alptraum** zu werden, da diese Fördermöglichkeit zu Betrügereien geradezu einlädt:

Neben klassischem **Betrug** bietet sich die manipulative Aufsplittung von Betrieben in fiktive 90-Tonnen-Einheiten zur Ausnutzung von Sonderförderungen für Kleinbauern an. Die reinen Verwaltungskosten der EU-Agrarpolitik liegen schon jetzt bei über 2 Milliarden Euro/ Jahr.

Auch unter marktwirtschaftlichen Gesichtspunkten lassen sich **Kompensationszahlungen für Stilllegungen** nicht verantworten: Es sind Zahlungen für nicht erbrachte Leistungen – das völlige **Gegenteil aller in einer Leistungsgesellschaft anerkannten und notwendigen Prinzipien.**

8.6.5.3 Ansatzpunkte einer agrarpolitischen Neuorientierung

Eine **neue europäische Agrarpolitik**, die nicht weiter partiellen Gruppeninteressen dient, muss insofern an verschiedenen Stellen ansetzen.

Insbesondere sind die **Direktzahlungen** und die **Förderpolitik neu auszurichten**:

- An Stelle der bisherigen verschiedensten Tier- und Flächenprämien ist eine **einheitliche Grundprämie** für **alle nachhaltig bewirtschafteten Flächen** gemäß festzulegender **ökologischer Kriterien** zu zahlen; damit ist unmittelbar ein Produktionsrückgang und eine qualitative Verbesserung der Produkte verbunden.

- **Ausgleichs- und Kompensationszahlungen sowie Quoten sind abzuschaffen**, da sie eine marktwirtschaftlich unsinnige, sprich unrentable, Produktion festschreiben und zu einer Verkrustung des Systems bei hohen Markteintrittsbarrieren führen.

- Es sind **Rahmenbedingungen für den internationalen Handel** auf das Ziel einer **verbraucher-, umwelt- und tiergerechten Landwirtschaft** auszurichten: Damit sind z. B. Exportprämien für Lebendtierfrachten zu streichen und eine lokale Vermarktung von Agrarprodukten zu fördern.

- Die **Agrarpolitik** ist wieder gemäß dem **Subsidiaritätsprinzip** stärker zu **dezentralisieren**: Die Kommission hat zukünftig lediglich ordnungs- nicht aber prozesspolitisch einzugreifen.

  Dabei ist insbesondere die **ländliche Entwicklung** als zweite Säule der **gemeinsamen Agrarpolitik** erheblich auszubauen und im Sinne einer integrierten Entwicklung ländlicher Räume zum Kern der Agrarpolitik zu entwickeln. Die **Programme der zweiten Säule** sind so zu überarbeiten, dass sie **flexibel auf die regional unterschiedlichen Anforderungen** eingehen können.

8.6 Agrarpolitik

Außerdem sollten unter Beachtung von Subsidiarität innerhalb eines europäischen Rahmens Kompetenzen und Verantwortlichkeiten von der EU auf die Ebene der Regionen verlagert werden. So könnten z. B. **Agrarumweltprogramme** so gestalten werden, dass sie mit den ökologischen Kriterien der Grundprämie korrespondieren und flächendeckend Anreize für mehr Umwelt-, Natur- und Tierschutz bieten.

Diese **Dezentralisierung der Agrarpolitik** ist wohl eines der wichtigsten Ziele, welches zukünftig umgesetzt werden muss. Die Rolle der Europäischen Kommission sollte sich darauf beschränken, Grundsätze und Rahmenbedingungen zu schaffen. Die Umsetzung der Richtlinien sollte den Mitgliedstaaten, und innerhalb dieser gemäß dem Subsidiaritätsprinzip den kleinstmöglichen Entscheidungseinheiten, überlassen werden. Denn nach Ansicht von Ökologen können nur regionale Maßnahmen eine nachhaltige Landwirtschaft in die Charakteristiken einer spezifischen Region einbetten. Tatsächlich sind die regionalen Unterschiede in der Gemeinschaft viel zu groß, als dass man ihnen mit einheitlichen Vorschriften gerecht werden könnte. So schwanken z. B. die durchschnittlichen Betriebsgrößen zwischen 4 ha in Griechenland und 69,7 ha in Großbritannien. Die Getreideerträge bewegen sich zwischen 1,5 Tonnen pro Hektar in Portugal und 7 Tonnen pro Hektar in Holland.

- Der **Verbraucher- und Umweltschutz** ist im Rahmen der gemeinsamen Agrarpolitik weiter nachhaltig zu stärken:

  - **Qualitätskriterien für nachhaltig erzeugte Agrarprodukte** sind zu definieren.
  - **Verbindliche Kennzeichnungspflichten** für alle Inhaltsstoffe von Lebensmitteln und für gentechnisch veränderte Produkte sind zwingend und **volldeklarierend** einzuführen.
  - Die **gesetzlichen Mindeststandards** für die Landwirtschaft im Rahmen des **landwirtschaftlichen Fachrechts** (Dünge-, Pflanzenschutz-, Futtermittelrecht, Tierhaltungsbestimmungen u. a.) und der Umweltgesetze (Naturschutzrecht, Bodenschutzrecht u. a.) **sind weiter zu präzisieren** und gegebenenfalls zu erhöhen, indem sie an einer tier- und umweltgerechten Praxis ausgerichtet werden.

Eine wirksame Alternative, Dünge- bzw. Pflanzenschutzmittelskandalen entgegenzutreten, wäre z. B. eine ökologische Steuerreform, in der **chemische Betriebsmittel** (wie z. B. Pestizide) nach ökologischen Kriterien **steuerlich belastet** werden.

- Zum Schutz hochwertiger EU-Produkte ist ein **qualifizierter Außenschutz** (Importrestriktion) für Verbraucher und Erzeuger zwingend erforderlich und wie schon in Abschnitt 8.6.5.1 gefordert, in der WTO zu verankern, um den Markt vor minderwertigen Produkten zu schützen.

Die **Agrarreform**, die vom damaligen EU-Agrar-Kommissar FISCHLER **2004** propagiert wurde und ansatzweise **2007** mit der Neustrukturierung der GAP umgesetzt werden konnte, ist – gegen immensen Widerstand Frankreichs aber auch Deutschlands – überwiegend auf dem richtigen Weg:

- Direktzahlungen sollten von der Agrarproduktion abgekoppelt werden und statt dessen als Einkommensbeihilfen gezahlt werden, wenn seitens der Empfänger verschärfte Auflagen an Tier- und Umweltschutz sowie Lebensmittelsicherheit erfüllt werden.

- Die Direkthilfen sollten ab 2004 schrittweise jährlich um 3 % gesenkt werden, 2010 um insgesamt 20 %: Die so einzusparenden Agrarsubventionen in Höhe von jährlich rund 600 Mio. Euro sollten zur Förderung extensiven ökologischen Landbaus und der Landschaftspflege verwendet werden.

- Zur Stützung primär kleiner landwirtschaftlicher Einheiten sollten die Pauschalhilfen auf maximal 300.000 Euro pro Betrieb begrenzt werden, wobei der Betrag um je 5.000 Euro für die ersten zwei Beschäftigten und um 3.000 Euro für jede weitere Arbeitskraft erhöht würde. (Diese Regelung wurde vor allem von Deutschland abgelehnt, da hier Einkommenseinbußen der großen – aus den ehemaligen LPGs hervorgegangenen – ostdeutschen Landwirtschaftsbetriebe befürchtet wurden; ordnungspolitisch jedoch ist dieses Vorhaben der EU zu begrüßen, da eine Konkurrenz stärkende Förderung kleiner und mittlerer Betriebe Vorrang vor industrieller Agrarproduktion haben muss.)

- Der Getreideinterventionspreis soll ab 2004 um 5 % gesenkt, Marktgarantien für Roggen sollten sogar gänzlich abgeschafft und die Reisgarantie halbiert werden.

- Die Marktordnungen für Zucker, Tabak und Olivenöl wurden ab 2003 reformiert, sprich eingeschränkt, die für Milch ab 2005.

Inwieweit alle diese Programme selbst bei tatsächlicher Umsetzung wirklich langfristig zu einer angestrebten Reduzierung der Kosten der Europäischen Agrarpolitik führen, kann nur die Zukunft zeigen. Die Erfahrungen mit allen Reformversuchen nicht erst seit 1992 stimmen eher skeptisch:

Die Europäische Union versuchte bislang immer, das bestehende Subventionssystem systemkompatibel 'sparsamer' zu gestalten, und weniger, es, wie in den vorangegangenen Abschnitten gefordert, grundlegend systemändernd zu reformieren.

Mit nun 27 bzw. zukünftig sogar noch mehr Mitgliedstaaten wird die Umsetzung einer solchen Reform nicht einfacher:

- Dies zum einen deshalb, weil viele der 2004 beigetretenen und alle der 2007 oder später die EU erweiternden Länder aufgrund ihres immer noch sehr starken landwirtschaftlichen Sektors sehr hohe Agrarsubventionen aus dem Haushalt der EU erwarten und **wenig Interesse an einer Reform zu Lasten der Agrarausgaben** der EU haben,
- und zum anderen, weil es – wie in Abschnitt 8.1.2 bereits erläutert – nicht gelungen ist, die institutionellen Entscheidungsstrukturen innerhalb der EU so zu reformieren, dass auch eine Union mit 27 und mehr Mitgliedern politisch dynamisch gestaltungsfähig bleibt.

Damit besteht die große Gefahr, dass die EU ohne eine große institutionelle Reform nicht in ausreichendem Maße politisch handlungsfähig und somit in ihrer weiteren Integration ebenso wie in ihrer Reformfähigkeit möglicherweise blockiert ist.

8.7 Das Binnenmarktkonzept

Die Schaffung eines europäischen Binnenmarktes war bereits ein **zentrales Ziel des EWG-Vertrages** (vgl. [www EWGV]):

- Errichtung eines gemeinsamen Marktes: Art. 2 EWGV,
- Abschaffung von Zöllen, mengenmäßigen Beschränkungen und Maßnahmen gleicher Wirkung (vgl. Abschnitte 1.2 und 8.1): Art. 3(1)a EWG Vertrag/ EG Vertrag,
- Beseitigung der Hindernisse für den freien Personen-, Dienstleistungs- und Kapitalverkehr: Art. 3(1)c EWGV/ EGV.

Von zentraler Bedeutung sind insbesondere allerdings die Artikel 39 bis 60 in Titel III EGV und der neue Titel IV EGV zum Personenverkehr mit den Artikeln 61 – 69, die das Fundament der Freizügigkeit von Personen, Dienstleistungen und Kapitalverkehr legen.

Die durch die EEA (vgl. [www EEA]) neu eingeführten Art. 8a – c EWGV (heute Art. 18 – 20 Nizza EGV) forderten dann die vollständige Umsetzung dieser vier Ziele bzw. Grundfreiheiten bis zum 1.1.1993.

Ergänzt wurde das Binnenmarktkonzept des EWGV im Maastrichter EGV vor allem über die Art. 3 Abs. d und Art. 100c – d EGV (Einreise und Personenverkehr im Binnenmarkt inkl. einheitlicher Visa-Gestaltung) und Art. 8a EGV (freie Wahl des Aufenthaltsortes für Bürger der Europäischen Union), dem aktuellen (Nizza) Artikel 18 EGV.

Der **Amsterdamer Vertrag** erweiterte das Binnenmarktkonzept im neuen Artikel 3(1)i EGV um die Förderung der **Koordinierung der Beschäftigungspolitik**, was ein ganz **neues Element europäischer Binnenmarkt-Kompetenz** darstellt (vgl. Abschnitt 8.1.2).

Der gegenwärtige **Stand der Binnenmarktliberalisierung** kann als zufriedenstellend gelten. Der **innereuropäische Handel ist grundsätzlich weitgehend liberalisiert**, bzw. frei. Positiv zu nennen sind:

- die Liberalisierung des Kapitalverkehrs,
- das Aufbrechen der öffentlichen Beschaffungsmärkte bei der Vergabe von Bau- und Lieferaufträgen,
- die Ausdehnung der EG-Regelungen auf die bis dato 'ausgeschlossenen Sektoren' (Energie, Wasser, Verkehr und Telekommunikation),
- Liberalisierung der Finanzmärkte (Banken, Versicherungen) und der
- Verkehrsdienstleistungen (z. B. Luftverkehr und Straßenkabotage – Kabotage: Das Recht, Anschlussaufträge auch im grenzüberschreitenden Verkehr zur Auslastung der LKW bei Hin-, Rück- und Transferfahrten annehmen zu dürfen).

Bis heute nicht zufriedenstellend gelöst bzw. umgesetzt ist allerdings der Abbau der Steuergrenzen.

So haben sich

- der vorgesehene Übergang vom Bestimmungsland- zum Ursprungslandprinzip der Steuerpflicht inkl. grenzüberschreitendem Vorsteuerabzug bei Verbrauchsteuern,
- die Vorgabe von Bandbreiten für nationale Steuersätze mit dem Ziel einer Harmonisierung bzw. Angleichung und

8.7 Binnenmarkt

- die Beibehaltung der Steueraufkommen nach dem Bestimmungslandprinzip durch den Aufbau eines EU-weiten 'Clearingsystems'

vorerst politisch nicht konsequent umsetzen lassen.

So gilt das **Ursprungslandprinzip prinzipiell für Privattransaktionen**, während der grenzüberschreitende **gewerbliche Handel nach dem Bestimmungslandprinzip** versteuert wird.

Auch für die **speziellen Verbrauchsteuern** gilt weiterhin das **Bestimmungslandprinzip**. Steuerharmonisierend einigte sich der EU-Ministerrat lediglich auf Mindestsätze für diverse Verbrauchsteuern sowie die Mehrwertsteuer: 15 % Normalsatz sowie 5 % für ermäßigte Sätze (wie z. B. für Lebensmittel, Druckerzeugnisse etc.).

Die großen Fortschritte im Bereich der **Liberalisierung des Personenverkehrs** werden augenscheinlich vor allem am Wegfall der Binnengrenzen zwischen den Staaten der Europäischen Union, die das sog. Schengener Abkommen unterzeichnet haben. Vor allem auch die Einführung eines allgemeinen, von der Erwerbstätigkeit unabhängigen Aufenthaltsrechtes für Studenten, Rentner und Nicht-Erwerbstätige, womit de facto ein EU-weit freies Aufenthalts- inkl. Wohnrecht für EU-Bürger gewährleistet ist, ist für das im EUV angestrebte einheitliche 'Europa der Bürger' unverzichtbar.

In diesem Zusammenhang ist auch die Einführung des **Wahlrechts für EU-Bürger entsprechend ihres Wohnsitzes** innerhalb der Europäischen Union – vorerst nur **auf kommunaler Basis** – zu sehen. Als noch nicht zufriedenstellend gelöst gilt die Zusammenarbeit im Bereich der inneren Sicherheit, des Kampfes gegen international organisierte Kriminalität und Drogenmissbrauch sowie auch die Einwanderungs- bzw. Asylpolitik.

Als positiv ist schließlich die **gegenseitige Anerkennung der Hochschuldiplome** sowie von **Berufsabschlüssen** mit einer Ausbildungsdauer von unter drei Jahren zu werten.

Inwieweit allerdings solche **tiefgreifenden Regulierungsaktivitäten im Bildungsbereich** wie z. B. die Umsetzung des sogenannten 'Bologna-Prozesses' – der **europaweiten Substitution von Diplom-Studiengängen durch Bachelor- und Master-Abschlüsse** – sinnvoll sind, wird sich noch zeigen:

Bedenkenswert ist hier zum einen, dass aus der Umstellung sowohl eine **qualitative Verschlechterung der Ausbildung** resultieren könnte, wenn angenommen wird, dass bislang 8-semestrige Diplomstudiengänge durch 6- oder 7-semestrige Bachelorstudiengänge ersetzt werden.

Es darf bezweifelt werden, ob hierdurch z. B. die deutsche Wettbewerbsfähigkeit gestärkt wird, die in herausgehobenem Maße vom allgemeinen und **beruflichen (Aus-) Bildungsniveau** der Arbeitnehmer, bzw. des 'Produktionsfaktors Arbeit' abhängt.

Auch ein anderes Argument, mit dem die Umstellung der Studienabschlüsse auf Bachelor und Master begründet wurden, ist nicht stichhaltig: So wird als Vorteil der Bachelorstudiengänge angeführt, dass hierdurch die Ausbildungszeit deutlich verkürzt würde:

- Zum einen ist dies unter den genannten qualitativen Aspekten ebenso zweifelhaft, wie unter Beachtung der aktuellen **Probleme am Arbeitsmarkt**, der bei hohen Arbeitslosenquoten in der EU, wie insbesondere auch in Deutschland, ja nicht wirklich darunter leidet, dass Berufsanfänger nicht schnell genug dem Arbeitsleben zur Verfügung stehen.

- Zum anderen wird sich für einen Großteil der Studenten die Ausbildung entgegen der Absicht, die **Studiendauer** deutlich zu verkürzen, **nachhaltig erhöhen**, da ein Großteil der Studierenden erkennen wird, dass der Bachelor als Abschluss für eine angestrebte erfolgreiche Akademiker-Karriere nicht ausreichen wird: Damit werden viele noch einen Masterstudiengang absolvieren, womit sich die Regelstudiendauer von 8 Semestern in der Diplomausbildung auf 10 Semester der Bachelor-Master-Ausbildung erhöhen wird.

8.8 Regional- und Strukturpolitik

Gemäß Artikel 158 EGV setzt sich die Gemeinschaft insbesondere zum Ziel, die Unterschiede im Entwicklungsstand der verschiedenen Regionen und den Rückstand der am stärksten benachteiligten Gebiete in der Europäischen Union zu verringern.

8.8.1 Regional- und Strukturpolitik zur Angleichung unterschiedlicher Entwicklungsniveaus in der Europäischen Union

Die Strukturpolitik ist einer der Bereiche der Europäischen Union, der zunehmend an Bedeutung gewinnt. Zunächst beschränkte sich die Strukturpolitik lediglich auf die Koordinierung und finanzielle Unterstützung nationaler strukturpolitischer Maßnahmen:

8.8 Regional- und Strukturpolitik

Hierzu wurden bereits Anfang der 60er Jahre die beiden ersten Strukturfonds der EWG gegründet (Art. 159 EGV):

- der Europäische Sozialfonds (Art. 146 EGV) und
- der Agrarstrukturfonds (EAGFL, vgl. Abschnitt 8.6).

Mitte der 70er Jahre wurde eine gemeinsame Regionalpolitik eingeführt und als deren wichtigstes Instrument

- der Regionalfonds (Europäischer Fonds für Regionale Entwicklung, EFRE, Art. 160 EGV)

geschaffen.

Die Einheitliche Europäische Akte (EEA) schließlich erweiterte den EWG-Vertrag um den Titel „Wirtschaftlicher und sozialer Zusammenhalt" mit den damaligen Artikeln 130 ff. (heutiger Titel XVII mit Artikeln 158 – 162 EGV). Der Maastricht-Vertrag wertete diese neue Zielsetzung dadurch auf, dass die Förderung des wirtschaftlichen und sozialen Zusammenhalts in den Aufgabenkatalog der EG (Artikel 2 EGV) und in die grundlegenden Ziele der Union (Artikel B Maastricht EUV = Artikel 2 Amsterdam/ Nizza EUV) aufgenommen wurde.

Der **Ausschuss der Regionen** (vgl. Abschnitt 8.3.5) ist ein wichtiges Beratungsorgan im Bereich strukturpolitischer Entscheidungen der EU (Art. 263 – 265 EGV).

Damit wurden die verschiedenen Bereiche der bisherigen Strukturpolitik zu einer von der Union geführten gemeinsamen Strukturpolitik zusammengeführt und mit Maßnahmen der **Europäischen Investitionsbank** (EIB, vgl. Art. 9 EGV) koordiniert, die ebenfalls Investitionsvorhaben zur Erschließung weniger entwickelter Gebiete unterstützt. Parallel hierzu wurden die Mittel für den Europäischen Sozialfonds und den Regionalfonds zweimal (1989/93 und 1994/99) deutlich aufgestockt.

1992 und 1999 wurden die Förderkataloge grundlegend neu überarbeitet und

- 1993 der **Kohäsionsfonds** zur gezielten Förderung der sog. Kohäsionsländer Griechenland, Irland, Portugal und Spanien (Art. 161 EGV) sowie
- 1994 der vierte Strukturfonds, das **Finanzinstrument für die Anpassung der Fischerei** (FIAF)

geschaffen.

Die Fördersumme des Förderzeitraumes 2000/2006 stand schon unter der Restriktion, zusätzliche Mittel in die Anpassungsprogramme der Beitrittsländer schleusen zu müssen, wie Abschnitt 8.8.5 noch zeigen wird.

Bis heute ist die regionale Wirtschaftskraft in der EU sehr unterschiedlich ausgeprägt: Abbildung 8.18 zeigt z. B., dass Dessau in Sachsen-Anhalt wirtschaftsschwächer ist als die spanische Extremadura oder Kalabrien in Italien. Diese regionalen und strukturellen ökonomischen Unterschiede werden sich in Folge der EU-Osterweiterung noch dramatisch verschärfen.

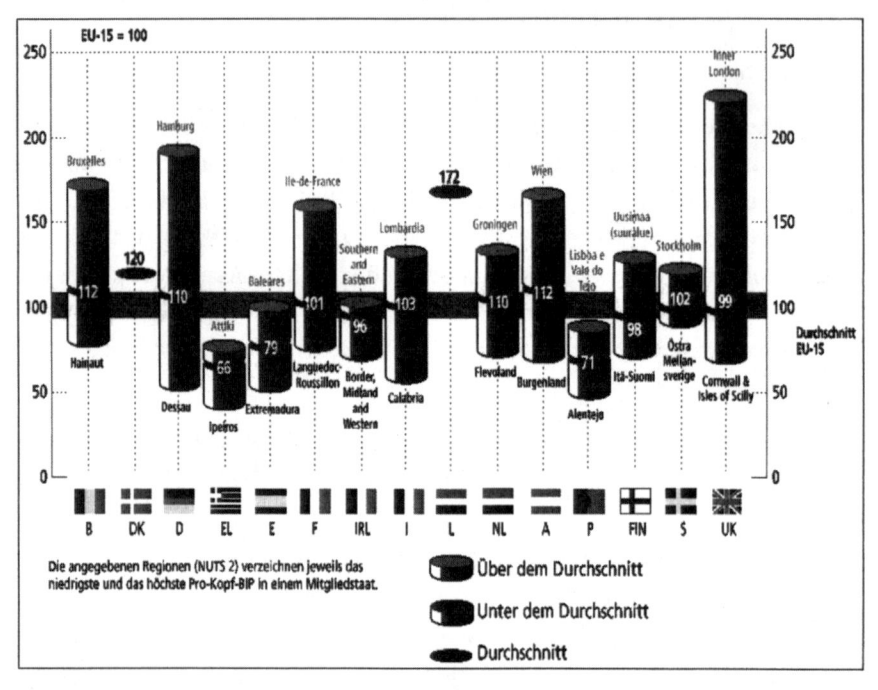

Abbildung 8.18: Regionale Unterschiede im BIP pro Kopf der EU-Staaten des Jahres 1997 (aus [www EU 06/2002])

Insofern ist eine **aktive Regional- und Strukturpolitik** der Europäischen Union **unumgänglich**. Die Regionalpolitik der EU konnte mittlerweile durchaus Erfolge auf dem Weg zu einer langfristigen Angleichung des Wohlstandsgefälles aufweisen:

So stieg z. B. von 1987 – 1997 in den 4 ärmsten Regionen der EU das durchschnittliche Bruttoinlandsprodukt pro Kopf von 54,2 % auf 61,1 % des EU-Durchschnitts; noch größere Erfolge konnten auf nationaler Basis erreicht werden: Die vier ärmsten Staaten der EU – Griechenland, Portugal, Spanien und Irland – konnten ihr BIP pro Kopf von 67,6 % auf 78,8 % des EU-Durchschnitts erhöhen.

8.8.2 Die Regional- und Strukturfonds der Europäischen Union

Die Regional- und Strukturpolitik wird über die bereits genannten vier spezifischen Strukturfonds ESF, EAGFL (ab 2007: EGFL und ELER), EFRE, FIAF (seit 2007: EFF) und über den Kohäsionsfonds gestaltet.

1. Der **Europäische Sozialfonds (ESF)** wurde bereits 1957 im Rahmen der EWG mit dem Ziel geschaffen, die Beschäftigung und Mobilität der Arbeitnehmer zu fördern. In den 50er und 60er Jahren kam dem Fonds dank Vollbeschäftigung in der Europäischen Gemeinschaft keine bedeutende Funktion zu. Mit der ersten europäischen Rezession im Zuge der 1. Erdölkrise 1973 wurde jedoch das Entwicklungsgefälle in der EG stärker spürbar und mit den Erweiterungen um Großbritannien, Irland und vor allem Griechenland eine gemeinsame intensive Strukturpolitik notwendig, deren Bedeutung dann mit der Aufnahme Portugals und Spaniens noch weiter stieg. Aktuell hat der Fonds die Aufgabe, die berufliche (Wieder-) Eingliederung von Arbeitslosen und benachteiligten Gruppen hauptsächlich über die Finanzierung von Bildungs-, Ausbildungs- und Beschäftigungsmaßnahmen zu fördern.

2. Der **Europäische Ausrichtungs- und Garantiefonds für die Landwirtschaft,** Abteilung 'Ausrichtung' **(EAGFL)**, finanzierte, wie aus Abschnitt 8.6 bekannt, Maßnahmen zur Förderung der ländlichen Entwicklung und Hilfen für Landwirte insbesondere in Regionen, die einen Entwicklungsrückstand aufzuholen haben. Die Abteilung 'Garantie' des EAGFL unterstützt die ländliche Entwicklung im Rahmen der gemeinsamen Agrarpolitik in anderen Teilen der EU.
Seit 2007 werden diese Aufgaben über die in Abschnitt 8.6.4 erläuterten Garantie- und Entwicklungsfonds **EGFL** und **ELER** finanziert.

3. Der **Europäische Fonds für regionale Entwicklung (EFRE)** finanziert speziell definierte gering entwickelte Regionen: Besonders in Griechenland, Portugal, Spanien, Süditalien und den Neuen Bundesländern in Deutschland. Finanziert werden Infrastrukturausbau, Anlageinvestitionen zur Schaffung von Arbeitsplätzen, lokale Entwicklungsprojekte und Hilfen für Kleine und Mittlere Unternehmen (die sog. KMU).

4. Mit dem 1994 eingeführten **Finanzinstrument für die Ausrichtung der Fischerei (FIAF)** wurde vor allem der für die Südländer Griechenland, Portugal, Spanien und Süditalien noch wirtschaftlich sehr bedeutende Fischfang subventioniert bzw. wirtschaftlich gestützt und auch modernisiert. Seit dem Jahr 2007 wird diese Aufgabe vom ebenfalls in Abschnitt 8.6.4 vorgestellten neu gegründeten **Europäischen Fischereifonds (EFF)** übernommen.

5. Der **Kohäsionsfonds** wurde 1993 eingerichtet, um die Bereiche Umwelt- und Verkehrsinfrastruktur zu fördern; allerdings nur in Ländern, deren Pro-Kopf-BIP unter einem Niveau von 90 % des Gemeinschaftsdurchschnittes liegt und die Mitglied der Währungsunion sind bzw. ein Konvergenzprogramm zum Beitritt zur Währungsunion aufgestellt haben und verfolgen. Damit ist eine enge Beziehung zwischen aktiver Strukturpolitik der Gemeinschaft und dem Integrationswillen der Staaten hergestellt worden. Nicht zuletzt deshalb war es z. B. für Griechenland so wichtig, schnellstmöglich mit der Einführung des Euro der Währungsunion beizutreten.

8.8.3 Umfang und Zielsetzung der europäischen Struktur- und Regionalpolitik bis 2006

Die Europäische Regional- und Strukturpolitik ist eine echte Gemeinschaftspolitik, die auf finanzieller Solidarität der wirtschaftlich stärkeren Unionsmitglieder mit den wirtschaftlich schwächeren beruht. Die EU weist dieser internen Entwicklungsaufgabe auch eine hohe Bedeutung zu, wie Abbildung 8.19 zeigt:

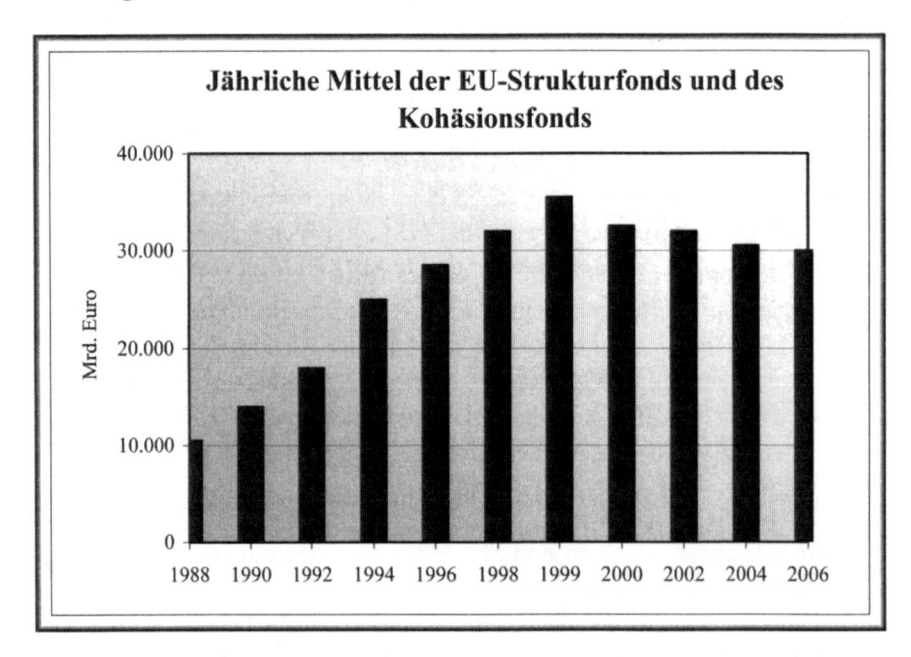

Abbildung 8.19: Strukturhilfen der EU 1988 – 2006 (Daten aus [www EU 07/2002], S. 2)

8.8 Regional- und Strukturpolitik

In den Jahren **2000 – 2006** wurden insgesamt **195 Mrd. Euro** für die 4 Strukturfonds plus 18 Mrd. Euro für den Kohäsionsfonds eingesetzt, zusammen ergibt dies eine EU-Strukturhilfe von 213 Mrd. Euro; das entspricht 0,46 % des BNE der Europäischen Union.

Diese Strukturhilfen wurden bis Ende 1999 nach sechs Zielen vergeben; seit dem Jahr 2000 gibt es drei sog. Förderziele und weitere vier Verwendungen, die Abbildung 8.20 darstellt.

Strukturhilfen der Jahre 2000 - 2006	213 Mrd. Euro
Strukturfonds:	182,45 Mrd. Euro
Ziel 1	135,90 Mrd. €
Ziel 2	22,50 Mrd. €
Ziel 3	24,05 Mrd. €
Gemeinschaftsinitiativen (GI)	10,44 Mrd. €
Unterstützung der Fischerei	1,11 Mrd. €
Innovative Maßnahmen	1,00 Mrd. €
Kohäsionsfonds	18 Mrd. Euro

Abbildung 8.20: Verteilung der Strukturhilfen nach Zielen und Verwendungen (Daten aus [www EU 07/2002], S. 1)

Ziel 1 ist gebietsabhängig definiert: **Regionen mit Entwicklungsrückstand** sollen gefördert werden; im Zeitraum 2000 – 2006 umfasste die Hilfe 50 Regionen, in denen 22 % der EU-Bevölkerung leben.

Ziel 2 unterstützt Regionen mit **Strukturproblemen**, unabhängig von welcher Art, industriell, ländlich, städtisch oder auf Fischfang ausgerichtet; 2000 – 2006 fielen 18,5 % der EU-Bevölkerung unter die Zielhilfen 2.

Ziel 3 ist thematisch definiert: **Bildungs- und Ausbildungssysteme** sollen modernisiert und die Beschäftigung gefördert werden.

Abbildung 8.21 gibt einen Überblick über die Regionalverteilung der Strukturhilfen nach Zielen 1 und 2.

Teil C   8 Die Europäische Union

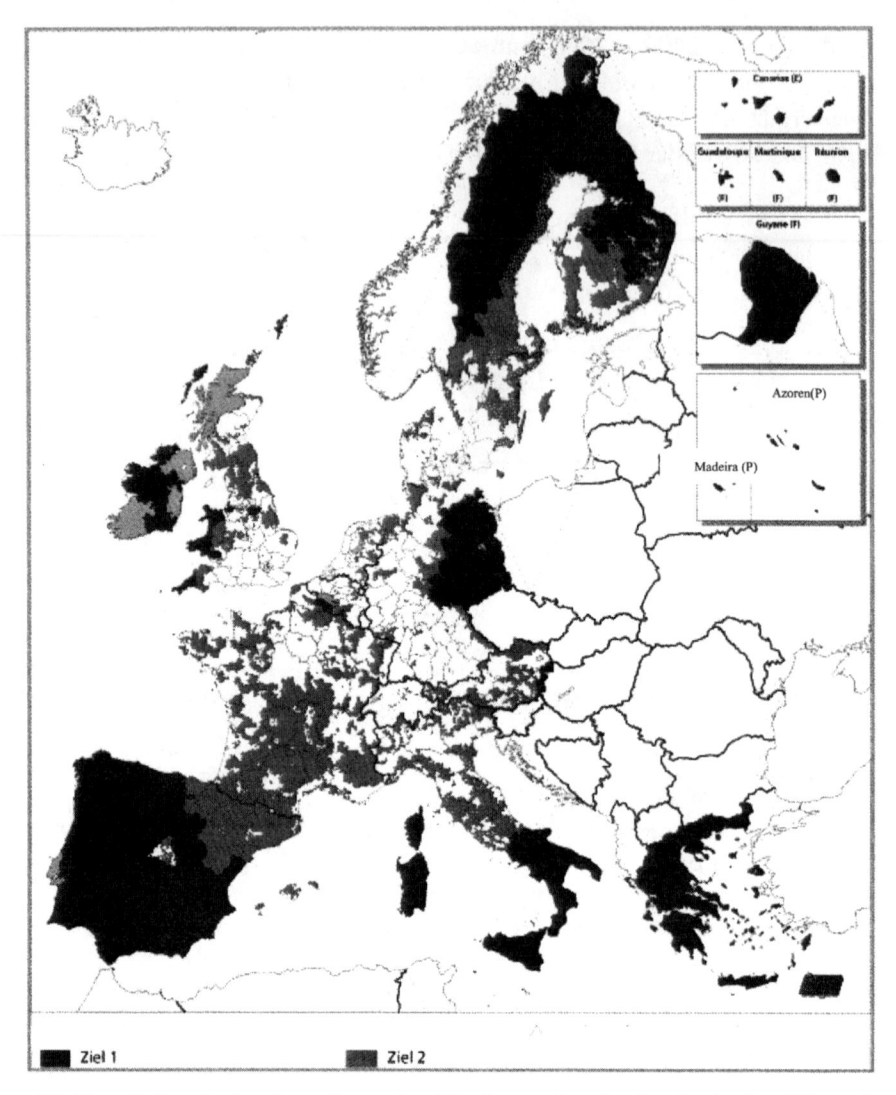

■ Ziel 1   ■ Ziel 2

Abbildung 8.21: Regionalverteilung der Mittel aus den Strukturfonds der EU nach Zielen 1 und 2 inklusive der spanischen (Kanarische Inseln), französischen (Guadaloupe, Martinique, Réunion, Guyana) und portugiesischen (Azoren, Madeira) Übersee-Gebiete (aus [www EU 06/2002])

Mit den **Gemeinschaftsinitiativen** wurden bis zum Jahr 2006 **vier Sonderprogramme** gefördert:

- **Interreg III** finanzierte über den EFRE die grenzüberschreitende Zusammenarbeit zur Förderung einer überregionalen Raumordnung (z. B. auch zur Flutbekämpfung),

8.8 Regional- und Strukturpolitik

- **Urban II** unterstützte innovative Strategien zur Wiederbelebung krisenbetroffener Städte und Stadtviertel,
- **Leader+** förderte über die Abteilung Ausrichtung des EAGFL bzw. seit 2007 des EGFL lokale Strategien zur Förderung nachhaltiger ländlicher Entwicklung (vgl. Abschnitt 8.6.4),
- **Equal** versucht über Mittel des ESF Ursachen für Diskriminierungen auf dem Arbeitsmarkt zu beseitigen.

Die **Unterstützung der Fischerei** über den FIAF hatte zum Ziel, die Produktionsstrukturen in Fischerei und Aquakultur zu modernisieren und der Nachfrage wie der Überfischung in den Meeren anzupassen. Bis zum Jahr 2006 sollten so z. B. in einer insbesondere von Spanien und Portugal als sehr problematisch empfundenen Aktion 8.600 Schiffe, das sind 9 % der EU-Fangflotte, abgewrackt werden (vgl. KERSTING, 2002, S. 12), um angemessen auf den Rückgang der Fischbestände reagieren und eine zukünftige nachhaltige Nutzung noch retten zu können.

Unter dem Förderbegriff **Innovative Maßnahmen** will die Kommission neue, noch nicht genutzte Entwicklungsstrategien fördern, insbesondere in den Bereichen Informationstechnologie, technologische Innovation, regionale Identität und nachhaltige Entwicklung.

Der **Kohäsionsfonds** wird allein auf die 4 entwicklungsschwächsten Staaten aufgeteilt; von 2000 – 2006 entfielen auf:

- Spanien 11,160 Mrd. Euro (gegenüber 9,251 Mrd. € in den Jahren 1993 bis 1999),
- Portugal 3,300 Mrd. Euro (im Vergleich zu 3,005 Mrd. €),
- Griechenland 3,060 Mrd. Euro (2,998 Mrd. €) und
- Irland 720 Mio. Euro (im Vergleich zu 1,495 Mrd. € in den Jahren 1993 bis 1999).

Abbildung 8.22 gibt einen abschließenden Überblick über die Verteilung der Mittel aus den Strukturfonds auf die einzelnen Empfängerstaaten.

Überraschend dürfte sein, dass nach Spanien, dem die weitaus meisten Fördermittel zufließen, **Deutschland** das Land ist, dem – vor Italien und Griechenland (!) – die **zweithöchste absolute Förderung** (primär für die Neuen Bundesländer) zugewiesen wird; in Bezug auf die relative Förderung in Euro pro Kopf liegen Griechenland, Portugal und Spanien mit großem Abstand vor allen anderen EU-Staaten.

Verteilung der Strukturfonds-Förderung auf die EU-Mitgliedstaaten 2000 – 2006 in Mio. Euro pro Land und in € pro Einwohner							
	Ziel 1	Ziel 2	Ziel 3	GI	Fischerei	Σ/ Land	Σ/ Kopf
Spanien	38.096	2.651	2.140	1.958	200	**45.045**	1.204,2
Deutschland	*19.958*	*3.510*	*4.581*	*1.608*	*107*	**29.764**	*372,1*
Italien	22.122	2.522	3.744	1.172	96	**29.656**	522,5
Griechenland	20.961	0	0	862	0	**21.823**	2.129,5
Portugal	16.414	0	0	671	0	**17.085**	1.822,4
Großbritannien	6.251	4.695	4.568	961	121	**16.596**	287,1
Frankreich	3.805	6.050	4.540	1.046	225	**15.666**	274,6
Niederlande	123	795	1.686	651	31	**3.286**	218,1
Irland	3.088	0	0	166	0	**3.254**	922,9
Schweden	722	406	720	278	60	**2.186**	253,7
Finnland	913	489	403	254	31	**2.090**	416,9
Belgien	625	433	737	209	34	**2.038**	203,7
Österreich	261	680	528	358	4	**1.831**	235,7
Dänemark	0	183	365	83	197	**828**	160,6
Luxemburg	0	40	38	13	0	**91**	235,1
Σ EU gesamt	**135.954**	**22.454**	**24.050**	**10.290**	**1.106**	**193.854**	**532,3**

Abbildung 8.22: Verteilung der Mittel aus den EU-Strukturfonds auf die einzelnen Empfängerstaaten im Zeitraum 2000 – 2006 in absoluter (Mio. €) und Pro-Kopf-Betrachtung (€)

8.8.4 Umfang und Zielsetzung der europäischen Struktur- und Regionalpolitik ab 2007

2007 wurde die **Struktur- und Regionalförderung für den Zeitraum 2007 bis 2013 vollständig neu gestaltet**. In diesem Zeitraum werden **308 Mrd. Euro** eingesetzt, um regionale Wachstumsprogramme (über den EFRE) zu finanzieren, Anreize zur Schaffung von neuen Arbeitsplätzen (über den ESF) zu geben und um die europäische territoriale Zusammenarbeit (über den EFRE) sowie die Konvergenz (EFRE, ESF und Kohäsionsfonds) zu fördern:

- **81,5 %** des Gesamtbetrages werden auf das **Konvergenzziel** konzentriert, mit dem die ärmsten Mitgliedstaaten und Regionen gefördert werden, um Anschluss an den durchschnittlichen Lebensstandard innerhalb der EU zu finden. **Regionen, die ein regionales BIP von unter 75 % des EU-Durchschnitts** aufweisen, sind im Rahmen des Konvergenzziels **förderwürdig**; betroffen sind **84 Regionen in 17 Mitgliedstaaten**.

12,5 Mrd. Euro der Konvergenzförderung von insgesamt 251,2 Mrd. Euro sind noch für Regionen bestimmt, die als sog. **'Phasing-out-Regionen'** aus dem Förderkriterium herauswachsen.

- **16 %** der Gelder sollen über den **Strukturfonds** dazu verwendet werden, Innovationen, nachhaltige Entwicklung, und Ausbildungsprojekte im Rahmen des Ziels **'Regionale Wettbewerbsfähigkeit und Beschäftigung'** zu fördern. Unter die Förderkriterien fallen **168 Regionen mit 314 Mio. Einwohnern**; darunter 13 sog. **'Phasing-in-Regionen' mit 19 Mio. Einwohnern**, die als **frühere Zielregion 1** besondere finanzielle Zuweisungen erhalten.

- **2,5 %** werden für die grenzüberschreitende, transnationale und interregionale Zusammenarbeit im Rahmen des Ziels **'Europäische Territoriale Zusammenarbeit'** bereitgestellt. Begünstigt werden hiervon 181,7 Mio. EU-Bürger.

Erwartet wird, dass die Förderprogramme der Kohäsions- und Regionalpolitik ein zusätzliches **Wachstum von rund 10 % in den geförderten Regionen bewirken,** so dass **mehr als 2,5 Mio. neue Arbeitsplätze** entstehen.

Um dieses Ziel zu erreichen, scheint es jedoch zum einen dringend erforderlich, den **bürokratischen Aufwand** in der Durchführung der Regional- und Strukturförderung deutlich zu reduzieren und zum anderen vielfältige Unregelmäßigkeiten und Unzulänglichkeiten in der Abwicklung konkreter Programme bis hin zu ökonomisch vollständig unsinnigen Fördermaßnahmen stärker als bisher mittels geeigneter **Controlling-Instrumente** zu erkennen und abzustellen.

Während die Forderung des zweiten Kritikpunkts nach einem umfassenden Durchführungs- und Ergebniscontrolling noch nicht strukturell umgesetzt wird, wird immerhin im neuen Förderprogramm die Durchführung der Kohäsions- und Regionalpolitik einfacher und effizienter, da z. B. die Zahl der Förderinstrumente von 6 auf 3 verringert wird, ein neuer Grundsatz der Verhältnismäßigkeit für weniger Bürokratie sorgt, sich die Zahl der Programmschritte von drei auf zwei verringert, nationale Zuschussfähigkeitsregeln anstelle von Gemeinschaftsregeln zur Anwendung kommen sollen und sowohl die Mitgliedstaaten als auch die Regionen mehr Verantwortung übernehmen und für mehr Transparenz bei der Fondsverwaltung sorgen müssen.

So wird sich z. B. ab 2007 der Kohäsionsfonds zusammen mit dem EFRE an mehrjährigen, dezentral verwalteten Investitionsprogrammen beteiligen, anstatt wie bis 2006 üblich, von der Kommission einzeln zu genehmigende Vorhaben zu unterstützen. Insofern verspricht das neue Förderkonzept erfolgreicher als das vorhergehende zu sein.

Teil C   8 Die Europäische Union

Verteilung der Strukturfonds-Förderung auf die EU-Mitgliedstaaten 2007 – 2013 in Mio. Euro pro Land und in € pro Einwohner								
	ZIEL: Konvergenz			ZIEL: Regionale Wettbewerbsfähigkeit und Beschäftigung			Σ Mio. €	Σ in €
	Kohäsionsfonds	Konvergenz	Phasing out	Phasing in	Wettbewerbsfähigkeit und Beschäftigung	Territoriale Zusammenarbeit	Förderung pro Land	Förderung pro Kopf
Estland	1.019	1.992				47	3.058	2.352,3
Tschechien	7.830	15.149			373	346	23.697	2.323,2
Ungarn	7.589	12.654		1.865		344	22.452	2.245,2
Malta	252	495				14	761	1.902,5
Slowenien	1.239	2.407				93	3.739	1.869,5
Slowakei	3.433	6.231			399	202	10.264	1.866,2
Lettland	1.363	2.647				80	4.090	1.778,3
Portugal	2.722	15.240	254	407	436	88	19.147	1.740,6
Litauen	2.034	3.965				97	6.097	1.693,6
Griechenland	3.289	8.379	5.779	584		186	18.217	1.656,1
Polen	19.562	39.486				650	59.698	1.550,6
Zypern	194			363		25	581	830,0
Bulgarien	2.015	3.873				159	6.047	817,2
Spanien	3.250	18.727	1.434	4.495	3.133	497	31.536	788,4
Rumänien	5.769	11.143				404	17.317	776,5
Italien		18.867	388	879	4.761	752	25.647	442,2
Finnland				491	935	107	1.532	306,4
Deutschland		*10.553*	*3.771*		*8.370*	*756*	*23.450*	*284,6*
Frankreich				2.838	9.123	775	12.736	208,8
Irland				420	261	134	815	203,8
Belgien			579		1.268	173	2.019	201,9
Schweden					1.446	236	1.682	186,9
Österreich			159		914	228	1.301	162,6
Großbritannien		2.436	158	883	5.349	642	9.468	155,2
Luxemburg					45	13	58	116,0
Niederlande					1.477	220	1.696	106,0
Dänemark					453	92	545	90,8
Σ EU gesamt	61.560	177.082	12.522	10.387	38.743	7.360	307.069	629,5

Abbildung 8.23: Verteilung der neuen Strukturfonds-Förderung auf die EU-Mitgliedstaaten in den Jahren 2007 – 2013 (aus EUROPÄISCHE UNION, 2006, S. 3 oder [www EU 12/2006a, S. 3] sowie eigene Berechnungen)

8.8 Regional- und Strukturpolitik

Formal nicht mehr den Strukturfonds gehören an die bereits in Abschnitt 8.6.4 behandelten Fonds im Rahmen der Gemeinsamen Agrarpolitik der Europäischen Union, der

- **Europäische Garantiefonds für die Landwirtschaft** (EGFL), der
- **Europäische Landwirtschaftsfonds** für die Entwicklung des ländlichen Raums (ELER) und der
- **Europäische Fischereifonds** (EFF),

die alle zum 1.1.2007 neu in Kraft getreten sind.

In die Regionalförderung der Europäischen Union ist auch die Europäische Investitionsbank (EIB) eingebunden.

Mit **drei neuen regionalpolitischen Instrumenten**, die von der EU-Kommission zusammen mit der EIB und teilweise auch der Europäischen Bank für Wiederaufbau und Entwicklung (EBWE, vgl. Abschnitt 5.2) ausgereicht werden, sollen im Zeitraum 2007 – 2013 die Mitgliedstaaten und Regionen im Rahmen wirtschaftlicher und effizienter Fondsverwaltung und dem Einsatz finanztechnischer Instrumente unterstützt werden (vgl. [www EU 04/2007a], S. 4):

1. Mit dem Instrument der 'Gemeinsamen Hilfe bei der Unterstützung von Projekten in europäischen Regionen', genannt **JASPERS**, soll die Zusammenarbeit zwischen der EU-Kommission, der EIB und der EBWE gefördert werden, um Fachkenntnisse zu bündeln und Mitgliedstaaten wie Regionen bei der Vorbereitung wichtiger Projekte zu unterstützen.

2. Die Initiative 'Gemeinsame europäische Ressourcen für kleinste bis mittlere Unternehmen', **JEREMIE**, wird gemeinsam von der Europäischen Kommission, der EIB und dem Europäischen Investitionsfonds durchgeführt und verfolgt das Ziel, den Zugang zu Finanzmitteln für die Entwicklung von Unternehmen kleinster bis mittlerer Größe in den Regionen der EU zu verbessern.

3. In Zusammenarbeit mit der EIB fördert die Kommission durch ihre 'Gemeinsame europäische Hilfe für nachhaltige Investitionen in städtischen Gebieten', **JESSICA**, nachhaltige Investitionen eben dort.

Die bereits erwähnte **Europäische Investitionsbank (EIB)** wurde 1958 durch den Vertrag von Rom ins Leben gerufen und ist die Finanzierungsinstitution der Europäischen Union. Sie leistet seit 50 Jahren einen bedeutenden Beitrag zur wirtschaftlichen Entwicklung schwacher Regionen:

Aktuell sind Kredite von knapp **50 Mrd. Euro für Entwicklungsprojekte der EU-Mitgliedstaaten** vergeben (das entspricht ca. 90 % der Gesamtkreditvergabe der EIB; 10 % gehen an Nicht-EU Länder, der Großteil hiervon an mit der EU assoziierte Staaten des Mittelmeerraumes und an Länder des Balkans).

1994 wurde der **Europäische Investitionsfonds (EIF)** mit dem Ziel eingerichtet, kleine und mittlere Unternehmen (KMU) zu unterstützen, die sich in der Frühphase befinden und/ oder im Bereich der neuen Technologien tätig sind. Die EIB ist mehrheitlicher Anteilseigner und Verwaltungsinstanz des EIF. Im Jahre 2000 wurde die EIB-Gruppe gebildet, die sich aus der EIB und dem EIF zusammensetzt. Innerhalb der Gruppe vergibt die EIB lang- und mittelfristige Darlehen, während der EIF auf Risikokapitaloperationen und auf Garantien für KMU spezialisiert ist (vgl. [www EIB 03/2007], S. 1).

8.8.5 Strukturförderung der Beitrittsstaaten

Ab dem Jahr 2007 wird die EU-Regional- und Strukturförderung in großem Stil zugunsten der Neubeitrittsländer umzuverteilen sein. Schon seit Jahren fördert die EU die wirtschaftliche Modernisierung und Anpassung der Beitrittsstaaten in sehr intensiver Weise.

Der Rückgang der EU-Strukturförderung für die bisherigen EU-Mitgliedstaaten seit dem Jahr der maximalen Förderung 1999 steht in direktem Zusammenhang mit den sog. 'Vorbeitritts-Förderungen' und der seit dem Beitritt der neuen Mitgliedstaaten regulären Einbeziehung in die EU-Regional- und Strukturpolitik.

Für die Jahre 2000 – 2006 wurde eine beitrittsvorbereitende Regional- und Strukturförderung der 10 osteuropäischen Beitrittsländer in Höhe von 2,645 Mrd. Euro gewährt. Abbildung 8.24 gibt einen Überblick über deren Verteilung, wobei von 2004 bis 2006 nur noch Bulgarien und Rumänien diese beitrittsvorbereitenden Förderungen erhielten.

Mit dem **PHARE**-Programm wird **technische Hilfe** im administrativen Bereich zur Vorbereitung des Beitritts gegeben,

SAPARD stellt Mittel für **Landwirtschaft und ländliche Entwicklung** zur Verfügung und mittels **ISPA** fördert die EU **Investitionen in Umwelt und Transport**, wobei hier pro Land keine festen Förderbeträge festgelegt wurden, sondern jeweils Bandbreiten, in denen Gelder durch die EU innerhalb der Beitrittsländer bedarfsgerecht verlagert werden können.

8.8 Regional- und Strukturpolitik

Vorbeitrittsförderung osteuropäischer Beitrittskandidaten 2000 – 2006 in Mio. €			
	PHARE	SAPARD	ISPA	Σ
Bulgarien	100	52,1	83,2 – 124,8	235,3 – 276,9
Estland	24	12,1	20,8 – 36,4	56,9 – 72,5
Lettland	30	21,8	36,4 – 57,2	88,2 – 109,0
Litauen	42	29,8	41,6 – 62,4	113,4 – 134,2
Polen	398	168,7	312,0 – 384,8	878,7 – 951,5
Rumänien	242	150,6	208,0 – 270,4	600,6 – 663,0
Slowakei	49	18,3	36,4 – 57,2	103,7 – 124,5
Slowenien	25	6,3	10,4 – 20,8	41,7 – 52,1
Tschechien	79	22,1	57,2 – 83,2	158,3 – 184,3
Ungarn	96	38,1	72,8 – 104,0	206,9 – 238,1
Σ	1.085	520	1.040	2.645

Abbildung 8.24: Beitrittsförderung der 10 osteuropäischen Beitrittsländer durch die EU 2000 – 2006 in Mio. Euro

Ein **Problem für die Akzeptanz** dieser Fördermaßnahmen sind die u. a. vom Europäischen Rechnungshof (ERH) analysierten und im Jahresbericht zum Haushaltsjahr 2005 dargestellten **Unregelmäßigkeiten in der Mittelverwendung bei den durch die Europäische Kommission gewährten Zahlungen**:

So sind die Ausgaben vor allem im Rahmen der Gemeinsamen Agrarpolitik sowie der Strukturmaßnahmen noch mit erheblichen Fehlern behaftet, die zu überhöhten oder nicht förderfähigen Zahlungen führen. Aus diesem Grund sind verstärkte Anstrengungen zur Einrichtung angemessener Überwachungs- und Kontrollsysteme in den neuen Mitgliedsländern unerlässlich. (Vgl. Europäischer Rechnungshof, 2006, S. 8 ff., auch in: [www EU-RECHNUNGSHOF 11/2006].)

2007 löst das neue '**Instrument für Heranführungshilfe**' (IPA) die durch den Beitritt der 14 neuen mittel- und osteuropäischen EU-Staaten obsolet gewordenen Beitrittsförderungen ab.

Mit diesem neuen Instrument werden PHARE, ISPA und SAPARD zusammengefasst und durch die Komponenten 'Strukturfonds' und 'Fonds für die Entwicklung des ländlichen Raums' (ELER) ergänzt.

Die beitrittswilligen Länder wie z. B. Kroatien, Mazedonien, Montenegro und die Türkei sollen auf diese Weise besser auf die Durchführung der Strukturfonds sowie des Fonds für die Entwicklung des ländlichen Raums (ELER) für die Zeit nach dem Beitritt vorbereitet werden.

Das **IPA** wurde geschaffen, um den Bedürfnissen der Empfängerländer im Rahmen der Beitrittsvorbereitungen besser zu entsprechen. Es zielt hauptsächlich darauf ab, Institutionen und Rechtstaatlichkeit, Menschenrechte, einschließlich der Grundfreiheiten, der Minderheitenrechte, der Gleichberechtigung der Geschlechter und der Nichtdiskriminierung, administrative und wirtschaftliche Reformen, wirtschaftliche und soziale Entwicklung, Aussöhnung und Wiederaufbau sowie regionale und grenzüberschreitende Zusammenarbeit zu unterstützen (aus [www IPA 04/2007a]).

Um ein zielgerichtetes, wirksames und kohärentes Vorgehen zu ermöglichen, besteht das IPA aus **fünf Komponenten**, die je nach Bedarf der Empfängerländer bestimmte Prioritäten haben. Zwei Bereiche betreffen alle Empfänger: **'Übergangshilfen und Aufbau von Institutionen'** und **'grenzübergreifende Zusammenarbeit'**. Diese **Ziele** dienen einer Stärkung der Kapazitäten und der Institutionen und unterstützen die Empfängerländer im Bereich der grenzüberschreitenden Zusammenarbeit untereinander, mit den Mitgliedstaaten oder im Rahmen transnationaler und interregionaler Maßnahmen.

Die letzten drei Komponenten gelten nur für zukünftige Beitrittsländer:

- Die Komponente **'regionale Entwicklung'** soll auf die Durchführung der Kohäsionspolitik der EU und insbes. des Europäischen Fonds für regionale Entwicklung und des Kohäsionsfonds vorbereiten,
- die Komponente **'Humanressourcen-Entwicklung'** betrifft die Vorbereitung auf die Kohäsionspolitik und den Europäischen Sozialfonds,
- die Komponente **'Entwicklung des ländlichen Raums'** hat die Vorbereitung auf die Gemeinsame Agrarpolitik und die damit verbundenen Politikbereiche sowie auf den Europäischen Landwirtschaftsfonds für die Entwicklung des ländlichen Raums (ELER) zum Ziel.

Im Rahmen des **IPA** werden primär folgende **Aufgaben** gefördert:

- Investitionen, öffentliche Aufträge oder Finanzhilfen,
- Verwaltungszusammenarbeit mit Entsendung von Sachverständigen aus den Mitgliedstaaten,
- Maßnahmen der Europäischen Union im Interesse des Empfängerlandes,
- Unterstützungsmaßnahmen für den Durchführungsprozess und die Verwaltung der Programme,
- Haushaltsunterstützung (in Ausnahmefällen und unter Überwachung).

8.9 Forschungs- und Technologiepolitik

8.9.1 Ansätze und Ziele europäischer Forschungs- und Technologiepolitik

Eine gemeinsame europäische Forschungs- und Technologiepolitik begann mit dem EURATOM-Vertrag von 1957: Über gemeinschaftliche Forschung und Steuerung der Versorgung mit dem Rohstoff Uran sollten entsprechende Reaktortypen entwickelt und eine international wettbewerbsfähige und unabhängige Kernenergieproduktion aufgebaut werden. Aufgrund nationaler Egoismen ist diese beabsichtigte Gemeinschaftsforschung jedoch nur ansatzweise realisiert worden.

Erst **1968** legte die Kommission ein erstes **Programm zur Koordinierung einzelstaatlicher Forschungsanstrengungen in der Grundlagenforschung** (COST) vor. 1974 wurden auf Grundlage von Art. 235 EWGV **Forschungsprogramme auf 'Kostenteilungsbasis'** in den Bereichen **Energie, Werk- und Rohstoffe, Informationstechnologien** und **Medizin** aufgelegt.

1978 startete das europäische Programm zur Vorausschau und Bewertung der technologischen Entwicklung (**FAST**).

1984 begann die eigentliche Forschungs- und Technologiepolitik der Europäischen Gemeinschaften mit **ESPRIT**, dem 'Europäischen strategischen Forschungs- und Entwicklungsprogramm auf dem Gebiet der Informationstechnologien', das von 1984 – 1988 über eine Fördersumme von 750 Mio. Euro verfügte.

Mit der **Einheitlichen Europäischen Akte** wurden erstmals die Ziele und Maßnahmen **zukünftiger gemeinsamer Forschungs- und Technologiepolitik** definiert. Im Maastricht Vertrag von 1993 wurde die europäische Forschungs- und Technologiepolitik in den Artikeln 130f – 130p als wichtiges Ziel der EU definiert (Art. 163 – 174 Amsterdamer EGV).

Zur Erreichung des Zieles, mittels **Stärkung der wissenschaftlichen und technologischen Grundlagen** die internationale Wettbewerbsfähigkeit der EU zu stärken (Art. 163 EGV), trifft die EU gemäß **Art. 164 EGV** folgende **Maßnahmen**:

a) Durchführung von Programmen für Forschung, technologische Entwicklung mit und zwischen Unternehmen, Forschungszentren und Hochschulen,

b) Förderung der Zusammenarbeit mit dritten Ländern und internationalen Organisationen,

c) Verbreitung und Auswertung der Ergebnisse,

d) Förderung der Ausbildung und der Mobilität der Forscher aus der Gemeinschaft,

und die EU 'koordiniert ihre Tätigkeiten, um die Kohärenz der einzelstaatlichen Politiken und der Politik der Gemeinschaft sicher zu stellen' (Art. 165 EGV).

Ein großer **Effizienz-Nachteil europäischer Forschungs- und Technologiepolitik** liegt darin, dass die europäischen Spitzenforschungszentren anders als in den USA, Japan oder auch China über einen ebenso politisch wie sprachlich heterogenen Kontinent verstreut sind und trotz aller bisherigen Bemühungen im Rahmen der europäischen Integration noch nicht in geeigneter Weise miteinander vernetzt sind und zusammenarbeiten.

Dies trägt dazu bei, dass **Europa ein Verlust an Wachstum und Wettbewerbsfähigkeit innerhalb der Weltwirtschaft droht** und es Gefahr läuft, den Entwicklungssprung zur wissensbasierten Wirtschaft nicht zu schaffen:

- Die Europäische Union gibt seit Jahren für Forschungszwecke im Durchschnitt nur 1,8 % seines BIP aus, die USA hingegen 2,8 % und Japan 2,9 % (Deutschland 2,3 %), wobei sich dieser Abstand ohne Gegensteuerung weiter vergrößern dürfte, da
- die Differenz zwischen dem europäischen und dem amerikanischen Gesamtaufwand für Forschung aus öffentlichen und privaten Mitteln allein zwischen 1992 und 1998 von 12 auf 60 Mrd. Euro angestiegen ist.
- Europa weist bei Hochtechnologieerzeugnissen ein jährliches Handelsbilanzdefizit von über 20 Mrd. Euro auf.
- In Beschäftigungszahlen ausgedrückt sind in Europa nur 0,25 % der in den Unternehmen Beschäftigten im Forschungsbereich tätig, in den USA und in Japan hingegen 0,7 bzw. 0,6 %.
- Die Zahl der europäischen Postgraduate-Studenten in den USA ist mehr als doppelt so hoch wie die Zahl amerikanischer Studenten vergleichbaren Niveaus in Europa.
(Aus EUROPÄISCHE KOMMISSION, 2000, S. 4 – 5.)

Der **Anteil des Forschungs- und Technologiebereiches** am **Wirtschaftswachstum beträgt jedoch zwischen 25 und 50 %:**

8.9 Forschungs- und Technologiepolitik

Beide Bereiche tragen damit nicht nur zu **Wettbewerbsfähigkeit** und **Beschäftigung**, sondern auch zur **Lebensqualität der Bürger** entscheidend bei.

Arbeitsplätze von morgen entstehen durch den Technolgiefortschritt, jene von übermorgen im Forschungbereich. So gesehen ist eine schwache Entwicklung im F&E Bereich eine schwere Hypothek für die zukünftige Entwicklung des Arbeitsmarktes.

Mit der Schaffung des sog. **Europäischen Forschungsraumes (EFR)** versucht die Europäische Kommission seit dem Jahr 2000 dieser Entwicklung entgegenzuwirken.

Über den EFR sollen sämtliche Gemeinschaftsmaßnahmen mit dem Ziel einer besseren Koordinierung der Forschungsarbeit und der Konvergenz der Forschungs- und Innovationspolitik der Mitgliedstaaten und der Europäischen Union gebündelt werden – national wie EU-weit:

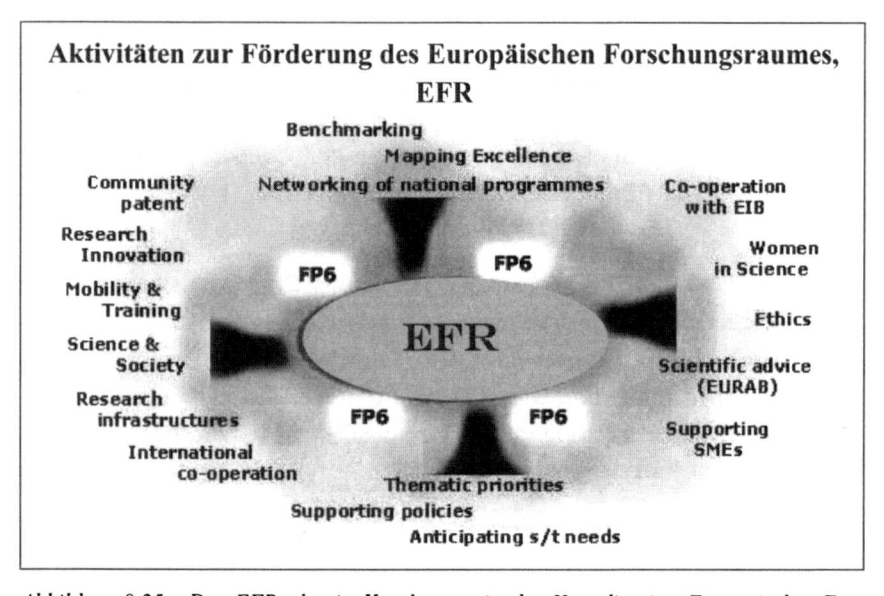

Abbildung 8.25: Der EFR als ein Katalysator in der Koordination Europäischer Forschungs- und Technologiepolitik inkl. des 6. Forschungsrahmenplanes FP6 (aus [www EUROPEAN UNION 03/2007a])

8.9.2 Zur Umsetzung aktueller Forschungs- und Technologiepolitik

Im Rahmen der EU – Forschungs- und Technologiepolitik ist in folgende Programmformen zu unterscheiden:

- Direkte Aktionen,
- indirekte Aktionen,
- konzertierte Aktionen und
- horizontale Aktionen.

Direkte Aktionen sind **Eigenforschungen** in den Gemeinsamen Forschungsstellen (GFS), wie z. B. die Forschungsanlage für Kernfusion und Energiegewinnung JET; die Mitgliedstaaten sind direkt beteiligt, die Finanzierung kommt zu 80 % aus dem Gemeinschaftshaushalt.

Indirekte Aktionen sind Programme mit Forschungsverträgen auf **Kostenteilungsbasis** (Cost Shared Actions), wie Programme **mit Industriebeteiligung**, die i. d. R. mit 50 % gefördert werden; Vorhaben mit öffentlichen Forschungseinrichtungen werden bis zu 100 % gefördert.

Konzertierte Aktionen sind Versuche der Kommission, **supranationale Forschungsaktivitäten anzustoßen** und zu **koordinieren**, wobei die Gemeinschaft keinen finanziellen Forschungsbeitrag leistet, sondern auf eigene Kosten die zwischenstaatliche Zusammenarbeit koordiniert und intensiviert. Ein Beispiel hierfür ist die Einrichtung von COST, Coopération Scientifique et Technique, als öffentliche, supranational agierende Forschungseinrichtung.

Horizontale Aktionen sind Beiträge zur **Zukunftsforschung**, Bewertung und **Stimulierung von Forschungsaktivitäten** allgemein, zum **Bildungs- und Wissenschaftsaustausch** und zum **Technologietransfer**. Im Rahmen der horizontalen Förderung sollen die Fördermittel der EU gerade so hoch sein, dass private oder nationalstaatliche Forschungs- oder Kooperationsleistungen angeregt werden.

Einen Überblick über die **Schwerpunkte der EU-Forschungspolitik** gibt Abbildung 8.26 am Beispiel des 6. Forschungsrahmenprogramms der EU mit einer Förderhöhe von rund 16 Mrd. Euro.

Im Gegensatz zu früheren Programmen, die primär die Zusammenarbeit nationaler Forschungseinrichtungen fördern wollten, konzentriert sich die EU nun auf die Entwicklung und Stärkung gemeinsamer Forschungsprogramme und den Aufbau von sogenannten 'Exzellenznetzen', in denen die besten Forschungskapazitäten der Regionen Europas gebündelt werden sollen.

8.9 Forschungs- und Technologiepolitik

6. Forschungsrahmenprogramm der EU 2001 – 2006		in Mrd. Euro
1.	**Bündelung der Forschung**	**13,020**
1.1	Vorrangige Themenbereiche der Forschung	10,750
1.1.1	Genomik und Biotechnologie im Dienste der Medizin a) Fortgeschrittene Genomik und ihre Anwendungen b) Bekämpfung der wichtigsten Krankheiten	2,150 1,100 1,050
1.1.2	Technologien in der Informationsgesellschaft	3,600
1.1.3	Nanotechnologien, intelligente Materialien und neue Produktionsverfahren	1,300
1.1.4	Luft- und Raumfahrt	1,000
1.1.5	Lebensmittelsicherheit und Gesundheitsrisiken	625
1.1.6	Nachhaltige Entwicklung a) Nachhaltige Energiesysteme b) Nachhaltiger Landverkehr c) Globale Veränderungen und Ökosysteme	1,850 630 600 620
1.1.7	Bürger und modernes Regieren in einer offenen europäischen Wissensgesellschaft	225
1.2	Spezifische Tätigkeiten, die einen weiter gefassten Forschungsbereich abdecken	2,270
1.2.1	Planung im Vorgriff auf den künftigen Wissenschafts- und Technologiebedarf der Europäischen Union	800
1.2.2	KMU-spezifische Forschungstätigkeiten	450
1.2.3	Spezielle Tätigkeiten der internationalen Zusammenarbeit	300
1.2.4	Tätigkeiten der Gemeinsamen Forschungsstelle	720
2.	**Ausgestaltung des Europäischen Forschungsraumes**	**2,830**
2.1	Forschung und Innovation	275
2.2	Humanressourcen und Mobilität	1,680
2.3	Forschungsinfrastrukturen	800
2.4	Wissenschaft/ Gesellschaft	75
3.	**Stärkung der Grundpfeiler des Europäischen Forschungsraumes**	**420**
3.1	Förderung der Koordinierung der Forschungstätigkeiten	370
3.2	Förderung einer kohärenten Entwicklung der Politik	50
	Gesamt-Fördermittel	**16,270**

Abbildung 8.26: Mittelzuweisungen im Rahmen des 6. Forschungsrahmenprogramms der EU 2001 (Angaben aus Europäische Kommission, 2001)

Das neue **Siebte Forschungsrahmenprogramm der EU (FP7)** läuft von **2007 – 2013**. Dieses FP7 ist auch ausgerichtet auf die Beschäftigungssituation in Europa, seine Wettbewerbsfähigkeit und die Lebensqualität der Bürger.

Nachstehende Aktivitäten mit einem Fördervolumen von nahezu 40 Milliarden Euro sind geplant:

7. Forschungsrahmenprogramm der EU 2007-2013	in Mrd. Euro
Gesundheit	7,350
Lebensmittel, Landwirtschaft und Biotechnologie	2,170
Informations- und Kommunikationstechnologien	11,197
Nanowissenschaft & Nanotechnologien, neue Produktionstechnologien, Materialwissenschaft	4,270
Energie	2,590
Umwelt und Klimawandel	2,240
Transport und Luftfahrt	5,250
Sozial, Wirtschafts- und Geisteswissenschaften	700
Sicherheit und Weltraum	3,500
Gesamtförderung für nicht-nukleare Forschungskooperation	**39,267**

Abbildung 8.27: Mittelzuweisungen im Rahmen des 7. Forschungsrahmenprogramms der EU 2007 (Daten aus [www EU 08/2006])

Zusätzlich werden im Rahmen der Nuklearforschung der EURATOM noch 4,061 Mrd. Euro zur Verfügung gestellt.

Abschließend sind im Rahmen der Europäischen Forschungs- und Technologiepolitik noch die '**Marie Curie Fördermittel**' zu nennen:

Diese Fördermöglichkeit zielt auf die Entwicklung und den Transfer von Forschungskompetenzen, die Verbesserung der Möglichkeiten für Forscher ihre Kompetenzen zu vertiefen und auszuweiten sowie auf eine Förderung von sog. Exzellenzprogrammen in der europäischen Forschungslandschaft.

Die Förderaktivitäten sind offen für Forschende aller Fachrichtungen im wissenschaftlichen und technologischen Bereich innerhalb der EU-Staaten, sowie aus Ländern, die in die Forschungsprogramme FP6 bzw. FP7 einbezogen sind und auch aus Drittländern.

Von den **Marie Curie Aktivitäten** können Einzelforscher ebenso wie Unternehmen, Universitäten und Forschungseinrichtungen **profitieren** über:

- Marie Curie Konferenzen und Lehrgänge,
- Marie Curie Forschungs- und Schulungsnetzwerke,
- die individuellen Marie Curie Forschungsstipendien,
- Marie Curie Gaststipendien für junge Forscher,
- Marie Curie Gaststipendien zur Förderung des Wissenschaftsaustausches,
- Aktivitäten zugunsten der Förderung und Anerkennung von Spitzenforschung,
- die Marie Curie Lehrstühle, und
- die Rückkehr und Wiedereingliederungsaktivitäten, wie z. B. die europäischen und internationalen Wiedereingliederungsbeihilfen.

Die Förderfähigkeit im Rahmen der verschiedenen Programme orientiert sich ausschließlich am Forschungsrenommee und der -erfahrung, nicht am Alter. Dabei werden alle Stadien der Forschungsförderung vom Nachwuchsforscher bis hin zum Spitzenforscher mit höchstem wissenschaftlichen Renommee abgedeckt. (Vgl. [www EU 07/2006].)

Der Betrag, der im Zuge des **7. Rahmenprogrammes** für '**Marie Curie Förderzwecke**' verausgabt wird, beläuft sich auf 4,728 Mrd. Euro.

8.10 Die Europäische Union auf dem Weg zur Sozialunion

Eine **europäische Sozialpolitik** im eigentlichen Sinne wurde erstmals im Maastricht-Vertrag, Titel VIII: Sozialpolitik, allgemeine und berufliche Bildung und Jugend, definiert.

Die dort genannten Aufgaben wurden im **Amsterdamer EGV** in Titel XI unter explizitem Rückgriff auf die Europäische Sozialcharta von 1961 und die Gemeinschaftscharta der sozialen Grundrechte der Arbeitnehmer von 1989 deutlich und **umfassend ausgeweitet**.

Das Amsterdamer Vertragswerk nahm in Artikel 2 EUV, der den Maastrichter Artikel B EUV ersetzt, explizit das Unionsziel **hohes Beschäftigungsniveau** auf. Entsprechend wurde auch der EGV in Art. 3 (1) i erweitert um die Forderung nach einer **Koordinierung der Beschäftigungspolitik** der Mitgliedstaaten inkl. der Entwicklung einer abgestimmten Beschäftigungsstrategie.

Außerdem neu war im Amsterdamer Vertragswerk Art. 3(2) EGV:

- *"Bei allen in diesem Artikel genannten Tätigkeiten wirkt die Gemeinschaft darauf hin, Ungleichheiten zu beseitigen und die Gleichstellung von Männern und Frauen zu fördern."*

Der **Vertrag von Nizza** brachte in **Titel XI EGV** insbesondere mit dem neu gestalteten **Art. 137** in Absatz 1, Buchstaben j und k, eine nochmalige **Ergänzung der Sozialverantwortlichkeit.** Generell fasst Art. 137(1) EGV die schon im Amsterdamer Vertragswerk aufgeführten Sozialziele in den Buchstaben a bis k neu zusammen:

a) Verbesserung der Arbeitsumwelt zum Schutz der Gesundheit und der Sicherheit der Arbeitnehmer,

b) Arbeitsbedingungen,

c) soziale Sicherheit und sozialer Schutz der Arbeitnehmer,

d) Schutz der Arbeitnehmer bei Beendigung des Arbeitsvertrages,

e) Unterrichtung und Anhörung der Arbeitnehmer,

f) Vertretung und kollektive Wahrnehmung der Arbeitnehmer- und Arbeitgeberinteressen einschließlich der Mitbestimmung, aber nach Art. 137(5) – auf Druck Großbritanniens und Dänemarks – ohne Vertretungsrechte in Bezug auf Arbeitsentgelt, Koalitionsrecht, Streikrecht und Aussperrungsrecht, womit dieser Punkt letztlich zum sinnlosen Papiertiger wird,

g) Beschäftigungsbedingungen der Staatsangehörigen dritter Länder, die sich rechtmäßig im Gebiet der Gemeinschaft aufhalten,

h) berufliche Eingliederung von aus dem Arbeitsmarkt ausgegrenzten Personen,

i) Chancengleichheit am Arbeitsplatz von Männern und Frauen,

j) Bekämpfung der sozialen Ausgrenzung,

k) Modernisierung der Systeme des sozialen Schutzes, unbeschadet des Buchstabens c).

Artikel 140 fordert hierauf aufsetzend ein **abgestimmtes Vorgehen in allen Bereichen der Sozialpolitik.**

Kapitel 2 in **Titel XI** regelt in den Artikeln 146 – 148 die Aufgaben des in Abschnitt 8.8 schon erwähnten Europäischen **Sozialfonds**, dessen **Ziel** es ist, *"... innerhalb der Gemeinschaft die berufliche Verwendbarkeit und die örtliche und berufliche Verwendbarkeit und die örtliche und berufliche Mobilität der Arbeitskräfte zu fördern sowie die Anpassung an die industriellen*

8.10 Sozialunion

Wandlungsprozesse und an Veränderungen der Produktionssysteme insbesondere durch berufliche Bildung und Umschulung zu erleichtern." (Art. 146 EGV.)

Kapitel 3 in Titel XI definiert umfangreiche Aufgaben der Gemeinschaft zur Entwicklung einer qualitativ hochwertigen allgemeinen und beruflichen **Bildung der Jugend**, insbesondere durch Verbesserung der beruflichen Erstausbildung sowie der Mobilität.

Titel XII befasst sich mit den Aufgaben der Gemeinschaft zur Förderung und Entfaltung von **Kultur und Kulturvielfalt**,

Titel XIII äußert sich zum **gemeinschaftlichen Gesundheitswesen** und

Titel XIV zum **Verbraucherschutz**.

Eine weitere **Stärkung der Sozialkompetenz der EU** und hierbei vor allem der konkreten Inhalte einer **gemeinsamen Beschäftigungspolitik** wird unter den Mitgliedstaaten stark kontrovers diskutiert.

Mindestlöhne in der Europäischen Union €/ Std.

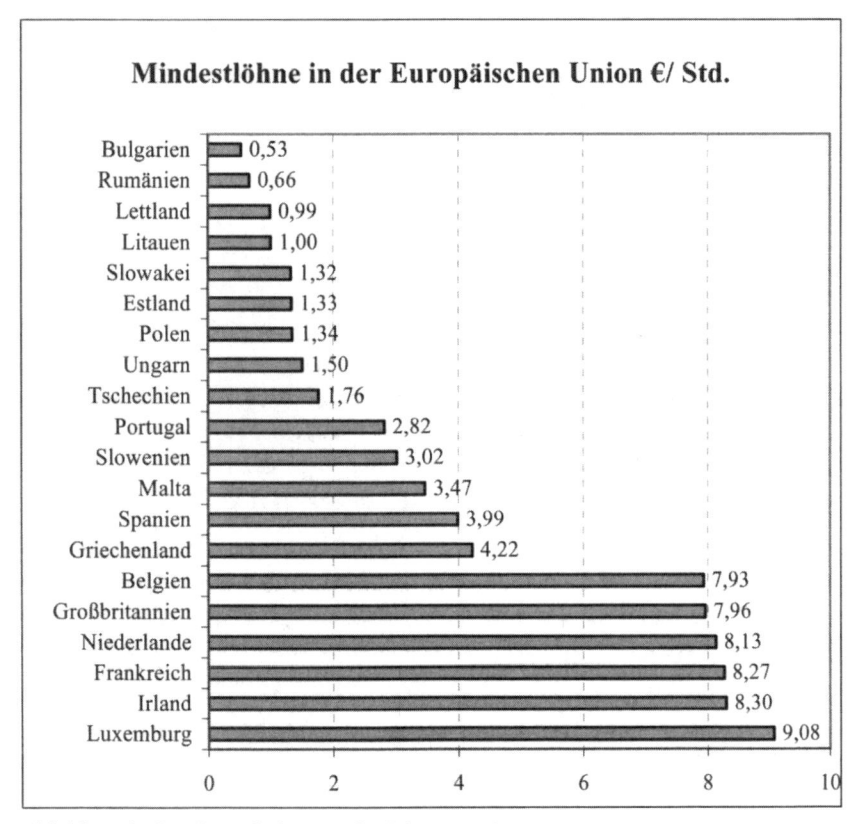

Land	€/Std.
Bulgarien	0,53
Rumänien	0,66
Lettland	0,99
Litauen	1,00
Slowakei	1,32
Estland	1,33
Polen	1,34
Ungarn	1,50
Tschechien	1,76
Portugal	2,82
Slowenien	3,02
Malta	3,47
Spanien	3,99
Griechenland	4,22
Belgien	7,93
Großbritannien	7,96
Niederlande	8,13
Frankreich	8,27
Irland	8,30
Luxemburg	9,08

Abbildung 8.28: Gesetzliche Mindestlöhne in der EU in Euro/ Stunde, Stand 2007 (Daten aus SIEVERS, 2007, S. 4)

Ein **Beispiel** hierfür ist die EU-Diskussion um **Mindestlöhne**: Obwohl viele Staaten der EU über gesetzliche Mindestlöhne verfügen – vgl. Abbildung 8.28 – ist die Forderung von EU-Sozialkommissar Vladimir SPIDLA nach einem einheitlichen gesetzlichen EU-Mindestlohn bislang nicht konsensfähig. Wie wichtig jedoch eine einheitliche Untergrenze der Entlohnung auch in der EU ist, zeigt obige Abbildung 8.28: Mindestlöhne in den osteuropäischen Mitgliedstaaten bilden ein Niveau ab, das für europäische Staaten unter sozialen Aspekten nicht wirklich tolerabel ist.

Als **Gegengewicht zu den Auswirkungen der gegenwärtigen 'Globalisierungstendenzen'** von zunehmender Unternehmenskonzentration, Deregulierungen auch im Bereich des Arbeitsrechtes und -schutzes, die eine **zunehmende Verschiebung der Marktmacht von der Nachfrage- auf die Anbieterseite** bewirken, ist eine weitere **Stärkung einer europäischen Sozial- und auch Beschäftigungspolitik grundsätzlich zu begrüßen.** Dies vor allem auch deshalb, weil im Rahmen der internationalen Standortdiskussion **nationale Alleingänge** insbesondere in solch kostensensiblen Bereichen wie der Sozial- oder auch der Umweltpolitik **kaum mehr verantwortbar** sind.

Über die Gemeinschaftsinitiative **EQUAL**, als Bestandteil der Förderungen durch den ESF, werden Diskriminierungen und Ungleichheiten jeglicher Art auf dem Arbeitsmarkt bekämpft und die soziale und berufliche Eingliederung von Asylbewerbern gefördert.

Die Europäische Union entwickelt außerdem eine Strategie zur Bekämpfung von sozialer Ausgrenzung und Diskriminierungen explizit aus Gründen des Geschlechts oder der sexuellen Ausrichtung, der Rasse oder der ethnischen Herkunft, der Religion oder der Weltanschauung, einer Behinderung oder des Alters. In diesen Bereichen werden gezielte Maßnahmen und Programme vor allem im Rahmen von Artikel 13 (Bekämpfung von Diskriminierungen) und Artikel 137 EG-Vertrag (Förderung der sozialen Eingliederung) durchgeführt. Die Gemeinschaftsinitiative EQUAL mit dem Schwerpunkt auf arbeitsmarktpolitischen Maßnahmen ist Teil dieser Strategie.

Trotz dieser zunehmenden Bedeutung, die die EU der sozialen Komponente von Arbeitnehmerschutzrechten zumisst, ist diese neue Gemeinschaftsaufgabe aufgrund der hier sehr ablehnenden Grundhaltungen insbes. Großbritanniens und Dänemarks institutionell weiterhin recht schwach ausgeprägt:

Entscheidungen des Rates im Rahmen des eingangs erläuterten Art. 137(1), Buchstaben c, d, f und g unterliegen nicht der qualifizierten Mehrheitsentscheidung, sondern haben einstimmig zu erfolgen. Dies gilt nachdrücklich für Art. 137(1) c; die Regelungen der Buchstaben d, f und g können noch nach einstimmigem Beschluss des Rates in das Verfahren der qualifizierten Entscheidung überführt werden, vgl. Art. 137(2) b, Satz 3.

8.11 Die Europäische Wirtschafts- und Währungsunion (EWWU)

Als ein wesentliches Mittel, die ökonomische Integration in den politischen Bereich transformieren zu können, gilt eine einheitliche Währungs- und Geldpolitik; entsprechend war dies die **zentrale neue Zielsetzung des Maastrichter Vertragswerkes**. Wenig überraschend dürfte deswegen auch sein, dass die Idee einer stärkeren geld- und währungspolitischen Integration keineswegs ein neues Ziel des EUV war.

Vielmehr sind Überlegungen, eine gemeinsame europäische Geldpolitik betreiben zu wollen, schon relativ alt: 1970 definierte der damalige luxemburgische Ministerpräsident und Finanzminister WERNER im sog. **WERNER-Plan** erste Schritte zur Schaffung einer WWU (Wirtschafts- und Währungsunion), die wiederum auf den Römischen Verträgen bzw. der dort verankerten geld- und währungspolitischen Freizügigkeit sowie einer festen Wechselkursstruktur mit voller Konvertibilität der Währungen aufbaute. Grundsätzlich divergierende Ansichten über den Weg zu einer vertieften politischen Integration der EG-Staaten verhinderten jedoch eine Umsetzung.

Ein großer **währungspolitischer Durchbruch** war dann aber das 1979 auf Basis einer deutsch-französischen Initiative von Bundeskanzler Helmut SCHMIDT und Präsident Giscard d'ESTAING geschaffene **Europäische Währungssystem** (EWS).

Das EWS schrieb **feste Paritäten** zwischen den angeschlossenen Währungen fest, ließ eine **maximale Schwankungsbreite der Wechselkurse von +/– 2,25 %** zu und führte vor allem die ECU als einheitliche europäische Rechen- und Transaktionseinheit ein, die gemäß Art. 109 g Maastrichter EGV (heutiger Art. 118 EGV) letztendlich sogar die Referenzgröße beim Umtausch der nationalen europäischen Währungen in die einheitliche europäische Währung, den Euro, zum 1. Januar 1999 war.

Die Regelungen des EWS erstreckten sich auf folgende **Aufgaben**:
- Schaffung einer Europäischen Währungseinheit, der ECU, als Verrechnungsgröße (die in der EWWU zum Euro wurde),
- ein Wechselkurs- und Interventionssystem zur Stabilisierung der Wechselkurse der Länder innerhalb der EG bzw. der EU,
- Beistandsmechanismen: Kreditfazilitäten bei Zahlungsbilanzproblemen und für Interventionen zur Stützung der festgelegten Paritäten zur ECU,
- Schaffung eines Europäischen Fonds für währungspolitische Zusammenarbeit.

Mitglieder des EWS waren alle Staaten der Europäischen Gemeinschaften bzw. der Europäische Union; am Wechselkursmechanismus zur Stabilisierung der Wechselkurse bei maximalen Schwankungsbreiten der bilateralen Leitkurse von maximal +/– 2,25 % nahmen jedoch Großbritannien und Schweden nicht, Griechenland erst seit Anfang 1998 teil. Für Italien galt eine erweiterte Referenz von max. +/– 6 %. (Vgl. detaillierter zum EWS: EIBNER, 2006c, Understanding International Trade: Theory & Policy – Anwendungsorientierte Außenwirtschaft: Theorie & Politik, Teil C, Kapitel 14.3.)

Das EWS funktionierte bis zum August 1993 relativ gut, regelmäßige Korrekturen der Paritäten waren zwar aufgrund sehr **unterschiedlicher Inflationsraten und wirtschaftlicher Konvergenz** in unregelmäßigen Abständen unvermeidlich, auch musste Italien den Wechselkursverbund aufgrund zu hoher Abwertungen mehrfach kurzzeitig verlassen. Dennoch konnte das EWS **rund 20 Jahre lang eine weitgehende Wechselkursstabilität in der Europäischen Union sichern**.

Die **einzige schwere Krise des EWS** war **die große Finanzmarktspekulation gegen die Leitkurse des EWS vom Sommer 1993**, die über eine von der internationalen Finanzmarktspekulation erzwungene Ausweitung der maximalen Schwankungsbreiten auf +/– 15 % (am 2.8.1993) fast zu dessen Zusammenbruch führte.

Vorangegangen war eine lange Zeit versäumter Paritätsanpassung, die unter dem Druck internationaler Devisenspekulation aufgrund zu unterschiedlicher Preisniveauentwicklungen (Kaufkraftparitätentheorie!) und zu unterschiedlicher Zinssätze (Zinsparitätentheorie!) in den Ländern der Europäischen Union kurzfristig korrigiert werden musste. (Zur Wechselkurstheorie vgl. detaillierter: EIBNER, 2006c, Understanding International Trade: Theory & Policy – Anwendungsorientierte Außenwirtschaft: Theorie & Politik, Teil C, Kapitel 13.)

Letztlich war diese Zwangskorrektur von aus politischer Staatsräson („Eine starke Nation wertet nicht ab!") fehlgeleiteten festen Wechselkursen (Paritäten bzw. Leitkursen) aber eine wesentliche Vorbedingung für die 1999 unproblematisch mögliche **Gründung der Europäischen Währungsunion**, in der zunächst 11 Teilnehmerstaaten des EWS ihre Wechselkurse unwiderruflich fixierten und **den Euro als neue gemeinsame Währung einführten**.

Mit diesem Schritt war das EWS beendet.

Ohne die Erfahrungen des EWS wäre die Zielsetzung des Maastricht-Vertrages, bis 1999 eine einheitliche europäische Währung einzuführen, nicht denkbar gewesen.

8.11.1 Gesetzliche Grundlagen sowie organisatorische und institutionelle Struktur der EWWU

Art. 3a(2) EGV als Bestandteil der **Einheitlichen Europäischen Akte (EEA)** von **1985/86** (heutiger Art. 4(2) EGV) forderte neben der Einführung einer Wirtschaftspolitik, die auf einer engen Koordinierung der Wirtschaftspolitik der Mitgliedstaaten, dem Binnenmarkt und der Festlegung gemeinsamer Ziele beruht, *„... die unwiderrufliche Festlegung der Wechselkurse im Hinblick auf die Einführung einer einheitlichen Währung, der ECU, sowie die Festlegung und Durchführung einer einheitlichen Geld- sowie Wechselpolitik, die beide vorrangig das Ziel der Preisstabilität verfolgen und unbeschadet dieses Zieles die allgemeine Wirtschaftspolitik in der Gemeinschaft unter Beachtung des Grundsatzes einer offenen Marktwirtschaft mit freiem Wettbewerb unterstützen sollen."* (Vgl. Art. 4(2) EGV.)

Hierauf aufbauend beschloss der Ministerrat der Europäischen Union im **Dezember 1991** in den Artikeln 102a bis 109m Maastrichter EGV die **Bildung einer Wirtschafts- und Währungsunion** (Art. 116 – 124 EGV).

Zur Einführung der gemeinsamen europäischen Währung wurde in Titel VI Maastrichter EGV ein Stufenplan zur Bildung der Europäischen Währungsunion definiert:

Stufe I lief bereits 1990 auf Basis des durch die EEA ergänzten damaligen Art. 3a EWGV bzw. EGV an und hatte die Liberalisierung des Kapitalverkehrs, eine engere wirtschaftliche Koordination der Regierungen und der Zentralbanken sowie eine Einbindung aller EU-Mitgliedstaaten in das feste Wechselkurssystem des EWS zum Ziel.

Die Stufen II und III zur Wirtschafts- und Währungsunion bzw. zur Einführung der einheitlichen Währung – die nicht, wie ursprünglich vor allem von Frankreich und Belgien favorisiert, ECU, sondern auf deutschen Druck EURO heißt – wurden festgelegt in Art. 109e – 109m Maastrichter EGV (heute Artikel 116 – 124 EGV).

Die **II. Stufe** begann am 1.1.1994 mit der Gründung des 'Europäischen Währungsinstituts' (EWI) in Frankfurt, als Vorläufer einer europäischen Zentralbank (der späteren ESZB: Europäisches System der Zentralbanken) zur technischen und administrativen Vorbereitung der Währungsunion ab 1999.

Zentrale Aufgabe des EWI war es, die geldpolitischen Instrumente des späteren ESZB einsatzfähig vorzubereiten (vgl. detailliert EUROPÄISCHES WÄHRUNGSINSTITUT, 1997).

Außerdem verfügt der **Rat der Wirtschafts- und Finanzminister der EU** (ECOFIN-Rat) gemäß Art. 99 Abs. 3 EGV über neue **Instrumente zur Förderung der Konvergenz**:

- Alljährlich im Frühjahr **billigt er die Grundzüge der Wirtschaftspolitik**, in denen gemeinsame Ziele bzgl. Inflation, Kontrolle der öffentlichen Defizite und seit 1995 auch der Beschäftigung festgelegt werden.
- Er **berät über die Wirtschaftspolitik der Mitgliedstaaten auf der Grundlage nationaler Konvergenzprogramme** (in denen die jeweiligen Länder eine mehrjährige Strategie zur baldmöglichen Erfüllung der Konvergenzkriterien festlegen) und des **Konvergenzberichtes der Kommission**.
- Er **entscheidet, welche Länder ein übermäßiges Defizit aufweisen** und **empfiehlt den betroffenen Ländern Maßnahmen zur Behebung dieser Situation**. Werden diese Empfehlungen nicht umgesetzt, so kann der Rat ihre Veröffentlichung beschließen und die betroffene Regierung damit beträchtlich unter öffentlichen psychologischen Druck setzen.
- Außerdem kann er die **Europäische Investitionsbank** (EIB) beauftragen, die **Darlehenspolitik der Mitgliedsländer zu überprüfen** und verlangen, dass ein Mitgliedstaat eine unverzinsliche Einlage in angemessener Höhe hinterlegt, bis das Defizit korrigiert ist, außerdem kann er Geldbußen verhängen.

Die **dritte Stufe** begann laut Art. 109j (4) Maastrichter EGV zum 1.1.1997 oder spätestens am 1.1.1999, sofern eine Mehrheit der EU-Staaten (Start 1997) bzw. überhaupt Mitgliedsländer (egal wie viele, Start 1999) bestimmte Kriterien erfüllen, die als sog. 'Konvergenzkriterien' bekannt sind (heutiger Art. 121 EGV).

Nachdem zum 1.1.1997 außer Luxemburg kein Land die Konvergenzkriterien (vgl. Abschnitt 8.11.3) vollständig erfüllen konnte, begann für alle damaligen Mitgliedstaaten der EU mit Ausnahme Dänemarks, Griechenlands, Großbritanniens und Schwedens die EWWU am 1. Januar 1999 mit der Einführung des EURO, der mit Beginn des Jahres 2002 alleiniges Zahlungsmittel wurde und den Bargeldumlauf der bis dahin nationalen Währungen der EWWU-Staaten zum 1.1.2002 ersetzte.

8.11 Europäische Wirtschafts- und Währungsunion

Mit **Beginn des Jahres 1999** wurde die **geldpolitische Autonomie** für die Staaten der Europäischen Union, die sich an der Europäischen Wirtschafts- und Währungsunion beteiligten (Griechenland wurde zum 1.1.2002 Mitglied des Euro-Raumes), auf das Europäische System der Zentralbanken **(ESZB) übertragen**.

Abbildung 8.29: Die Europäische Zentralbank in Frankfurt/ M. (aus Amt für amtliche Veröffentlichungen der Europäischen Gemeinschaften, 1999, S. 21)

Mit dem ESZB wird insofern ein in der neueren Wirtschaftsgeschichte **einmaliger Versuch der ökonomischen Integration** mittels politisch verordneter multinationaler Vergemeinschaftung eines der zentralsten Träger der nationalen Wirtschaftspolitik – der nationalen Zentralbanken – gewagt.

Das Europäische System der Zentralbanken (ESZB) ist seit dem 1. Januar 1999 in Funktionsübernahme der bis dato unabhängigen nationalen Notenbanken der in der EWWU zusammengeschlossenen Staaten der Europäischen Union der alleinige Träger der gemeinsamen Geldpolitik der EWWU-Staaten.

Entsprechend Artikel 105(2) Amsterdamer EG-Vertrag bestehen die grundlegenden **Aufgaben des ESZB** darin, die **Geldpolitik der Gemeinschaft festzulegen und auszuführen**, Devisengeschäfte im Einklang mit der Währungsautonomie des Europäischen Rates durchzuführen, die offiziellen Währungsreserven der Mitgliedstaaten zu halten und zu verwalten, sowie das reibungslose Funktionieren der Zahlungssysteme zu fördern. **Zentrales Ziel des ESZB** gemäß Art. 105 EUV ist es, die **Preisstabilität** zu gewährleisten. Soweit dies ohne Beeinträchtigung des Zieles der Preisstabilität möglich ist, unterstützt das ESZB die allgemeine Wirtschaftspolitik in der Europäischen Union.

Ein **Beitritt weiterer EU-Mitgliedstaaten zur EWWU** ist grundsätzlich nicht nur möglich, sondern wird als fester Bestandteil europäischer Integration innerhalb der Europäischen Union auch zwingend erwartet.

Allerdings müssen die beitrittswilligen Mitgliedstaaten die noch explizit in Abschnitt 8.11.3 aufgelisteten **Konvergenzkriterien erfüllen**; eines dieser Kriterien ist die Forderung, dass mindestens zwei Jahre von einem Land, dass der EWWU beitreten möchte, **keine starken Spannungen im Wechselkursmechanismus (WKM)**, auch bekannt unter der Bezeichnung 'EWS II', ausgehen dürfen: Konkret muss zwei Jahre lang eine maximale Spannbreite von +/− 2,25 % um die festgelegte Parität der Wechselkurse beitrittswilliger Staaten zum Euro eingehalten werden.

Das **EWS II** dient seit dem 1.1.1999 als sog. beitrittsbefähigender Wechselkursmechanismus (WKM II) für **Staaten, die in absehbarer Zeit einen Beitritt zur Euro-Zone beabsichtigen**. (Zum EWS I und auch zum EWS II/ WKM II vgl. die Ausführungen im ebenfalls bilingualen Lehrbuch EIBNER, 2006c: Understanding International Trade: Theory & Policy − Anwendungsorientierte Außenwirtschaft: Theorie & Politik, Teil C, Kapitel 14.3.)

Mit Beitritt zum EWS II wird zunächst eine maximale Schwankungsbreite um die vereinbarten Leitkurse von +/− 15 % der Währungen der beitrittswilligen Länder zum Euro vereinbart. Bei erfolgreicher Umsetzung kann dieses Schwankungsbreite dann auf Antrag des Landes auf die beitrittsbefähigende maximale Schwankungsbreite von +/− 2,25 % gesenkt werden.

Von den EU-Staaten, die bei Gründung der EWWU noch nicht Mitglied des Euro-Raumes werden wollten, ist bislang nur Dänemark im EWS II:

Seit dem 28.06.2004 gilt für Dänemark in Vorbereitung eines zukünftigen Beitritts zur Euro-Zone schon die verengte Schwankungsbreite von +/− 2,25 %.

Eine wichtige Brücke ist das EWS II als Wechselkursmechanismus (WKM II) insbesondere auch für die Länder Mittel- und Osteuropas wie des Mittelmeerraumes, die am 01.05.2004 und zum 1.1.2007 der EU beigetreten waren, sowie für alle an einem Beitritt zur EU interessierten Länder.

Estland, Litauen und Slowenien waren die ersten drei neuen EU-Mitgliedstaaten, die dem WKM II am 27. Juni 2004 beitraten. Im Mai 2005 wurden auch Lettland, Malta und Zypern Mitglieder des WKM II. Die Slowakei trat am 16.3.2007 dem WKM II bei.

Alle diese Staaten agieren aber noch auf Basis der maximalen Schwankungsbreite ihrer Währungen zum Euro-Leitkurs von +/− 15 % (Stand April 2007), obwohl Malta und Zypern schon lange die Parität +/− 2,25 % halten.

Aktuelle Informationen zum WKM II inkl. relevanter Leitkurse und vereinbarter Schwankungsbreiten bietet die Europäische Zentralbank auf ihrer Website (vgl. [www ECB 03/2007]).

8.11.2 Aufgaben und Aufbau der Europäischen Zentralbank

Die Europäische Geldordnung des EGV entspricht in ihren Grundelementen vollständig der früheren deutschen Geldordnung. Sie ist in vielen Punkten sogar klarer und besser als die vormalige deutsche Geldordnung:

So hat die Unabhängigkeit des Europäischen Systems der Zentralbanken (ESZB) – als Zentralbank der EWWU mit der Europäischen Zentralbank (EZB) in Frankfurt/ M. und den teilnehmenden nationalen Notenbanken als abhängige Institutionen – in der Europäischen Union eine hohe Bedeutung.

Zentrales Ziel des Europäischen Systems der Zentralbanken (ESZB) gemäß Art. 105(1) EUV ist es, die **Preisstabilität** zu gewährleisten. Dabei unterstützt das ESZB die **allgemeine Wirtschaftspolitik** bzw. **Integrationspolitik** in der Europäischen Union, **soweit dies ohne Beeinträchtigung des Zieles der Preisstabilität möglich ist**: Damit besitzt die EZB nur eine **eingeschränkte Unterstützungspflicht** der allgemeinen Wirtschaftspolitik des Staates, 'soweit es der Sicherung der Preisstabilität nicht entgegensteht'.

Entsprechend Artikel 105(2) EG-Vertrag bestehen die **grundlegenden Aufgaben des ESZB** darin,

- die Geldpolitik der Gemeinschaft festzulegen und auszuführen,
- Devisengeschäfte im Einklang mit der Währungsautonomie des Europäischen Rates durchzuführen,
- die offiziellen Währungsreserven der Mitgliedstaaten zu halten und zu verwalten, sowie
- das reibungslose Funktionieren der Zahlungssysteme zu fördern.

Die **Organisationsstruktur** der ESZB ist, wie in Abbildung 8.30 dargestellt, föderal. Der Begriff **ESZB** umfasst die **EZB** im engeren Sinne mit Sitz in Frankfurt/ M. sowie die **nationalen Zentralbanken** der EWWU-Mitgliedsländer.

ESZB
Europäisches System der Zentralbanken

Europäische Zentralbank (EZB)

EZB-Direktorium: → **EZB-Rat:** ←

- Präsident
- Vizepräsident
- max. 4 weitere Mitglieder

Auf 8 Jahre vom EU-Rat gewählte Mitglieder

Zentrale Exekutive der Geldpolitik der EWWU-Staaten

- EZB-Direktorium
- Präsidenten der Nationalen Zentralbanken

Zentrales geld- und zinspolitisches Entscheidungs-gremium

Erweiterter Rat:
- Präsidenten aller Nationalen Zentralbanken der EU
- Präsident und Vizepräsident der EZB

Nationale Zentralbanken:

A	Österreichische Nationalbank
B:	Nationale Bank van België
D	Deutsche Bundesbank
E	Banco España
F	Banque de France
FIN:	Suomen Pankki
GR:	ΤΡΑΠΕΖΑ ΤΗΣ ΕΛΛΑΔΟΣ
I:	Banca d'Italia
IRL:	Central Bank of Ireland
Lux:	Institut Monétaire Luxembourgeois
NL:	De Nederlandsche Bank
P:	Banco de Portugal
SLO:	Banca Slovenija

Träger der nationalen Geldversorgung und der nationalen Bankaufsicht

Abbildung 8.30: Organisationsstruktur des Europäischen Systems der Zentralbanken (Stand 2007)

8.11 Europäische Wirtschafts- und Währungsunion

Auf letztere ist ein Großteil der geldpolitischen **Exekutive** übertragen, so dass die **Deutsche Bundesbank** auch in Zukunft noch ein **zentraler geldpolitischer Akteur vor allem auf den nationalen Finanzmärkten** sein wird.

Zentrales Entscheidungsgremium der Europäischen Zentralbank ist der **EZB-Rat**, dem die **Mitglieder des Direktoriums der EZB** sowie die **Notenbankpräsidenten** aller an der Europäischen Wirtschafts- und Währungsunion teilnehmenden Staaten angehören.

Der **Zentralbankrat** bestimmt – in der Regel auf Basis von Vorlagen des Direktoriums – das gesamte Spektrum aller geldpolitischen Entscheidungen, bis hin zum Management und der Verwaltung der Bank. Damit trägt der Zentralbankrat die **autonome Entscheidungsgewalt** über das **Wachstum der Geldmengen** und die **Höhe des volkswirtschaftlichen Zinsniveaus** im gesamten Euro-Raum.

Der Zentralbankrat ist hierbei vollständig unabhängig von den Regierungen der Mitgliedstaaten in der Europäischen Wirtschafts- und Währungsunion. Er tritt üblicherweise 14-tägig zusammen und trifft seine Entscheidungen mit einfacher Mehrheit. Diese Entscheidungsfindungen werden von den internationalen Finanzmärkten regelmäßig mit großem Interesse verfolgt.

Die Europäische Zentralbank hat gemäß Artikel 106 Amsterdamer EG-Vertrag das **alleinige Recht**, die **Ausgabe von Banknoten** innerhalb der Europäischen Währungsgemeinschaft zu **genehmigen**.

Das **Direktorium** als **zentrale Exekutive** setzt sich zusammen aus **Präsident, Vizepräsident** sowie **maximal vier weiteren Mitgliedern**, die alle vom Europäischen Rat für eine Amtszeit von 8 Jahren ernannt werden. Bei geldpolitischen Entscheidungen wird mit **Mehrheitsentscheid** abgestimmt, bei Patt entscheidet die Stimme des EZB-Präsidenten.

Als **erster Präsident der Europäischen Zentralbank** wurde 1998 **der Niederländer Willem F. DUISENBERG** gewählt – gegen den erbitterten Widerstand des französischen Staatspräsidenten, Jacques Chirac, der mit dem Präsidenten der Französischen Nationalbank, Jean Claude Trichet, einen eigenen Kandidaten durchzusetzen versuchte. Im Jahr 2003 wurde TRICHET zweiter Präsident der EZB, obwohl er von der französischen Staatsanwaltschaft verfolgt wurde. Insofern wäre es sehr wünschenswert und der Reputation der EZB dienlich und angemessenen gewesen, nach einer Alternative zu suchen, wobei dies allerdings gegenüber dem französischen Staatspräsidenten Chirac politisch nicht durchzusetzen war.

Zusätzlich zu seiner Funktion als **offizieller Repräsentant der EZB**, liegt die wichtigste Aufgabe des Präsidenten darin, **die Sitzungen** des Europäischen Zentralbankrates ebenso wie die des Direktoriums **zu leiten**.

Nachstehende Auflistung gibt einen Überblick über die 1998 gewählten **weiteren Mitglieder des Direktoriums** sowie die nach Ablauf ihrer Amtszeit gewählten **Nachfolger** – Zuständigkeiten mit Stand Juni 2006:

- **Christian NOYER** (Frankreich), verantwortlich für "Verwaltung und Personal", "Rechtsdienste" und "Risikomanagement", auf 4 Jahre als Vizepräsident der EZB – zum 1.6. 2002 abgelöst von dem Griechen **Lucas D. PAPADEMOS** für 8 Jahre;

- **Sirkka HÄMÄLÄINEN** (Finnland) auf 5 Jahre für die Bereiche "Finanzmarktoperationen" und "Budget und Organisation" – zum 1.6.2003 abgelöst von der bis dato Vizegouverneurin der Österreichischen Nationalbank, **Gertrude TUMPEL-GUGERELL** (es lag jedoch lange ein Veto Belgiens vor, das gegen den Widerstand aller anderen Euro-Staaten zunächst auf seinem Vertreter bestand und damit erneut deutlich machte, dass die vorgeschriebene Einstimmigkeit im Europäischen Rat bei der Besetzung der Direktoriums-Posten eine eher wenig sinnvolle Regelung ist);

- **Eugenio Domingo SOLANS** (Spanien) auf 6 Jahre, verantwortlich für "Informationssysteme", "Statistik" und "Banknoten" – dem am 1. Juni 2004 der Portugiese **José Manuel GONZÁLES-PÁRAMO** für 8 Jahre folgte;

- **Tommaso PADOA-SCHIOPPA** (Italien) für 7 Jahre, verantwortlich für "Internationale and europäische Zusammenarbeit", "Zahlungssysteme" and "Aufsichtsfragen" – dem am 1. Juni 2005 erneut ein Vertreter Italiens, **Lorenzo Bini SMAGHI**, für 8 Jahre nachfolgte;

- **Otmar ISSING** (Deutschland) auf 8 Jahre als Chefvolkswirt der EZB, mit den Verantwortungsbereichen "Volkswirtschaft" and "Forschung" – sein Nachfolger für wiederum 8 Jahre wurde am 1. Juni 2006 der damalige Präsident der Deutschen Bundesbank, **Jürgen STARK**; zusätzlich vertritt er die EZB, zusammen mit dem Vizepräsidenten, im Wirtschafts- und Finanzkomitee der Europäischen Union.

Damit ist sichergestellt, dass durchgängig eine qualifizierte weitgehend bruchfreie Arbeit des Direktoriums zu erwarten ist.

Obwohl die Mitglieder des Direktoriums wie die des EZB-Rates für 8 Jahre zu ernennen sind, wurden bei den **Erstberufungen** die **Ernennungen zeitlich gestaffelt** ausgesprochen, um zu verhindern, dass nach Ablauf der ersten Amtsperiode gleich alle Direktoren neu zu ernennen sind.

Mit dieser zeitlichen Staffelung der Erst-Berufungen, die einzig dem deutschen Vertreter, Professor Dr. Otmar ISSING, die volle Amtszeit von 8 Jahren garantierte, wurde gewährleistet, dass auch zukünftig nur zeitlich abgestufte Neuberufungen im Direktorium stattfinden.

Die **Nationalen Notenbanken**, in persona deren Präsidenten, sind als **weitere Exekutivorgane** verantwortlich für die Umsetzung von Geschäften und Verwaltungsangelegenheiten **mit spezifischem Länderbezug**. Insbesondere regeln die Nationalen Notenbanken die **Versorgung mit Bargeld** und den **bargeldlosen Zahlungsverkehr** auf nationaler Ebene.

Ergänzt wird das Organigramm des ESZB noch durch den sog. '**Erweiterten Rat**': Nach Artikel 45(2) der Satzung des ESZB besteht der Erweiterte Rat aus dem Präsidenten, dem Vizepräsidenten sowie den Präsidenten der nationalen Zentralbanken der an der EWWU teilnehmenden Staaten sowie außerdem – und das ist die 'Erweiterung' – aus den Präsidenten der noch nicht an der EWWU teilnehmenden Zentralbanken der Mitgliedstaaten der Europäischen Union. Die weiteren Mitglieder des Direktoriums können an den Sitzungen des Erweiterten Rates teilnehmen, besitzen aber kein Stimmrecht.

Diesem Erweiterten Rat gehören nach den beiden Ost-Erweiterungen der Europäischen Union (Mai 2004 und Januar 2007) auch die Notenbankpräsidenten der Beitrittsländer an. Dies sind Bulgarien, Estland, Lettland, Litauen, Malta, Polen, Rumänien, die Slowakei, Tschechien, Ungarn und Zypern. Dieses Gremium soll primär einem Informations- und Erfahrungsaustausch der 'Mitglieder und Nicht-Mitglieder der Euro-Zone' dienen, mit dem Ziel, dass sich die Geldpolitik der Nicht-EURO-Länder nicht zu weit von der Geldpolitik der Mitgliedstaaten der Europäischen Währungsunion entfernt.

8.11.3 Die Konvergenzkriterien und der Wachstums- und Stabilitätspakt

Das Kreditvergabeverbot der EZB an die Europäische Union und die Mitgliedstaaten ist strenger geregelt als es das Kreditvergabeverbot der Deutschen Bundesbank an Bund und Länder war.

Damit erscheint eine stringente Stabilitätspolitik gesichert. Ein Risiko besteht allerdings aufgrund der Tatsache, dass die ökonomisch sinnvollen Konvergenzkriterien schon bei Gründung der EWWU nicht von allen Staaten erfüllt werden konnten und auch von vielen Staaten, inkl. Deutschlands 2002 bis 2005, nicht erfüllt werden.

Die **Konvergenzkriterien** im Einzelnen gemäß Art. 109j (1) Maastrichter EGV sowie dem „Protokoll über die Konvergenzkriterien nach Artikel 109j EGV" die von den EU-Staaten erfüllt werden müssen, wenn sie der Währungsunion beitreten wollen (Artikel 121 Amsterdamer EGV, entsprechendes „Protokoll über die Konvergenzkriterien nach Artikel 121 EGV") waren bzw. sind:

- Die **jährliche Neuverschuldung** darf nicht über **3 % des BIP** liegen,
- die **Gesamtverschuldung** soll **60 % des BIP** nicht überschreiten.

Die folgenden weiteren drei Konvergenzkriterien, die bei der Gründung der EWWU galten, sind logischerweise nach Einführung des Euro nur noch relevant für potenzielle Beitrittsländer zum Euro-Raum:

- Die **Inflationsrate** eines Mitgliedslandes soll **nicht mehr als 1,5 %** über **der durchschnittlichen Inflationsrate** der drei Länder mit der niedrigsten Inflation (jetzt: der Inflationsrate der EU) liegen;
- der **nominelle langfristige Zinssatz** soll den Durchschnitt des entsprechenden Zinssatzes der drei Länder mit den geringsten Inflationsraten um nicht mehr als 2 Prozentpunkte übersteigen (jetzt: des langfristigen Zinsniveaus der EU);
- mindestens zwei Jahre dürfen von einem potentiellen Mitgliedsland **keine starken Spannungen im Wechselkursmechanismus des EWS** (jetzt: des EWS II) ausgehen, d. h. es muss eine maximale Schwankungsbreite von +/– 2,25 % um die Parität der nationalen Währung mit dem Euro eingehalten werden.

Gemäß einer vom EUV gedeckten Interpretation können EU-Staaten auch dann Mitglied der EWWU werden, wenn sie die im o. g. Protokoll über die Konvergenzkriterien genannten Voraussetzungen zwar verfehlt, aber bereits große Erfolge auf dem Weg, diese Kriterien zu erfüllen, erreicht haben.

Abbildung 8.31 gibt einen Überblick über die erreichte Konvergenz in den Jahren 2003 und 2004.

Während das Zins- und Inflationskriterium von allen Euro-Staaten erfüllt werden konnte (ebenso wie das Kriterium der Wechselkursstabilität im EWS seit mindestens 2 Jahren), wurden und werden (!) das **Defizitkriterium und das Schuldenstandskriterium nicht nachhaltig und z. T. nur durch 'kreative Buchführung', z. B. über Verkäufe von Staatsbesitz wie Beteili-

8.11 Europäische Wirtschafts- und Währungsunion

gungen, Unternehmen, Immobilien etc. und Bewertungsmanipulationen, erreicht (auch in Deutschland), wobei das böse Wort der 'Bewertungsmanipulationen' auch durch die Bezeichnung 'Kreatives Accounting' ersetzt sei.

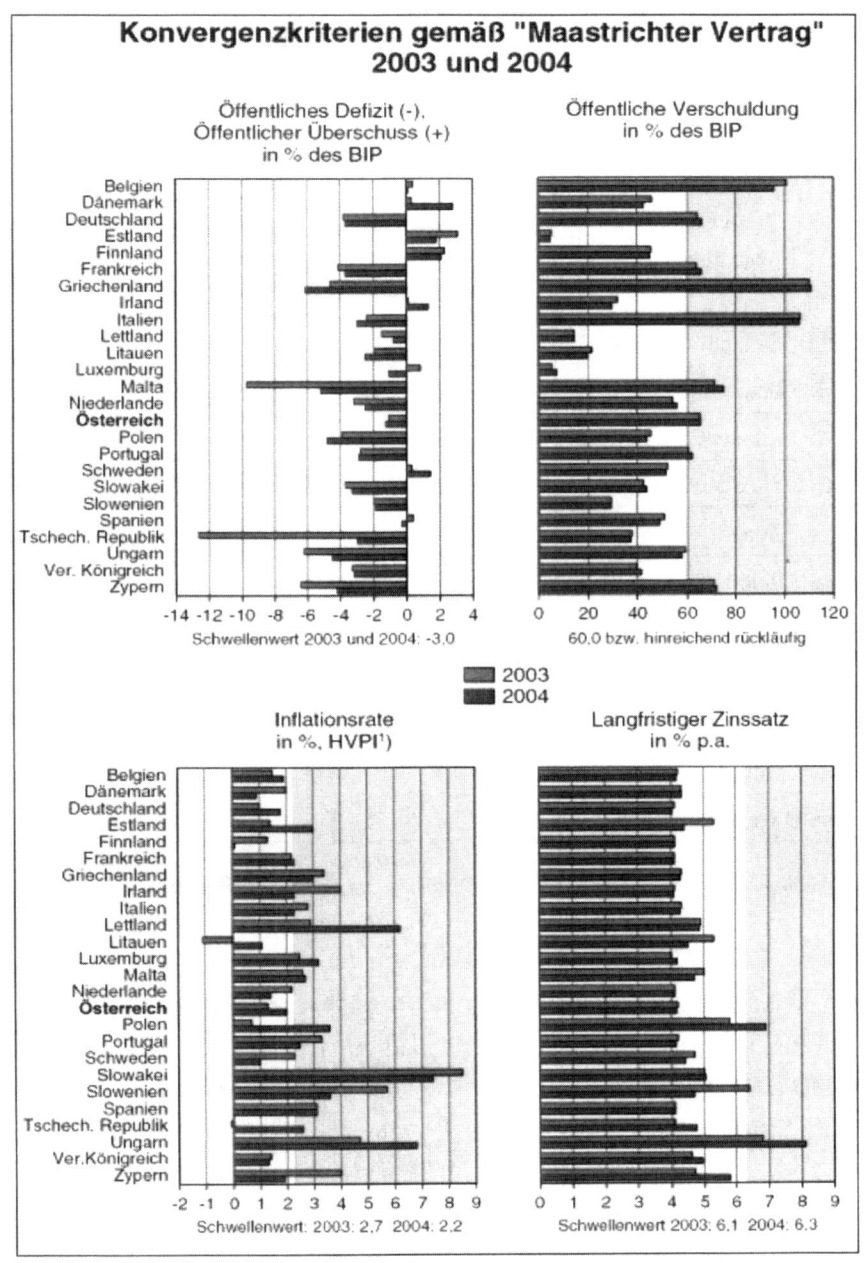

Abbildung 8.31: Erreichte Konvergenz der EU-Staaten 2003 und 2004 (Quelle: [www statistik.at 04/2005])

Von besonderer Bedeutung sind die Konvergenzkriterien natürlich insbesondere auch für die kürzlich der EU beigetretenen Staaten, da eine Mitgliedschaft in der EWWU ohne deren Erfüllung nicht möglich ist.

Abbildung 8.32 gibt einen Überblick über die Umsetzung der wichtigen Konvergenzkriterien zur Staatsverschuldung, wie sie sich im Jahr 2006 für die 2004 beigetretenen Staaten Ost- und Südeuropas darstellen:

EU – Beitrittsstaaten von 2004	Konvergenz: Kriterium der maximalen Nettoneuverschuldung von 3 % des BIP Stand 2006	Konvergenz: Kriterium der maximalen Gesamtverschuldung von 60 % des BIP Stand 2006
Estland	+ 2,6	3,7
Lettland	– 0,4	10,7
Litauen	– 1,2	18,4
Slowenien	– 1,6	28,5
Zypern	– 1,9	64,7
Polen	– 1,9	42,0
Malta	– 2,6	68,3
Tschechien	– 3,5	30,6
Slowakei	– 3,7	33,1
Ungarn	– 10,1	67,5
Durchschnittswert	**– 3,4**	**41,2**

Abbildung 8.32: Stand der Konvergenzkriterien zur Staatsverschuldung der 10 EU-Beitrittsstaaten von 2004 für das Jahr 2006 (Daten aus EUROPÄISCHE ZENTRALBANK, 2007, S. 91)

Die möglicherweise für den Leser überraschende Erkenntnis ist, dass die Beitrittsstaaten die Verschuldungskriterien zur Konvergenz deutlich besser erfüllen, als viele der schon dem Euro-Raum beigetretenen Länder.

Entsprechend konnte Slowenien bereits 2007 der Europäischen Wirtschafts- und Währungsunion beitreten und Malta wie Zypern werden zum 1.1.2008 Mitglied der EWWU, Estland und die Slowakei kommen möglicherweise zum 1.1.2009 hinzu.

In den anderen Ländern sind die weiteren o. g. Konvergenzkriterien Inflation und Wechselkursstabilität bislang noch nicht ausreichend umgesetzt.

8.11 Europäische Wirtschafts- und Währungsunion

Obwohl nach monetaristischer Geldtheorie hohe Haushaltsdefizite des Staates und eine hohe Staatsverschuldung nicht unmittelbar die Geldwertstabilität beeinträchtigen, sofern diese Defizite nicht von der Zentralbank finanziert werden, besteht doch die Gefahr, dass **hohe Haushaltsdefizite infolge hoher staatlicher Kreditnachfrage zu steigenden Zinsen** und **zu einem Rückgang der privaten Investitionstätigkeit** mit entsprechenden **Wachstumsverlusten führen.**

In einer solchen Situation kann die Gefahr bestehen, dass die EZB stabilitätspolitisch einknickt, da **hohe Zinsen nicht gerade hilfreich für Wirtschaftswachstum und Beschäftigung sind.** Insofern ist durchaus die Möglichkeit gegeben, dass die Stabilität des Euro durch eine unsolide Finanzpolitik der Mitgliedstaaten gefährdet werden könnte.

Um zu verhindern, dass Staaten nur zum Zeitpunkt der Konvergenzprüfung bis spätestens zum 30.6.1998 diese Kriterien erfüllen, bzw. nur bis zu diesem Zeitpunkt zumindest große Erfolge auf dem Weg, diesen Kriterien nahe zu kommen, gemacht haben und nach Aufnahme in die EWWU dann ungestraft wieder die Konvergenzkriterien ignorieren (z. B. in Form hoher Staatsdefizite), wurde auf Druck Deutschlands ein sog. **Stabilitätspakt** verabschiedet.

Dieser so genannte **Stabilitäts- und Wachstumspakt**, der im Dezember 1996 im Rahmen der Dubliner Ratssitzung der Staats- und Regierungschefs der EU geschlossen wurde, soll sicherstellen, dass die **Konvergenzkriterien insbesondere zur Staatsverschuldung auch nach Einführung des Euro eingehalten werden.**

Um dies sicherstellen zu können, besteht der Stabilitätspakt aus zwei Mechanismen:

⇨ Zum einen wurde ein **Frühwarnsystem** geschaffen, das in Kombination mit einer multilateralen finanzpolitischen Überwachung **finanzpolitische Fehlentwicklungen verhindern helfen soll.**

⇨ Zum anderen wurde ein **Sanktionsmechanismus** verabschiedet, der bei einem **übermäßigen Staatsdefizit eingeleitet wird** und z. T. bedeutende Bußgelder verhängen kann (vgl. Art. 104 Abs. 11 EGV).

Das Problem hierbei ist jedoch, dass die **vereinbarten Sanktionsmechanismen** bei Regelverstößen gegen die Defizitkriterien nicht automatisch in Kraft treten, sondern **vom Rat mit Mehrheit beschlossen werden müssen.** Dabei besteht allerdings die Gefahr, dass insbesondere gegen große und politisch gewichtige Mitgliedstaaten diese Sanktionsmechanismen nicht oder erst nach sehr langer Zeit eingeleitet werden.

Kontrolliert wird die Einhaltung der Stabilitätskriterien vom 'Rat der Wirtschafts- und Finanzminister der EU', der sog. **ECOFIN**, dessen Kompetenzen schon in Abschnitt 8.11.1 genannt wurden.

Der **Stabilitätspakt definiert** für jedes Land bestimmte **Zeitziele**, in denen der Staatshaushalt ausgeglichen sein sollte. Nur in Zeiten einer Rezession darf die Nettoneuverschuldung noch die Grenzwerte der Konvergenzkriterien erreichen. Dieser Stabilitätspakt wurde noch vor Einführung des Euro maßgeblich auf Druck Deutschlands bzw. dessen Finanzministers Theo Waigel beschlossen.

Der Pakt hat dazu geführt, dass 8 der 12 EWWU-Staaten bei Einführung des Euro als alleiniger Währung im Jahr 2002 einen Budget-Überschuss oder zumindest ein nahezu ausgeglichenes Budget aufwiesen.

Vielfach wird dem Stabilitätspakt vorgeworfen, er sei zu strikt und würde den Staaten zu wenig Spielraum lassen, um angemessen – d. h. fiskalisch expansiv – auf Rezessionen, Flutkatastrophen etc. zu reagieren.

Dieser Vorwurf ist weitgehend falsch: Die Stabilitätsziele – die i. d. R. Selbstverpflichtungsprogramme sind, wie etwa die französischen und deutschen Zusagen, das Budget bis 2004 bzw. spätestens 2006 auszugleichen oder gar die (mittlerweile völlig abwegige) italienische Zusage eines ausgeglichenen Budgets bis 2003 – die u. a. Voraussetzung für den Beitritt Italiens zur EWWU 1999 trotz nicht erfüllter Konvergenzkriterien war – sind durchaus im Konsens an geänderte weltwirtschaftliche Rahmenbedingungen anzupassen. Außerdem zieht selbst eine einmalige Verletzung der Stabilitätskriterien keineswegs horrende Bußgelder nach sich: Vielmehr sind 'Bewährungsfristen' von mehr als einem Jahr vorgesehen, und über Sanktionen entscheidet der Rat.

Das **Beispiel Deutschlands** zeigt nur zu deutlich auf, dass bei entsprechendem politischem Gewicht des Landes auch **langjährige Zielverfehlungen** (2001 bis 2005) im Bereich der Verschuldungskennziffern seitens der EU bzw. des Stabilitätspaktes **ungeahndet** bleiben.

Dennoch zeigt die Situation in der EU, dass die meisten Staaten die vorangegangenen Jahre zur Haushaltskonsolidierung genutzt haben.

Staaten, die hierzu nicht in der Lage waren, wie insbesondere Portugal, Deutschland, Frankreich und Italien haben nun natürlich Probleme, die Verschuldungsgrenzen laut Stabilitätspakt einzuhalten. Die Schuld für Arbeitsmarktprobleme oder wirtschaftliche Rezession deswegen aber beim Stabilitätspakt zu suchen ist ebenso ökonomisch falsch wie politisch verantwortungslos:

8.11 Europäische Wirtschafts- und Währungsunion

Die Weigerung des deutschen Bundeskanzlers Schröder in 2001 den 'Blauen Brief' der Kommission wegen Verstoßes gegen die Stabilitätskriterien aufgrund zu hoher Staatsverschuldung anzunehmen, hat der Akzeptanz des Stabilitätspaktes in der EWWU nachhaltig geschadet.

Unfassbar ist es insofern, dass damit der letztlich von Deutschland gegen starken europäischen Widerstand eingeführte Pakt von Deutschland selbst als erstem Land gebrochen wurde. Seitdem schwindet die Disziplinierungswirkung des Stabilitätspaktes zunehmend. Eine europäische Herausforderung ersten Ranges ist es somit, den **Stabilitätspakt wieder konsensfähig** zu machen: Nur so ist dauerhaft die **Geldwertstabilität** der gemeinsamen Währung und ein wirtschaftspolitisches Umfeld **niedrigen Zinsniveaus** zu sichern (so z. B. auch der Chefvolkswirt der Deutschen Bundesbank, Hermann REMSPERGER, 2002).

Der Wachstums- und **Stabilitätspakt** ist ein **unverzichtbares Disziplinierungskorsett,** europäische Finanzminister daran zu hindern, den unangenehmen Schritt, **Einsparungen oder Steuererhöhungen** beschließen zu müssen, **durch einfache – zinssteigernde und indirekt Geldmengen erhöhende – Staatsverschuldung zu substituieren.**

8.11.4 Stichpunkte potentieller Auswirkungen der Europäischen Wirtschafts- und Währungsunion auf die weitere ökonomische Entwicklung Deutschlands bzw. der Europäischen Union

Auf Basis der Umsetzung der Zentralbank-Autonomie ist davon auszugehen, dass institutionell die Grundlagen für einen Euro gelegt wurden, der eine ebensolche Stabilität erreichen kann wie dies der Deutschen Mark über 50 Jahre lang gelungen ist. Diese Ansicht wird gestützt durch die bisherige sehr niedrige Inflationsrate des Euro und die starke Wechselkursentwicklung des Euro gegenüber den relevanten Weltwährungen.

Grundsätzlich muss allerdings gesagt werden, dass eine Währungsunion aus ökonomischer Sicht nur am Ende eines langen Harmonisierungsprozesses und wirtschaftspolitisch mehr oder minder identischer Konjunktur- und Wachstumspolitik stehen kann, um nicht zwangsläufig zu **Migrationsbewegungen** und **Strukturproblemen** zu führen – wie sie beispielsweise Deutschland aus der deutsch-deutschen Währungsunion kennt –, die auf Jahrzehnte hohe Transferzahlungen von prosperierenden Gebieten der Union in weniger prosperierende Regionen erfordern werden.

Von entsprechend **großer Bedeutung** sind insofern die in Abschnitt 8.8 genannten **Regional- und Strukturfonds**, die auf absehbare Zeit ein grundlegendes Instrument nicht nur der **ökonomischen Harmonisierung** im Sinne einer zunehmenden Angleichung der Lebensbedingungen in den Gebieten der EU sein werden, sondern auch integraler Bestandteil sein müssen für den Bestand einer einheitlichen Währung in einem ökonomisch so heterogenen Raum, wie ihn die Europäische Union darstellt.

Folgende **fünf Argumente** sprechen aus ökonomischer Sicht für die Wahrscheinlichkeit einer guten Funktionsfähigkeit der **einheitlichen europäischen Währung**, die sich dann zunehmend als **Faktor ansteigender politischer und ökonomischer Stabilität** erweisen könnte:

1. **Mit einer einheitlichen europäischen Währung gibt es keine Wechselkursveränderungen mehr,**

    die die Effizienz des Europäischen Binnenmarktes behindern und Exporteure wie Importeure mit hohen Risiken oder Kosten in Form von Wechselkursschwankungen oder teuren Devisenswap- oder sonstigen -sicherungsgeschäften belasten. Diese Kosten einer Absicherung gegen Wechselkursrisiken wurden auf rund 0,5 % des BNE der EU geschätzt, d. h. es werden seit Beginn der EWWU pro Jahr in der EU bis zu 50 Mrd. Euro an Kosten der Unternehmen eingespart.

    Diese Einsparung führt sowohl zu einer verbesserten Kostenstruktur der Unternehmen im internationalen Wettbewerb, als auch für den Verbraucher bzw. Konsumenten tendenziell zu einem geringeren Preisniveau.

2. **Eine einheitliche europäische Währung fördert Investitionen und Beschäftigung,**

    zum einen, weil angenommen werden kann, dass im Rahmen der Europäischen Wirtschafts- und Währungsunion staatliche Haushaltsdefizite besser unter Kontrolle sind (Stabilitätspakt!) und damit der Privatwirtschaft mehr Kredite zu günstigeren Zinssätzen zur Verfügung stehen,

    sowie zum anderen, weil die EZB aufgrund ihrer Konzeption über die nötigen Mittel zur Erfüllung ihres vorrangigen Ziels – der Sicherung der Preisstabilität – verfügt und diese Instrumente auch entsprechend einsetzen wird.

    Ist dies der Fall, so wird die gemeinsame Europäische Währung in der Tat nicht nur im Zeitraum 2002 bis 2006, sondern auch langfristig deutlich niedrigere Zinsen ermöglichen können, als dies in vielen Staaten der EU vor der Einführung des Euro der Fall war. Damit wird sie dauerhaft und nachhaltig eine konjunkturelle Belebung und einen Abbau der Arbeitslosigkeit unterstützen können.

8.11 Europäische Wirtschafts- und Währungsunion

3. **Eine einheitliche europäische Währung fördert durch ihre internationale Akzeptanz den Außenhandel und damit die Beschäftigung in der EU,**

da sie aufgrund der hohen Wirtschaftskraft der verbundenen Länder mittelfristig zur internationalen Reservewährung werden wird. Schon lange übertrifft der Euro die Bedeutung des Yen als internationale Reservewährung bei weitem.

Langfristig wird der Euro mit dem US-$ als internationale anerkannte Fakturagröße und Währungsreserve gleich ziehen: Insbesondere die Staaten Südostasiens sowie vor allem China substituieren einen zunehmend größeren Teil ihrer nationalen Dollar-Währungsreserven in Euro-Reserven.

(Nähere Ausführungen zur zunehmenden Rolle des Euro als Transaktions-, Reserve- und Spekulationswährung auf den internationalen Devisen- und Finanzmärkten finden sich im ebenfalls bilingualen Lehrbuch EIBNER, 2006c: Understanding International Trade: Theory & Policy – Anwendungsorientierte Außenwirtschaft: Theorie & Politik, Teil C, Kapitel 15.)

Insbesondere eine Substitution des US-$ durch den Euro bei der Fakturierung europäischer Rohstoffimporte (vor allem bei Erdöl) würde die für Europa lebenswichtigen Rohstoffimporte unabhängiger von Wechselkursschwankungen (des US-$!) machen und damit den europäischen Produzenten wie Konsumenten hohe Kosten ersparen.

4. **Die internationale Wettbewerbsfähigkeit Deutschlands steigt zumindest innerhalb der EU,**

da die Partnerländer innerhalb der EU ihre Produktivitätsnachteile nicht mehr wie in der Vergangenheit durch eine Abwertung ihrer Währung gegenüber Deutschland kompensieren können.

Vielmehr wertet Deutschland seit Beginn der Währungsunion durchgehend real ab, da die Preise und Löhne in Deutschland langsamer steigen als in den anderen Euro-Staaten, wie Abbildung 8.33 zeigt.

Auch gegenüber den Haupthandelspartnern außerhalb der EWWU werden deutsche Exporte tendenziell noch leichter zu realisieren sein als zu Zeiten der DM: Obwohl der Euro zu den Hartwährungen der Welt gehört, wird er doch – anders als die DM – nicht permanent unter Aufwertungsdruck stehen.

Lohnkostenvorteile Deutschlands
infolge fester Wechselkurse

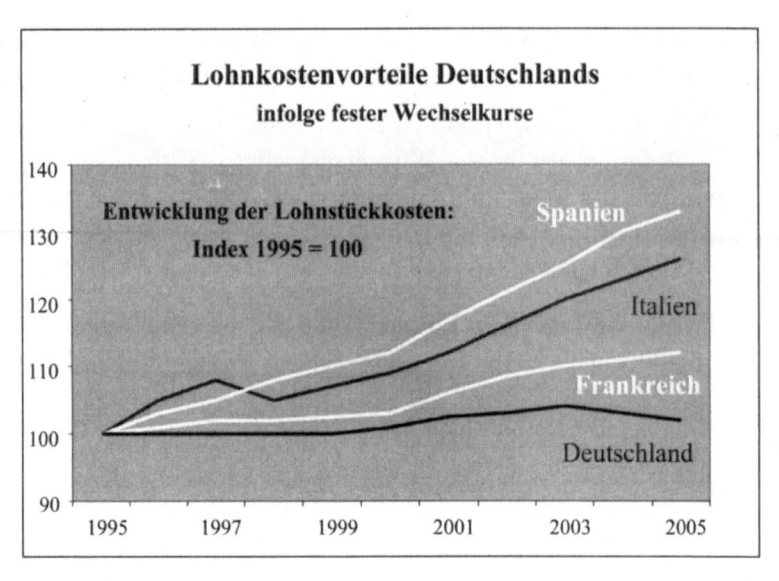

Abbildung 8.33: Veränderung der relativen Lohnstückkosten Deutschlands 1995 – 2005

Damit sind insbesondere die Exporteure der vormaligen Hartwährungsländer in der EWWU – also Deutschland, die Niederlande und Österreich – die Gewinner der Währungsunion, wie die jüngere Vergangenheit (2001 – 2006) mit vergleichsweise sehr hohen Exportüberschüssen dieser Länder zeigt: Ein Aspekt, der bislang in der Diskussion um die EWWU noch kaum reflektiert wurde.

5. **Eine einheitliche europäische Währung ist auch Garant größerer internationaler politischer und ökonomischer Stabilität.**

Eine gemeinsame europäische Währung wird neben dem ökonomischen Einigungsprozess auch die politische Integration der EU-Staaten ganz wesentlich beeinflussen und beschleunigen.

Dies nicht zuletzt auch deshalb, weil mit der Einführung der einheitlichen europäischen Währung die politisch problematische monetäre Hegemonie der DM, wie sie z. B. das Europäische Währungssystem (EWS) seit seiner Einführung 1979 bis zum Übergang in die Europäische Währungsunion geprägt hatte, beseitigt wurde (vgl. hierzu die ausführlichen Darstellungen in EIBNER, 2006c: Understanding International Trade: Theory & Policy – Anwendungsorientierte Außenwirtschaft: Theorie & Politik, Teil C, Abschnitt 15.2).

Bis Ende 1998 erfüllte die DM in Westeuropa de facto eine Leitwährungsfunktion; d. h. letztlich war nur die Deutsche Bundesbank in der Lage, eine autonome Geldpolitik zu betreiben.

8.11 Europäische Wirtschafts- und Währungsunion

Alle anderen europäischen Zentralbanken in der EU bzw. im EWS hatten praktisch die geldpolitischen Entscheidungen der Deutschen Bundesbank – also konkret deren Zinspolitik – nachzuvollziehen, wollten sie nicht größere Wechselkursschwankungen – i. d. R. zu Lasten ihrer Währungen – auslösen.

Mit der Einführung einer einheitlichen europäischen Währung entfiel diese geldpolitische Dominanz Deutschlands. Damit verlor nur die Bundesrepublik ihre geldpolitische Autonomie, die anderen EU-Staaten verloren lediglich ein Privileg, welches sie in der vergangenen Praxis ohnehin nur noch sehr eingeschränkt nutzen konnten. Sie erhielten dieses Privileg durch die Möglichkeit einer Mitsprache im Zentralbankrat des ESZB vielmehr zurück und können damit eine neue Art gemeinsamer währungs- und geldpolitischer Souveränität ausüben. Andererseits verlieren diese Länder die Möglichkeit, eine nationale Währung abzuwerten, um hierdurch Vorteile im Handel mit ökonomisch starken, hochproduktiven Ländern wie Deutschland realisieren zu können.

Insofern ist die **Einführung des Euro** insbesondere für Deutschland nicht nur ein ökonomisch ebenso wie politisch beherrschbarer Schritt, wie die letzten Jahre schon gezeigt haben, sondern auch eine **große Chance**, Deutschland als Produktionsstandort für seine Unternehmen wie seine Bürger zukünftig noch wettbewerbsfähiger zu machen.

8.12 Kontrollfragen

8.1 Was sind die grundlegenden Ziele der Europäischen Union?

8.2 Mit welchen Verträgen beginnt die Geschichte der Europäischen Union?

8.3 Welche Verträge mit welchen zentralen Zielen sind nach der EWG-Gründung als die wichtigsten Schritte zur Schaffung der Europäischen Union anzusehen?

8.4 Was waren die zentralen Ziele der Vertragsverhandlungen von Nizza 2001?

8.5 Beschreiben Sie tabellenartig den Prozess der Europäischen Integration.

8.6 Nennen sie die wichtigsten Organe der Europäischen Union.

8.7 Geben Sie einen Überblick über die Zusammensetzung der institutionellen Gremien der EU.

8.8 Worin liegt der Unterschied zwischen Ministerrat und Europäischem Rat?

8.9 Nennen Sie die zentralen Aufgaben des Ministerrates.

8.10 Welche Aufgaben hat die Kommission?

8.11 Nennen sie die zentralen Aufgaben des Europäischen Parlaments.

8.12 Nennen Sie die beiden wichtigsten Ausschüsse der EU und benennen Sie deren zentrale Aufgaben.

8.13 Was ist Aufgabe des Europäischen Gerichtshofes?

8.14 Worin lag die besondere Bedeutung des 'Konvents zur Zukunft Europas'?

8.15 Skizzieren Sie das Gesetzgebungsverfahren der EU alternativ für Mitentscheidungs- und Zusammenarbeitsverfahren.

8.16 Über welche Einnahmearten verfügt die Europäische Union?

8.17 Muss der Haushalt der EU immer ausgeglichen sein, oder ist eine Schuldaufnahme erlaubt?

8.18 Welche EU-Staaten tragen absolut, welche relativ am stärksten zur Finanzierung der Gemeinschaftsaufgaben bei? Nennen Sie die Nettofinanzempfänger.

8.12 Kontrollfragen

8.19 Wie ist die starke Nettozahlerposition Deutschlands im Rahmen der Finanzierung der Ausgaben der EU ökonomisch und politisch zu bewerten?

8.20 Nennen Sie die wichtigsten Ausgabepositionen des EU-Haushalts.

8.21 Nennen Sie die Ziele der gemeinsamen europäischen Agrarpolitik.

8.22 Beschreiben Sie kurz die Instrumente der Gemeinsamen Agrarpolitik.

8.23 Welche zentralen Maßnahmen wurden in Folge der Agrarreform von 1992 ergriffen?

8.24 Geben Sie einen kurzen Überblick über die seit 2007 relevanten Fördermittel der Gemeinsamen Agrarpolitik der EU.

8.25 Welche externen und internen Gründe erfordern eine grundlegende Reform der europäischen Agrarpolitik?

8.26 Welche vier Grundfreiheiten realisierte das Binnenmarktkonzept der EG?

8.27 Nennen Sie die aktuell wichtigsten Strukturfonds der EU und deren Aufgaben.

8.28 Welche Zielsetzung verfolgt der Kohäsionsfonds der Europäischen Union?

8.29 Welche drei Länder der EU erhielten 2000 – 2006 die absolut höchsten Förderungen über die Strukturfonds, welche drei Länder erhielten die höchsten Förderungen pro Kopf ihrer Einwohner?

8.30 Welche Aufgaben hat die Europäische Investitionsbank im Rahmen der EU-Strukturpolitik?

8.31 Mit welchen Förderprogrammen versucht die EU potentielle Beitrittsländer seit 2007 wirtschaftlich auf den Beitritt vorzubereiten?

8.32 Worin liegt das zentrale Ziel des Europäischen Forschungsraumes EFR?

8.33 Welches sind die wichtigsten Programmformen der EU-Forschungs- und Technologiepolitik?

8.34 Nennen Sie die zentralen Förderziele des Forschungsrahmenprogramms der Europäischen Union

8.35 Wie ausgeprägt ist in der EU der Wille zur Schaffung einer Sozialunion?

8.36 Was ist der ECOFIN-Rat und welche wichtigen Aufgaben hat er im Rahmen der EWWU?

8.37 Erläutern Sie den begrifflichen Unterschied zwischen 'ESZB' und 'EZB'.

8.38 Welche Aufgaben hat das ESZB?

8.39 Was sind die Ziele des ESZB?

8.40 Nennen Sie die Konvergenzkriterien, die der Maastrichter EGV zur Vorbedingung einer Einführung des Euro aufgestellt hat.

8.41 Warum ist die Einhaltung des Stabilitätspaktes unverzichtbar für die weitere positive Entwicklung der Europäischen Wirtschafts- und Währungsunion?

8.42 Was waren und sind die Konvergenzkriterien, die Länder erfüllen mussten, bzw. müssen, die der EWWU beitreten möchten?

Lösungshinweise zu den Kontrollfragen

1.1 Ihre Übersicht sollte Abbildung 1.2 in Abschnitt 1.1.2 entsprechen.

1.2 Das GATT soll die für die Wirtschaft erforderliche Sicherheit und Berechenbarkeit der internationalen Handelsbeziehungen gewährleisten und für eine schrittweise Liberalisierung des Welthandels sorgen, um die in der Präambel des GATT genannten Ziele, nämlich die 'Erhöhung des Lebensstandards', die 'Verwirklichung der Vollbeschäftigung', ein 'hohes und ständig steigendes Niveau des Realeinkommens und der wirksamen Nachfrage', die 'volle Erschließung der Hilfsquellen der Welt' sowie die 'Steigerung der Produktion und des Austausches von Waren' zu fördern. Vgl. Abschnitt 1.2.1.

1.3 Die KENNEDY-, TOKIO- und URUGUAY-Runden. In den beiden erstgenannten kam es zu einem bedeutenden Zollabbau im internationalen Handelsverkehr; in der Uruguay-Runde insbesondere zu einer Einbeziehung von Dienstleistungen in das Reglement und zur Institutionalisierung der vertraglichen GATT-Vereinbarungen in Form einer neu zu gründenden Welthandelsorganisation. Vgl. Abschnitt 1.2.1.

1.4 Das Prinzip der Nichtdiskriminierung im internationalen Handel, das Prinzip der Gegenseitigkeit oder Reziprozität beim Abbau von Handelshemmnissen, das Prinzip der Liberalisierung, d. h. des Abbaus von Zöllen und anderen Handelsschranken. Vgl. Abschnitt 1.2.2.

1.5 Transparente Außenhandelssteuerung, Rechtssicherheit im internationalen Handel, begrenzte Legalisierung von Schutzmaßnahmen bzw. Ausnahmeregelungen. Vgl. Abschnitt 1.2.3.

1.6 Das GATS erfasst grundsätzlich alle handelbaren Dienstleistungen. Anbieter dürfen nicht durch Zugangsquoten, Monopole, Exklusivrechte oder wertmäßige Importbegrenzungen behindert werden. Vgl. Abschnitt 1.3.

1.7 Das Ziel ist es, bestehenden internationalen Konventionen zum Schutz geistigen Eigentums zu größerer Wirksamkeit zu verhelfen. Vgl. Abschnitt 1.4.

1.8 Die handelspolitische Länderüberprüfung (TPRM) und die Überwachung regionaler Handels- und Integrationsabkommen. Vgl. Abschnitt 1.5.

1.9 Mit dem Schiedsgericht des 'Dispute Settlement Body' (DSB) bietet die WTO einen institutionellen Rahmen für die Klärung von Streitfällen, die zwischen den Mitgliedstaaten im Rahmen der WTO-Verträge auftreten können. Wenn ein Streitfall auftritt, müssen sich zunächst die Streitparteien um eine gütliche Lösung bemühen. Gelingt ihnen dies nicht, kann formal das Streitschlichtungsverfahren angestrengt werden, welches dann auf Antrag einer Streitpartei ein aus drei Schlichtern bestehendes sogenanntes 'Panel' bildet. Dieses schließt nach Anhörung der unterschiedlichen Argumente das Verfahren mit der Veröffentlichung seines 'Abschlussberichtes' und den daraus folgenden 'Empfehlungen' ab. Vgl. Abschnitt 1.6.

1.10 Das große Problem hierbei ist, dass solche Standards in absehbarer Zeit nicht erreichbar sein werden: Dritte Welt Länder sind letztlich nur wettbewerbsfähig, weil sie sogar grundlegende Sozial- und Umweltstandards ignorieren. Eben dies ist der Grund dafür, dass diese Staaten den notwendigen Übereinkommen nicht zustimmen werden, die unabdingbar nötig sind, um unsere Umwelt und unsere sozialen Standards zu erhalten und Art. XX GATT zu stärken. Vgl. Abschnitt 1.6.

1.11 TRIMS liberalisiert und schützt nachhaltig ausländische Direktinvestitionen. Vgl. Abschnitt 0.1.

1.12 Das zentrale Problem an TRIMS ist, dass durch die extreme Liberalisierung der Rechte ausländischer Direktinvestoren vielfach Entwicklungsstrategien von Entwicklungsländern nicht mehr autonom durchführbar sind. Ausländische Investoren genießen durch TRIMS eine nahezu unbeschränkte Freiheit, im Land ihres Investitionsvorhabens vollkommen eigenständig und ohne Rücksicht auf die nationalen Entwicklungsstrategien des Gastlandes oder der dortigen Arbeitsmärkte zu agieren. Vgl. Abschnitt 0.1.

1.13 Zentrale Punkte werden die Auswirkungen international weit divergierender Sozial- und Umweltnormen auf die internationale Handels- und Wettbewerbspolitik sein. Vgl. Abschnitt 1.8.

2.1 Förderung des internationalen Handels im Interesse der Entwicklungsländer, Harmonisierung der weltweiten Handels- und Entwicklungspolitik zugunsten verbesserter und beschleunigter Entwicklung insbesondere der Dritten Welt. Vgl. Abschnitt 2.1.

2.2 Verstärkte Integration der Entwicklungs- und Transformationsländer in den Prozess der Globalisierung. Vgl. Abschnitt 2.1.

2.3 Handelspolitik, Entwicklungsfinanzierung und Rohstoffpreisstabilisierung. Vgl. Abschnitt 2.2.

2.4 Wenig, da die Erfahrung der letzten Jahre gezeigt hat, dass vom Markt hervorgerufene ernsthafte Rohstoffpreisschwankungen zwar evtl. kurzfristig (zu ggf. sehr hohen Kosten) vom Gemeinsamen Fonds 'geglättet' werden können: Bei strukturellen Marktpreisverschiebungen allerdings versagen die Rohstoffabkommen, da sie nicht finanzierbar sind. Vgl. Abschnitt 2.2.3.

3.1 Nach Art. I des IWF-Abkommens: Koordination der Währungspolitik unter den Mitgliedstaaten, um folgende zentrale Ziele zu realisieren: Ausweitung und ausgewogenes Wachstum des internationalen Handelsvolumens, eine international hohe Beschäftigung, hohe Realeinkommen in allen Mitgliedstaaten bei stetem Wachstum des Kapitalstocks und Auslastung der Produktionskapazitäten. Außerdem ist es bis heute Aufgabe des IWF, Mitgliedsländern Finanzhilfe bei Zahlungsbilanzproblemen zu gewähren. Vgl. Abschnitt 3.1.

3.2 Aufgrund des Quoten abhängigen Stimmrechts: Die USA, Japan, Deutschland, Frankreich und Großbritannien. Vgl. Abschnitt 3.1.

3.3 Das System von Bretton-Woods war ein internationales System relativ fester Wechselkurse auf Basis des Goldstandards; originäres Ziel dieses Systems war es, die Außenhandelsrisiken international durch möglichst konstante Wechselkurse einer Schwankungsbreite von nur +/− 1 % zu minimieren. Vgl. Abschnitt 3.2.

3.4 Neuere Ziele sind: Überwachung der Wechselkurspolitik der Mitgliedsländer, mit dem Ziel Wechselkursschwankungen gering zu halten, aber vor allem den jederzeit freien Austausch der Währungen untereinander zu fördern, was auch eine Überwachungsfunktion der Wirtschaftspolitik der Mitgliedsländer, insbesondere aber der Entwicklungsländer einschließt, die Gewährung kurz- und mittelfristiger Finanzhilfen bei Zahlungsbilanzproblemen über das Mittel diverser Kreditfazilitäten und die Gewährung technischer Hilfe für Mitgliedsländer. Vgl. Abschnitt 3.3.

3.5 Der IWF räumt seinen Mitgliedern ab 1974 Sonderkredite in Form einer sog. Erweiterten Fondsfazilität ein, die eine Kreditaufnahme bis zu 140 % der Quote ermöglicht. Zwischen 1974 und 1976 wurde eine befristete spezielle sog. Ölfazilität bereitgestellt. 1988 wurde die Kompensations- und Eventualfall-Finanzierungsvorkehrung (CCFF) geschaffen, die Entwicklungsländern die Möglichkeit gibt, durch eine Kreditaufnahme von bis zu 200 % der Quote unerwartete Liquiditätseinbußen bedingt durch einen Ölpreisverfall oder auch verteuerte Getreideimporte zu kompensieren.

Die seit 1986 bestehende Strukturanpassungsfazilität (SAF) ist auf Länder mit geringem Einkommen beschränkt. Das Besondere dieser SAF sowie deren finanzieller Aufstockung bzw. Verlängerung 1987 und 1993 im Rahmen der Erweiterten Strukturanpassungsfazilität

(ESAF) ist, dass die Konditionalität, also die Durchsetzung der wirtschaftspolitischen Auflagen, sehr rigide ist und auch die Weltbank als Entwicklungsfinanzier in die Vertragsgestaltung miteinbezogen wird; dafür beträgt der Zinssatz nur 0,5 %.

Ein weiteres Liquiditätsinstrument des IWF ist die 1993 eingeführte System-Übergangsfazilität (STF), die eigens geschaffen wurde, um den Transformationsländern Osteuropas beim Übergang zur Marktwirtschaft zu helfen. Neuere Instrumente sind die Poverty Reduction and Growth Facility (PRGF) und der Fonds zum Schuldenerlass der am stärksten verschuldeten Entwicklungsländer. Vgl. Abschnitt 3.3.

3.6 Der IWF koordiniert zusammen mit der Weltbank das HIPC-Schuldenerlassprogramm und definiert die Zugangsbedingungen zu diesem Programm. Vgl. Abschnitt 3.4.

3.7 Für einen Schuldenerlass spricht die Tatsache, dass bei weiter bestehenden Schuldenlasten eine wirtschaftliche Erholung der Schuldnerstaaten dauerhaft nicht möglich sein wird; gegen einen Schuldenerlass spricht, dass es zumindest fraglich ist, ob die infolge verringerten Schuldendienstes verfügbaren Devisen und nationalen Ressourcen zukünftig wirklich im Rahmen einer rationaleren Wirtschaftspolitik eingesetzt werden und zu steigenden Investitionen z. B. in Infrastruktur sowie Bildung und damit steigendem Wohlstand im Land führen. Vgl. Abschnitt 3.4.

3.8 Denkbare Aspekte sind, dass die gegenwärtigen Schuldenerlassprogrammen zu eine Sozialisierung der hohen Kosten unseriöser Wirtschaftspolitik der Schuldnerstaaten ohne jegliche Gegenleistung auf die Geberstaaten der ersten Welt und deren Steuerzahler oder Bankkunden führen. Dies zudem ohne die Gewissheit, dass die begünstigten Schuldnerstaaten in Zukunft eine rationalere Wirtschaftspolitik betreiben werden und die frei werdenden nationalen Wirtschaftsressourcen nicht in Militärprogramme oder in eine persönliche Bereicherung der herrschenden Eliten umlenken, und damit vielleicht sogar noch die Repressionen gegenüber der Bevölkerung verstärkt werden. Vgl. Abschnitt 3.4.

3.9 Unter konditionaler Kreditvergabe des IWF ist die Bindung der Kreditvergabe an die Erfüllung bestimmter makroökonomischer Anpassungsmaßnahmen zu verstehen. Übliche Auflagen sind z. B.: Auf- oder Abwertung der nationalen Währung, Sparmaßnahmen der öffentlichen Haushalte wie insbesondere Subventionskürzungen, Steuererhöhungen, Abbau des öffentlichen Sektors, Senkung der Staatsquote, etc.. Vgl. Abschnitt 3.5.

3.10 Ein zentrales politisches Problem liegt im hierdurch bedingten Souveränitätsverlust im Sinne nicht mehr uneingeschränkt möglicher nationaler Geld-, Wechselkurs- und Finanzpolitik des Schuldners. Weiter ist keineswegs sicher, dass die wirtschaftspolitischen Auflagen, die der IWF den kreditnachfragenden Mitgliedsländern auferlegt, auch zu den gewünschten Erfolgen führen. Vgl. Abschnitt 3.5.

4.1 Die 'Weltbankgruppe' umfasst vier Finanzierungsinstitutionen: Die Internationale Bank für Wiederaufbau und Entwicklung (IBRD) als eigentliche Weltbank, die Internationale Entwicklungsorganisation (IDA), die Internationale Finanzkorporation (IFC) und die Multilaterale Investitions-Garantie-Agentur (MIGA). Vgl. Abschnitt 4.1 sowie detaillierter Abschnitt 0.1.

4.2 Die Weltbank gibt im Gegensatz zum IWF keine konjunktur- oder liquiditätsbedingten, sondern ausschließlich entwicklungs- und wachstumsdeterminierte Kreditzusagen. Vgl. Abschnitt 4.2.1.

4.3 Primäre Projekte: Energieversorgung, Landwirtschaft und ländliche Entwicklung, Verkehrswesen, Industrieförderung. Sekundäre Projekte: Stadtentwicklung, Kleinbetriebe, Bevölkerung, Gesundheit, Ernährung, technische Hilfe. Vgl. Abschnitt 4.2.1.

4.4 Die Weltbank ist eine Art refinanzierungsgünstige Kapitalsammelstelle. Sie refinanziert ihre zinsgünstigen Kredite an Entwicklungsländer zum einen über ihr Eigenkapital (Quoteneinzahlungen ihrer Mitglieder), zum anderen primär über eigene Kreditaufnahme am internationalen Kapitalmarkt, da die Weltbank Kredite zu Zinssätzen weit unterhalb der Sätze, die andere Schuldner zu zahlen hätten, zur Verfügung gestellt bekommt. Vgl. Abschnitt 4.2.1.

4.5 Die IDA leiht ihre Mittel im Gegensatz zur IBRD in der Regel unverzinslich aus. Die Laufzeit solcher 'Schenkungen auf Zeit' beträgt in der Regel 50 Jahre; die Tilgung beginnt nach 10 Jahren. Es werden im Grunde dieselben Projektarten wie von der IBRD gefördert: Die IBRD vergibt ihre Mittel primär an Schwellenländer wie Brasilien, Mexiko, Türkei, Thailand etc., von denen eine Rückzahlung der Darlehen erwartet wird; die IDA dagegen finanziert Projekte primär in den ärmsten Staaten der Welt (Sudan, Bangladesch, etc.), von denen mittelfristig keinerlei Wirtschaftsaufschwung und damit für Zahlungen freiwerdende Devisenbestände erwartet werden können. Vgl. Abschnitt 4.2.2.

4.6 Die IFC soll die private Investitionstätigkeit in der Dritten Welt durch Beteiligung am Eigenkapital privater Unternehmen und auch mittels Übernahme von Garantien fördern. Sie tritt damit nur als Kofinanzier privater (d. h. nicht-staatlicher) Unternehmen auf. Vgl. Abschnitt 4.2.3.

4.7 Die MIGA bietet Versicherungsmöglichkeiten gegen nicht-kommerzielle Risiken wie z. B. Enteignung, Kriegsverluste, mangelnde Konvertierbarkeit von Dividenden oder Kapitaltransfers u. a.. Über den GRIP sind sogar kommerzielle Risiken (Übernahme des Verlustrisikos) abdeckbar. Vgl. Abschnitt 4.2.3.

4.8 Wichtige, hoch informative Publikationen der Weltbankgruppe sind – neben ihrer Homepage *www.worldbank.org* – die nachstehenden: Weltentwicklungsbericht, Global Development Report, World Development Indicators, die Geschäftsberichte aller Schwesterinstitute der Weltbankgruppe, insbesondere der Geschäftsbericht der MIGA. Eine sehr gute Möglichkeit zur Recherche ökonomischer Grunddaten zu allen Mitgliedsländern bietet die Weltbank außer in ihren Weltentwicklungsberichten vor allem über den 'Data Query' im Internet: siehe [www WORLD BANK Data Query] im Internetquellenverzeichnis. Vgl. Abschnitt 4.2.4.

4.9 Ein vom US-Kongress zum Erfolg von Weltbankprojekten erstellter Bericht, der sogenannte Meltzer-Bericht, zeigt auf, dass mehr als die Hälfte aller von der Bank geförderten Projekte Misserfolge waren. Vgl. Abbildung 4.4 in Abschnitt 4.3.1.

4.10 Die Hauptkritikpunkte an der Entwicklungspolitik der Weltbank sind, dass die Weltbankprojekte überwiegend ein 'Kurieren am Symptom' versuchen, nicht aber die Ursachen soziopolitischer und ökonomischer Probleme aufgreifen. D. h., es wird zu technisch pragmatisch vorgegangen: Mit z. T. immensem Kapitaleinsatz wird versucht, Entwicklungsstufen zu realisieren, die sozio-kulturell bzw. politökonomisch nicht durchsetzbar sind. Ein zweiter wesentlicher Kritikpunkt ist, dass die Eliten des jeweiligen Staates oftmals Projekte präferieren, deren Erträge nur auf eine kleine 'Kaste bereits Wohlhabender' entfallen, mithin nicht zur Entwicklung insbesondere des ländlichen Sektors beitragen und damit auch nicht die Kaufkraft der Armen erhöhen. Vgl. Abschnitt 4.3.2.

4.11 Entscheidende Gründe hierfür sind zum einen die in vielen Entwicklungsländern bestehende tiefe Abhängigkeit eines Großteils der Landbevölkerung von Großgrundbesitzern und zum anderen die nicht minder dramatische Abhängigkeit vieler gewerblich Tätiger der Land- und Stadtbevölkerung von monopolistisch organisierten Kredit- und Kapital- bzw. Sachmittelgebern. Diese stellen der mittellosen Masse der Bevölkerung nicht nur die für ihre Gewerbe nötige Liquidität zu horrenden Wucherzinsen bereit, sondern verleihen auch die benötigten Materialien aller Art wie z. B. Nähmaschinen, Stoffe oder Fischerboote zu solch überhöhten Preisen, dass den Armen nahezu kein Verdienst verbleibt. Nur wenn es der Weltbank gelingt, diese Armutskreisläufe aufzubrechen, wird sich Armut konkret verringern lassen. Vgl. Abschnitt 4.4.1.

4.12 Grundlegendes Ziel der GRAMEEN Bank ist es, der Landbevölkerung in den Dörfern Bangladeschs mit Kleinstkrediten zu helfen, ohne nach Sicherheiten zu verlangen. Ein Kredit liegt üblicherweise bei 30 bis 50 US-$. Wegen einer höheren Rückzahlungsmoral und um die Rolle der Frau in der Gesellschaft zu verbessern, werden Kredite hauptsächlich an Frauen vergeben. Nur über eine solche gezielte 'Anschubfinanzierung' Mittelloser ist in der Dritten Welt Selbständigkeit und eine Stärkung der viel zu geringen volkswirtschaftlichen Kaufkraft breiter Schichten zu erreichen. Vgl. Abschnitt 4.4.2.

4.13 Die Weltbank gründete 1995 die 'Consultative Group to Assist the Poor – Konsultationsgruppe zur Unterstützung der Armen' mit dem Ziel, Finanzmittel für die Vergabe von Mikrokrediten zu mobilisieren. 1999 startete die Weltbank den 'World Bank Group's Microfinance Institutional Action Plan', dessen Ziel es ist, den institutionellen Aufbau eines dauerhaft belastungsfähigen Mikrokredit-Finanzierungssektors zu fördern und bestehende Strukturen der Kleinstkreditvergabe weiter zu stärken, um ihr Portfolio und ihren Wirkungskreis ausdehnen zu können. Vor allem die IDA und die IFC sind aktiv in die Bemühungen einer weltweiten Stärkung von Mikrokreditvergabemöglichkeiten eingebunden. Vgl. Abschnitt 4.4.3.

4.14 1989 begann die Weltbank unter dem Druck ihrer Kritiker erstmals ernsthaft umweltpolitisch zu agieren. Eine dauerhafte Umsetzung des Prinzips 'ökologischer Verantwortung' auch im Tagesgeschäft dagegen ist bis heute nicht verankert. Vgl. Abschnitt 4.5, insbesondere auch Abbildung 4.15.

4.15 Die 1991 eingerichtete Globale Umweltfazilität wird zu je 50 % getragen einerseits vom Entwicklungsprogramm der Vereinten Nationen, UNDP, zusammen mit dem Umweltprogramm der Vereinten Nationen, UNEP, sowie andererseits von der Weltbankgruppe und finanziert sich aus Beiträgen von 174 Staaten. Der Schwerpunkt der Arbeit der GEF liegt in den Bereichen Klimaschutz inkl. Programmen zur CO_2 Verringerung, Schutz der Ozonschicht, Artenvielfalt, Gewässerschutz, der Eindämmung von Wüsten und dem Schutz vor schwer abbaubaren organischen Schadstoffen. Vgl. Abschnitt 4.5.

4.16 Wichtig ist eine noch deutlich stärkere Berücksichtigung politischer, sozialer und kultureller Dimensionen der Entwicklungspolitik; zudem sollten Weltbankprojekte zwingend auf ihre umweltpolitischen Konsequenzen hin überprüft werden, ein weiteres Ziel muss eine nachhaltige Entwicklung sein; auch die Politikfähigkeit der Entwicklungsländer insbesondere in den Bereichen Wirtschaftspolitik und ihrer sozioökonomischen Implikationen müssen noch weit stärker gefördert werden, will die Weltbank ihrem selbstgesetzten Ziel näher kommen: Die Armut in dieser Welt zu beseitigen. Vgl. Abschnitt 4.5.

5.1 Durch gezielte Finanzhilfen und beratende Tätigkeit soll über die Verbesserung von Finanzierungsmöglichkeiten eine Beschleunigung des wirtschaftlichen Wachstums herbeigeführt und damit auch zur wirtschaftlichen Integration der Staaten des jeweiligen Aktionsgebietes beigetragen werden. Vgl. Abschnitt 5.1.

5.2 Ordinary Resources resultieren aus den Subskriptionszahlungen der Mitgliedsländer und aus den am Kapitalmarkt von der jeweiligen Regionalen Entwicklungsbank aufgenommenen Krediten; Special Funds sind Sonderfonds, aus denen besonders 'weiche', also zins- und laufzeitgünstige Kredite vor allem an wirtschaftlich schwache Länder und Sektoren ausgereicht werden. Beide Kreditlinien sind verwaltungs- und bilanztechnisch streng voneinander getrennt, um das Vertrauen der internationalen Kreditmärkte – als Finanziers der Regionalen Entwicklungsbanken – nicht zu beeinträchtigen. Vgl. Abschnitt 5.1.

5.3 Politische und wirtschaftliche Argumente: Das Zusammenwachsen Europas in wirtschaftlicher und politischer Hinsicht sollte gefördert werden, Märkte in Osteuropa sollten erschlossen werden. Vgl. Abschnitt 5.2.1.

5.4 Die EBWE, mit Sitz in London, wurde im April 1991 von 39 Staaten gegründet. Anfang 2007 sind 61 Staaten plus die Europäische Union als Institution und die Europäische Investitionsbank Mitglieder der EBWE: Neben allen europäischen und außereuropäischen OECD-Staaten inkl. der EU und EIB als Geldgeber sind mittlerweile alle mittel- und osteuropäischen Staaten Mitglied. Neben Russland, Weißrussland, der Ukraine, Albanien, Kroatien, Mazedonien, Montenegro und Serbien sind dies auch die eurasischen GUS-Staaten Armenien, Aserbaidschan, Georgien, Kasachstan, Kirgisien, Moldawien, Tadschikistan, Turkmenistan und Usbekistan, ebenso wie Ägypten, Marokko und die Mongolei. Vgl. Abschnitt 5.2.1 und Abbildung 5.1.

5.5 Finanziert werden ausschließlich Investitionen in Mittel- und Osteuropa sowie die GUS-Staaten. Diese Projekte müssen einen Beitrag leisten zur Entwicklung des Privatsektors, der Durchführung einer Privatisierung von staatseigenen Betrieben, der Förderung ausländischer Direktinvestitionen über Joint-Ventures, einer Schaffung und Stärkung von Finanzinstitutionen, der Umstrukturierung des Industriesektors, Beteiligungsinvestitionen, der Förderung kleiner und mittlerer Unternehmen, Verbesserung der Umweltsituation oder auch zur Reaktorsicherheit beitragen. Vgl. Abschnitt 5.2.1.

5.6 Die Europäische Union bestimmt die Geschäftspolitik der EBWE: Mit Stand Mai 2007 halten die EU-Mitgliedstaaten (56 %) zusammen mit der EU als Institution (3 %) und der EIB (3 %) über 62 Prozent des Gründungskapitals, wovon die Geberländer innerhalb der EU 50,55 % des Kapitals halten. Vgl. Abschnitt 5.2.2.

5.7 Obwohl die EBWE den politischen Auftrag hat, die osteuropäischen Länder auf ihrem Weg in die Marktwirtschaft zu unterstützen, arbeitet die Bank sehr gewinnorientiert und bietet ihre finanziellen Unterstützungen nur wenig unter den üblichen Marktkonditionen an. Einerseits stellt sich hierdurch die Frage, ob die geförderten Projekte nicht auch ohne die EBWE realisiert worden wären und andererseits fragt es sich, ob die EBWE mit ihren subventionierten Krediten nicht den weiteren Aufbau eines privaten Banksektors behindert. Vgl. Abschnitt 5.2.3.

5.8 Die praktische Bedeutung der EBWE für die ökonomische Entwicklung der osteuropäischen Staaten, insbesondere in Zeiten deren ökonomischen Aufbruchs, entsprach und entspricht nicht den in die EBWE gesetzten Erwartungen. Besonders im Vergleich mit der schon lange bestehenden Europäischen Investitionsbank (EIB), die langfristige Finanzierungen für europäische Investitionsvorhaben bereitstellt, schneidet die EBWE mit ihren Fördermitteln für die Transformationsländer schlecht ab: Die EIB vergibt von ihren Gesamtkrediten in Höhe von jährlich 40 Mrd. Euro rund 3 Mrd. an die osteuropäischen Staaten, während die EBWE nur rund 2 Mrd. Euro pro Jahr auszahlt. Vgl. Abschnitte 5.2.3 und 5.2.4.

5.9 IADB, ADB, EBWE und AFDB: Im Jahr 2006 betrugen die Kreditzusagen der IADB 6,4 Mrd. US-$, wodurch sie auf Platz 1 aller Regionalen Entwicklungsbanken steht; ADB: 6 Mrd. US-$, EBWE: 4,3 Mrd. US-$, AfDB: 3,4 Mrd. US-$. Vgl. Abschnitte 5.2 bis 5.5.

5.10 Anfang 2007 gehören der ADB 67 Staaten an, davon 44 Entwicklungsländer. Mit 48 Mitgliedstaaten der Region sind dies außer Nord-Korea alle asiatischen Staaten östlich der Türkei: Neben Japan alle Staaten Südostasiens, die islamischen Nachfolgestaaten der Sowjetunion (die sowohl Mitglieder der ADB als auch der EBWE sind), Afghanistan, China, Indien, Korea, Pakistan, Taiwan, die Insel-Staaten des Pazifiks sowie Australien und Neuseeland. Von den 19 nicht-regionalen Mitgliedern sind 16 Westeuropäische Staaten: Die BeNeLux-Staaten, Deutschland, Frankreich, Großbritannien, Irland, Italien, Österreich, Portugal, alle 4 Länder Skandinaviens, Spanien und die Schweiz; die USA, Kanada und die Türkei ergänzen zu 19. Vgl. Abschnitt 5.3.1.

5.11 Der Asiatische Entwicklungsfonds (ADF), ist der größte Fonds der ADB und wird in regelmäßigen Abständen mit neuem Kapital der Mitgliedsländer ausgestattet. Weitere Spezialfonds sind der Technical Assistance Special Fund, der die Aufgabe hat, zur Finanzierung von Projekten administrativer und technischer Hilfeleistungen zugunsten der Entwicklungsländer innerhalb der ADB beizutragen; der seit 1988 bestehende Japanische Sonderfonds zur Strukturanpassung von Entwicklungsländern der Region, wobei insbesondere Programme technischer und administrativer Hilfestellung und Beratung finanziert werden; der Japan Fonds zur Armutsbekämpfung, der gezielt Programme der ADB gegen Armut unterstützen soll; der Asiatische Tsunamifonds für die Unterstützung der vom Tsunami im Indischen Ozean Ende 2004 betroffenen Gebiete und den Pakistanischen Erdbebenhilfsfonds, welcher die Aufgabe hat, die am 8.10.2005 von einem Erdbeben erschütterten Gebiete Nord-Pakistans und angrenzender Regionen zu unterstützen. Abschließend existiert seit 1997 das von der ADB und der Regierung von Japan gegründete ADB Institut (ADBI) zur Bereitstellung und Verteilung von benötigtem entwicklungspolitischen und -theoretischen Wissens und Informationsstandes. Vgl. Abschnitt 5.3.1.

5.12 Anfang 2007 gehören der IADB 47 Staaten an: 26 lateinamerikanische Länder (alle außer Kuba), USA, Kanada, 16 europäische Staaten (Belgien, Dänemark, Deutschland, Großbritannien, Finnland, Frankreich, Italien, Kroatien, die Niederlande, Norwegen, Österreich, Portugal, Schweden, die Schweiz, Slowenien und Spanien), Japan, Korea sowie Israel. Vgl. Abschnitt 5.4.1.

5.13 Zwei selbstständige Institute sind mit der IADB verbunden: Die 'Inter-American Investment Corporation' (IIC) und der Multilaterale Investitionsfonds (MIF). Vgl. Abschnitt 5.4.1.

5.14 Die Inter-American Investment Corporation ist eine selbstständige, mit der IADB verbundene Organisation, die Existenzgründung und Modernisierung von kleinen und mittleren Unternehmen in Lateinamerika und der Karibik fördert. Vgl. Abschnitt 5.4.2.

5.15 Der Multilaterale Investitionsfonds ist die primäre Quelle für die Förderung der Entwicklung des privaten Sektors in Lateinamerika und der Karibik. Vgl. Abschnitt 5.4.3.

5.16 Mitte 2007 gehören der AfDB mit 53 afrikanischen und 24 nichtregionalen Mitgliedern insgesamt 78 Mitgliedstaaten an. Nichtregionale Mitglieder (die erst seit 1983 überhaupt als Mitglieder in der AfDB zugelassen sind) sind mit Belgien, Dänemark, Deutschland, Frankreich, Finnland, Großbritannien, Italien, der Niederlande, Norwegen, Österreich, Portugal, Schweden, Spanien und der Schweiz 14 Staaten Westeuropas, sowie die USA, Kanada, Argentinien, Brasilien, China, Indien, Japan, Korea, Kuwait, Saudi-Arabien und die Vereinigten Arabischen Emirate. Vgl. Abschnitt 5.5.1.

5.17 Neben ihren zentralen Ordinary Resources verfügt die AfDB über folgende Spezialfonds: Der Krisenhilfsfonds (SRF) ist ein Sonderfonds in Höhe von rund 8 Mio. US-$ zur Unterstützung der ärmsten Staaten der AfDB bei Kriegsfolgelasten und Naturkatastrophen; der Spezielle Notstandsfonds gegen Dürre und Hungersnot in Afrika (SEAF) wurde während des 20. Jahrestreffens der Organisation für Afrikanische Einheit (OAU) in Addis Abeba, Äthiopien, 1984 gegründet; desweiteren existiert der Mamoun Beheiry Fonds, der am 31. Oktober 1970 durch den vormaligen Präsidenten der Bank, den Sudanesen Mamoun Beheiry, ins Leben gerufen wurde; der Arabische Ölfonds ist ein von Algerien 1974 mit 20 Millionen US-$ ausgestatteter Fonds mit der Zielsetzung einer Unterstützung der Energieversorgung ärmerer AfDB Staaten.
Der wichtigste Fonds der AfDB ist der 1972 gegründete und seit 1974 aktive Afrikanische Entwicklungsfonds (AfDF). Er ist verantwortlich für die Vergabe langfristiger Entwicklungskredite an die ärmsten Staaten Afrikas, siehe Abschnitt 5.5.4. Eine weitere wichtige Förderquelle ist der von Nigeria ausgestattete Nigeria Treuhandfonds (NTF), siehe Abschnitt 5.5.5. Vgl. Abschnitt 5.5.

5.18 Dies ist eine Frage, über die der Leser selbsttätig reflektieren möge: Oft werden Entwicklungsgelder von den zudem eher selten demokratisch legitimierten Regierenden für Projekte persönlicher Bereicherung eingesetzt, die oftmals sogar noch die Ausbeutung und Unterdrückung der Bevölkerung verstärken und damit deren Entwicklungschancen noch weiter verschlechtern. Dies gilt besonders dann, wenn westliche Finanzhilfe im Endeffekt sogar dazu führt, dass hierdurch eine nur aufgrund ausländischer Finanztransfers mögliche Umlenkung heimischer Wirtschaftskraft in Bereiche nationalen Terrors oder in militärische Aufrüstung bis hin zur Atommacht stattfindet, die sich dann möglicherweise sogar gegen andere Entwicklungsländer richten kann und damit deren Entwicklung sabotiert, bzw. die sich im Extremfall sogar auch gegen die Geberstaaten richten und zu politischer Erpressung führen könnte. Vgl. Abschnitt 5.6.

6.1 Eine informelle Zusammenarbeit ist deshalb sinnvoll, weil es zum einen für Länder vergleichbarer Entwicklung, ähnlicher ökonomischer Interessen und damit evtl. auch entsprechender Probleme sinnvoll sein kann, sich untereinander abzustimmen, bevor bestimmte Sachverhalte oder Probleme in formellen zwischenstaatlichen Gremien oder Organisationen behandelt werden, und zum anderen kann es hilfreich sein, gemeinsame Interessen oder Probleme zunächst mit denjenigen Staatengruppen zu diskutieren, die entweder direkt betroffen sind oder Lösungsbeiträge leisten können. Vgl. Abschnitt 6.1.

6.2 Die G-7 gehen zurück auf die G-5 bzw. die G-4, die ein informelles Gremium zur Diskussion wirtschafts- und währungspolitischer Fragen der Vertreter der Finanzminister und Notenbankpräsidenten der USA, Großbritanniens, Frankreichs und Deutschlands waren; die G-8 sind die um Russland erweiterten G-8. Vgl. Abschnitt 6.1.1.

6.3 Zum einen war das der Versuch, 1978 die keynesianisch motivierte Idee der sog. Lokomotivtheorie zur Ankurbelung des Weltwirtschaftswachstums zu realisieren, vgl. Abschnitt 6.1.2; zum anderen der Plaza-Akkord und der Louvre-Akkord zu Steuerung der Wechselkursentwicklung des US-Dollars. Vgl. Abschnitt 6.1.3.

6.4 Die G-10, als Gruppe der 11 kreditstärksten Volkswirtschaften, befassen sich primär mit Problemen des Weltfinanzsystems. Vgl. Abschnitt 6.2.1

6.5 Die G-20 verfolgen die beiden übergeordneten Ziele: Stabilisierung des Weltfinanzsystems und Liberalisierung des Welthandels. Als weitere, nachgeordnete, Ziele werden genannt: Inflationsbekämpfung, niedrige, wachstumsförderliche Rohstoffpreise, einheitliche Finanzmarktstandards und auch Verringerung der Armut. Vgl. Abschnitt 6.2.2.

6.6 Aktuell sind in der Gruppe der 77 mit 131 Ländern fast alle Entwicklungsländer der Welt vertreten. Ziel ist es vor allem, gemeinsame Positionen für die mit den Industriestaaten im Rahmen der UNCTAD geführten Verhandlungen zu finden, bzw. allgemein Fragen einer besseren Einbindung der Entwicklungsländer in den Welthandel und die wirtschaftliche Entwicklung zu erörtern. Vgl. Abschnitt 6.3.1.

6.7 Die G-24 sind in wechselnder Zusammensetzung aus jeweils acht Mitgliedstaaten Afrikas, Asiens und Lateinamerikas ein währungspolitisches Sondergremium der Entwicklungsländer, gedacht als Gegenkraft zur G-10. Vgl. Abschnitt 6.3.2.

6.8 Der Pariser Club ist ein 1956 in Paris gegründetes Gremium zur gemeinsamen Bewältigung von Zahlungsschwierigkeiten staatlicher Schuldner eines Schuldnerlandes gemeinsam mit allen seinen Gläubigerstaaten. Vgl. Abschnitt 6.4.1.

6.9 Der Londoner Club ist ein 1976 in London gegründetes informelles Gremium international operierender Banken zum Management auftretender Überschuldung von Schuldnerstaaten gegenüber privaten Gläubigern. Das Institute of International Finance ist ein von international tätigen Geschäftsbanken gegründetes Forum zur Verbesserung der Information über Schuldnerländer und der Kommunikation zwischen Gläubigern mit Sitz in Washington. Vgl. Abschnitt 6.4.2.

7.1 Die OECD wurde 1961 als Folgeinstitution der OEEC gegründet, deren zu enge ökonomische Integrationsabsichten nicht umzusetzen waren. Die OECD versteht sich anders als die OEEC primär als ein Informations- und Koordinationsgremium. Vgl. Abschnitt 7.1.

7.2 Zu dem Aufgabenspektrum der OECD gehören alle Facetten der Koordination nationaler Wirtschaftspolitiken. Vgl. hierzu im Einzelnen Abschnitt 7.2.

7.3 Nein; sie ist nur beratend und koordinierend tätig und fasst Beschlüsse mit Empfehlungscharakter. Vgl. Abschnitt 7.3.

7.4 Der Wirtschaftspolitische Ausschuss (EPC), der Ausschuss für Kapitalverkehr und unsichtbare Transaktionen (CMIT), der Ausschuss für internationale Investitionen und multinationale Unternehmen (CIME), der Ausschuss für Finanzmärkte (CFM), der Ausschuss für Entwicklungshilfe (DAC). Vgl. Abschnitt 7.3.

Antworten zu den Kontrollfragen

7.5 In Verbindung mit dem CIME versucht der CMIT (Direkt-) Investitionsvorhaben von OECD-Investoren inländischen Investoren gleichzustellen und zugleich Investitionsschutz- und Streitschlichtungsregeln zu schaffen. Vgl. Abschnitt 7.3.2.

7.6 Koordination der Entwicklungshilfe der im DAC mitarbeitenden OECD-Staaten inkl. Berichtswesen über Höhe und Konditionen öffentlicher Entwicklungshilfe. Vgl. Abschnitt 7.3.3.

7.7 Die hohen Unterschiede in der BIP-Berechnung nach Kaufkraftparität und Wechselkurs ergeben sich primär aus der internationalen Bedeutung bzw. konkret grenzüberschreitenden 'Brauchbarkeit' der jeweiligen nationalen Währung: Je stärker die Wertschätzung einer Währung und damit die Nachfrage nach dieser Währung in Relation zur Referenzwährung der Kaufkraftparitätenberechnung (i. d. R. der US-$) ist, desto stärker weicht das BIP in der Wechselkurs-Berechnung nach oben von dessen Berechnung in Kaufkraftparitäten ab. Umgekehrt wird das jeweilige Bruttoinlandsprodukt in Wechselkurs-Berechnung umso stärker nach unten von der Kaufkraftparität abweichen, je unsolider und für internationale Transaktionen unbrauchbarer die jeweilige nationale Währung ist. Dies gilt für nahezu alle Entwicklungsländer: Deren Währungen sind meist zerrüttet durch hohe Inflationsraten, es besteht (oft auch (bürger-) kriegsbedingt) kein Vertrauen in die längerfristige Wertaufbewahrungsfunktion dieser 'Währungen'. Vgl. Abschnitt 7.3.4.

7.8 Die vielfältigen Publikationen zur ökonomischen Analyse von Ländern wie auch Finanzmärkten bieten gute Grundlagen zur Einschätzung von (potentiellen) Auslandsmärkten. Vgl. Abschnitt 7.4.

8.1 Zentrale Ziele sind: 'Grundlagen für einen immer engeren Zusammenschluss der europäischen Völker zu schaffen' und 'den Prozess der Schaffung einer immer engeren Union der Völker Europas, in der die Entscheidungen entsprechend dem Subsidiaritätsprinzip möglichst bürgernah getroffen werden, weiterzuführen'. Vgl. Abschnitt 8.1.1

8.2 Auf Basis des SCHUMAN-Planes wurde 1952 die EGKS und mit Abschluss der Römischen Verträge 1957 wurden die EWG und die EAG gegründet, aus denen später die Europäische Gemeinschaft und heute die Europäische Union hervorging. Vgl. Abschnitt 8.1.1.

8.3 Die Einheitliche Europäische Akte von 1987 mit dem Beschluss zur Errichtung des Binnenmarktes, der Vertrag von Maastricht mit dem Beschluss zur Einführung einer gemeinsamen Währung und der Vertrag von Amsterdam mit der Erweiterung der Gemeinschaftskompetenzen in den Bereichen Außen- und Sicherheitspolitik, Justiz und Inneres, Abschaffung der Binnengrenzen und Stärkung des Grundrechtsschutzes der Unionsbürger. Vgl. Abschnitt 8.1.2.

8.4 Zentrale Ziele waren Reformen in der Agrarpolitik und Straffung der Institutionen bzw. der Entscheidungsmechanismen, die in Hinblick auf die Osterweiterung der Europäischen Union nötig sind. Vgl. Abschnitt 8.1.2.

8.5 Ihre Darstellung sollte sich inhaltlich an Tabelle 8.2 orientieren. Vgl. Abschnitt 8.2

8.6 Europäischer Rat, Ministerrat, Kommission und Europäisches Parlament. Vgl. Abschnitt 8.3.

8.7 Vgl. Abbildung 8.4 in Abschnitt 8.3.

8.8 Der Ministerrat ist das zentrale Entscheidungsgremium der Europäischen Union; der Europäische Rat dagegen hat die Aufgabe, der EU Impulse für die weitere Integration zu geben. Vgl. Abschnitte 8.3.1 und 8.3.2.

8.9 Der Ministerrat entscheidet über alle gemeinsamen Aufgaben der Europäischen Union. Vgl. Abschnitt 8.3.1.

8.10 Verantwortung für die Anwendung und Einhaltung der Verträge, Initiativrecht, Haushaltsverwaltung. Vgl. Abschnitt 8.3.3.

8.11 Zustimmung, Mitentscheidung, Anhörung; vgl. Abschnitt 8.3.4.

8.12 Die zwei bedeutendsten Ausschüsse der EU sind der Wirtschafts- und Sozialausschuss, WSA (Art. 257 – 262 EGV) sowie der Ausschuss der Regionen (Art. 263 – 265 EGV). Der WSA hat die Aufgabe, Kommission und Rat im Rahmen von geplanten Maßnahmen bzw. Gemeinschaftsvorhaben aller Art über die Meinung betroffener Wirtschafts-, Verbraucher- oder Arbeitnehmerkreise zu informieren und umgekehrt auch eine Information aus erster Hand dieser betroffenen innerstaatlichen Interessengruppen zu gewährleisten.
Der Ausschuss der Regionen hat die Aufgabe, den föderalen Gliedern der EU-Mitgliedstaaten, also den Ländern, Regionen, autonomen Gemeinschaften und lokalen Gebietskörperschaften eine direkte, allerdings ebenfalls nur beratende, Mitsprache in den Entscheidungsprozessen der EU zu ermöglichen. Der Ausschuss nimmt vor dem Rat oder der Kommission vor allem Stellung zu Fragen der Bildung und Kultur, des Gesundheitswesens, der transeuropäischen Netze sowie zur Struktur- und Regionalpolitik. Vgl. Abschnitt 8.3.5.

8.13 Aufgabe des Europäischen Gerichtshofs ist die Wahrung des Rechts bei der Anwendung und Auslegung der Gemeinschaftsverträge durch die Möglichkeit der Behandlung von Vetragsverletzungs-, Nichtigkeits- und Untätigkeitsklagen sowie von Entscheidungen in Vorlageverfahren. Vgl. Abschnitt 8.3.6.

8.14 Erstmals beschäftigte sich neben dem Rat ein demokratisch stärker legitimiertes und damit ein nationalstaatlicher Interessensdominanz weitgehend entzogenes Entscheidungsgremium mit institutionellen Fragen der zukünftigen Struktur und notwendigen Reformen in der Europäischen Union. Vgl. Abschnitt 8.3.7.

8.15 Ihre Ausführungen sollten Abbildung 8.7 in Abschnitt 8.4 entsprechen.

8.16 Die EU verfügt über folgende Einnahmearten: Agrarabschöpfungen, (Agrar-) Zölle und Zuckerabgaben, Mehrwertsteuer-Eigenmittel und als sog. 'vierte, ergänzende Abgabe' Einnahmen zur Deckung darüber hinausgehenden Ausgabenbedarfes in Höhe eines festgelegten maximalen Prozentsatzes des BNE der Mitgliedstaaten (2007: maximal 1,24 %). Vgl. Abbildung 8.8 in Abschnitt 8.5.1.

8.17 Der Haushalt der EU muss haushaltsrechtlich zwingend ausgeglichen sein; eine Verschuldung ist unzulässig. Vgl. Abschnitt 8.5.1.

8.18 Ihre Erläuterungen sollten sich an Abbildungen 8.9 und 8.10 orientieren. Vgl. Abschnitt 8.5.2.

8.19 Positiv an der starken Nettozahlerposition Deutschlands ist der hieraus resultierende große politische Einfluss in der EU. Auch relativiert sich diese Ausgabenposition unter Beachtung der hohen Handelsvorteile, die sich für Deutschland aus dem ungehinderten Waren- und Dienstleistungsverkehr mit der EU ergeben. Betrachtet man zusätzlich die hinter den Exporten in die EU stehenden Arbeitsplätze, so ist der Wohlfahrts-Nettoeffekt der Nettozahlerposition Deutschlands in der EU mehr als positiv: Der volkswirtschaftliche Wohlstand Deutschlands wäre ohne die Mitgliedschaft in der EU und damit auch ohne die hohen Transferzahlungen in die ökonomisch schwächeren Staaten der EU – die u. a. mit diesem Geld auch wieder in die Lage versetzt werden, deutsche Lieferungen und Leistungen nachzufragen – dramatisch niedriger. Vgl. Abschnitt 8.5.2.

8.20 Ihre Ausführungen zu den Einnahmen sollten sich an Abschnitt 8.5.1 orientieren, die Erläuterung der Ausgaben sollte Abbildung 8.15 in Abschnitt 8.5.3 entsprechen.

Antworten zu den Kontrollfragen

8.21 Erhöhung der Produktivität der Landwirtschaft, Sicherstellung eines angemessenen Einkommens und damit Wohlstandes der im landwirtschaftlichen Sektor tätigen Bevölkerung, Vermeidung von Preisschwankungen im Agrarsektor, Sicherung der Versorgung und Belieferung der Verbraucher zu angemessenen Preisen. Vgl. Abschnitt 8.6.1.

8.22 Marktordnungen mit Preisstützung, Marktordnungen mit gemeinsamem Außenschutz und Marktordnungen mit direkten Einkommens-Beihilfen, mit Erläuterungen wie in Abschnitt 8.6.2.

8.23 Einführung bzw. Absenkung von Produktionsquoten, Kompensation der Mindereinnahmen der Landwirte infolge von Flächenstilllegung und geringeren Quoten durch direkte Einkommensbeihilfen, Programme zur Förderung umweltgerechter Produktion, Programme zur Aufforstung, Programme zur Förderung des Vorruhestands älterer Landwirte. Vgl. Abschnitt 8.6.3.

8.24 Zu nennen sind hier der Europäische Garantiefonds für die Landwirtschaft (EGFL), der Europäische Landwirtschaftsfonds für die Entwicklung des ländlichen Raumes (ELER) und der Europäische Fischereifonds (EFF).

Der EGFL umfasst für die Jahre 2007 – 2013 ein Finanzierungsvolumen von 293 Mrd. Euro und finanziert vor allem die Erstattungen bei der Ausfuhr landwirtschaftlicher Erzeugnisse in Drittländer, die Interventionen zur Regulierung der Agrarmärkte, die im Rahmen der Gemeinsamen Agrarpolitik vorgesehenen Direktzahlungen an die Landwirte und bestimmte Informations- und Absatzförderungsmaßnahmen für landwirtschaftliche Erzeugnisse auf dem Binnenmarkt der Gemeinschaft und in Drittländern, die von den Mitgliedstaaten durchgeführt werden.

Der ELER stellt im selben Zeitraum Finanztransfers im Gesamtumfang von 69,75 Mrd. Euro zur Verfügung: Zentrale Ziele dieses Landwirtschaftsfonds sind die Steigerung der Wettbewerbsfähigkeit von Land- und Forstwirtschaft durch Förderung der Umstrukturierung; Verbesserung der Umwelt und des ländlichen Raumes durch Unterstützung der Landbewirtschaftung und Steigerung der Lebensqualität in ländlichen Gebieten und Förderung der wirtschaftlichen Diversifizierung.

Der EFF stellt für den Zeitraum 2007 bis 2013 finanzielle Mittel in Höhe von 3,8 Mrd. Euro zur Verfügung, um die Fischwirtschaft anpassungsfähiger zu machen und insbesondere eine nachhaltige Fischerei und Aquakultur in Europa zu fördern. Vgl. Abschnitt 8.6.4.

8.25 Externe Gründe: Die europäischen Agrarsubventionen sind dauerhaft nicht mit der Politik der WTO zu vereinbaren; vgl. Abschnitt 8.6.5.1; Interne Gründe: Die europäische Agrarpolitik fördert zu wenig kleine und mittlere Betriebe, ist zu teuer, zu wenig nachhaltig ausgerichtet und insbesondere in Bezug auf Quotenregelungen und Direktzahlungen ineffizient; vgl. Abschnitt 8.6.5.2.

8.26 Freier Waren-, Dienstleistungs-, Personen- und freier Kapitalverkehr. Vgl. Abschnitt 8.7.

8.27 Der Europäische Sozialfonds (ESF) fördert die berufliche (Wieder-)Eingliederung von Arbeitslosen und benachteiligten Gruppen hauptsächlich über die Finanzierung von Bildungs-, Ausbildungs- und Beschäftigungsmaßnahmen. Der Europäische Garantiefonds für die Landwirtschaft (EGFL) wird zur Förderung der ländlichen Entwicklung eingesetzt. Der Europäische Fonds für regionale Entwicklung (EFRE) finanziert u. a. den Infrastrukturausbau sowie Anlageinvestitionen zur Schaffung von Arbeitsplätzen in gering entwickelten Regionen wie beispielsweise Griechenland oder Portugal. Zusätzlich besteht noch der Kohäsionsfonds zur Förderung von Gebieten besonders geringen Pro Kopf Einkommens. Vgl. Abschnitt 8.8.3.

8.28 Der Kohäsionsfonds wurde 1993 eingerichtet, um die Bereiche Umwelt- und Verkehrsinfrastruktur zu fördern; allerdings nur in Ländern, deren Pro-Kopf-BIP unter einem Niveau von 90 % des Gemeinschaftsdurchschnittes liegt. Vgl. Abschnitte 8.8.2 und 8.8.3.

8.29 Die höchste absolute Förderung erhielten Spanien (45 Mrd. Euro), Deutschland (29,7 Mrd. €) und Italien (29,6 Mrd. €); pro Kopf der Bevölkerung wurden am stärksten gefördert Griechenland (2.129 Euro), Portugal (1.822 €) und Spanien (1.204 €). Vgl. Abbildung 8.19 in Abschnitt 8.8.3.

8.30 Die EIB vergibt auch im Rahmen der Strukturpolitik günstige Darlehen für Investitionsvorhaben (primär in den Bereichen Infrastruktur und Energieversorgung, Förderung internationaler Wettbewerbsfähigkeit der europäischen Industrie, Förderprogramme für kleine und mittelständische Unternehmen) in weniger entwickelten Gebieten. Vgl. Abschnitte 8.8.3 und 8.8.4.

8.31 Seit dem Jahr 2007 werden beitrittswillige Staaten mit dem 'Instrument für Heranführungshilfe' (IPA) auf die Durchführung der Strukturfonds sowie des Fonds für die Entwicklung des ländlichen Raums für die Zeit nach dem Beitritt vorbereitet. Es zielt hauptsächlich darauf ab, Institutionen und Rechtstaatlichkeit, Menschenrechte, einschließlich der Grundfreiheiten, der Minderheitenrechte, der Gleichberechtigung der Geschlechter und der Nichtdiskriminierung, administrative und wirtschaftliche Reformen, wirtschaftliche und soziale Entwicklung, Aussöhnung und Wiederaufbau sowie regionale und grenzüberschreitende Zusammenarbeit zu unterstützen. Vgl. Abschnitt 8.8.5.

8.32 Das zentrale Ziel des EFR ist es, Forschung und Entwicklung als zentralen Faktor wirtschaftlichen Wachstums zu erhöhen und europaweit besser zu vernetzen. Über den EFR sollen sämtliche Gemeinschaftsmaßnahmen mit dem Ziel einer besseren Koordinierung der Forschungsarbeit und der Konvergenz der Forschungs- und Innovationspolitik der Mitgliedstaaten und der Europäischen Union gebündelt werden – national wie EU-weit. Vgl. Abschnitt 8.9.1.

8.33 Im Rahmen der EU- Forschungs- und Technologiepolitik ist in folgende Programmformen zu unterscheiden: Direkte und indirekte Aktionen, konzertierte und horizontale Aktionen. Vgl. Abschnitt 8.9.2.

8.34 Ihre Ausführungen sollten den Inhalten von Abbildung 8.27 in Abschnitt 8.9.2 entsprechen.

8.35 Trotz der zunehmenden Bedeutung, die die EU der sozialen Komponente von Arbeitnehmerschutzrechten seit dem Vertrag von Nizza zu erkennen, ist diese relativ neue Gemeinschaftsaufgabe aufgrund der sehr ablehnenden Grundhaltungen insbesondere Großbritanniens und Dänemarks institutionell noch recht schwach ausgeprägt: Entscheidungen des Rates im Rahmen der Sozialziele des Art. 137 (1), Buchstaben c, d, f und g unterliegen nicht der qualifizierten Mehrheitsentscheidung, sondern haben einstimmig zu erfolgen. Vgl. Abschnitt 8.10.

8.36 Der ECOFIN-Rat überwacht die Konvergenz in der EWWU: Er billigt alljährlich im Frühjahr die Grundzüge der Wirtschaftspolitik, in denen gemeinsame Ziele bzgl. Inflation, Kontrolle der öffentlichen Defizite und seit 1995 auch der Beschäftigung festgelegt werden und berät über die Wirtschaftspolitik der Mitgliedstaaten auf der Grundlage nationaler Konvergenzprogramme und des Konvergenzberichtes der Kommission. Er entscheidet, welche Länder ein übermäßiges Defizit aufweisen und empfiehlt den betreffenden Ländern Maßnahmen zur Behebung dieser Situation. Werden diese Empfehlungen nicht umgesetzt, so kann der Rat ihre Veröffentlichung beschließen und die betroffene Regierung damit beträchtlich unter öffentlichen psychologischen Druck setzen. Außerdem kann er die Europäische Investitionsbank (EIB) beauftragen, die Darlehenspolitik der Mitgliedsländer zu überprüfen und verlangen, dass ein Mitgliedstaat eine unverzinsliche Einlage in angemessener Höhe hinterlegt, bis das Defizit korrigiert ist, außerdem kann er Geldbußen verhängen. Vgl. Abschnitt 8.11.1.

8.37 Das Europäische System der Zentralbanken (ESZB) besteht aus der Europäischen Zentralbank (EZB) in Frankfurt/ M. und den teilnehmenden nationalen Notenbanken als abhängige Institutionen – wie Abbildung 8.30 zeigt. Vgl. Abschnitt 8.11.2.

8.38 Die grundlegenden Aufgaben des ESZB bestehen darin, die Geldpolitik der Gemeinschaft festzulegen und auszuführen, Devisengeschäfte im Einklang mit der Währungsautonomie des Europäischen Rates durchzuführen, die offiziellen Währungsreserven der Mitgliedstaaten zu halten und zu verwalten, sowie das reibungslose Funktionieren der Zahlungssysteme zu fördern. Vgl. Abschnitt 8.11.1.

8.39 Zentrales Ziel der EZB ist es, die Preisstabilität zu gewährleisten. Soweit dies ohne Beeinträchtigung des Zieles der Preisstabilität möglich ist, unterstützt die EZB die allgemeine Wirtschaftspolitik in der Europäischen Union. Vgl. Abschnitt 8.11.1.

8.40 Die jährliche Neuverschuldung darf nicht über 3 % des Bruttoinlandsproduktes (BIP) liegen, die Gesamtverschuldung darf 60 % des BIP nicht überschreiten, die Inflationsrate eines Mitgliedslandes darf nicht mehr als 1,5 % über der durchschnittlichen Inflationsrate der drei Länder mit der niedrigsten Inflation liegen, der nominelle langfristige Zinssatz darf den Durchschnitt der drei Länder mit den geringsten Inflationsraten um nicht mehr als zwei Prozentpunkte übersteigen, mindestens zwei Jahre dürfen von einem Mitgliedsland keine starken Spannungen im Wechselkursmechanismus des EWS ausgehen. Vgl. Abschnitt 8.11.2.

8.41 Der Stabilitätspakt definiert für jedes Land bestimmte Zeitziele, in denen der Staatshaushalt ausgeglichen sein soll: Nur bei einer verantwortungsvollen Budgetpolitik, die fehlende Reformen oder zu geringe Steuereinnahmen nicht einfach mittels zusätzlicher Staatsverschuldung finanziert, ist dauerhaft eine innere und äußere Wertstabilität des Euro gewährleistet. Vgl. Abschnitt 8.11.2.

8.42 Die verschuldungsorientierten Konvergenzkriterien fordern, dass die jährliche Neuverschuldung nicht über 3 % des BIP liegen darf und dass die Gesamtverschuldung 60 % des BIP nicht überschreiten soll. Außerdem soll die Inflationsrate eines Mitgliedslandes nicht mehr als 1,5 %

über der durchschnittlichen Inflationsrate der drei Länder mit der niedrigsten Inflation (jetzt: der Inflationsrate der EU) liegen; der nominelle langfristige Zinssatz soll den Durchschnitt des entsprechenden Zinssatzes der drei Länder mit den geringsten Inflationsraten um nicht mehr als 2 Prozentpunkte übersteigen (jetzt: des langfristigen Zinsniveaus der EU); mindestens zwei Jahre dürfen von einem potentiellen Mitgliedsland keine starken Spannungen im Wechselkursmechanismus des EWS (jetzt: des EWS II) ausgehen, d. h. es muss eine maximale Schwankungsbreite von +/− 2,25 % um die Parität der nationalen Währung mit dem Euro eingehalten werden. Vgl. Abschnitt 8.11.3.

Glossar

ACCION:
ACCION International, gehört parallel zur ⇨ GRAMEEN Bank und ⇨ FINCA zu den Pionieren auf dem Gebiet der Mikrofinanzierungen, mit einem ausgezahlten Kleinstkreditvolumen von 9,4 Mrd. US-$ bei 4 Mio. Kreditkunden; vgl. Abschnitt 4.4.3.

ADB:
Asian Development Bank, Asiatische Entwicklungsbank; 1965 als regionale Entwicklungsbank für Asien gegründet; vgl. Abschnitt 5.3.

ADF:
Asian Development Fund, Asiatischer Entwicklungsfonds; treuhänderischer Entwicklungsfonds zur Förderung von Entwicklungsvorhaben der ⇨ ADB in ärmeren Staaten Asiens zu sehr günstigen Konditionen mit Laufzeiten bis zu 50 Jahren; vgl. Abschnitt 5.3.2.

AfDB:
African Development Bank, Afrikanische Entwicklungsbank; 1963 als regionale Entwicklungsbank für Afrika gegründet; vgl. Abschnitt 5.5.

AfDF:
African Development Fund, Afrikanischer Entwicklungsfonds; Fonds zur Förderung von Entwicklungsvorhaben der ⇨ AfDB in ärmeren Staaten Afrikas zu sehr günstigen Konditionen mit Laufzeiten bis zu 50 Jahren inklusive 10 tilgungsfreien Jahren zu einem symbolischen Zins von 0,75 %; vgl. Abschnitt 5.5.2.2.

Amsterdam-Vertrag:
Vertrag vom 2. Oktober 1997 als Ergebnis der Regierungskonferenz 1996/97 zur Reform der europäischen Verträge über die ⇨ Europäische Union; vgl. ⇨ EUV; vgl. Abschnitt 8.2.

ASEAN:
Association of Southeast Asian Nations; politische, wirtschaftliche und kulturelle Vereinigung südostasiatischer Staaten; am 8. August 1967 von Thailand, Indonesien, Malaysia, den Philippinen und Singapur mit dem Ziel gegründet, für wirtschaftlichen Aufschwung, sozialen Fortschritt und politische Stabilität zusammenzuarbeiten. Weitere Mitglieder sind im Jahr 2007 Brunei, Kambodscha, Laos, Myanmar und Vietnam; vgl. Abschnitt 1.2.2.1.

Glossar

Bank des Südens:
Banco del Sur, im Juni 2007 auf Initiative Venezuelas als Alternative zu IWF und Weltbank gegründete Entwicklungsbank mit den Gründungsmitgliedern Argentinien, Brasilien, Bolivien, Ecuador und Paraguay; vgl. Abschnitt 3.5.

Bank für internationalen Zahlungsausgleich (BIZ):
Zusammenschluss der wichtigsten Zentralbanken zu Zwecken der Kooperation und Vereinfachung des internationalen Zahlungsverkehrs; vgl. Abschnitt 7.3.1.

Bretton Woods Institute:
Zusammenfassender Begriff für ⇨ IWF und ⇨ Weltbank (⇨ IBRD), gegründet 1944 im Ort Bretton Woods in New Hampshire; vgl. Abschnitte 3 und 4.

CAF:
Anden-Entwicklungsbank (Corporatión Andina de Fomento), Regionale Entwicklungsbank zur Unterstützung der Andenstaaten. Gegründet 1966 mit der 'Deklaration von Bogotá'; Aufnahme des Geschäftsbetriebes im Juni. Aktuelle Mitglieder (2007) sind **Bolivien**, Brasilien, **Chile**, **Kolumbien**, Costa Rica, **Ecuador**, Jamaika, Mexico, Panama, Paraguay, **Peru**, Spanien, Trinidad und Tobago, Uruguay und **Venezuela** (Gründungsmitglieder in Fettdruck); vgl. Abschnitt 5.4.

CARICOM:
Caribbean Community and Common Market; 1973 schlossen sich 15 mittelamerikanische Inselstaaten zur Gemeinschaft der Karibikstaaten zusammen. Ziel ist eine stärkere wirtschaftliche Integration sowie die Koordinierung der Außenpolitik. Mitglieder sind Antigua und Barbuda, Bahamas, Barbados, Belize, Dominika, Grenada, Guyana, Haiti, Jamaika, Montserrat, Saint Lucia, St. Kitts und Nevis, St. Vincent und die Grenadinen, Surinam sowie Trinidad und Tobago. Assoziierte Mitglieder sind Anguilla, die Bermudas, die Britischen Jungferninseln, die Cayman Inseln sowie die britischen Turks- und Caicos Inseln.

CCFF:
Eventualfall-Finanzierungsvorkehrung des ⇨ IWF; vgl. Abschnitt 3.3.

CFM:
Committee on Financial Markets = Ausschuss für Finanzmärkte der ⇨ OECD; vgl. Abschnitt 7.3.2.

Charta der Europäischen Grundrechte:
Bestandteil der geplanten Verfassung (Teil II) der EU: Kodifizierung eines umfassenden Werte-Kataloges von Grund- und Bürgerrechten im weitesten Sinne; vgl. Abschnitt 8.3.

CIME:
Committee on International Investment and Multinational Enterprises = Ausschuss für internationale Investitionen und multinationale Unternehmen der ⇨ OECD; vgl. Abschnitt 7.3.2.

CMIT:
Committee on Capital Movements and Invisible Transactions = Ausschuss für Kapitalverkehr und unsichtbare Transaktionen der ⇨ OECD; vgl. Abschnitt 7.3.2.

DAC:
Development Assistance Committee = Ausschuss für Entwicklungshilfe der ⇨ OECD; vgl. Abschnitt 7.3.3.

EAG:
Europäische Atomgemeinschaft, gegründet 1957 mit den sog. ⇨ Römischen Verträgen; vgl. Abschnitt 8.1.

EGFL:
2007 in Nachfolge des ⇨ EAGFL gegründeter Europäischer Garantiefonds für die Landwirtschaft im Rahmen der ⇨ GAP, zur Finanzierung von Mindestpreisen; vgl. Abschnitte 8.6.4 und 8.8.2.

ELER:
2007 als neuer EU-Agrarstrukturfonds gegründeter Europäischer Landwirtschaftsfonds für die Entwicklung des ländlichen Raums der ⇨ EU; vgl. Abschnitte 8.6.4 und 8.8.2.

EAGFL:
Europäischer Ausrichtungs- und Garantiefonds für die Landwirtschaft, in Anwendung bis Ende 2006; die Abteilung 'Ausrichtung' (EAGFL) finanzierte Maßnahmen zur Förderung der ländlichen Entwicklung und Hilfen für Landwirte insbesondere in Regionen, die einen Entwicklungsrückstand aufzuholen hatten; die Abteilung 'Garantie' des EAGFL unterstützte die ländliche Entwicklung im Rahmen der gemeinsamen Agrarpolitik in anderen Teilen der EU (2007 ersetzt durch ⇨ EGFL und ⇨ ELER); vgl. Abschnitte 8.6.4 und 8.8.2.

Glossar

EBWE:
Europäische Bank für Wiederaufbau und Entwicklung; 1991 in London gegründete Entwicklungsbank zur Förderung der wirtschaftlichen Umstrukturierung und Transformation Osteuropas; vgl. Abschnitt 5.2.

ECOFIN:
Rat der Wirtschafts- und Finanzminister der ⇨ EU, der u. a. die Einhaltung der Stabilitätskriterien überwacht und die Mitgliedstaaten der ⇨ EWWU wirtschaftspolitisch berät; vgl. Abschnitt 8.11.1.

EDRC:
Economic and Development Review Committee = Ständiger Prüfungsausschuss für Wirtschafts- und Entwicklungsfragen der ⇨ OECD; vgl. Abschnitt 7.3.1.

EFF:
Der EFF stellt finanzielle Mittel zur Verfügung, um die Fischwirtschaft anpassungsfähiger zu machen und insbesondere eine nachhaltige Fischerei- und Aquakultur in Europa zu fördern (2007 ersetzt dieser neue Fonds das bis 2006 relevante Instrument des ⇨ FIAF); vgl. Abschnitt 8.8.2.

EFTA:
Am 21.6.1959 im schwedischen Saltsjöbaden gegründete Europäische Freihandelszone mit den Gründungsmitgliedern Dänemark, Großbritannien, Norwegen, Österreich, Portugal, Schweden und der Schweiz. Aktuell (2007) sind Mitglieder der EFTA: Island, Liechtenstein, Norwegen und die Schweiz; vgl. Abschnitt 8.1.1.

EGKS:
Europäische Gemeinschaft für Kohle und Stahl, gegründet 1951; vgl. Abschnitt 8.1.

EGV:
Vertrag zur Gründung der Europäischen Gemeinschaft 1986; vgl. Abschnitt 8.

EIB:
Die durch den Vertrag von Rom ins Leben gerufene und 1958 gegründete Europäische Investitionsbank (EIB) ist die Finanzierungsinstitution der Europäischen Union. Sie vergibt Entwicklungskredite primär an die EU-Mitgliedstaaten, zu etwa 10 % des Gesamtkreditvolumens aber auch an Drittstatten, insbesondere die Mittelmeeranrainer und die Länder des Balkans; vgl. Abschnitt 8.8.3.

EIF:
Der 1994 gegründete Europäische Investmentfonds (EIF) hat das Ziel, kleine und mittlere Unternehmen (KMU) zu unterstützen, die sich in der Frühphase befinden und/ oder im Bereich der neuen Technologien tätig sind. Die ⇨ EIB ist mehrheitlicher Anteilseigner und Verwaltungsinstanz des EIF; vgl. Abschnitt 8.8.3.

Einheitliche Europäische Akte:
Einheitliche Europäische Akte (EEA) von 1986, die die erste Vertragsänderung der EWG darstellte, und den EWG-Vertrag (in Titel II) mit Wirkung vom 1.7.1987 änderte; primäres Ziel war die Schaffung des einheitlichen Binnenmarktes zum 1.1.1993; vgl. Abschnitte 8.1, 8.2, 8.7, 8.8 und 8.11.

EMRK:
Europäische Menschenrechts-Konvention des Europarates, unterzeichnet am 4. November 1950 in Rom; vgl. Abschnitt 8.3.7.2.

EPC:
Economic Policy Committee = Wirtschaftspolitischer Ausschuss der ⇨ OECD; vgl. Abschnitte 3.3 und 7.3.1.

ESAF:
Erweiterte Strukturanpassungsfazilität des ⇨ IWF; vgl. Abschnitt 3.3.

EUGH:
Europäischer Gerichtshof, oberste Kontrollinstanz (Judikative) der ⇨ Europäischen Union; vgl. Abschnitte 8.3.6 und 8.3.7.

Europäische Bank für Wiederaufbau und Entwicklung (EBWE):
1991 in London gegründete Entwicklungsbank zur Förderung der wirtschaftlichen Umstrukturierung und Transformation Osteuropas; vgl. Abschnitte 4.2.1 und 5.2.

Europäische Gemeinschaft (EG):
Zusammenschluss der drei ⇨ Europäischen Gemeinschaften ⇨ EGKS, ⇨ EWG und ⇨ EAG zur Europäischen Gemeinschaft (EG) im Rahmen der ⇨ Einheitlichen Europäische Akte (EEA) von 1986; vgl. Abschnitte 8.1 und 8.2.

Europäische Gemeinschaften:
Bezeichnung der drei Europäischen Gemeinschaften ⇨ EGKS, ⇨ EWG und ⇨ EAG; vgl. Abschnitt 8.1.

Europäische Investitionsbank (EIB):
Mit eigener Rechtspersönlichkeit ausgestattete Einrichtung der ⇨ Europäischen Union mit Sitz in Luxemburg; vergibt Kredite zur Erschließung weniger entwickelter Gebiete und für Investitionsvorhaben, die im Interesse mehrerer Mitgliedstaaten liegen; vgl. Abschnitte 8.8 und 8.11.

Europäische Kommission:
Exekutive mit Vorschlagsrecht der ⇨ Europäischen Union; vgl. Abschnitte 8.3.3 und 8.3.7.2.

Europäische Politische Zusammenarbeit (EPZ):
Vereinbarung zu gemeinsamer Koordination der Außenpolitik der EU-Staaten, eingeführt in der ⇨ Einheitlichen Europäischen Akte; vgl. Abschnitt 8.1.1.

Europäische Union (EU):
Gegründet zum 1.11.1993 mit dem Vertrag über die Europäische Union (⇨ Maastricht-Vertrag), dem ⇨ EUV; vgl. Abschnitt 8.

Europäische Verfassung:
Auf Basis eines Entwurfes des EU-Konvents am 29.10.2004 in Rom feierlich von den Staats- und Regierungschefs aller 25 EU-Mitgliedstaaten unterzeichnetes Vertragsdokument der ⇨ EU, mit dem die Vertragsgrundlagen der EU vollständig neu geordnet und erweitert werden sollten. Die Ratifizierung ist mit den ablehnenden Volksentscheiden in Frankreich und den Niederlanden im Frühjahr 2005 de facto gescheitert; vgl. Abschnitt 8.3.7.

Europäische Wirtschaftsgemeinschaft (EWG):
Gegründet 1957 mit den sog. Römischen Verträgen; vgl. Abschnitt 8.1.

Europäischer Fonds für regionale Entwicklung (EFRE):
EU-Strukturfonds zur Stützung wirtschaftlich schwacher Regionen, insbesondere in Griechenland, Portugal, Spanien, Süditalien und den Neuen Bundesländern in Deutschland; vgl. Abschnitt 8.8.2.

Europäischer Rat:
Der EU übergeordnetes Gremium der Staats- und Regierungschefs der EU-Staaten, dessen Aufgabe entsprechend Artikel 4 EUV darin liegt, der EU Impulse zu geben und die allgemeinen politischen Zielvorstellungen festzulegen; vgl. Abschnitte 8.3.2 und 8.3.7.2.

Europäischer Sozialfonds (ESF):
EU-Strukturfonds zur Förderung der Beschäftigung und Mobilität von Arbeitnehmern innerhalb der ⇨ EU; vgl. Abschnitt 8.8.2.

Glossar

Europäisches Parlament:
Angedachte Legislative der ⇨ Europäischen Union, mit noch beschränkten Mitspracherechten; vgl. Abschnitte 8.3.4 und 8.3.7.2.

Europäisches Währungsinstitut (EWI):
Zur Einführung der gemeinsamen europäischen Währung wurde in Titel VI Maastrichter EGV ein Drei-Stufenplan zur Bildung der WWU definiert; die II. Stufe begann am 1.1.1994 mit der Gründung des 'Europäischen Währungsinstituts' (EWI) in Frankfurt als Vorläufer einer europäischen Zentralbank (ESZB) zur technischen und administrativen Vorbereitung der Währungsunion ab 1999; vgl. Abschnitt 8.11.1.

Europarat:
Gegründet im Mai 1949 und noch heute existierend; hatte das Ziel, mittels lockerer Integration bestimmte europäische Grundwerte zu definieren, seine Integrationskraft wurde aufgrund der hohen Mitgliederzahl schon sehr kurz nach Gründung vom Ost-West-Konflikt überlagert; vgl. Abschnitt 8.1.1.

Europol:
Europäisches Polizeiamt, Befugnisse gemäß Titel VI Amsterdamer EUV; vgl. Abschnitt 8.2.

EUV:
Vertrag über die Gründung der ⇨ Europäischen Union, in Kraft getreten am 1. November 1993, bekannter unter der Bezeichnung ⇨ 'MAASTRICHT-Vertrag'; überführt die ⇨ Europäische Gemeinschaft in die ⇨ Europäische Union und erweitert die Verträge inhaltlich institutionell und um weitere Gemeinschaftsaufgaben; 1997 grundlegend überarbeitet als sog. ⇨ Amsterdam-Vertrag; 2001 grundlegend überarbeitet als sog. ⇨ Nizza-Vertrag; vgl. Abschnitt 7, insbesondere Abschnitte 8.1 und 8.2.

EVG:
Europäische Verteidigungsgemeinschaft; Vertragsunterzeichnung 1952, gescheitert wegen Nichtratifikation durch die französische Nationalversammlung 1954; vgl. Abschnitt 8.1.

EWGV:
EWG-Vertrag, Gründungsvertrag der ⇨ Europäischen Wirtschaftsgemeinschaft von 1957, der 1986 mit der ⇨ Einheitlichen Europäischen Akte überging in den ⇨ EGV.

EWS:

Europäisches Währungssystem: Versuch der Gewährleistung relativer Wechselkursstabilität der Währungen innerhalb der Europäischen Gemeinschaften von 1979 bis 1998 durch Festlegung fester Paritäten gegenüber der ECU bei maximal erlaubten bilateralen Schwankungsbreiten von +/– 2,25 %, 6 % oder 15 %.

EWS II:

Fortführung des ⇨ EWS für Länder der Europäischen Union im Rahmen des sog. Wechselkursmechanismus (WKM), die noch nicht der Europäischen Währungsunion (⇨ EWWU) beigetreten sind; vgl. Abschnitt 8.11.1.

EWWU:

Europäische Wirtschafts- und Währungsunion vom 1.1.1999, geschaffen mit dem ⇨ Maastricht-Vertrag; vgl. Abschnitt 8.11.

FIAF:

Finanzinstrument für die Ausrichtung der Fischerei, EU-Strukturfonds zur Modernisierung der Fischerei in den Südländern Griechenland, Portugal, Spanien und Süditalien (2007 ersetzt durch den ⇨ EFF); vgl. Abschnitt 8.8.2.

FINCA:

Die Foundation for International Community Assistance (FINCA International) ist eine nicht gewinnorientierte Mikrokredit Organisation, gegründet 1984 von John Hatch. FINCA ist einer der Erfinder des Dorfbankgedankens und ist weltweit anerkannt als Pionier moderner Mikrofinanzierung. Neben dem Hauptsitz in Washington, DC, hat FINCA 21 Tochterinstitute in Lateinamerika, der Karibik, Afrika, Osteuropa, dem Kaukasus und Zentralasien. FINCA hat 500.000 Mikrokredit-Kunden bei ausstehenden Krediten von 100 Mio. US-$. Zusammen mit der ⇨ GRAMEEN Bank und ⇨ ACCION International ist FINCA eine der einflussreichsten Mikrokredit-Organisationen weltweit; vgl. Abschnitt 4.4.3.

FTAA:

Free Trade Area of the Americas, geplante panamerikanische Freihandelszone, angedacht für alle 34 Staaten Amerikas (vorerst ohne Kuba); Verhandlungen seit 1994, bisher ohne konkreten Erfolg.

G-4:

Informelles Gremium zur Diskussion wirtschafts- und währungspolitischer Fragen der Vertreter der Finanzminister und Notenbankpräsidenten der USA, Großbritanniens, Frankreichs und Deutschlands; schon lange als Gremium durch die ⇨ G-7 bzw. die ⇨ G-8 ersetzt; vgl. Abschnitt 6.1.1.

G-5:

Um Japan erweiterte ⇨ G-4; vgl. Abschnitt 6.1.1.

G-7:

Um Italien und Kanada erweiterte ⇨ G-5, zugleich Gremium der Staats- und Regierungschefs dieser Staaten; vgl. Abschnitt 6.1.

G-8:

Um Russland erweitertes Gremium der Staats- und Regierungschefs der ⇨ G-7; vgl. Abschnitt 6.1.

G-10:

Die Gruppe der G-10 vertritt die 11 finanzstärksten Länder und setzt sich zusammen aus den ⇨ G-7 sowie der Niederlande, Belgien und Schweden sowie der Schweiz als 'assoziiertem Mitglied' der 'Zehnergruppe' (ohne dass sich der Begriff der G-11 eingebürgert hätte); vgl. Abschnitt 6.2.1.

G-20:

1999 von den ⇨ G-7 als Reaktion auf die Finanzkrisen der 90er Jahre initiiertes Gremium, das sich zur Aufgabe setzt, zur Stabilisierung des Weltfinanzsystems und zur Liberalisierung des Welthandels beizutragen; vgl. Abschnitt 6.2.2.

G-24:

Die Gruppe der 24 wurde 1972 von der ⇨ G-77 als währungspolitisches Sondergremium der Schwellen- und Entwicklungsländer gegründet. Die G-24 besteht in wechselnder Zusammensetzung aus jeweils acht Mitgliedstaaten Afrikas, Asiens und Lateinamerikas; vgl. Abschnitt 6.3.2.

G-77:

Das zentrale informelle Gremium der Entwicklungsländer ist die Gruppe der 77, die zurückgeht auf den sog. 'Ausschuss der 75', der sich 1964 auf Ministerebene im Rahmen der ⇨ UNCTAD bildete; vgl. Abschnitt 6.3.1.

GAP:

Gemeinsame Agrarpolitik der ⇨ EU; vgl. Abschnitt 8.6.

GASP:

Gemeinsame Außen- und Sicherheitspolitik der Europäischen Union entsprechend Titel V ⇨ EUV; vgl. Abschnitte 8.2, 8.3.1 und 8.3.7.2.

Glossar

GATS:

Multilaterales Abkommen innerhalb der ⇨ WTO: Rat für den Handel mit Dienstleistungen (General Agreement on Trade in Services); vgl. Abschnitt 1.3.

GATT:

Multilaterales Abkommen innerhalb der ⇨ WTO: Rat für den Handel mit Waren (General Agreement on Tarifs and Trade); vgl. Abschnitt 1.2.

GEF:

Global Environment Facility, 1991 von verschiedenen planenden und auch vor Ort ausführenden Institutionen bei einem Anteil der Weltbankgruppe von 50 % gegründete Fazilität; die GEF ist der größte Geldgeber für Schenkungen an Entwicklungsländer, mit denen Projekte gefördert werden, die den Schutz der regionalen und globalen Umwelt sowie die Verbesserung regionaler und globaler Umweltbedingungen zum Ziel haben; vgl. Abschnitt 4.5.

GRAMEEN BANK:

Die Grameen Bank ist eine der ältesten armutsorientierten Mikrokredit-Institutionen, gegründet von Muhammad YUNUS, der 2006 den Friedensnobelpreis für seinen Einsatz für die Armen erhielt. Die Grameen Bank vergibt sog. 'Mikrokredite' zur unternehmerischen Selbsthilfe an Mittellose und ermöglicht ihnen dadurch eine Existenzgründung und -sicherung; vgl. Abschnitt 4.4.2.

GRIP:

'Guaranteed Recovery of Investment Principal' der ⇨ IFC, die im Rahmen von Direktinvestitionen ergänzend zur ⇨ MIGA sogar kommerzielle Risiken (Übernahme des Verlustrisikos) abdeckt; vgl. Abschnitt 4.2.3.

HIPC:

Heavily Indebted Poor Countries, die Gruppe der am stärksten verschuldeten Entwicklungsländer, die in den Genuss des Schuldenerlass-Programmes der ⇨ G-7, der ⇨ EU, des ⇨ IWF und der Afrikanischen Entwicklungsbank (⇨ AfDB) kommen; vgl. Abschnitte 3.3, 3.4, 5.5 und 6.1.3.

Glossar

IADB:
Inter-American Development Bank, Interamerikanische Entwicklungsbank, 1959 als regionale Entwicklungsbank für Lateinamerika gegründet; vgl. Abschnitt 5.4.

IBRD:
Internationale Bank für Wiederaufbau und Entwicklung (IBRD: International Bank for Reconstruction and Development), größtes Teilinstitut der ⇨ Weltbankgruppe, zunächst zuständig für die Mit-Finanzierung des Wiederaufbaus Europas über günstige Kreditvergabe; seit 1950 findet eine Kreditfinanzierung der Entwicklung der Dritten Welt und seit 1990 vor allem auch Osteuropas über (Ko-)Finanzierung konkreter Einzelprojekte statt; vgl. Abschnitt 4.2.1.

ICSID:
Das 1966 gegründete 'Internationale Zentrum zur Beilegung von Investitionsstreitigkeiten' (International Centre for Settlement of Investment Disputes) ist als Teil der ⇨ Weltbankgruppe zuständig für eine multilaterale Koordination internationaler Direktinvestitionen; vgl. Abschnitt 4.2.3.

IDA:
Die 1960 ins Leben gerufene Internationale Entwicklungsorganisation (International Development Association) ist als ein Teilinstitut der ⇨ Weltbankgruppe zuständig für die Entwicklungsfinanzierung der am wenigsten entwickelten Staaten der Welt und leiht ihre Mittel in der Regel unverzinslich aus; vgl. Abschnitt 4.2.2.

IEA:
Internationale Energieagentur; vgl. Abschnitt 7.3.

IFC:
Die 1956 gegründete Internationale Finanzkorporation ist ein Teilinstitut der ⇨ Weltbankgruppe und zuständig für die entwicklungsorientierte Kreditierung der privaten Investitionstätigkeit in Entwicklungs- und Schwellenländern; vgl. Abschnitt 4.2.3.

IIF:
Institute of International Finance, von international tätigen Geschäftsbanken mit Sitz in Washington gegründetes Forum zur Verbesserung der Information über Schuldnerländer und der Kommunikation zwischen Gläubigern; vgl. Abschnitt 6.4.2.

IPA:

2007 ins Leben gerufenes Strukturförderprogramm der ⇨ EU, Instrument for Pre-Accession Assistance, zugunsten zukünftiger Beitrittsländer wie z. B. Kroatien, Mazedonien, Montenegro, Türkei; vgl. Abschnitt 8.8.4.

ISPA:

Strukturpolitisches Instrument der ökonomischen und sozialen Kohäsion der EU, insbesondere der Umwelt- und der Verkehrspolitik zur Vorbereitung auf den EU-Beitritt der 2004 und 2007 der EU beigetretenen Staaten Mittel- und Osteuropas für den Zeitraum 2000 – 2006 (Instrument for Structural Policy for Pre-Accession); vgl. Abschnitt 8.8.4.

ITO:

International Trade Organization; gescheiterter Versuch, 1948 eine Internationale Handelsorganisation unter dem Dach der Vereinten Nationen zu gründen, mit dem Ziel einer Liberalisierung des Welthandels; vgl. Abschnitt 1.1.1.

IWF:

Internationaler Währungsfonds, 1944 gegründetes ⇨ Bretton Woods Institut mit der Aufgabe der Koordination der Währungspolitik unter den Mitgliedstaaten sowie der Bekämpfung nationaler wie internationaler Finanzkrisen; vgl. Abschnitt 3.

Kohäsionsfonds:

EU-Strukturfonds zur gezielten Förderung der wirtschaftsschwachen Länder Griechenland, Irland, Portugal und Spanien; vgl. Abschnitt 8.8.2.

Konditionalität der Kreditvergabe:

Kredite werden an die Einhaltung bestimmter wirtschaftspolitischer Auflagen gekoppelt; dies wird primär vom ⇨ IWF praktiziert; vgl. Abschnitt 3.4.

Konvent der EU:

Im Dezember 2001 eingesetztes Gremium zur Erarbeitung einer grundlegenden Neuordnung der ⇨ EU, legte am 10.7.2003 einen Entwurf der ⇨ Europäischen Verfassung vor; vgl. Abschnitt 8.3.7.

LDCs:

Die am wenigsten entwickelten Länder (Least Developed Countries); vgl. Abschnitt 2.2.2.

Glossar

Londoner Club:
1976 in London gegründetes informelles Gremium international operierender Banken zum Management der Überschuldung von Schuldnerstaaten; im Gegensatz zum ⇨ Pariser Club werden grundsätzlich keine Zinsfälligkeiten umgeschuldet; vgl. Abschnitt 6.4.2.

Maastricht-Vertrag:
Vertrag über die ⇨ Europäische Union, in Kraft getreten am 1. November 1993; vgl. ⇨ EUV; vgl. Abschnitte 8.1 und 8.11.

MAI:
Multilateral Agreement on Investments = Multilaterale Vereinbarung über Investitionen der ⇨ OECD; vgl. Abschnitt 7.3.2.

MDRI:
Programm seit Ende 2005 des ⇨ IWF, das den Wunsch der ⇨ G-8 umsetzt, für Länder die die Kriterien der ⇨ HIPC Initiative für einen Schuldenerlass der am stärksten verschuldeten ärmsten Länder Welt erreicht haben oder voraussichtlich erreichen werden, einen kompletten Schuldenerlass von 100 % der ausstehenden Verbindlichkeiten bei den drei multilateralen Institutionen ⇨ IWF, ⇨ IDA und Afrikanischer Entwicklungsfonds (⇨ AfDF) zu gewähren; vgl. Abschnitt 3.4.

Megascience:
Unterorganisation der ⇨ OECD zur Entwicklung und Förderung der Forschung in bestimmten High-Tech-Forschungsgebieten (z. B. 'The Neutron Sources Working Group', die sich mit der Neutronenteilung befasst); vgl. Abschnitt 7.2.

MERCOSUR:
Mercado Común del Sur, 1991 in Asunción gegründete Freihandelszone Südamerikas mit den Mitgliedstaaten Argentinien, Brasilien, Paraguay, Uruguay (alle seit 1991), Venezuela (seit 2005), den assoziierten Staaten Chile (1996), Bolivien (1997), Peru (2003) sowie Ecuador und Kolumbien (beide seit 2004).

MIGA:
Zur Förderung von Direktinvestitionen als jüngstes Mitglied der ⇨ Weltbankgruppe 1988 gegründete Multilaterale Investitions-Garantie-Agentur (Multilateral Investment Guarantee Agency) als Versicherungsmöglichkeit gegen nicht-kommerzielle Risiken von Direktinvestitionen; vgl. Abschnitt 4.2.3.

Ministerrat:
Vgl. ⇨ RAT der Europäischen Union.

Multifaserabkommen (MFA):
1974 im Rahmen des GATT geschaffenes Reglement zur Festlegung von Quoten bzw. Obergrenzen für Importe aus textilexportierenden Ländern in westliche Industriestaaten, mit dem Ziel eines Schutzes der dortigen Textilindustrie. Mit Abschluss der Uruguay-Runde wurde die Abschaffung aller Quoten des MFA über 4 Stufen einer Quotenliberalisierung bis zum 1.1.2005 beschlossen und umgesetzt; vgl. Abschnitt 1.2.3.

NAFTA:
Nordamerikanische Freihandelszone (North American Free Trade Agreement), gegründet 1994; aktuell (2007) sind die Mitgliedstaaten der NAFTA: Kanada, Mexiko und die Vereinigten Staaten von Amerika.

Nizza-Vertrag:
Vertrag vom 11. Dezember 2000 als Ergebnis der Regierungskonferenz 2000 zur Reform der europäischen Verträge über die ⇨ Europäische Union; vgl. ⇨ EUV; vgl. Abschnitt 8.2.

ODA:
Official Development Assistance = Öffentliche Entwicklungshilfe, die Entwicklungsländern von Regierungen der Geberländer gewährt wird; vgl. Abschnitte 2.2.2 und 7.3.3.

OECD:
1961 aus der ⇨ OEEC hervorgegangene Organization for Economic Co-operation and Development = Organisation für wirtschaftliche Zusammenarbeit und Entwicklung; vgl. Abschnitt 7.

OEEC:
1948 mit Sitz in Paris gegründete Organization for European Economic Co-operation = Organisation für europäische wirtschaftliche Zusammenarbeit, 1961 in der ⇨ OECD aufgegangen; vgl. Abschnitt 7.1.

Pariser Club:
1956 in Paris gegründetes Gremium zur gemeinsamen Bewältigung von Zahlungsschwierigkeiten staatlicher Schuldner eines Schuldnerlandes gemeinsam mit allen Gläubigerstaaten; vgl. Abschnitt 6.4.1.

Glossar

PHARE:
Beitrittsförderndes Strukturprogramm bis 2006 der ⇨ EU zugunsten der 10 osteuropäischen Beitrittsstaaten, 1989 ins Leben gerufen als Programm zur Beitrittsförderung von Polen und Ungarn (Poland and Hungary: Aid for Restructuring of the Economies); vgl. Abschnitt 8.8.4.

Qualifizierte Mehrheitsentscheidung:
Abstimmungsverfahren in der ⇨ EU, nach dem ein Beschluss dann zustande kommt, wenn mindestens 255 von insgesamt möglichen 345 Stimmen im ⇨ Ministerrat zustimmen sowie mindestens 62 % der EU-Bevölkerung durch diese Stimmen vertreten werden; vgl. Abschnitt 8.3.1.

Rat der Europäischen Union:
Zentrales Entscheidungsgremium der ⇨ Europäischen Union; vgl. Abschnitt 8.3.1.

SAF:
Strukturanpassungsfazilität des ⇨ IWF; vgl. Abschnitt 3.3.

SAPARD:
Spezielles Programm für landwirtschaftliche und ländliche Entwicklung der ⇨ EU zugunsten der osteuropäischen Beitrittsländer in den Jahren 2000 – 2006 (Special Accession Programme for Agriculture and Rural Development); vgl. Abschnitt 8.8.4.

Schengener Abkommen:
Im sog. Schengener Abkommen (Schengen ist ein Ort in Luxemburg) wurde 1985 die Abschaffung der Binnen-Grenzkontrollen in den EU-Staaten mit direkten gemeinsamen Grenzen vereinbart; das Abkommen legte somit den Grundstein für den von Grenzkontrollen unbehinderten Personen- und Warenverkehr zwischen den teilnehmenden Schengen-Staaten; vgl. Abschnitte 8.1.2 und 8.7.

SME:
Small and Medium-sized Enterprises; eine von der ⇨ OECD ins Leben gerufene Institution auf der Basis eines 'Bündnisses für Arbeit' in globalerer Dimension; vgl. Abschnitt 7.

Sustainable Development:
Nachhaltige Entwicklung, insbesondere auch im Sinne eines Wirtschaftswachstums mittels nachhaltiger Nutzung von Umweltressourcen; vgl. Abschnitte 7.2, 7.3.2, 8.2 und 8.6.5.1.

TPRM:

Organ der ⇨ WTO zur Überprüfung der Handelspolitik der Mitgliedstaaten (Trade Policy Review Mechanism); vgl. Abschnitt 1.5.

TRIPS:

Multilaterales Abkommen innerhalb der ⇨ WTO: Übereinkommen über handelsbezogene Aspekte an geistigem Eigentum (Trade Related Aspects of Intellectual Property Rights); vgl. Abschnitt 1.4.

UNCTAD:

United Nations Conference on Trade and Development; Unterorganisation der Vereinten Nationen, die 1964 als ein Organ der UN-Vollversammlung mit Sitz in Genf gegründet wurde, mit der primären Zielsetzung der Förderung des internationalen Handels im Interesse der Entwicklungsländer; vgl. Abschnitte 2, 6.3 und 7.3.3.

UNIDO:

United Nations Industrial Development Organization, Organisation der Vereinten Nationen für industrielle Entwicklung; 1966 gegründete Sonderorganisation als Organ der Vollversammlung der Vereinten Nationen mit dem Ziel der Unterstützung von Entwicklungsländern bei der Entwicklung und Ausdehnung ihrer Industriestrukturen; vgl. Abschnitt 7.3.3.

Weltbankgruppe:

Zweites sog. ⇨ Bretton Woods Institut; 1944 gegründet mit der Zielsetzung, über günstige Entwicklungskredite den Wiederaufbau nach dem Zweiten Weltkrieg zu unterstützen, heute allgemein in der Entwicklungsfinanzierung tätig; vgl. Abschnitt 4.

WKM:

Wechselkursmechanismus; vgl. ⇨ EWS II.

World Trade Organization:

Welthandelsorganisation, 1995 aus der sog. Uruguay-Runde des ⇨ GATT hervorgegangene Sonderorganisation der Vereinten Nationen mit dem Ziel der Förderung des freien Welthandels aller Handelsarten, Abschaffung von nicht-tarifären Handelshemmnissen und Verringerung von Zöllen; vgl. Abschnitte 1, 6.1.3 und 8.6.5.1.

WSA:

Wirtschafts- und Sozialausschuss der ⇨ EU; vgl. Abschnitt 8.3.5

Verzeichnis der zitierten Literatur

Wolfgang EIBNER, 2007, **Deutsche Version:**
Internationale wirtschaftliche Integration: Ausgewählte Internationale Organisationen und die Europäische Union, Oldenbourg Verlag, München 2007

Wolfgang EIBNER, 2007, **Englische Version:**
International Economic Integration: Selected International Organizations and the European Union, Oldenbourg Verlag, München 2007

AMT für AMTLICHE VERÖFFENTLICHUNGEN der EUROPÄISCHEN GEMEINSCHAFTEN, 1999: Im Dienste Europas, Wissenswertes über die Organe der Europäischen Union, 2. Auflage, Luxemburg 1999

AMTSBLATT der EUROPÄISCHEN UNION, 2005: Dokumente über den Beitritt der Republik Bulgarien und Rumäniens zur Europäischen Union, in: Amtsblatt der Europäischen Union, Band 48 (2005), L 157, vom 21.6.2005

AFRICAN DEVELOPMENT BANK, 2006: Annual Report 2005, Tunis 2006

ASIAN DEVELOPMENT BANK, 2004: Eighth Replenishment of the Asian Development Fund (ADF IX), Manila 2004

ASIAN DEVELOPMENT BANK, 2006: Annual Report 2005, Manila 2006

Ian BANNON/ Paul COLLIER (Hrsg), 2003: National Resources and Violent Conflict. Options and Actions, Washington 2003

Walden BELLO/ Shalmali GUTTAL, 2006: The Limits of Reform: The Wolfensohn era at the World Bank, New Delhi, London 2006

Anton BÖSEL, 2002: Simbabwe am Vorabend der Präsidentschaftswahlen, oder: Machiavellis Meisterschüler, in: Konrad Adenauer Stiftung – Auslandsinformationen, 02/2002, S. 82 – 109

Emily CARUSO/ Marcus COLCHESTER/ Fergus MacKAY, Nic HILDYARD/ Geoff NETTLETON, 2003: Extracting Promises: Indigenous Peoples, Extractive Industries and the World Bank, Synthesis Report, May 2003 (Forest People's Program, Tebtebba Foundation), Moreton-in-Marsh/ GB, Baguio City/ Philippinen 2003

CIA – CENTRAL INTELLIGENCE AGENCY, 2001: The World Factbook, Washington 2001

CIA – CENTRAL INTELLIGENCE AGENCY, 2006: The World Factbook, Washington 2006

Patrick COADY, 1993: Statement to the Case of Narmada Valley, a Project of the World Bank, in: Statement of 'Friends of the Earth' before the Senate Appropriations Subcommittee on Foreign Operations Concerning Foreign Aid Appropriations for the World Bank and other Agencies, Washington, June 15th 1993, p. 14

Anthony COWGILL/ Andrew COWGILL, 1999: The Treaty of Amsterdam in Perspective: Consolidated Treaty on European Union, Gloucestershire 1999

Anthony COWGILL/ Andrew COWGILL, 2004: The Treaty of Nice in Perspective: Consolidated Treaty on European Union; Volume One: Analysis; Volume Two: Consolidated Treaty on European Union, 2. Auflage, Gloucestershire 2004

Mike DAVIS, 2006: Planet of Slums, London 2006

DEKA BANK, 2004: Kaufkraftparitäten: Ein Blick auf gleichgewichtige Wechselkurse in den Industrieländern, in: Volkswirtschaft Spezial vom 10.3.2004, Frankfurt/ M.

DEUTSCHE BUNDESBANK: Auszüge aus Presseartikeln, Frankfurt/ M., Erscheinungsweise nach Bedarf, i. d. R. zweimal pro Woche

DEUTSCHE BUNDESBANK: Monatsberichte der Deutschen Bundesbank, Frankfurt/ M., Erscheinungsweise monatlich

DEUTSCHE BUNDESBANK, 1996: G7 Finances Ministers Report to the Heads of State and Government on International Monetary Stability, in: Auszüge aus Presseartikeln, Nr. 43 vom 5.7.1996, S. 9 – 11

DEUTSCHE BUNDESBANK, 1997a: Europäische Organisationen und Gremien im Bereich von Währung und Wirtschaft, Frankfurt/ M. 1997

DEUTSCHE BUNDESBANK, 1997b: Weltweite Organisationen und Gremien im Bereich von Währung und Wirtschaft, Frankfurt/ M. 1997

DEUTSCHE BUNDESBANK, 2003: Weltweite Organisationen und Gremien im Bereich von Währung und Wirtschaft, Frankfurt/ M. 2003

DEUTSCHE BUNDESBANK, 2004: Die Europäische Wirtschafts- und Währungsunion, Frankfurt/ M. 2004

DTV-Beck (Hrsg.), 2005: EuR Europa-Recht, 20. Auflage, Beck-Texte im dtv, München 2005

EBRD: Transition Report, London, Erscheinungsweise jährlich

EBRD, 2000: Annual Report 1999, London 2000

EBRD, 2006: Annual Report 2005, London 2006

EBWE, 2000: Jahresbericht 1999, London 2000

Wolfgang EIBNER, 1991a: Grenzen internationaler Verschuldung der Dritten Welt, München 1991

Wolfgang EIBNER, 1991b: Die Verschuldung der Dritten Welt. Umwelt- und Verschuldungskrise: Ein integrierter Lösungsansatz, Friedrich-Naumann-Stiftung, Institut für politische Bildung, Forschung und Politikberatung (Hrsg.), Königswinter 1991

Verzeichnis der zitierten Literatur

Wolfgang EIBNER, 1996a: The Common European Agricultural Policy, Problems and Perspectives: A Short Recommendation, in: Sándor MAGDA, Lajos SZABÓ (Hrsg.), Gazdálkodás-Piaci Verseny A Mezögazdaságban, I. Kötet – Management and Market Competition in Agriculture, (5th Scientific Days of Agricultural Economics, University of Agricultural Sciences, College of Agriculture in Gyöngyös, 26. – 27. März 1996), Band 1, Gyöngyös 1996, S. 145 – 148

Wolfgang EIBNER, 1996b: The Effects of the Common Agricultural Policy of the EU on the Ability of Hungary to Integrate itself as a Future Member of the EU, in: Sándor MAGDA, Lajos SZABÓ (Hrsg.), Gazdálkodás-Piaci Verseny A Mezögazdaságban, I. Kötet – Management and Market Competition in Agriculture, (5th Scientific Days of Agricultural Economics, University of Agricultural Sciences, College of Agriculture in Gyöngyös, 26. – 27. März 1996), Band 2, Gyöngyös 1996, S. 149 – 152

Wolfgang EIBNER, 1997: Die Agrarmarktordnung der Europäischen Union, Ungarns Landwirtschaft sowie hieraus resultierende Probleme für eine Integration Ungarns in die Europäische Union, in: Wolfgang EIBNER/ Bernd FRITZ/ (Hrsg.), Ungarns Landwirtschaft vor der europäischen Herausforderung: Der Zwang zu Nachhaltigkeit und Effizienzsteigerung, Schriftenreihe des JWI e. V., Band 1, Jena 1997, S. 19 – 29

Wolfgang EIBNER, 1999: Die Konferenz der Vereinten Nationen für Handel und Entwicklung (UNCTAD), in EIBNER, W.: Ausgewählte Organisationen aus den Bereichen der handels-, währungs- und wirtschaftspolitischen Entwicklung bzw. Integration, FVL, Studienbrief 2-800-0207-Ü, Berlin 1999, S. 27 – 30

Wolfgang EIBNER, 2002: Informelle internationale Zusammenarbeit, in EIBNER, W.: Ausgewählte Organisationen aus den Bereichen der handels-, währungs- und wirtschaftspolitischen Entwicklung bzw. Integration, FVL, Studienbrief 2-030-1906, Berlin 2002, S. 9 – 17

Wolfgang EIBNER, 2006a: Mancur Olson's „The Rise and Decline of Nations", in: Dietmar Herz/ Veronika Weinberger (Hrsg.), Lexikon ökonomischer Werke – 650 wegweisende Schriften von der Antike bis ins 20. Jahrhundert, Stuttgart, Düsseldorf 2006, S. 376 – 377

Wolfgang EIBNER, 2006b: Susan Strange's „The Retreat of the State: The Diffusion of Power in the World Economy", in: Dietmar Herz/ Veronika Weinberger (Hrsg.), Lexikon ökonomischer Werke – 650 wegweisende Schriften von der Antike bis ins 20. Jahrhundert, Stuttgart, Düsseldorf 2006, S. 508 – 509

Wolfgang EIBNER, 2006c: Understanding International Trade: Theory & Policy – Anwendungsorientierte Außenwirtschaft: Theorie & Politik, Oldenbourg Verlag, München 2006

Wolfgang EIBNER, 2008a: Understanding Economic Policy – Anwendungsorientierte Wirtschaftspolitik, Oldenbourg Verlag, München 2007

Wolfgang EIBNER, 2008b: Understanding Microeconomics – Grundlagen der Mikroökonomie, Oldenbourg Verlag, München 2008

Wolfgang EIBNER, 2009: Understanding Fiscal Policy: Taxes, Environmental Policy, Social Security – Anwendungsorientierte Finanzwissenschaft: Steuern, Umwelt, Soziale Sicherung, Oldenbourg Verlag, München 2008

Hans Magnus ENZENSBERGER, 1988: Die Schamanen des Kapitals, in: Geo, Nr. 3 vom 29.2.1988, S. 183 – 198

Brigitte ERLER, 1988: Tödliche Hilfe. Bericht von meiner letzten Dienstreise in Sachen Entwicklungshilfe, 11. Auflage, Freiburg 1988

EUROPÄISCHE KOMMISSION, 1993: XXIII. Wettbewerbsbericht, Brüssel 1993

EUROPÄISCHE KOMMISSION, 2001: Dokument KOM (2001) 709 endgültig, Brüssel 2001

EUROPÄISCHE KOMMISSION, 2000: Mitteilung an den Rat, das Europäische Parlament, den Wirtschafts- und Sozialausschuss und den Ausschuss der Regionen. Hin zu einem europäischen Forschungsraum. Stand und Ziele, in: KOM (2000) 6, vom 18.1.2000, Brüssel 2000

EUROPÄISCHE KOMMISSION, 2006: Aufteilung der EU-Ausgaben 2005 nach Mitgliedstaaten, Brüssel, September 2006

EUROPÄISCHE UNION: Gesamtbericht über die Tätigkeit der Europäischen Union, Jahresbeilage zum Bulletin der Europäischen Union, Brüssel

EUROPÄISCHE UNION, 2005: Protokoll über die Bedingungen und Einzelheiten der Aufnahme der Republik Bulgarien und Rumäniens in die Europäische Union, in: Offizielles Amtsblatt der Europäischen Union, Band 48, L 157/ S. 29 – 45, vom 21.6.2005

EUROPÄISCHE UNION, 2006: Inforegio Informationsblatt, Juli 2006, Brüssel 2006

EUROPÄISCHE ZEITUNG, 2002: Der Konvent, in: Europäische Zeitung, Band 53, Nr. 3, März/ April 2002, S. 10

EUROPÄISCHE ZENTRALBANK, 2007: Jahresbericht 2006, Frankfurt/ M. 2007

EUROPÄISCHER RECHNUNGSHOF, 2006: Kurzinformation, Jahresberichte zum Haushaltsjahr 2005, Straßburg 2006

EUROPÄISCHES WÄHRUNGSINSTITUT (EWI), 1997: Jahresbericht 1997, Frankfurt/ M. 1997

EUROPEAN CENTRAL BANK, 2007: Annual Report 2006, Frankfurt/M. 2007

EUROPEAN COMMISSION, 2001: Document COM (2001) 709 final, Brüssel 2001

EUROPEAN COMMISSION, 2000: Communication from the Commission to the Council, the European Parliament, the Economic and Social Committee and the Committee of the Regions. Towards a European Research Area. Situation and Objectives, in: COM (2000) 6, vom 18.1.2000, Brüssel 2000

EUROPEAN COURT of AUDITORS, 2006: Information note, Annual Reports Concerning the Financial Year 2005, Strasbourg 2006

EUROPEAN MONETARY INSTITUTE (EMI), 1997: Annual Report 1997, Frankfurt/ M. 1997

EUROPEAN UNION: General Report on the Activities of the European Union, Annual Supplement to the Bulletin of the European Union, Brüssel

EUROPEAN UNION, 2005: Protocol concerning the conditions and arrangements for admission of the Republic of Bulgaria and Romania to the European Union, in: Official Journal of the European Union, Band 48, L 157/ S. 29 – 45, vom 21.6.2005

EUROPEAN UNION, 2006: Inforegio Factsheet, July 2006, Brüssel 2006

EUROSTAT, 2007a: Europa in Zahlen – Eurostat Jahrbuch 2006-07, Brüssel 2007

EUROSTAT, 2007b: Europe in Figures – Eurostat Yearbook 2006-07, Brüssel 2007

GATT, 1994: News of the Uruguay Round, Genf, April 1994

Hannes **GAMILLSCHEG, 2007**: Deutsche Waffen sind begehrt. Rüstungsausgaben steigen weltweit rapide, in: Frankfurter Rundschau, 65. Jahrgang, Nr. 133 vom 12.6.2007, S. 1

Susan **GEORGE, 1983**: How the Other Half dies: The Real Reasons for World Hunger, Harmondsworth 1983

Susan **GEORGE, 1988**: Sie sterben an unserem Geld. Die Verschuldung der Dritten Welt, Hamburg 1988

Susan **GEORGE, 2002**: WTO: Demokratie statt Drakula. Für ein gerechtes Welthandelssystem (aus dem Französischen von Joachim Wilke), Hamburg 2002

Susan **GEORGE/ Fabrizio SABELLI, 1994**: Faith and Credit: The World Bank's Secular Empire, Boulder, Col. 1994

Susan **GEORGE/ Fabrizio SABELLI, 1995**: Kredit und Dogma: Ideologie und Macht der Weltbank, Hamburg 1995

GESELLSCHAFT für BEDROHTE VÖLKER, 2007: Rettet Darfur. Hintergrund-Infos zu einem Völkermord, Göttingen, März 2007

Claus **GIERING, 2002**: Der Konvent der Europäischen Union hat begonnen. Eine große historische Chance, in Europäische Zeitung, Band 53, Nr. 3, März/ April 2002, S. 2

Claus **GIERING (Hrsg.), 2003**: Der EU-Reformkonvent – Analyse und Dokumentation, Gütersloh, München 2003

GLOBAL WITNESS/ Fafo INSTITUTE for APPLIED SOCIAL SCIENCE, 2002: The Logs of War. The Timber Trade and Armed Conflict, Oslo 2002

GLOBUS Infographik GmbH: Infographiken, Hamburg

Robert GOODLAND, 2005: Oil and gas pipelines: Social and Environmental Impact Assessment: State of the Art (International Association for Impact Assessment 2005 Conference), Fargo, N.D. 2005

GRAMEEN FOUNDATION, 2006: Impacting Poverty around the World. Annual Report 2005, Washington 2006

Sandra GRANZOW, 2000: Our Dream – A World Free of Poverty, Washington 2000

GREENPEACE, 2007: Carving up the Congo, Amsterdam 2007

G-7, 2001: Communiqué of G7 Finance Ministers and Central Bank Governors, in: Deutsche Bundesbank, Auszüge aus Presseartikeln, Nr. 8 vom 20.2.2001, S. 12 – 13

G-7, 2005a: Statement by G7 Finance Ministers and Central Bank Governors, in Washington D.C., September 23, 2005, in: Deutsche Bundesbank, Auszüge aus Presseartikeln, Nr. 41 vom 28.9.2005, S. 7 – 8

G-7, 2005b: Statement by G7 Finance Ministers and Central Bank Governors, in London, December 2 – 3, 2005, in: Deutsche Bundesbank, Auszüge aus Presseartikeln, Nr. 51 vom 7.12.2005, S. 19 – 20

HANDELSBLATT, 2002: Geben und Nehmen: Deutschland zahlt am meisten, in Handelsblatt, Nr. 109 vom 11.6.2002, S. 6

HANDELSBLATT, 2005a: O. V., Haushaltsentwurf der Europäischen Union, in: Handelsblatt, Nr. 96 vom 20./21./22.5.2005, S. 8

HANDELSBLATT, 2005b: O. V., Ausgaben der Europäischen Union, in: Handelsblatt, Nr. 208 vom 27.10.2005, S. 1

HANDELSBLATT, 2007: Zitat des Tages, in Handelsblatt, Nr. 103 vom 31.5.2007, S. 8

Wolfgang HARBRECHT, 1984: Die Europäische Gemeinschaft, 2. Auflage, Stuttgart 1984

Wolfgang HARBRECHT, 1987: Allgemeines Zoll- und Handelsabkommen, in: Vahlens Großes Wirtschaftslexikon, 1. Auflage, Band 1, München 1987, S. 51 – 52

Wolfgang HARBRECHT, 1993a: Organisation für Europäische wirtschaftliche Zusammenarbeit, in: Vahlens Großes Wirtschaftslexikon, 2. Auflage, Band 2, München 1993, S. 1580 – 1581

Wolfgang HARBRECHT, 1993b: Organisation für wirtschaftliche Zusammenarbeit und Entwicklung, in: Vahlens Großes Wirtschaftslexikon, 2. Auflage, Band 2, München 1993, S. 1581 – 1582

Wolfgang HARBRECHT, 1997: GATT bzw. WTO, in EIBNER, W./ HARB-RECHT, W./ TRAPP, P: Wichtige internationale Verträge, Wirtschaftsorganisationen und -institutionen, FVL, Studienbrief 2-030-1906, 2. Auflage, Berlin 1997, S. 11 – 22

Dietmar HERZ/ Veronika WEINBERGER (Hrsg.): Lexikon der ökonomischen Werke – 650 wegweisende Schriften von der Antike bis ins 20. Jahrhundert, Stuttgart 2006

John Keith HORSEFIELD (Hrsg.), 1969/1986: The International Monetary Fund, 1945 – 1965: Twenty Years of International Monetary Cooperation, in 3 Bänden, Washington 1969, 4. Auflage, Washington 1986

Richard HOUSE, 1988: Leading Brazilian Ecologist Murdered at Home in Amazon, in: The Washington Post, Band 112, Nr. 19 vom 24.12.1988, S. A 10

HUMAN RIGHTS WATCH, 1993: The Price of Oil: Corporate Responsibility and Human Rights Violation in Nigeria's Oil Producing Communities, New York 1999

HUMAN RIGHTS WATCH, 2006: "You Will Be Thoroughly Beaten". The Brutal Suppression of Dissent in Zimbabwe, New York, November 2006, Band 18, Nr. 10(A)

HUMAN RIGHTS WATCH, 2007: Bashing Dissent. Escalating Violence and State Repression in Zimbabwe, New York, May 2007, Band 19, Nr. 6(A)

Norman K. HUMPHREYS, 1999: Historical Dictionary of the International Monetary Fund, 2. Auflage, Lanham, Md. u. a. 1999

IMF: Annual Report, Washington, Erscheinungsweise jährlich

IMF: Balance of Payments Statistics, Washington, Erscheinungsweise jährlich

IMF: Direction of Trade Statistics, Washington, monatliche und jährliche Erscheinungsweise

IMF: Finance & Development, Washington, Quartals-Periodika

IMF: IMF Staff Papers, Washington, Erscheinungsweise ca. 1 pro Quartal

IMF: IMF Survey, Washington, Erscheinungsweise zweiwöchentlich

IMF: International Financial Statistics (IFS), Washington, monatliche und jährliche Erscheinungsweise

IMF: Occasional Papers, Washington, Erscheinungsweise nach Bedarf, ca. 2 pro Quartal

IMF: World Economic Outlook. A Survey by the Staff of the International Monetary Fund, Washington, Erscheinungsweise jährlich

INTER-AMERICAN DEVELOPMENT BANK, 2007: Annual Report 2006, Washington 2007

INTER-AMERICAN INVESTMENT CORPORATION, 2007: Annual Report 2006, Washington 2007

INTERNATIONALE POLITIK, EUROPA ARCHIV: Monatsschrift, hrsg. von Werner Weidenfeld (Offizielle Publikation der deutschen Gesellschaft für Auswärtige Politik), available also in English, Bielefeld, Erscheinungsweise monatlich

iwd, 2007: Afrika. Zu viel Korruption und zu wenig Bildung, in: iwd, Jahrgang 33, Nr. 23 vom 7. Juni 2007, S. 4 – 5

IWF: Finanzierung & Entwicklung, Vierteljahresheft des Internationalen Währungsfonds und der Weltbank in Zusammenarbeit mit dem HWWA-Institut für Wirtschaftsforschung, Hamburg

Silke KERSTNG, 2002: Fischler und die Fische, in: Handelsblatt, Nr. 109 vom 11.6.2002, S. 12

Thomas LÄUFER, 1997: Europäische Union, Europäische Gemeinschaft. Die Vertragstexte von Maastricht mit den deutschen Begleitgesetzen (Presse- und Informationsamt der Bundesregierung), 6. Auflage, Bonn 1997

Thomas LÄUFER, 1998: Europäische Union, Vertrag von Amsterdam. Texte des EU-Vertrages und des EG-Vertrages (Presse- und Informationsamt der Bundesregierung), 1. Auflage, Bonn 1998

Doris LESSING, 2003: Robert Mugabe und die Tragödie Simbabwes, in: Le Monde diplomatique, Nr. 7131 vom 15.8.2003

Andrea Ben MAHMOUD, 2005: Textil und Bekleidung. Die Karten werden neu gemischt, in: Partenaire & Development, Zeitschrift der Deutsch-Tunesischen Industrie- und Handelskammer, Herbst 2005, S. 4 – 7

MELTZER-COMMISSION, 2000: Report of the International Financial Institution Advisory Commission, Washington 2000

MIGA: Annual Report, Washington, Erscheinungsweise jährlich

Ulrich MÜLLER, 1983: Wohlstandseffekte des internationalen Handels unter den Regeln des Allgemeinen Zoll- und Handelsabkommens, Köln 1983

Peter NUNNENKAMP, 2002: IWF und Weltbank: Trotz aller Mängel weiterhin gebraucht? Kieler Diskussionsbeiträge, Band 388, Kiel 2002

OECD: Economic Outlook, Paris, halbjährliche Erscheinungsweise

OECD: Economic Survey, Paris, jährliche Erscheinungsweise

OECD: Financial Market Trends, Paris, vierteljährliche Erscheinungsweise

OECD: Short-term Economic Indicators – Transition Economies, Paris, vierteljährliche Erscheinungsweise

OECD, 2006: Annual Report, Paris 2006

ÖKUMENISCHES NETZ Zentralafrika, 2004: Bundestagsanhörung 'Menschenrechtliche Verantwortung von Unternehmen im Kontext von Gewaltökonomie in Afrika. Bedingungsfaktoren und Funktionsweisen von Gewaltökonomie in Afrika. Gewaltökonomie am Beispiel der DR Kongo': Ausschuss für Menschenrechte, 44. Sitzung vom 22.09.2004, Öffentliche Anhörung. Ausschuss für Menschenrechte, Ausschuss-Drucksache 15(16)0142. 15. Wahlperiode, Berlin 22. September 2004

OFFICIAL JOURNAL of the EUROPEAN UNION, 2005: Documents Concerning the Accession of the Republic of Bulgaria and Romania to the European Union, in: Official Journal of the European Union, Volume 48 (2005), L 157, of June 21st 2005

Mancur OLSON, 1965: The Logic of Collective Action: Public Goods and the Theory of Groups, Cambridge u. a. 1965

Mancur OLSON, 1982: The Rise and Decline of Nations: Economic Growth, Stagflation and Social Rigidities, New Haven, London 1982

Mancur OLSON, 2004: Die Logik des kollektiven Handelns: Kollektivgüter und die Theorie der Gruppen, 5. Auflage, Tübingen 2004

Alberto PALONI/ Maurizio ZANARDI, 2006: The IMF, World Bank and Policy Reform. Routledge Studies in Development Economics, Band 48, London 2006

Alfredo PARANELLA, 1995: The Maastricht Treaty and the Economic and Monetary Union, Philadelphia 1995

Thomas M. REICHMANN/ Richard T. STILLSON, 1978: Experience with Programs of Balance of Payments Adjustment: Stand-By Arrangements in the Higher Credit Tranches, 1963 – 72, in: IMF Staff Papers, Band 25 (1978), S. 293 – 309

Hermann REMSPERGER, 2002: Warnung vor einem 'Aussetzen' des Stabilitätspakts. Gespräch mit Bundesbank-Chefvolkswirt Hermann Remsperger, in: Auszüge aus Presseartikeln, Nr. 38 vom 21.8.2002, S. 2 – 3

Michael RENNER, 2002: The Anatomy of Resource Wars, (Worldwatch Institute) Washington 2002

Udo RETTBERG, 2007: Kleinstkredite neu verpackt. Banken legen Fonds, Anleihen und Zertifikate auf, in: Handelsblatt, Nr. 44 vom 2./3./4.3.2007, S. 34

Jeffrey D. SACHS, 2005a: Das Ende der Armut. Ein ökonomisches Programm für eine gerechtere Welt, 2. Auflage, München 2005

Jeffrey D. SACHS, 2005b: The End of Poverty. How We Can Make it Happen in Our Time, 18. Auflage, New York, London u. a. 2005

Wolfgang SCHMIDT, 1993: Ecuador oder Wie der Ölreichtum sich in Armut verwandelt, in: Dietmar Dirmoser u. a. (Hrsg.): Markt in den Köpfen. Lateinamerika. Analysen und Berichte, Band 17, Bad Honnef 1993

Elisabeth SCHÖNERT, 1998: Mit Minikrediten gegen Massenarmut, in: Welt am Sonntag, Nr. 50 vom 13.12.1998, S. 73

Michael SCHWELIN, 1989: Im Krieg mit der Natur. Warum die Zerstörung des Regenwaldes in Brasilien unaufhaltsam ist, in: Die Zeit, Nr. 12 vom 17.3.1989, S. 17 – 20

Markus SIEVERS, 2007: „Mindestlohn ist ein Erfolg in der EU". Sozialkommissar Spidla über den deutschen Arbeitsmarkt und den Beitrag der Osterweiterung zum Aufschwung, in: Frankfurter Rundschau, Nr. 91 vom 19.4.2007

Joseph E. STIGLITZ, 2002: Globalization and its Discontents, London 2002

Joseph E. STIGLITZ, 2004: Die Schatten der Globalisierung, München 2004

Susan STRANGE, 1996/2000: The Retreat of the State. The Diffusion of Power in the World Economy. Cambridge University Press (Cambridge Studies in International Relations, Vol. 49), 1. Auflage 1996, reprinted 1997, 1998, 1999, 2000

Sarah TIETZE, 2006: Die AIDS-Pandemie in Sub-Sahara-Afrika, in: Das Parlament, Nr. 32/33 vom 7.8.2006

Peter de THIER, 2005: Angst vor einer Amerikanisierung der Weltbank, in: Deutsche Bundesbank, Auszüge aus Presseartikeln, Nr. 12 vom 23.3.2005, S. 18

Edwin M. TRUMAN (Hrsg.), 2006a: Reforming the IMF for the 21st Century (Institute for International Economics, Special Reports, Band 19), Washington 2006

Edwin M. TRUMAN, 2006b: Strategy for IMF Reform (Institute for International Economics, Policy Analyses in International Economics, Band 77) Washington 2006

Derek W. URWIN, 1994: Community of Europe. A History of European Integration since 1945, 2. Auflage, Philadelphia 1994

THE WORLD COMMISSION on ENVIRONMENT and DEVELOPMENT, 1990: Our Common Future, Oxford 1990

UNCTAD: Trade and Development Report, Washington, Erscheinungsweise jährlich

UNCTAD: UNCTAD Commodity Yearbook, Washington, Erscheinungsweise jährlich

UNCTAD: World Investment Report, Washington, Erscheinungsweise jährlich

Gerhard VOLZ, 2000: The Organisations of the World Economy – Die Organisationen der Weltwirtschaft, München 2000

Margaret Garritsen de VRIES (Hrsg.), 1976: The International Monetary Fund, 1966 – 1971: The System under Stress, in 2 Bänden, Washington 1976

Margaret Garritsen de VRIES (Hrsg.), 1985: The International Monetary Fund, 1972 – 1978: Cooperation on Trial. Band I – II: Narrative and Analysis, Band III: Documents, Washington 1985

Werner WEIDENFELD (Hrsg.), 2005: Die Europäische Verfassung in der Analyse, Gütersloh 2005

Werner WEIDENFELD/ Wolfgang WESSELS (Hrsg.), 2005: Europa von A - Z, Taschenbuch der Europäischen Integration, 9. Auflage, Bundeszentrale für Politische Bildung, Bonn 2005

WELTBANK: Weltentwicklungsbericht, Washington, Erscheinungsweise jährlich

WELTBANK, 2004: Weltentwicklungsbericht 2004. Funktionierende Dienstleistungen für arme Menschen, Bonn 2004

WELTBANK, 2005: Weltentwicklungsbericht 2005. Ein besseres Investitionsklima für Jeden, Düsseldorf 2005

WELTBANK, 2006: Weltentwicklungsbericht 2006. Chancengerechtigkeit und Entwicklung, Düsseldorf 2006

WORLD BANK: Annual Report, Washington, Erscheinungsweise jährlich

WORLD BANK: Global Development Finance, Washington, Erscheinungsweise jährlich

WORLD BANK: World Development Indicators, Washington, Erscheinungsweise jährlich

WORLD BANK, 2001: Making Sustainable Commitments: An Environment Strategy for the World Bank, Washington 2001

WORLD BANK, 2004: World Development Report 2004. Making Services Work for Poor People, Washington 2004

WORLD BANK, 2005: World Development Report 2005. A better Investment Climate for Everyone, Washington 2005

WORLD BANK, 2006a: Annual Report 2006, Washington 2006

WORLD BANK, 2006b: Global Development Finance, The Development Potential of Surging Capital Flows. Band I: Analysis and Outlook, Band II: Summary and Country Tables, Washington 2006

WORLD BANK, 2006c: Protecting and Improving the Global Commons. 15 Years of the World Bank Group Global Environment Facility Program, Washington 2006

WORLD BANK, 2006d: World Development Indicators 2006, inkl. CD-ROM 1960 – 2004, Washington 2006

WORLD BANK, 2006e: World Development Report 2006. Equity and Development, Washington 2006

WTO: Activities, Genf, Erscheinungsweise jährlich

WTO: Annual Report, Genf, Erscheinungsweise jährlich

WTO: FOCUS Newsletters, Genf, Erscheinungsweise ca. sechsmal im Jahr

Muhammad YUNUS, 1998: Banker to the Poor, London 1998

Muhammad YUNUS/ Alan JOLIS, 2003: Banker to the Poor: Micro-Lending and the Battle against World Poverty, New York 2003

Markus ZIENER, 2007: Weltbank: Der designierte Weltbankpräsident Zoellick steht vor einer Mammutaufgabe. Die Glaubwürdigkeit der Institution ist nach der Gehaltsaffäre von Vorgänger Paul Wolfowitz erschüttert. Viele Mitgliedstaaten erwarten die schnelle Umsetzung von Reformen. In: Handelsblatt, Nr. 103 vom 31.5.2007, S. 2

Internetquellenverzeichnis

[www ACCION 02/2007]:
http://www.accion.org/about_key_stats.asp, Zugriff am 28.2.2007

[www Act of 1. Eastern EU-Accession]:
http://europa.eu.int/eur-lex/pri/en/oj/dat/2003/l_236/l_23620030923 en00330049.pdf, Zugriff am 19.11.2006

[www Act of 2. Eastern EU-Accession]:
Protocol concerning the conditions and arrangements for admission of the Republic of Bulgaria and Romania to the European Union, in:
http://eur-lex.europa.eu/JOHtml.do?uri=OJ:L:2005:157:SOM:EN:HTML, Zugriff am 19.11.2006

[www ADB 10/2006a]:
http://www.adb.org/About/glance.asp, S. 26, Zugriff am 12.10.2006

[www ADB 10/2006b]:
http://www.adb.org/About/2004-glance.asp, Zugriff am 12.10.2006

[www ADB 10/2006c]:
http://www.adb.org/Documents/reports/annual_report/2005/ADB-Annual-Report-2005-Financial-Report.pdf, Zugriff am 12.10.2006

[www ADB 10/2006d]:
http://www.adb.org/Cofinancing/gen_info.asp, Zugriff am 12.10.2006

[www ADB 10/2006e]:
http://www.adb.org/Documents/Reports/Annual_Report/2005/part010304a.asp, Zugriff am 12.10.2006

[www ADB 10/2006f]:
http://www.adb.org/Documents/reports/operations/2005/default.asp, Zugriff am 12.10.2006

[www ADB 10/2006g]:
http://www.adb.org/Documents/Reports/Annual_Report/2005/part010305.asp 10/06]), Zugriff am 12.10.2006

[www ADB 11/2006]:
http://www.adb.org/About/members.asp, Zugriff am 12.10.2006

[www ADB 05/2007]:
http://www.adb.org/About/members.asp, Zugriff am 5.5.2007

[www ADF 10/2006]:
http://www.adb.org/Documents/Reports/ADF/IX/Use_of_ADF_IX_Resources_Tokyo_Appendix_2.doc, Zugriff am 19.10.2006

[www ADF 05/2007]:
http://www.adb.org/Documents/Reports/ADF/IX/ADF-9-Donor-Report.pdf, Zugriff am 5.5.2007

[www AfDB 05/2007a]:
http://www.afdb.org/pls/portal/docs/PAGE/ADB_ADMIN_PG/DOCUMENTS/STATISTICS/POCKETBOOK_2006_WEB.PDF, Zugriff am 16.5.2007

[www AfDB 05/2007b]:
http://www.afdb.org/portal/page?_pageid=473,969002&_dad=portal&_schema=PORTAL, Zugriff am 16.5.2007

[www AfDF 05/2007]:
http://www.afdb.org/portal/page?_pageid=313,165706&_dad=portal&_schema=PORTAL, Zugriff am 16.5.2007

[www Aids Statistics 02/2007]:
AVERT.Org (Hrsg.): Worldwide HIV & AIDS Statistics Commentary, in:
http://www.avert.org/worlstatinfo.htm, Zugriff am 22.2.2007

[www AMNESTY INTERNATIONAL 09/2006]:
Zimbabwe: No justice for the victims of forced eviction, Amnesty International Library Online Documentation Archive vom 8.9.2006 in:
http://web.amnesty.org/library/Index/ENGAFR460052006; Zugriff am 9.9.2006

[www AMNESTY INTERNATIONAL 04/2007]:
Marius Kahl: TSCHAD – Der Alptraum zieht westwärts. Die katastrophale Menschenrechtslage im sudanesischen Darfur hat sich auf den Osten des Nachbarlandes Tschad ausgedehnt, Amnestie Journal, April 2007, in:
http://www2.amnesty.de/internet/deall.nsf/AlleDok/31586C2043F5CE54C12572B10047A942?Open, Zugriff am 19.4.2007

[www Amsterdam ECT]:
http://eur-lex.europa.eu/en/treaties/dat/11997E/htm/11997E.html#0173010078, Zugriff am 19.11.2006

[www Amsterdamer EGV]:
http://eur-lex.europa.eu/de/treaties/dat/11997E/htm/11997E.html#0173010078, Zugriff am 19.11.2006

[www Amsterdam EUT]:
http://eur-lex.europa.eu/en/treaties/dat/11997E/htm/11997E.html#0173010078, Zugriff am 19.11.2006

[www Amsterdamer EUV]:
http://eur-lex.europa.eu/de/treaties/dat/11997E/htm/11997E.html#0173010078, Zugriff am 19.11.2006

[www ARIC]:
http://aric.adb.org

[www ARIC 05/2007]:
http://www.adb.org/Documents/News/2004/nr2004060.asp, Zugriff am 5.5.2007

Internetquellenverzeichnis

[www ATTAC 05/2007]:
http://www.attac.de/osnabrueck/texte/investitionen.rtf, Zugriff am 20.5.2007

[www Auslandsjahr 05/2007]:
http://www.auslandsjahr.eu/2007/05/01/venezuela-tritt-aus-der-weltbank-und-dem-internationalen-wahrungsfond-aus/, Zugriff am 30.5.2007

[www BBC 02/2004]:
Zimbabwe's torture training camps, BBC News, 27.2.2004, in:
http://news.bbc.co.uk/2/hi/africa/3493958.stm, Zugriff am 19.5.2007

[www Beitrittsakte 1. EU-Osterweiterung]:
http://eur-lex.europa.eu/de/treaties/dat/12003T/htm/L2003236DE.003301.htm, Zugriff am 19.11.2006

[www Beitrittsakte 2. EU-Osterweiterung]:
Protokoll über die Bedingungen und Einzelheiten der Aufnahme der Republik Bulgarien und Rumäniens in die Europäische Union, in:
http://eur-lex.europa.eu./JOHtml.do?uri=OJ:L:2005:157:SOM:DE:HTML, Zugriff am 19.11.2006

[www BMZ 10/2006]:
http://www.bmz.de/de/zahlen/imDetail/1-1_Geber_im_Vergleich_2004_ Grafiken_.pdf, Zugriff am 12.10.2006

[www BUNDESTAG 09/2004]:
ÖKUMENISCHES NETZ Zentralafrika, 2004: Bundestagsanhörung 'Menschenrechtliche Verantwortung von Unternehmen im Kontext von Gewaltökonomie in Afrika. Bedingungsfaktoren und Funktionsweisen von Gewaltökonomie in Afrika. Gewaltökonomie am Beispiel der DR Kongo': Ausschuss für Menschenrechte, 44. Sitzung vom 22.09.2004, Öffentliche Anhörung. Ausschuss für Menschenrechte, Ausschuss-Drucksache 15(16)0142. 15. Wahlperiode, Berlin 22 September 2004 http://www.bundestag.de/ausschuesse/archiv15/a16/oeff_anh/040922_Afrika/Stellun gnahme_Weber_.pdf, in:
http://www.bundestag.de/ausschuesse/archiv15/a16/oeff_anh/040922_Afrika/Stel lungnahme_Weber_.pdf, Zugriff am 18.5.2007

[www CDB 05/2007]:
http://www.caribank.org/Publications.nsf/AR2005_Part5/$File/AR2005_Part5.pd f?OpenElement, Zugriff am 12.5.2007

[www CIA Factbook 11/2001]:
https://www.cia.gov/redirects/factbookredirect.html, Zugriff am 18.11.2001

[www CIA Factbook 09/2006]:
https://www.cia.gov/cia/publications/factbook/index.html, Zugriff am 19.9.2006

[www DARFUR]:
    [www AMNESTY INTERNATIONAL 05/2007]:

Sudan: Systematische Vergewaltigungen in Darfur in:
http://www2.amnesty.de/internet/deall.nsf/AlleDok/8F18B6C895B552FCC1256F50
0053D387?Open, Zugriff am 17.5.2007

[www AMNESTY INTERNATIONAL 05/2007]:
Krise in Darfur: Eine grenzüberschreitende humanitäre Katastrophe, Amnesty International vom 2.8.2006, in:
http://www2.amnesty.de/internet/deall.nsf/51a43250d61caccfc1256aa1003d7d38/ffe
45d985829ded4c12571be00466d8e?OpenDocument, Zugriff am 17.5.2007

[www GESELLSCHAFT für BEDROHTE VÖLKER 03/2007]:
Rettet Dafur. Hintergrund-Infos zu einem Völkermord. Göttingen, März 2007
http://www.gfbv.de/reedit/openObjects/openObjects/show_file.php?type=inhaltsDok
&property=download&id=1040, Zugriff am 31.3.2007

[www HUMAN RIGHTS WATCH 07/2004a]:
Sudan: New Darfur Documents: Ties Between Government and Janjaweed Militias Confirmed, Human Rights News vom 20.7.2004, in:
http://hrw.org/english/docs/2004/07/20/darfur9095.htm, Zugriff am 26.7.2004

[www HUMAN RIGHTS WATCH 07/2004b]:
Sudan: Sudanesische Regierung unterstützt Milizen. Neue Dokumente bestätigen Verbindungen zwischen Regierung und Janjaweed-Milizen, Human Rights News vom 20.7.2004, in:
http://hrw.org/german/docs/2004/07/20/darfur9112.htm, Zugriff am 30.4.2007

[www HUMAN RIGHTS WATCH 04/2006]:
Darfur: Women Raped Even After Seeking Refuge. Donors Must Increase Support to Victims of Sexual Violence, Human Rights News vom 12.4.2006in:
http://hrw.org/english/docs/2005/04/11/sudan10467.htm, Zugriff am 30.4.2006

[www DEKA BANK 03/2004]:
Gleichgewichtige Wechselkurse nach Kaufkraftparität gegenüber dem US-Dollar: Kaufkraftparität US-$ je Euro, in:
http://www.dekabank.de/globaldownload/de/economics/vowi_spezial/VS_04-03-
10_Kaufkraft.pdf#search=%22KKP%20US-%24%20und%20Euro%22, S. 5,
Zugriff am 10.3.2004

[www EAGF 04/2007]:
http://europa.eu/scadplus/leg/en/lvb/l11096.htm, Zugriff am 19.4.2007

[www EBRD]:
http://www.ebrd.org; oder http://www.ebrd.com

[www EBRD]:
http://www.ebrd.com/deutsch/tradefacil_finance/main.htm, Zugriff am 31.3.2007

[www ECB 03/2007]:
http://www.ecb.int/press/pr/date/2004/html/pr040628_1.en.html,
Zugriff am 26.3.2007

[www EEA]:
http://europa.eu/scadplus/treaties/singleact_de.htm, Zugriff am 19.11.2006

Internetquellenverzeichnis

[www EECT]:
http://www.ena.lu?lang=2&doc=22412, Zugriff am 19.11.2006

[www EGFL 04/2007]:
http://europa.eu/scadplus/leg/de/lvb/l11096.htm, Zugriff am 19.4.2007

[www EIB 03/2007a]:
http://europa.eu/scadplus/leg/de/lvb/g24221.htm, Zugriff am 15.3.2007

[www EIB 03/2007b]:
http://europa.eu/scadplus/leg/en/lvb/g24221.htm, Zugriff am 15.3.2007

[www EIB 05/2007a]:
http://www.eib.europa.eu/projects/loans/regions/countries.asp?region=4, Zugriff am 31.5.2007

[www EIB 05/2007b]:
http http://www.eib.europa.eu/projects/loans/regions/countries.asp?region=9, Zugriff am 31.5.2007

[www Eine Welt Netz NRW 08/2006]:
Eine Welt Netz NRW Münster (Hrsg.): Regenwaldzerstörung und Menschenrechtsverletzungen in Ecuador. Das Pipelineprojekt OCP, in:
http://eine-welt-netz-nrw.de/html/regen/westlb/e_hg_pip_of.pdf#search=%22 umweltzerst%C3%B6rung%20ausbeutung%20rohstoffe%22, Zugriff am 28.8.2006

[www ELER 04/2007a]:
http://europa.eu/scadplus/leg/de/lvb/l60032.htm, Zugriff am 19.4.2007

[www ELER 04/2007b]:
http://europa.eu/scadplus/leg/en/lvb/l60032.htm, Zugriff am 19.4.2007

[www EU 05/2002]:
http://www.europa.eu.int/comm/regional_policy/intro/regions1_en.htm, Zugriff am 19.5.2002

[www EU 06/2002]:
http://www.europa.eu.int/comm/regional_policy/intro/regions1_de.htm, Zugriff am 16.6.2002

[www EU 07/2002]:
http://www.europa.eu.int/comm/regional_policy/intro/regions4_de.htm, Zugriff am 26.7.2002

[www EU 07/2006]:
http://ec.europa.eu/research/fp6/mariecurie-actions/action/level_en.html, Zugriff am 26.7.2006

[www EU 08/2006]:
http://ec.europa.eu/research/press/2005/pr0704-2en.cfm, Zugriff am 25.8.2006

[www EU 12/2006a]:
   http://ec.europa.eu/regional_policy/sources/docoffic/official/regulation/pdf/2007/publications/memo_de.pdf, Zugriff am 15.12.2006

[www EU 12/2006b]:
   http://ec.europa.eu/regional_policy/sources/docoffic/official/regulation/pdf/2007/publications/memo_en.pdf, Zugriff am 15.12.2006

[www EU 03/2007a]:
   http://ec.europa.eu/research/era/index_de.html, Zugriff am 16.3.2007

[www EU 03/2007b]:
   http://ec.europa.eu/research/era/index_en.html, Zugriff am 16.3.2007

[www EU 04/2007a]:
   http://ec.europa.eu/regional_policy/sources/docoffic/official/regulation/pdf/2007/publications/memo_de.pdf, Zugriff am 17.4.2007

[www EU 04/2007b]:
   http://ec.europa.eu/regional_policy/sources/docoffic/official/regulation/pdf/2007/publications/memo_en.pdf, Zugriff am 17.4.2007

[www EU 05/2007a]:
   http://ec.europa.eu/budget/budget_glance/where_from_de.htm, Zugriff am 1.5.2007

[www EU 05/2007b]:
   http://ec.europa.eu/budget/budget_glance/where_from_en.htm, Zugriff am 1.5.2007

[www EU-Constitution]:
   http://ue.eu.int/igcpdf/en/03/cg00/cg00050.en03.pdf (Preamble and Parts I to IV),
   http://ue.eu.int/igcpdf/en/03/cg00/cg00050-ad01.en03.pdf (Annexes to Part IV and Protocols), Zugriff am 19.11.2006

[www EU-Court of Auditors 11/2006]:
   http://www.eca.eu.int/audit_reports/annual_reports/annual_reports_index_en.htm, Zugriff am 18.11.2006

[www EU-Rechnungshof 11/2006]:
   http://www.eca.eu.int/audit_reports/annual_reports/annual_reports_index_de.htm, Zugriff am 18.11.2006

[www EUROPÄISCHE UNION]:
   http://www.europa.eu

[www EUROSTAT 11/2006]:
   http://epp.eurostat.ec.europa.eu/portal/page?_pageid=0,1136173,0_45570701&_dad=portal&_schema=PORTAL, Zugriff am 26.11.2006

[www EU-Verfassung]:
   http://eur-lex.europa.eu/de/treaties/dat/12004V/htm/12004V.html, Zugriff am 18.11.2006

Internetquellenverzeichnis

[www EWGV]:
http://eur-lex.europa.eu/de/treaties/dat/11957E/tif/11957E.html, Zugriff am 18.11.2006

[www Extractive Industries Review (EIR) 10/2006]:
Striking a Better Balance: The Extractive Industries Review – Executive Summary, in:
http://iris36.worldbank.org/domdoc/PRD/Other/PRDDContainer.nsf/All+Documents/85256D240074B56385256FF6006820D2/$File/execsummaryenglish.pdf, Zugriff am 23.10.2006

[www Extractive Industries Review Reports 10/2006]:
http://web.worldbank.org/WBSITE/EXTERNAL/TOPICS/EXTOGMC/0,,contentMDK:20306686~menuPK:592071~pagePK:148956~piPK:216618~theSitePK:336930,00.html, Zugriff am 23.10.2006

[www GESELLSCHAFT für BEDROHTE VÖLKER 08/2006]:
Gesellschaft für bedrohte Völker (Hrsg.): Westpapua: Paradies in Ruinen, in:
http://www.gfbv.ch/pdf/02-03-042.pdf#search=%22umweltzerst%C3%B6rung%20ausbeutung%20rohstoffe%22, Zugriff am 28.8.2006

[www GlobalAware Canada 08/2006]:
Ecuador's Oil. Beggars in a bag of Gold. A GlobalAware Dossier, in:
http://www.globalaware.org/Front%20Page.htm, Zugriff am 29.8.2006

[www Global Aware Cooperative Deutschland 08/2006]:
'Giftiges Wasser, schmutziges Geld' –Dossier und Diashow über die Folgen der Ölpipeline in Ecuador, in:
http://www.globalaware.org/Index_CD.html, Zugriff am 29.8.2006

[www Grameen Bank 05/2005]:
http://www.grameen-info.org/bank/contribu.html, Zugriff am 31.5.2005

[www Grameen Bank 07/2006]:
http://www.grameen-info.org/bank/balan2003.htm, Zugriff am 26.7.2006

[www Grameen Bank 11/06]:
http://www.grameen-info.org/bank/the16.html, Zugriff am 18.11.2006

[www Grameen Bank 01/07]:
http://www.grameen-info.org/bank/hist2005$.html, Zugriff am 16.1.2007

[www Grameen Bank 02/2007a]:
http://www.grameen-info.org/bank/GBGlance.htm, Zugriff am 19.2.2007

[www Grameen Bank 02/2007b]:
http://www.grameen-info.org/bank/Statement1US$.htm, Zugriff am 19.2.2007

[www Grameen Family 02/2007]:
http://www.grameen-info.org/gfamily.html, Zugriff am 19.2.2007

[www Grameen Foundation 11/06]:
Grameen Foundation, 2006: Impacting Poverty around the World. Annual Report 2005, Washington 2006, in:
   http://www.grameenfoundation.org/docs/resource_center/GrameenFoundation-AnnualReport2005.pdf, Zugriff am 18.11.2006

[www Grameen Foundation 12/06]:
   http://www.grameenfoundation.org/nobel_prize/, Zugriff am 23.12.2006

[www Grameen Foundation 01/2007a]:
   http://www.grameenfoundation.org/who_we_are/, Zugriff am 31.1.2007

[www Grameen Foundation 01/2007b]:
   http://www.grameenfoundation.org/who_we_are/our_grameen_heritage/, Zugriff am 31.1.2007

[www Grameen Foundation 02/2007a]:
   http://www.grameenfoundation.org/resource_center/annual_reports/, Zugriff am 20.2.2007

[www Grameen Foundation 02/2007b]:
   http://www.grameenfoundation.org/where_we_work/, Zugriff am 20.2.2007

[www Monika HÜLSKEN-STOBBE, 06/2004]:
Monika HÜLSKEN-STOBBE: Mikrokredite und soft money, in: Die ZEIT.de vom 07.06.2004, in
   http://www.zeit.de/2004/24/renew, Zugriff am 28.2.2007

[www IADB 04/2007]:
   http://condc05.iadb.org/IADBTRUSTFUNDS/Funds/AllFundsByDonor.aspx, Zugriff am 19.4.2007

[www IADB 05/2007a]:
   http://www.iadb.org/exr/ar2006/table_iii.cfm?language=english, Zugriff am 7.5.2007

[www IADB 05/2007b]:
   http://www.iadb.org/exr/ar2006/table_ii.cfm?language=english, Zugriff am 7.5.2007

[www IBRD 03/2007]:
IBRD and IDA Cumulative Lending by Country, June 30, 2006, in:
   http://web.worldbank.org/WBSITE/EXTERNAL/EXTABOUTUS/EXTANNREP/EXTANNREP2K6/0,,contentMDK:21055389~menuPK:2918798~pagePK:64168445~piPK:64168309~theSitePK:2838572,00.html, Zugriff am 15.3.2007

[www IDA 01/2006]:
   http://siteresources.worldbank.org/IDA/Resources/G8DebtPaperSept05.pdf, Zugriff am 11.1.2006

Internetquellenverzeichnis

[www IDA 10/2006]:
http://web.worldbank.org/WBSITE/EXTERNAL/EXTABOUTUS/IDA/0,,conten tMDK:20189587~pagePK:118644~piPK:51236156~theSitePK:73154,00.html, Zugriff am 23.10.2006

[www IDA 03/2007]:
IBRD and IDA Cumulative Lending by Country, June 30, 2006, in:
http://web.worldbank.org/WBSITE/EXTERNAL/EXTABOUTUS/EXTANNRE P/EXTANNREP2K6/0,,contentMDK:21055389~menuPK:2918798~pagePK:641 68445~piPK:64168309~theSitePK:2838572,00.html, Zugriff am 15.3.2007

[www IFC 01/2007]:
http://www.ifc.org/ifcext/pressroom/ifcpressroom.nsf/PressRelease?openform&7 F437A8A202C31AA85256F9A00568D9F, Zugriff am 16.1.2007

[www IIC 05/2007]:
http://www.iic.int/membercountries/, Zugriff am 7.5.2007

[www IMF]:
http://www.imf.org.

[www IMF 09/2006]:
http://www.imf.org/external/np/exr/mdri/eng/index.htm, Zugriff am 30.9.2006

[www IMF 10/2006]:
http://www.imf.org/external/np/sec/memdir/members.htm, Zugriff am 30.10.2006

[www IMF Survey]:
Elektonische Ausgaben des IMF Survey, in:
http://www.imf.org/external/pubs/ft/survey/surveyx.htm

[www INTERNATIONALE POLITIK, EUROPA ARCHIV]:
http://www.internationalepolitik.de/
http://en.internationalepolitik.de/

[www IPA 04/2007a]:
http://europa.eu/scadplus/leg/de/lvb/e50020.htm, Zugriff am 14.4.2007

[www IPA 04/2007b]:
http://europa.eu/scadplus/leg/en/lvb/e50020.htm, Zugriff am 14.4.2007

[www LEADER 04/2007]:
http://www.leaderplus.de/index.cfm/000C81461B85143E90CA6521C0A8D816, Zugriff am 19.4.2007

[www LE MONDE 08/2003]:
Doris Lessing: Robert Mugabe und die Tragödie Simbabwes, in: Le Monde diplomatique Nr. 7131 vom 15.8.2003, in:
http://www.monde-diplomatique.de/pm/2003/08/15/a0021.archivtext.id,10, Zugriff am 18.5.2007

[**www Maastricht ECT**]:
http://eur-lex.europa.eu/en/treaties/dat/11997E/htm/11997E.html#0173010078,
Zugriff am 19.11.2006

[**www Maastrichter EGV**]:
http://eur-lex.europa.eu/de/treaties/dat/11997E/htm/11997E.html#0173010078,
Zugriff am 19.11.2006

[**www Maastricht EUT**]:
http://eur-lex.europa.eu/en/treaties/dat/11992M/htm/11992M.html,
Zugriff am 19.11.2006

[**www Maastrichter EUV**]:
http://eur-lex.europa.eu/de/treaties/dat/11992M/htm/11992M.html,
Zugriff am 19.11.2006

[**www Machno hbi-Stuttgart 01/2000**]:
www.machno.hbi-stuttgart.de/lehre/internationalesIM/weltbank/weBaText.htm,
Zugriff am 12.1.2000

[**www MIF 05/2007a**]:
http://www.iadb.org/mif/, Zugriff am 7.5.2007

[**www MIF 05/2007b**]
http://www.iadb.org/mif/projects.cfm?language=English&parid=3,
Zugriff am 7.5.2007

[**www MIGA**]:
http://www.miga.org

[**www MIGA 02/2007**]:
http://www.miga.org/sitelevel2/level2.cfm?id=1069, Zugriff am 28.2.2007

[**www Mines and Communities 08/2006**]:
Robin NIETO: The Environmental Cost of Coal Mining in Venezuela, vom 13.12.2004, in:
http://www.minesandcommunities.org/Action/press572.htm,
Zugriff am 29.8.2006

[**www D. Murphy 11/2004**]:
Dave MURPHY: Covey describes 8th habit, San Francisco Chronicle vom 13. November 2004, in:
http://www.sfgate.com/cgi-bin/article.cgi?file=/chronicle/archive/2004/11/13/BUGLD9QLT81.DTL, Zugriff am 19.02.2007

[**www MYANMAR**]:

[**www EUROPA PARLAMENT 12/2006**]:
Plenardebatten. Donnerstag, 14.12.2006: Myanmar, in:
http://www.europarl.europa.eu/sides/getDoc.do?pubRef=-

Internetquellenverzeichnis

//EP//TEXT+CRE+20061214+ ITEM-011-03+DOC+XML+V0//DE,
Zugriff am 30.12.2006

[www HUMAN RIGHTS WATCH 12/2006]:
Burma: Landmines Kill, Maim and Starve Civilians. Civilians Forced to Serve as Human Minesweepers, Human Rights News, New York, 20.12.2006
http://hrw.org/english/docs/2006/12/20/burma14904.htm, Zugriff am 30.12.2006

[www HUMAN RIGHTS WATCH 04/2007]:
Burma: Violent Attacks on Rights Activists. Government Militias Beat and Harass Opponents. Human Rights News, April, 24th, 2007, in:
http://hrw.org/english/docs/2007/04/24/burma15754.htm, Zugriff am 30.4.2007

[www KAREN WOMEN's ORGANISATION 02/2007]:
Women directly targeted in Burmese regime's terror campaign in Karen State, Press Release of the Karen Women's Organisation of February, 12th, 2007, in:
http://www.karenwomen.org/Reports/State_of_terror%20Eng.pdf,
Zugriff am 28.2.2007

[www NATURA-2000a]:
http://europa.eu/scadplus/glossary/natura_de.htm, Zugriff am 19.04.2007

[www NATURA-2000b]:
http://europa.eu/scadplus/glossary/natura_en.htm, Zugriff am 19.04.2007

[www Nice ECT]:
http://eur-lex.europa.eu/en/treaties/dat/12002E/htm/C_2002325EN.003301.html,
Zugriff am 19.11.2006

[www Nizza EGV]:
http://europa.eu.int/eur-lex/de/treaties/dat/C_2002325DE.003301.html,
Zugriff am 18.6.2006

[www Nice EUT]:
http://eur-lex.europa.eu/en/treaties/dat/12002M/htm/12002M.html,
Zugriff am 19.11.2006

[www Nizza EUV]:
http://eur-lex.europa.eu/de/treaties/dat/12002M/htm/12002M.html,
Zugriff am 18.6.2006

[www OECD]:
http://www.oecd.org

[www OECD 09/2006 – Bevölkerung – population]:
http://stats.oecd.org/wbos/default.aspx?datasetcode=SNA_TABLE3,
Zugriff am 12.9.2006

[www OECD 09/2006 – BIP – GDP]:
http://www.oecd.org/dataoecd/48/4/33727936.pdf, Zugriff am 12.9.2006

[www Rettet den Regenwald e. V. 08/2006]:
http://www.regenwald.org/regenwaldreport.php, Zugriff am 25.8.2006

[www SEA]:
http://europa.eu/scadplus/treaties/singleact_en.htm, Zugriff am 19.11.2006

[www statistik.at 04/2005]:
http://www.statistik.at/fachbereich_02/maastricht_grafik.shtml,
Zugriff am 08.04.2005

[www UNCTAD]:
http://www.unctad.org.

[www Uni Kassel – Venezuela 08/2006]:
Dario AZZELINI: Konflikte um geplanten Kohleabbau in Venezuela, vom 21.7.2005, in:
http://www.uni-kassel.de/fb5/frieden/regionen/Venezuela/kohle.html,
Zugriff am 29.8.2006

[www Die WELT.de 02/2005]:
Stefanie BOLZEN: Tod einer Missionarin. Dorothy Stang kämpfte für die brasilianischen Bauern und die Umwelt. Sie wurde im Urwald erschossen, in:
http://www.welt.de/data/2005/02/19/508121.html, Zugriff am 28.2.2005

[www Welt in Zahlen 09/2006]:
http://www.welt-in-zahlen.de/laenderinformation.phtml?PHPSESSID=19cc27d8ac31a6e2cbe7047afb213211, Zugriff am 20.9.2006

[www WORLD BANK 01/2006]:
http://www.worldbank.org/annualreport/2004/lending.html,
Zugriff am 11.1.2006

[www WORLD BANK 02/2006]:
http://web.World Bank.org/WBSITE/EXTERNAL/NEWS/0,,contentMDK:20127320%7EmenuPK:34463%7EpagePK:64003015%7EpiPK:64003012%7EtheSitePK:4607,00.html, Zugriff am 1.2.2006

[www WORLD BANK 02/2007]:
http://web.worldbank.org/WBSITE/EXTERNAL/TOPICS/ENVIRONMENT/EXTGLOBALENVIRONMENTFACILITYGEFOPERATIONS/0,,menuPK:286248~pagePK:149018~piPK:149093~theSitePK:286243,00.html,
Zugriff am 28.2.2007

[www WORLD BANK Data Query]:
http://devdata.worldbank.org/data-query/

[www WTO]:
http://www.wto.org

[www WTO 09/2006]:
Report by the Chairman of the Trade Negotiations Committee, WTO-Director-General Pascal LAMY: "It's time for serious thinking on what's at stake here", in:
http://www.wto.org/english/news_e/news06_e/tnc_chair_report_27july06_e.htm,
Zugriff am 20.9.2006

Internetquellenverzeichnis

[www WTO 11/2006]:
WTO organization chart, in:
   http://www.wto.org/english/thewto_e/whatis_e/tif_e/org2_e.htm,
   Zugriff am 18.11.2006

economag.

Wissenschaftsmagazin für
Betriebs- und Volkswirtschaftslehre

Über den Tellerrand schauen

Ihr wollt mehr wissen...
...und parallel zum Studium in interessanten und spannenden Artikeln rund um BWL und VWL schmökern?

Dann klickt auf euer neues Online-Magazin:
www.economag.de

Wir bieten euch monatlich und kostenfrei...

...interessante zitierfähige BWL- und VWL-Artikel
 zum Studium,
...Tipps rund ums Studium und den Jobeinstieg,
...Interviews mit Berufseinsteigern und Managern,
...ein Online-Glossar und Wissenstests
...sowie monatlich ein Podcast zur Titelgeschichte.

Abonniere das Online-Magazin kostenfrei unter www.economag.de.

Oldenbourg

International Management

Eberhard Dülfer
International Management in Diverse Cultural Areas
Internationales Management in unterschiedlichen Kulturbereichen

1999 | 1.052 S. | 64 Abb. | gb.
€ 54,80 | ISBN 978-3-486-25205-7
Global Text

- Basics.
- Long-term Fields of Operation for International Management.
- The Process of Internationalization.
- Business Systems Used Abroad.
- How to Consider the Unfamiliar Environment: The Core Problem of international Management.
- Influences of the Global Environment on Management, Labor and Consumption Behavior in Host Countries.
- Particularities of the Interactional Relationship in Foreign Business from the Perspective of the Decision Maker (Manager).
- Challenges for the Manager Abroad.

- Grundlagen.
- Langfristig aktuelle Operationsfelder des Internationalen Managements.
- Die Internationalisierung der Unternehmung.
- Auslands- Geschäftssysteme.
- Berücksichtigung des fremden Umfeldes als Kernproblem des Internationalen Managements.
- Einflüsse der globalen Umwelt auf das Führungs-, Arbeits- und Konsumverhalten in Gastländern.
- Besonderheiten der Interaktionsbeziehungen im Auslandsgeschäft aus der Sicht des Entscheidungsträgers (Manager).
- Anforderungen an den Auslandsmanager.

Professor Dr. Dr. h.c. Eberhard Dülfer war von 1967 bis 1991 geschäftsführender Direktor des Instituts für Kooperation in Entwicklungsländern an der Universität Marburg.

Oldenbourg